신의 위대한 질문

신의 위대한 질문

신이 원하는 것은 무엇인가

배철현 지음

for my parents

일러두기

1. 성서 구절 인용 및 각 권의 명칭은 기본적으로 '성경전서 표준새번역(대한성서공회)'을 따랐고, 인용에 대한 원문 출처는 주석에 기재했다.

2. 필요에 따라 저자가 히브리어, 아람어 성서를 원문에서 직접 번역했고 출처는 주석에 기재했다.

3. 성서 속 인명, 지명 등의 고유 명사는 '성경전서 표준새번역'의 표기를 따랐다.

4. 신은 우리말로 '하나님' 또는 '하느님'으로 번역할 수 있으나, 이 책에서는 성서 인용과의 통일성을 위해 '하나님'으로 표기했다.

5. 그리스어, 라틴어, 산스크리트어, 셈족어, 수메르어, 아람어, 아랍어, 아카드어, 이집트어, 히브리어 등 외래어의 병기는 영어식 표기로 통일하고, 우리말로는 원어에 가까운 발음으로 표기했다.

6. '*' 표시가 붙은 단어는 역사언어학에서 같은 계통의 언어들을 비교해 원형을 복원한 가상의 형태를 의미한다.

7. ' ' 표시는 히브리어에서 '알레프'라는 자음을 나타낸 것이다. 알레프의 음가는 원래 후음이었으나, 기원전 13세기경 단어의 맨 앞부분을 제외하고는 음가를 잃었다. 이 책에서는 음가 표시를 위해 위와 같은 약물을 사용했다.

8. '〈' 표시는 역사언어학적으로 한 형태에서 다른 형태로 변화했다는 사실을 나타낸다.

9. 성서 구절 출처의 'a'는 성서 구절의 앞부분을 뜻하고 'b'는 뒷부분을 뜻한다.

10. 깊이 있는 성서 해석에 대해 더 자세히 알고 싶은 독자들은 맨 뒤에 수록된 부록을 참고하면 도움이 될 것이다.

차례

사람이 무엇이기에
당신은 그 존재를 기억하십니까?

מָה־אֱנוֹשׁ כִּי־תִזְכְּרֶנּוּ
וּבֶן־אָדָם כִּי תִפְקְדֶנּוּ

사람이 무엇이기에 주께서 이렇게까지 생각하여주시며,
사람의 아들이 무엇이기에 주께서 이렇게까지 돌보아주십니까?
〈시편〉 8:4

인간은 만물의 척도인가?

1988년, 나는 미국으로 건너가 공부를 시작했다. 당시 미국은 내게 사방이 캄캄한 사막과 같았다. 무엇을 공부해야 하는지 왜 공부를 해야 하는지 갈피를 잡지 못했던 그때, 내가 가야 할 길을 알려주는 불빛이 하나 있었다. 그것은 매일 아침 15분 동안 마음을 가다듬는 묵상(默想)의 시간이었다. 나는 이 시간을 통해 그날그날 내가 꼭 해야 할 일들을 찾아내곤 했다.

이 의식은 하버드 대학교 안에 있는 애플톤 채플(Appleton Chapel)에서 이루어졌다. '모닝 프레이어(Morning Prayer)'라는 묵상 모임은 아침 8시 45분에 시작해서 9시에 끝나는 속성 예배였다. 이 예배는 음악 연주와 성가대 합창, 기도 그리고 대학과 연관된 사람들(특히 유명인들)이 하는 4~5분간의 연설로 이루어졌다. 랍비, 티베트 스님, 무신론자, 정치가, 사업가 등등 다양한 분야의 사람들은 아침마다 삶의 이야기를 들려주었다.

아침에 애플톤 채플에 가기 위해서는 기숙사에서 15분간 걸어가
야 했는데, 그 길에는 철학과 건물인 에머슨 홀이 있었다. 이 에머
슨 홀이 나의 관심을 끈 이유는 다른 데 있었다. 그것은 이 건물 맨
위에 새겨진 문구 때문이었다. 당시 하버드 총장이었던 찰스 엘리
엇(Charles Eliot)은 심리학자이자 철학자였던 윌리엄 제임스(William
James)에게 새로 지은 철학과 건물의 인방보'에 새길 문구를 정해
달라고 요청했다. 윌리엄 제임스는 철학과 교수들과 상의한 뒤 자
신들의 사상을 대변하는 문구로 고대 그리스 철학자 프로타고라스
(Protagoras)의 "인간은 만물의 척도다"를 선택했다.

그는 문구를 제안한 뒤 엘리엇 총장으로부터 확답을 듣지 못해 그
결과가 자못 궁금했다. 그는 자신이 제안한 프로타고라스의 명언이
멋지게 그 모습을 드러내기를 기다렸다. 드디어 인방보를 가린 천이
내려졌다. 그런데 비문에는 프로타고라스의 "인간은 만물의 척도다"
가 아닌 "사람이 무엇이기에 당신은 그 존재를 기억하십니까?(What
is man that thou art mindful of him?)"라는 전혀 다른 문구가 새겨져
있었다. 엘리엇 총장은 프로타고라스의 말 대신 구약성서 〈시편〉 8편
4절을 새겨 넣은 것이다.

이 문장에서 '사람' 즉 'man'은 무엇을 의미할까? 히브리어 성서
원문에는 이 단어가 '에노쉬(Enosh)'라고 쓰여 있다. 〈창세기〉에 의
하면 아담과 이브에게는 가인과 아벨이라는 두 아들이 있었다. 그러
다 가인이 아벨을 살해하게 되고 이후 아담과 이브는 '셋'이라는 아
들을 다시 얻게 되는데, 이 '셋'이 낳은 아들 이름이 '에노스'다. 〈창세
기〉 4장 26절에 의하면 사람들이 에노스 시대에 처음으로 신의 이

하버드 대학교 에머슨 홀에 새겨진 비문

름을 부르기 시작했다고 한다. 이 부분을 기록한 고대 이스라엘 저자는 인간이 신을 찾고 갈망하기 시작한 그 시대를 대표하는 인물로 에노스를 뽑았다. 〈시편〉 8편을 지은 시인도 바로 이 점을 인식하고 있었을 것이다.

에노쉬는 고유명사일 뿐만 아니라 보통명사로도 사용된다. '사람'이란 의미로 가장 많이 사용되는 히브리어는 '아담(adam)'이며, 그다음으로 사용 빈도수가 높은 단어가 '에노쉬'다. '아담'은 히브리어로 '붉다'라는 의미를 지닌 명사로 원래는 '홍토(紅土)로 만들어진물건'이라는 뜻이다. 팔레스타인에서 토기장이가 토기를 만들 때사용하는 최고의 재료가 바로 이 붉은 흙이었다. '아담'은 신이 붉은 흙으로 인간을 빚었다는 의미에서 붙여진 이름이 아닐까 싶다.

반면에 에노쉬는 인간의 유한성(有限性)과 멸절성(滅絶性)을 내포한 단어다. 인간이 다른 동물과 구별되는 가장 큰 능력은 바로 죽음을 인식한다는 점이다. 인간은 자신이 왜 이 세상에, 그리고 왜 이 시점에 태어나야 하는지도 모른 채 던져진 존재다. 그러나 죽음이라는 어둡고 긴 터널이 기다리고 있다는 사실만큼은 분명히 알고있다. 이 죽음을 인식하고 매순간 준비하는 인간만이 자신의 현재를 즐길 수 있는 멋진 존재가 된다. 에노쉬는 '죽을 수밖에 없는 운명을 지니고 있으면서 그 운명을 선명하게 인식하는 존재'라는 의미다.

에머슨 홀에 새겨진 문장을 다시 해석하면 "도대체 찰나를 살고 죽을 수밖에 없는 인간이 뭐 그리 대단하다고 당신께서 그를 기억하십니까?"이다. 신이 인간을 기억한다는 의미는 무엇일까? '기억하다'의 히브리어는 '자카르(zakar)'이며, 이 동사의 수많은 의미 중 다음 두 가지가 우리에게 주어진 문장 해석에 딱 들어맞는다.

먼저 자카르는 어떤 사건이나 사물 혹은 사람을 단순히 회상하는데 그치지 않는다. 자카르는 생각하는 주체를 자극하고 움직여서 감정, 생각 혹은 행동을 유발시키는 적극적이면서도 역동적인 개념이다. 또한 자카르는 생각하는 주체에게 그 자신이 해야 할 '의무'를 상기시키기도 한다. 시인은 삼라만상 중에 유독 인간만이 그러한 의무감을 지니고 있다고 위안한다. 시인의 이러한 묵상이 인류에게 '종교'라는 이데올로기를 선물한 것은 아닐까.

에머슨 홀의 비문은 21세기 지적 무신론자들 혹은 불가지론자들의 자존심을 건드리는 과거의 유산일지도 모른다. 그러나 이 문장이 아직도 우리의 심금을 울리는 이유는 무엇일까? 만약 우주를 창조한 신이 있다거나 우주의 질서를 조절하는 의인화된 어떤 원칙이 있다면 다음과 같이 질문할 수 있을 것이다. 나는 신이 기억할 만큼 내가 괜찮은 존재인가? 혹은 나는 만물의 척도가 될 만큼 살고 있는가?

신과 맞먹는
존재가 된 인간

〈시편〉 8편 5~6절을 히브리어 원문으로 처음 읽었을 때 나는 내 눈을 의심했다. 신이 인간을 신처럼 창조했다고 쓰여 있었기 때문이다.

주께서는 사람을 하나님보다 조금 못하게 지으시고, 그에게 영광과 존귀의 왕관을 씌워 주셨습니다. 주께서 손수 지으신 만물을 사람이 다스리게 하시고, 모든 것을 사람의 발아래에 두셨습니다.[2]

히브리어 성서에서의 인간은 기원후 4세기 그리스도교 교리의 근간을 마련한 아우구스티누스(Augustinus)의 말처럼 유전적으로 원죄(原罪)를 지니고 태어난 죄인이 아니다. 인간은 '하나님보다 조금 못한 존재'일 뿐이다. 그런데 일부 한글 성서나 영어 성서에서는 이 구절이 "천사보다 조금 못하게 하시고"로 번역되어 있다. '하나님'이라는 단어가 어쩌다가 '천사'로 둔갑된 것일까?

성서 번역의 역사를 살펴보면 기원전 3세기 히브리어 성서가 그리스어로 번역되는 과정에서 원문이 왜곡되었다고 볼 수 있다. 당시 유대인들은 히브리어가 사멸될 위기에 처하자 구약 성서를 민중 그리스어(Koine Greek)³로 번역하여 후대에 남기고자 했다. 이때 70여 명의 유대학자들이 번역에 참여했기 때문에 이를 '칠십인역'이라고 부른다. 위에서 살펴본 구절이 '칠십인역'에는 "그(신)는 그(인간)를 천사들보다 조금 못하게 만드셨다"라고 번역되어 있다. 자신들이 생각하는 신과 인간에 대한 사고 안에서 '의도적인 오역'이 일어난 것이다.

이로부터 시간이 흘러 382년, 로마 교황 다마스쿠스는 당시 최고의 성서학자인 히에로니무스(Hieronymus)에게 통용되고 있는 여러 성서 번역본을 참고해 로마제국의 기준이 될 만한 라틴어 번역 성서를 출간하라는 명령을 내린다. 히에로니무스는 구약성서의 히브리어 원문을 직접 라틴어로 번역한 '불가타(Vulgata)'를 제작하지만, 그의 라틴어 번역 역시 "천사보다 조금 못하게 만드셨다"로 되어 있다. 당시 자조적이며 비관적인 인간관이 팽배했던 신학으로부터 영향을 받았거나, '칠십인역' 그리스어 번역본을 참고해 재번역했기 때문일 것이다.

이러한 변용은 당시 헬레니즘이 태동하던 시대적 상황과 관련이 있다. 기원전 2세기, 플라톤과 아리스토텔레스의 사상이 근동과 중앙아시아 문화와 융합하면서 헬레니즘 문화가 탄생했다. 유대교는 그 안에서 생존하기 위해 '인간은 신의 대리자'라는 소중한 가르침을 폐기하고 인간과 신의 질적인 다름을 강조하기 시작했다. 그러다 기원후 4세기가 되자 인간은 아우구스티누스에 의해 원죄를 가지고 태어나 스스로 구제받을 수 없는 '죄인'이 되었고, 이 개념은 그 후 그리스도교의 핵심 교리로 자리 잡았다.

그리스도교는 사실 로마제국 내에서 깜짝 등용된 제국의 이데올로기였다. 313년 콘스탄티누스 황제(재위 306~337)는 박해받던 그리스도교를 공인된 종교로 선포했다. 그는 황제이자 교황으로서의 역할을 수행하며 그리스도교의 정통 교리를 구축했다. 그리고 로마제국의 통치에 해가 되는 그리스도교 사상들을 이단이라는 이름으로 척결했다.

콘스탄티누스 황제 이후 율리아누스 황제(재위 361~363)는 그리스도교를 반대하고 이교 숭배를 회복하려 시도했으나 실패했다. 약 20년 뒤 테오도시우스 1세는 이교 숭배를 금지하고 삼위일체를 기반으로 한 그리스도교를 로마제국의 유일한 공식 종교로 지정한다. 그리스도교는 처음부터 권력의 종교였다.

아우구스티누스는 354년, 오늘날 알제리의 수크 아라스(Souk Ahras)인 타가스테(Thagaste)에서 태어났다. 어려서부터 고대 그리스 철학과 수사학으로 정신적인 세례를 받으며 자란 아우구스티누스는 자신의 고향 타가스테에 학원을 세워 후학을 양성하려 했으나 친한 친구의 죽음으로 인해 카르타고(Carthage)로 이주한다. 그는 당시 로마 학문의 중심지 중 한 곳이었던 카르타고에서 그리스 철학과 수사학에 심취한다. 특히 플라톤의 사상⁴을 받아들여, 인간의 불행은 자기 자신의 '무식(無識)'에서 온다고 믿었다.

아우구스티누스는 악의 존재와 현상에 해답을 주지 못하고 삼위일체 논쟁에 갇혀 있는 가톨릭 그리스도교의 대안으로 마니교라는 새로운 사상에 심취한다. 마니교는 예수의 '참된' 가르침을 동서양의 철학적 지혜 전통과 융합해서 만든 사상으로 당시 로마인들 사이에 널리 퍼져 있었다. 게다가 당시 마니교 문헌은 '우아한 라틴어'로 기록되어 로마 지식인들을 매혹시켰다. 하지만 당시 라틴어 성서 번역인 '불가타'는 그렇지 못했다. '불가타'는 '대중적'이라는 뜻의 이름에서도 짐작할 수 있듯이, 키케로나 베르길리우스가 사용했던 고전 라틴어가 아닌 평민들이 사용하는 통속적인 언어로 번역된 성서였다.

아우구스티누스의
원죄

마니교에 의하면 우주는 빛과 선을 상징하는 '오르무즈드(Ormuzd)'와 어둠과 악을 상징하는 '아흐리만(Ahriman)'의 영원한 대결 안에 있다. 마니교에서는 예수를 전적으로 영적인 존재로 파악하기 때문에 십자가 사건이나 부활이 없다. 마니교의 창시자인 마니[5]의 주장에 의하면 신은 전지전능하지 않으며 항상 악의 세력과 갈등한다.

아우구스티누스는 마니교와 조우하면서 삼위일체 그리스도교의 문제점을 발견한다.

첫째, 그리스도교의 삼위일체 신은 비물질적이며 초월적이라 인간이 오감으로 인식할 수 없다는 점이다.

둘째, 악의 기원에 대한 설명이 없다는 점이다. 악은 어디에서 왔는가? 신이 세상을 '선하게' 창조했는데 왜 악이 등장했는가? 아우구스티누스는 마니교를 통해 악의 기원과 특징을 규명한다. 그에게 악은 우주가 창조되기 이전부터 존재하며, 당시 로마제국을 위협하던 반달족을 그와 같은 악의 화신으로 해석했다.

또한 아우구스티누스는 『고백론』에서 자신의 성적인 방종을 공공연히 고백하기도 했다. 그는 성적으로 자유로웠으며, 공개적으로 내연의 관계를 맺은 여성과 아들을 낳았다. 심지어 스스로를 성적인 충동의 노예라고 묘사하기도 했다. 당시 그리스도교의 최고의 덕은 극단적인 금욕주의였다. 안토니우스 성인과 같은 인물은 자신의 모든 재산을 버리고 이집트 사막에서 묵상 기도를 하며 지냈다. 아우구스티누스는 엄격한 금욕 생활이 그리스도인의 표상처럼 여겨지던 시대에 결혼 생활과 자식의 생산 또한 신의 뜻이라는 급진적인 주장을 전개했다.

셋째, 그리스도교에서는 믿음을 가장 중요하게 여기는 데 반해, 마니교는 이성을 기반으로 한다는 점이다. 그리스 철학 훈련을 받아온 아우구스티누스로서는 자연히 마니교에 더 끌리게 됐다.

하지만 아우구스티누스는 카르타고에서 로마로 이주했다가 다시 이탈리아 밀라노로 이주하면서 마니교의 실상을 파악하게 된다. 특히 마니교의 대표적인 학자이며 주교인 파우스투스(Faustus)를 만난 후, 그의 지적 수준이 높지 않음에 실망한다. 파우스투스는 아우구스티누스의 형이상학적이며 인식론적인 질문에 충분히 대답하지 못했다. 아우구스티누스는 더 이상 마니교 사상에 머무를 필요가 없다고 느꼈지만, 위에서 언급한 마니교의 장점을 받아들여 그리스도교 교리의 밑거름을 완성한다.

로마제국의 전통적인 이교를 신봉했던 지식인들은 로마제국의 멸망이 그리스도인들 때문에 생긴 비극이라고 생각했다. 그리스도인들이 로마 신을 숭배하지 않았기 때문에 나라가 멸망했다는 것이다. 이러한 시대 상황에서 아우구스티누스는 413년에 저술한 『신국론』을 통해 그리스도교가 살아남을 새로운 전략적 이론을 전개한다.

그는 악의 기원을 그리스 철학에서 말하는 무식이나 마니교가 말하는 이원론에서 찾지 않았다. 더욱이 삼위일체를 근거로 한 초월적이며 비물질적인 공허한 신학 사상에 의지하지도 않았다. 그 원인은 인간 본성에 내재한 원죄에 있다고 주장하며 어린아이들도 유전적으로 '죄성'을 지니고 태어난다고 보았다. 아우구스티누스는 인간 본성으로서의 원죄를 〈창세기〉에 등장하는 인류의 조상 아담과 이브 이야기에서 그 실마리를 찾는다. 아우구스티누스는 아담과 이브의 반란 이야기를 인간이 본질적으로 지닌 죄를 저지르려는 성향에 대한 메타포로 보았다.

'원죄'라는 개념을 그리스도교에 처음 소개한 사람은 2세기 리용의 주교인 이레니우스(Irenaeus)다. 그는 『이단논박』이라는 책에서 아담의 후손들은 죄와 죽음의 포로로 태어난다고 말한다. 아담은 사탄으로부터 죄를 세상에 들여오는 통로다. 아우구스티누스는 이레니우스의 죄의 기원에 대한 교리를 발전시켜 그 전달 과정을 부연 설명한다. 그는 죄가 성교에 내재한 정욕을 통해 다음 세대로 전염된다고 생각했다.

인간의 원죄는 자만심과 신에 대한 불순종의 결과로 나타난 어리석음의(insipientia) 당연한 결과다. 사탄은 인간의 마음에 악의 뿌리(radix mali)를 심는다. 인간의 본성은 자신의 지성과 의지에 흠집을 내는 정욕으로부터 상처를 받는다. 아담이 죄를 지었을 때, 바로 그 순간 인간의 본성이 바뀐다. 아담과 이브는 성행위를 통해 인간 본성을 재창조하고, 이들의 자손인 인류는 그 죄인 정욕 안에 살고 있다. 정욕은 형이상학적으로 개별적인 존재가 아니라 착함의 결함이거나 상처 입음과 같은 심리 상태다.

아우구스티누스는 아담이 죄를 지었을 때 인류가 동참했으므로 인류 모두 죄를 진 상태라고 말한다. 그러한 인류를 죄에서 탈출시킬 방법은 하나밖에 없다. 그것은 신의 은총이다. 인간은 신의 은총을 통해 회개와 신적인 특징을 유지할 수 있다. 아우구스티누스의 이러한 원죄론은 그리스도교의 핵심 교리가 되어 오늘날까지도 영향을 미치고 있다.

$E=mc^2$과
경외심

후대 그리스도교 교리, 특히 아우구스티누스와 그 후예들의 해석에 의하면 인간은 원죄를 지니고 태어났으며, 누군가의 도움을 받아야만 구원받을 수 있다. 성서 내용을 정면으로 대면하지 못한 채 지난 2,000년 동안 겹겹이 쌓아온 해석과 그 해석 전통이 성서 자체가 됐다.

이렇게 주객이 전도되다 보니 성서와 그것을 읽는 독자들 간의 긴밀하면서도 창조적인 만남이 점점 불가능해졌고, 성서는 오늘날 몇몇 근본주의자들의 해석으로 가득 차 시대에 뒤떨어지는 책이 되어버렸다. 이러한 상황에서 인간이 '신의 형상'으로, 신의 대리자로 창조되었다는 〈창세기〉의 저자와 〈시편〉을 쓴 시인의 고백은 충격적이다.

성서가 21세기에 살고 있는 우리에게 무슨 말을 할 수 있을까. 〈시편〉 저자는 자신이 흘러가는 세월에 곧 잊힐 존재라는 사실을 알면서도 어떤 절대적인 존재가 자신을 기억한다고 고백한다. 인간은 '나는 누구인가?'라는 질문을 통해 신처럼 창조된 인간성을 찾아 나서고, 우주와 사람들 안에서 자신의 위치를 점검하려 한다. 〈시편〉 8편 4절에서 시인은 자신이 누구인가를 찾기 위해 다음과 같이 질문한다.

우주의 삼라만상 가운데 사람이 무엇이기에, 당신은 그 존재를 기억하십니까?
우주의 삼라만상 가운데 사람의 아들이 무엇이기에, 당신은 그를 마음에 담아두셨습니까?[6]

시인은 '인간이 누구인가'라는 답을 찾는 여정에서 '신'을 등장시킨다. 신은 누구인가? 신을 어떻게 설명할 수 있는가? 신은 우리가 아는 '선과 악'이라는 이분법적인 세계관을 뛰어넘는 혹은 그러한 논의조차 하찮게 보이는 단계에 존재하는 어떤 것이 아닐까? 우리는 '우리보다 위대한 우주에 숨겨진 어떤 힘'과 대면했을 때 감동한다. 우리가 에베레스트 산 정상에 올라 세상을 본다고 가정해보자. 혹은 칠흑 같은 밤에 고비 사막에 누워 우리의 눈으로 쏟아져 들어오는 별들을 상상해보자. 이것들은 우리의 오감을 사로잡아 아무 생각 없는 무아(無我)의 상태로 인도한다. 나아가 우리의 숨을 멈추게 해 일상과는 다른 어떤 특별한 것을 마주하게 한다.

이때 우리는 인간의 경험이나 과학적인 지식의 바깥에 존재하는 어떤 것을 만나게 된다. 이러한 것들을 만나면 우리의 오감은 자동적으로 반응해 그 순간 우리는 과거의 자아에서 벗어나 자기를 넘어서는 새로운 자아를 경험한다. 인간의 언어나 수학적인 공식으로는 증명할 수 없지만, 실제로 존재하는 강력한 감정이 있다. 우리는 이것을 '경외심'이라 한다.

이러한 신의 속성을 선명하게 보여준 과학자가 알버트 아인슈타인이다. 그가 말하는 신은 전통적인 종교에서 말하는, 특히 유대교, 그리스도교, 이슬람교의 교리가 말하는 그러한 인격적인 신이 아니다. 그는 그 신의 이름을 '경외심'이라 했다. 그는 과학적이며 동시에 영적인 사람이다. 아인슈타인은 천체의 진화와 빛, 시간, 중력처럼 보이지 않는 실제들을 연구하면서 점점 '영적인 경외심'을 감지하게 됐다. 그는 말년에 들어서는 신비로운 우주 저편에 존재할 것 같은 '마음'에 대한 묵상에 전념했다. 그는 경외심에 대해 이렇게 말한다.

우리가 경험할 수 있는 가장 아름다운 감정은 신비입니다. 아름다움은 모든 진정한 예술과 과학의 힘입니다. 이러한 감정을 모르는 사람, 더 이상 궁금해할 수 없거나 황홀경에 빠질 수 없는 사람은 죽은 사람과 마찬가집니다.

우리에게 침투 불가능한 것들이 실제로 존재합니다. 이것들은 우리의 무뎌진 감지 능력으로는 그것의 가장 원시적인 형태만을 이해하는 숭고한 지혜와 가장 빛나는 아름다움입니다. 이러한 것들을 알고 느끼는 것이 진정한 종교성의 핵심입니다. 그래서 저는 진정한 종교인들 축에 속합니다.[7]

아인슈타인이 자신을 "진정한 종교인"으로 명명한 이유는 무엇일까? 무엇보다도 과학적 지식의 한계성과 현재성을 넘어선 세계를 간구했기 때문이다. 그는 인간이 발견한 획기적인 과학이라 할지라도 그 가치와 진실성은 현재라는 역사적 한계를 넘지 못한다는 사실을 잘 알고 있었다. 10년이나 20년 뒤에 발견될 과학적 지식이 오늘날 우리가 알고 있는 지식을 폐기하기 때문이다. 아인슈타인은 자신의 과학적 탐구와 이 순간성을 넘어, 앞으로 발견될 과학적 지식까지 포함하는 어떤 것이 존재한다고 믿었다.

우주는 단순히 우리가 현재까지 발견한 과학적 법칙들로 규정할 수 없다. 그는 이것들을 넘어서는 아름다움과 숭고함이 분명히 존재한다고 믿었다. 그리고 이 숭고함에 대한 인간의 반응을 경외심이라 하고, 이 경외심을 자신의 종교성이라 부른 것 같다.

개별 전통 종교에는 교리라는 것이 존재한다. 각 종교는 그 집단이 경험한 독특한 세계를 바탕으로 사람들이 어떻게 살아야 하고 무엇을 소중하게 여겨야 하는지에 대한 원칙을 정해놓는다. 아인슈타인은 이러한 개별 종교가 만든 원칙을 신봉하는 것을 '종교적'이라고 말하지 않았다. 이들은 서로 다른 역사적 환경에서 만들어지고 발전되어왔기 때문에 그 가치와 지향점이 다를 수밖에 없다. 보편성과 지속성이 담보되지 않는 내용은 진리가 아니라 가정이나 공리일 뿐이다.

인간은 내재적으로 윤리적이며 도덕적인 책임이 있어서 자신의 삶 안에서 자기만의 존재 이유를 찾는다. 우리의 삶을 신나게 만드는 원동력은 개별 종교가 만든 교리에 있지 않고 인간이 태어날 때부터 가지고 있는 경외심과 숭고함에 있다.

아인슈타인의 유명한 공식 '$E=mc^2$'을 이해하기는 힘들지만 그가 지향하는 삶에 대한 진지한 탐구, 끊임없는 호기심과 우주 질서와 아름다움에 대한 존경심은 21세기 종교인이 갖추어야 할 최선의 모습이 아닐까? 그는 신의 말을 잘 듣는 인간에게는 상을 주고, 그렇지 않으면 벌을 주는 그러한 신에게는 관심이 없다. 그는 자신이 창조한 피조물을 다시 심판하는 그러한 신을 믿지 않는다. 또는 우리가 의식적으로 만들어낸 그러한 유형의 신도 믿지 않는다.

인간은 인간의 존재를 결정하는 시간과 공간이 고정되어 있으며 불변하다고 생각해왔다. 아인슈타인은 시간, 공간, 중력, 빛은 모두 긴밀하게 연결되어 있으며 서로 영향을 준다는 사실을 밝혀냈다. 그의 통찰로 빅뱅 이론과 블랙홀 그리고 양자역학이라는 위대한 아이디어가 탄생했다. 인간은 연약하며 불완전한 지식을 소유했음에도 불구하고 우주 안에서 서서히 자신의 모습을 드러내는 광대한

우주와 자연의 신비를 보고 경외심을 갖는다. 〈시편〉 8편은 다음과
같이 시작한다.

> 주 우리의 하나님, 주의 이름이 온 땅에서 어찌 그리 위엄이 넘치는지
> 요? 저 하늘 높이까지 주의 위엄 가득합니다.
> 어린이와 젖먹이들까지도 그 입술로 주의 위엄을 찬양합니다.
> 주께서는 원수와 복수하는 무리를 꺾으시고,
> 주께 맞서는 자들을 막아낼 튼튼한 요새를 세우셨습니다.
> 주께서 손수 만드신 저 하늘과 주께서 친히 달아놓으신 저 달과 별들
> 을 봅니다.
> 사람이 무엇이기에 주께서 이렇게까지 생각하여주시며,
> 사람의 아들이 무엇이기에 주께서 이렇게까지 돌보아주십니까?

경전은 바로 아인슈타인이 말한 경외심을 담은 책이다. 그 옛날,
우주와 생명의 신비를 경험한 인간들이 자신의 삶을 획기적으로 전
환시킨 아름다움과 숭고함에 관한 이야기다. 성서에 등장하는 신의
위대한 질문들은 우리와 우주 안에 숨어 있는 숭고함을 일깨울 것
이다. 인간은 우주와 사람 안에 숨겨진 그 경외심을 찾아가는 순례
자와 같은 존재며, 그 다양한 순례길이 바로 종교가 아닐까.

1장

너는 어디에 있느냐?

אֵיכָה

주 하나님이 그 남자를 부르시며
"네가 어디에 있느냐?" 하고 물으셨다.
〈창세기〉 3:9

질문의
힘

　'질문(質問)'은 이 단계에서 다음 단계로 넘어가기 위한 문지방이며, 미지의 세계로 진입하게 해주는 안내자다. 우리는 매순간 전혀 경험해보지 못한 미지의 세계로 들어선다. 질문은 지금껏 매달려온 신념이나 편견을 넘어 낯선 시간과 장소에서 마주하는 진실한 자신을 찾기 위해 통과해야만 하는 문이다. 이 질문은 외부에서 오기도 하고, 자기 자신을 관찰하는 데서 오기도 한다. 이 같은 질문에는 마력이 존재한다. 새로운 삶을 찾으려 어둠의 골짜기를 헤맬 때, 사람을 통해서든 자연을 통해서든 들려오는 목소리는 그것에 귀 기울이는 사람의 운명을 한순간에 바꾸어놓는다.

　미국으로 건너가 공부를 시작할 무렵, 나는 한 교수에 대한 명성을 들었다. 그는 바빌로니아의 왕 함무라비보다 아카드어' 말을 더 잘하고, 파라오 람세스보다 이집트어를 더 우아하게 기록하며, 이스라엘의 솔로몬이 고대 히브리어로 남긴 〈시편〉을 줄줄 외우는 사람이라고 했다. 그는 바로 하버드 대학교 고대근동학과의 존 휴너가르드(John Huehnergard) 교수(현재 텍사스 대학교 근동학과 교수)였다. 그는 셈족어와 인도 - 유럽어 등 거의 모든 고대 문자와 언어를 판독하고, 자유자재로 읽고 말하는 세계 최고의 고전 문헌학자였다. 나는 고전 문헌을 원전으로 읽고 해석하는 그의 모습에 매료됐다. 막연히 그처럼 되고 싶다고 생각했고, 용기를 내어 그가 개설한 '고전 에티오피아어' 과목을 수강 신청했다. 고전 에티오피아어는 '게이즈어(Geez)'라고도 불리는데, 초기 그리스도교 경전들이 이 언어로 기록되어 있어서 성서 해석에 중요한 역할을 한다.

첫 수업에 들어가니 나 외에 단 두 명이 앉아 있었다. 이들은 셈족어를 전공하는 박사과정의 학생이었다. 한국에서 갓 온 나까지 포함해 수강 신청을 한 학생은 세 명뿐이었다. 수업이 시작되자 머리가 혼란스러웠다. 수업 내내 외계어를 듣는 기분이었다. '내가 지금 미국까지 와서 왜 고전 에티오피아어를 배우겠다고 이러고 앉아 있나?' 하는 생각들만이 머릿속에 맴돌았다.

첫 수업을 마치고 자괴감에 빠진 나는 수강 신청을 취소할 목적으로 휴너가르드 교수에게 면담을 신청했다. 그러자 휴너가르드 교수는 나에게 "무엇이 당신에게 가장 재미있습니까(What interests you most now)?"라고 물었다. 내가 그때까지 받아온 질문들은 대개 "너는 커서 뭐가 되고 싶어?" 또는 "무엇을 전공할래?"처럼 목적 지향적인 내용이었다. 그 목적을 성취하기 위해서라면 지금 이 순간은 쉽게 버려질 수 있는 폐기물이었다. 이전까지 한 번도 생각해본

적 없는 질문에 나는 너무 당황스러워 입도 열지 못했다.

몇 초간의 침묵 뒤 나는 막연하게 "종교 경전을 해석하는 훌륭한 고전 문헌학자가 되고 싶다"라고 대답했다. 종교 경전은 다른 책과 달리 특히 '행간에 숨겨진 의미'가 많다. 고고학자가 유물을 발굴해야 하는 것처럼, 경전에 기록된 고전어에 정통해서 시간과 공간의 과거로 돌아가 그 문헌에 담긴 의미를 캐내야 한다. 고전학자는 독일어, 프랑스어와 같은 현대어뿐만 아니라 고전 히브리어, 그리스어, 라틴어, 산스크리트어를 기본적으로 숙지해야 본격적으로 경전 연구를 시작할 수 있다.

나는 어떻게 이 언어들을 공부해 세계 각지에서 몰려온 학생들과 경쟁해야 할지 막막했다. 어색한 면담을 마치고 일어서는 나에게 휴너가르드 교수가 한마디 던졌다. "Mr. Bae! Show Yourself!"

그 후 "Show Yourself!"라는 문장이 머릿속에서 떠나지 않았다. 내가 무엇을 보여줄 수 있을까? 나에게 'myself'란 무엇일까? 미국 자유시의 아버지로 불리는 월트 휘트먼(Walt Whitman)의 시 「자기 자신을 위한 노래(Song of Myself)」가 생각났다. 그는 어려운 가정 형편 때문에 열한 살에 학교를 그만두고 막노동을 시작했다. 그리고 그때부터 자신이 응시한 세상에 대해 시를 썼다.[2]

19세기 말 인류는 처음으로 지질학을 통해 지구의 나이가 수천 년이 아니라 수십억 년이라는 사실과, 찰스 다윈을 통해 인간이 하루 만에 창조된 피조물이 아니라 다른 동물로부터 진화했다는 사실, 그리고 지구가 엄청나게 큰 은하계의 끝자락에 있다는 사실을 알게 됐다. 많은 작가들이 인간은 우주의 티끌과도 같은 존재라는 사실에 비관적으로 갇혀 있을 때, 휘트먼은 이 과학적인 사실을 수용하면서도 인간을 이전보다 더 강력하고 숭고한 존재로 해석했다. 그는 과학의 눈부신 발전에 휘둘리지 않고 '나는 누구인가'라는 질문에 매달렸다.

「자기 자신을 위한 노래」에서의 '나'는 미국에서 1850년대를 살아가던 30대 시인 월트 휘트먼이 아니다. 그는 미래의 민주주의 사회에서 활동하는 휘트먼을 찬양한다. 그는 이 시에서 고전 수사학자들의 장황한 스타일과 저널리즘의 세속적인 형식 그리고 성서에 나오는 예언자적인 내용을 불가사의하게 융합함으로써 미국에 등장할 새로운 민주주의의 모습을 광대하고 압도적인 정체성을 지닌 사회로 표현한다.

그는 이 시의 51번째 단락에서 "내가 나 자신을 반박할 수 있는가? 그렇다면 내가 나 자신을 반박해보겠다. 나는 거대하며, 많은 것들을 품고 있다"라고 외친다. 또한 14번째 단락에서는 "가장 흔하고 값싸고 가까이 있으며 쉬운 것은 '나'다"라면서 도시 노동자 계급의 등장과 영국 영어와는 다른 미국 언어의 새로운 문법을 소개한다. 이 시에서 휘트먼은 '자기 자신'을 역사적인 존재로 국한시키지 않는다. 그가 말하는 자기 자신은 육체의 한계를 초월한다. 이 시의 첫 단락은 다음과 같다.[3]

나 자신을 찬양하고 나 자신을 노래한다.
그리고 내가 내 소유라고 여기는 것을 당신도 당신의 소유로 여길 것이다.

왜냐하면 내게 좋은 것이라고 여겨지는 모든 원자(atom)가 당신에게
속하기 때문이다.

나는 빈둥거리다가 내 영혼을 불러낸다.

나는 기대어 편안하게 빈둥거리며 여름 풀잎을 관찰한다.

나의 혀, 나의 피의 모든 원자는 이 흙과 이 공기에서 형성됐다.

여기에서 부모에게서 태어났고, 나의 부모들도 여기서 똑같이, 그들의
부모들도 마찬가지로.

내 나이 37세, 완벽하게 건강한 상태로 나는 이렇게 시작한다.

죽을 때까지 그치지 않기를 희망하며.

종교에서 가르치는 신념이나 학교에서 배운 지식은 접어두고,

그것들을 있는 그대로 만족하며 잠시 물러나 있지만, 결코 잊지 않
는다.

나는 위험을 무릅쓰고 매순간 말한다.

항구처럼 선하든지 악하든지, 어떤 제약도 받지 않고 자연 본연의 에
너지를 수용하라고.[4]

휘트먼은 전통적인 서사시처럼 뮤즈의 신을 불러 전쟁과 분노 그
리고 긴 여행에 대한 장구한 서사시를 읊게 해달라고 부탁하지 않
는다. 그는 스스로 뮤즈가 되어 "나 자신을 찬양하고 나 자신을 노
래한다"라고 당당히 말함으로써 이 장대한 서사시의 주제가 '자기
자신'이라고 선포한다. 첫 문장에서 쓰인 동사 '찬양하다'[5]의 의미
는, 자신을 확장시켜 세상으로 나가 많은 것들을 경험한 뒤 다시 자
기 자신으로 돌아와 수많은 경험을 담을 수 있는 큰 그릇이 된 자신

을 발견하고 찬양하는 것이다.

휘트먼은 두 명의 주인공 '나(I)'와 '너(you)'를 소개한다. 휘트먼 자신을 '나'로 칭하고, 이 시를 읽는 독자 혹은 미국 시민, 더 나아가 세상 모든 사람들을 '너'로 명명한다. 영어에서 2인칭 대명사인 'you'는 상대방을 칭하는 용어이자 자신과 상관없는 관찰의 대상을 이르기도 한다. 휘트먼은 'you'의 의미를 정교하게 이용해 나와 다른 객체로서의 'you'와 우리 주위를 떠도는 낯선 자들로서의 'you'라는 다중적인 의미를 의도적으로 사용한다.

또한 그는 편견을 조장한 신념을 멀찌감치 밀어두고 선과 악으로 구분된 세상에서 탈출해 매순간 위험한 여행을 하라고 격려한다. 우리는 우리 자신을 구속하는 이념들을 벗어버리고 아무런 제약이나 조건 없이 자연 본래의 에너지와 마주해야 한다.

휘트먼은 모든 사람들은 평등하고 진리는 형용할 수 없을 뿐이지 어디에나 있다고 말한다. 또한 우주 만물은 긴밀하게 연결되어 있으며, 죽음은 두려워할 대상이 아니라 자연의 이치이자 행복한 일이다. 그러므로 자연의 섭리를 이해하고 우주의 질서 안에서의 자신을 자랑스럽게 생각하는 사람이 행복하다고 말한다. 그는 자기 자신을 땅에 선물할 준비가 되어 있다. 그는 이 위대한 우주의 순환을 목격하기에 환희에 넘친다. 그리고 땅에 싹을 내고 있는 풀잎을 보면서, 우리도 그 자연의 섭리를 응시하라고 초대한다.

휴너가르드 교수의 "Show Yourself"는 휘트먼의 시처럼 시공간으로 한정되어 있는 나를 넘어서는 '어떤 것'을 의미하는 것 같았다. 그 후 나의 공부는 바로 이것을 찾아가는 여정이었다. 휴너가르드 교수는 질문을 통해 내가 스스로 깨달을 수 있도록 도와준 지적 산파(産婆)였다. 소크라테스는 『테아이테토스』에서 "산파술이라는 나의 기술은 대체로 산부인과에서 말하는 산파술과 같다. 다른 점이 있다면 내 '환자'들은 여자가 아니라 남자라는 점이다. 나는 산고를 겪는 사람의 육체가 아니라 정신에 관심이 있다"라고 말한 바 있다. 자기 자신만의 그 무엇은 다른 사람이 아닌 나에게만 꼭 맞는 그 무엇이다. 인간이 다른 동물과 구별되는 점 중 하나는 인간만이 최선을 상정하고 그것을 지향하기 때문이다.

우주의 원칙,
'마아트'

자기 자신을 찾아가는 여정은 선을 향해 노력하는 과정인 '도(道)'와 같다. 도는 노력과 과정이지 목적이나 결과가 아니다. 고대 이집트인들은 이 최선을 향한 도를 '마아트(maat)'라 불렀다. 마아트는 고대 이집트 문명을 3,000년 동안 지탱시킨 영적인 매트릭스다.

유일신 종교의 사후 세계에서는 반드시 거쳐야 할 통과의례가 있다. 바로 '심판'이다. 살아 있는 동안 자신이 한 생각과 말과 행동에 대해 실수가 있는지 엄격하게 심사를 받는 것이다. 그 심사 기준은 모든 사람들에게 동일하게 적용되지 않는다. 사람에게는 세상에 태어날 때부터 자신에게만 주어지는 특별한 임무가 있다. 그 임무를 신약성서에서는 '달란트'라 한다. 사후 세계 심판자들은 무엇보다 죽은 자가 자신의 달란트를 알고 있었는지를 심문한다. 인생에 있어서 가장 큰 죄는 자신이 꼭 해야 할 일을 알지 못하고 그것을 찾으려고도 하지 않으며 그것을 위해 최선을 다하지 않는 것이다.

이집트 제3왕조의 파라오 죠세르(Djoser)는 당시 총리이자 수학자이며 건축가였던 임호텝(Imhotep)에게 자신의 무덤 건축을 부탁했다. 죠세르 이전에는 직사각육면체를 쌓아올려 만든 '마스타바(mastaba)'라는 무덤이 있었는데, 임호텝은 처음으로 피라미드식 무덤을 도입했다. 그는 직사각육면체를 점점 작은 규모로 여섯 개씩 쌓아 올려 이른바 '계단식 피라미드(step pyramid)'를 만들었다. 이는 후대에 등장하는 이집트 피라미드뿐만 아니라 메소포타미아의 지구라트, 메소아메리카의 잉카 피라미드와 아즈텍 피라미드의 원조가 된다.

임호텝은 피라미드를 건축하기 전에 정교한 의례를 행했다. 이 의례의 목적은 2톤이 넘는 정사각형의 돌을 200만 개 정도 올리기 위해 지면에 전체 구조의 중심을 찾는 일이었다. 고대 이집트는 남쪽 누비아와 수단에서 몰려온 사람들이 기원전 3100년에 처음으로 왕조를 이루었기에, 오래된 아프리카 의식을 상당 부분 흡수했다. 아프리카에서는 건물의 중심, 신전의 중심, 우주의 중심을 '타조의 깃털'로 표시했으며 바로 이것을 '마아트'[6]라 불렀다.

피라미드가 4,700년이 지난 오늘날에도 여전히 건재하는 이유는 지면의 높낮이와 평평함 그리고 견고함을 고려해 가시적인 중심이 아니라 실질적인 중심, 즉 마아트를 찾았기 때문이다. 주어진 상황에 민첩하게 대응해 유연한 중심을 찾는 이러한 행위는 고대 그리스나 중국의 '중용' 개념과 유사하다.

마아트는 우주의 균형이자 원칙일 뿐만 아니라 그 안에 존재하는 모든 구성원들의 조화이며, 심지어는 개개인의 삶에 있어서 일생 동안 반드시 이루어야 하는 최선이기도 하다. 고대 이집트인들은 개인의 최선은 우주와 자연의 원칙을 깨닫고 그것과 자신의 미션을 일치하려는 노력에서 온다고 믿었다. 마아트는 자신에게 맡겨진 고유한 미션을 찾는 행위다. 인류 역사상 이를 가장 극명하게 표현한 작품이 바로 이집트의 『사자의 서』[7]다.

『사자의 서』는 기원전 1300년경 테베에 살았던 서기관 휴네페르가 심판받는 장면을 차례대로 묘사하고 있다. 그림의 맨 왼쪽에 서 있는 흰 옷을 입은 휴네페르는 파라오 세티 1세를 모시던 궁중 서기관이었다. 그 옆에 시체 방부 처리를 관장하는 신인 아누비스가 오른손으로 휴네페르의 손을 잡고 인도하고 있다. 아누비스의 머리는 늑대(자칼)의 모습을 하고 있고 몸은 사람이며 긴 꼬리를 달고 있다.[8] 아누비스의 머리가 검은색인 이유는 검게 변한 시신을 상징하기도 하지만 한편으로는 재생을 뜻하는 나일 강의 검은 땅을 상징하기도 한다.

맨 위쪽에는 휴네페르가 두 손바닥을 밖으로 향하게 해 가슴까지 들어올리고 있는 것을 볼 수 있다. 이것을 고대 이집트에서는 '두아(dua)'라 하는데, 그 의미는 '경배하다'라는 뜻이다. 휴네페르는 아누비스의 손에 이끌려 심판대로 향하는 과정에서 열네 명의 이집트 신들에게 경외를 표한다. 이때 휴네페르는 "나는 ○○ 같은 일을 하지 않았습니다"라고 말하면서 생전에 하지 않은 마흔두 가지를 선

「사자의 서」의 삽화

포해야 한다. 이 선포를 '마아트의 부정 고백'이라 한다. 구약성서에 등장하는 십계명은 신이 계시한 명령이지만, 이집트의 마흔두 가지 부정 고백은 인간이 일상에서 해서는 안 될 도덕적인 내용이다.

고백자는 각각의 고백을 관장하는 마흔두 명의 신에게 그 내용을 정확하게 선포해야 한다. 그리고 이 고백을 마치면 그것이 진실인지 아닌지 물건의 무게를 재는 천칭을 이용해 고백의 진위를 심판받는다. 고대 이집트인들은 생전에 도덕적인 삶을 살지 않으면 사후 세계를 보장받을 수 없다고 믿었다. 신을 믿느냐가 중요한 것이 아니라 지상에서 도덕적인 삶을 살았느냐가 중요하기 때문이다.

천칭의 중앙대를 중심으로 바로 왼쪽에는 아누비스가 심판 과정을 관장하고 있고, 오른쪽에는 머리는 악어에 몸은 사자 그리고 하체는 하마인 암무트라는 괴물이 무언가를 적고 있는 문자의 신 토트를 응시하고 있다.

천칭의 양쪽 저울판에는 각기 다른 것들이 올라가 있다. 왼쪽 저울판에는 휴네페르의 심장이, 오른쪽 저울판에는 심장의 무게를 재는 분동(分銅)인 타조 깃털이 놓여 있다. 고대 이집트어로 심장을 '입(ib)'이라 하는데, 이것은 영혼을 구성하는 다섯 가지 중 하나로, 인간의 감정과 생각, 의지 그리고 의도가 만들어지는 원천이다. 즉 심장은 휴네페르가 살아생전에 했던 생각과 말, 행동을 모두 저장한 컴퓨터의 하드디스크와 같은 것이다. 고대 이집트 종교에서 심장은 사후 세계를 결정하는 열쇠다.

휴네페르는 생명의 책을 들고 천칭 옆에 서서 정말 자신의 마아트를 찾아 그 맡겨진 의무를 다했는지 조사하고 있다. 만일 천칭이

균형을 유지하지 못하고 심장 쪽으로 기운다면 휴네페르는 암무트에게 잡아먹히게 되는데, 암무트에게 잡아먹히는 자는 '자신의 이름으로부터 버림받은 자'로 불린다. 그러나 저울판이 평행을 유지한다면 그는 고대 이집트어로 '마아 케루(maa kheru)', 즉 '목소리에 거짓이 없는' 자가 되어 태양신인 호루스의 인도를 받아 재생과 부활의 신인 오시리스 앞에 서게 된다.

　마아트는 우리가 살면서 반드시 해야 할 생각과 말 그리고 행동을 뜻한다. 당신은 내가 해야 할 마아트가 무엇인지 고민하며 살고 있는가. 아니면 그저 주어진 환경에 적응하며 살고 있는가. 나 자신의 마아트가 무엇인지 알려고 노력하는 삶, 그 과정이 바로 도다. 고대 이집트인들에게 구원이란 인간이 얼마나 위대한 일을 했느냐가 아니라 자신에게 주어진 미션을 깨닫고, 자신에게 맡겨진 그 마아트를 이루려 최선을 다하는 것이다. 당신의 마아트는 무엇인가? 성서에 등장하는 신의 첫 질문은 바로 마아트에 관한 것이다.

에덴동산과 모든 지식의 나무

신의 첫 번째 질문을 보기에 앞서 먼저 〈창세기〉의 우주 창조 이야기를 살펴보자.

　태초에 하나님(엘로힘)이 천지를 창조하셨다. (…) 이렛날에 하나님이 창조하시던 모든 일에서 손을 떼고 쉬셨으므로, 하나님은 그날을 복되

게 하시고 거룩하게 하셨다. (1:1~2:3)

하늘과 땅을 창조하실 때의 일은 이러하다. (2:4a)

주 하나님(야훼 엘로힘)이 땅과 하늘을 만드실 때에 (2:4b)

〈창세기〉 1장과 2장을 보면 똑같이 우주 창조 이야기를 하고 있지만, 신의 이름이 다르게 쓰였음을 알 수 있다. 1장 1절~2장 3절까지는 신을 '하나님'이라 부르지만, 2장 4절 b(뒷부분)부터는 신을 '주 하나님'으로 부른다. 히브리어 성서 원문 또한 '엘로힘(Elohim)'과 '야훼 엘로힘(Yahweh Elohim)'으로 각각 다르게 쓰여 있다. 그 이유는 각 구절을 쓴 저자가 다르기 때문이다.

성서학자들은 『토라』, 즉 〈창세기〉, 〈출애굽기〉, 〈레위기〉, 〈민수기〉, 〈신명기〉가 오랜 시간 여러 사람에 의해 기록되고 편집되었다고 보고, 크게 네 개의 집단으로 저자를 구분한다.

성서에서 신을 '엘로힘'이라고 표기한 저자는 '엘로히스트(Elohist)'라 부르고, 이들이 만든 문서를 'E 자료'라 한다. 또한 바빌론 유수 때 사제들이 집대성한 것으로 알려진 글은 '사제(Priest)'의 첫 글자를 따서 'P 자료'라 부르고 이들을 'P 저자'로 구분하는데, 이들 역시 신을 '엘로힘'으로 부른다. 반면 신을 '야훼(Yahweh)'라 표기한 저자는 '야위스트(Yahwist)'라 부르고, 그 문서를 'J 자료'라 하며, 〈신명기(Deuteronomy)〉와 관련된 글을 쓴 저자들은 'D 저자'라 하고, 그 문서를 'D 자료'라 한다.

앞서 본 〈창세기〉 1장의 우주 창조 이야기를 쓴 집단은 P 저자이고, 2장 4절b는 J 저자의 문서로 추정된다.

그렇다면 2장 4절a는 누가 썼을까? 2장 4절a에 등장하는 "하늘과 땅을 창조하실 때의 일은 이러하다"라는 구절은 기원전 4세기경 〈창세기〉라는 책을 마지막으로 편집한 편집자 R(Redactor)이 〈창세기〉 1장 1절~2장 3절에 이어 다른 창조 이야기를 소개하면서 첨가한 부연 설명이다.

이뿐만 아니라 편집자 R은 2장 4절b부터 P 저자의 창조 이야기와 다른 이야기임을 보여주기 위해 "하늘과 땅"이라는 표현을 "땅과 하늘"로 표현해 두 단어의 위치를 전환시켰다. 구약성서 안에서 혹은 다른 경전이나 고전 안에서 '우주'와 같이 전통적이며 고정적인 표현인 '하늘과 땅'이라는 관용어구의 두 단어를 전치시키는 경우는 거의 없다.

문제는 J 저자의 창조 이야기가 P 저자의 창조 이야기보다 오래된 것임에도 불구하고 "땅과 하늘"이 도치되었다는 점이다. 기원전 4세기 『토라』의 편집자 R이 고의로 새로운 창조 이야기의 시작임을 표시하기 위해 두 단어를 도치한 것으로 추측된다. 여기에는 새로운 이야기의 시작이라는 표식 이외에 보다 근본적이고 종교적이며 상징적인 의미가 담겨 있다.

J 저자는 "땅과 하늘"이라는 표현을 통해 자신의 관심은 이제 하늘이 아니라 땅에서 일어나는 일들임을 암시한다. 야훼 엘로힘은 우주와 인간을 한마디 말로 창조하는 신이 아니다. 그 신은 땅으로 내려와 인간처럼 행동한다. 우리는 그의 말과 행동을 예측할 수도 있다. 그가 맨 처음 한 일은 다름 아닌 삶의 터전인 '동산'을 일구는 일이었다. 신은 이곳을 인간의 거주지로 만들고자 한 것이다.

신은 동쪽에 위치한 에덴이라는 곳에 동산을 만든다. 히브리어로 '동쪽'이라는 단어인 '케뎀(qedem)'은 '먼 과거/태초'라는 의미와 '먼 장소/해가 뜨는 쪽/동쪽'이라는 의미를 갖고 있다. 이 단어는 다른 고대 셈족어처럼 시간적 의미와 공간적 의미를 모두 지닌다. 이는 빅뱅 이전 시간과 공간이라는 개념이 등장하기 전을 뜻하는 심오한 단어다.

동산의 중앙에는 두 그루의 특별한 나무가 있으며, 하나는 '생명 나무(tree of life)'이고, 다른 하나는 '선과 악의 지식의 나무(tree of knowledge of good and evil)'다. 나무는 예로부터 하늘과 땅을 이어주는 하나의 상징이다. 에덴동산의 중앙에 서 있는 이 두 나무는 신과 인간, 생명과 죽음, 선과 악을 하나로 만드는 성스러운 물건이다. 생명나무는 영생을 보장하는 열매를 맺으며, '선과 악의 지식의 나무'는 우주의 신비와 비밀을 푸는 '지식'이 담긴 열매를 맺는다.

이 나무는 흔히 "선악을 알게 하는 나무"로 잘못 번역되어 '선악'이라는 추상적인 개념을 강조해왔다. 이 표현에서 중요한 점은 '선과 악'이라는 이중성이 아니라 선과 악을 모두 포함하기도 하고 초월하기도 하는 '전체성'이다. 왜 성서의 저자는 '선의 지식의 나무'와 '악의 지식의 나무'로 구별하지 않았을까?

독일 철학자 니체가 1886년에 출간한 『선악의 저편』은 선악에 대한 서구, 특히 유대─그리스도교의 구분과 신학에 대한 비판서다. 니체는 진리와 거짓, 선과 악이라는 이원론에 근거한 서구의 전통적인 철학과 신학을 비판하며 도그마에 기초한 철학의 종말을 선언한다. 그리고 새로운 철학 사상인 관점주의(觀點主義, perspectivism)

를 주장한다. 관점주의는 한마디로 이 세상에 보편적, 객관적, 절대적 진리란 존재하지 않는다는 주장이다. 어떤 것에 대한 지식에는 고정된 불변의 의미가 존재하는 것이 아니라 수많은 의미로 이루어진 해석들만이 존재한다. 그 해석은 규범으로 여겨지기를 바라는 사람들의 욕망이 합쳐진 관점일 뿐이다. 사람들이 어떤 현상을 이해하고 해석하는 시각인 관점은 필연적으로 변화무쌍한 현실에 대한 한 점에 불과하기에 진리일 수 없다는 주장이다.

마찬가지로 '선과 악의 지식의 나무'를 니체의 관점주의를 통해 해석하자면, 이 신비하고 원초적인 나무는 인간의 욕망이 담긴 선과 악이라는 사회적 규범을 넘어서는 지식의 나무다. 선과 악의 분리는 불가능하다. 이 나무는 그것을 넘어서는 전체를 아우른다. '선과 악'이라는 말은 서로 다른 두 개의 개념을 나열시켜 전체를 의미하는 일종의 메리즘(merism)의 한 예다. 그러므로 '선과 악'은 '남녀노소'와 같은 표현처럼 '모든 것/전부'를 의미한다. 그러므로 '선과 악의 지식의 나무'는 '모든 지식의 나무'로 번역할 수 있다. 이 구절의 핵심은 '지식'이다. 이 지식은 신에게만 있는 특별한 원칙이기 때문이다.

신은 인간을 동산의 정원사로 임명하고, 언제든 신의 정원에 들어가 거주할 수 있는 평생 출입증을 선사한다. 다만 한 가지 조건이 있다.

"동산에 있는 모든 나무의 열매는, 네가 먹고 싶은 대로 먹어라. 그러나 선과 악을 알게 하는 나무의 열매만은 먹어서는 안 된다. 그것을 먹는 날에는, 너는 반드시 죽을 것이다."⁹

신은 '모든 지식의 나무'의 열매만은 먹지 말라고 금지한다. 신은 인간이 이 나무의 열매를 먹으면 죽는다고 선언한다. 이 문장은 이 열매를 먹는 즉시 죽는다는 말이 아니다. 실제로 아담은 이 열매를 먹었지만 바로 죽지 않았다. 아마도 신은 인간이 모든 지식을 알게 되는 것을 바라지 않았거나 인간의 순종을 시험한 것인지도 모른다. 그런데 전지전능한 신이라면 인간이 불순종할 것이라는 사실을 이미 알고 있을 텐데, 왜 신은 '모든 지식의 나무'를 심어 인간으로 하여금 그것을 먹게 했을까. 신의 의도는 무엇이며, J 저자는 이 이야기에 무슨 의도를 숨겨놓았을까.

아담과 이브가 먹은 열매는 무엇인가?

아담과 이브는 에덴동산에서 지루한 날들을 보내고 있었다. 그들은 서로를 성적인 대상으로 여기지도 않았다. 〈창세기〉 2장 25절에는 "남자와 그 아내가 둘 다 벌거벗고 있었으나, 부끄러워하지 않았다"라는 말이 기록되어 있다. 신이 이들에게 따먹지 말라고 한 '모든 지식의 나무'에는 그들의 삶을 획기적으로 변화시킬 '지식의 열매'가 있었다. 이 알레고리를 풀 수 있는 핵심 단어는 바로 '지식'이다. 에덴동산 이야기는 지식을 의미하는 히브리어 '다아쓰(daath)'에서 그 실마리를 풀 수 있다.

다아쓰에는 서로 다른 두 가지 의미가 있다. 첫 번째는 우주의 원칙과 삼라만상의 운행 방식을 아는 지식이고, 두 번째는 남녀의 성적인 행위를 통해 상대방에 대해 알게 되는 '앎'이다. 다아쓰는 12세기 후반 스페인에 거주하는 유대인들 사이에서 등장한 유대 신비주의 전통, 즉 '카발라(kabbala)'를 이해할 수 있는 중요한 개념이다. 카발라는 '수용한다/받는다'라는 뜻의 히브리어 '카발라(qabbalah)'에서 유래한 것으로 신의 가르침을 직접 받는다는 의미다. 이 전통에서 우주를 지탱하는 열 가지 철학적인 원칙을 하나로 통합하는 것이 바로 다아쓰였다. 다아쓰는 신의 생각이 지상에서 지혜(통찰력)와 명철(분별력)이 승화되어 통합된 최고의 원칙이다. 신은 에덴동산의 중앙에 이 깨달음의 열매, 즉 우주의 원칙을 알 수 있는 열매의 나무를 놓아둔 것이다.

이브와 아담이 '우주 삼라만상의 운행에 관한 지식이 담겨 있는 나무'의 열매를 먹었다는 의미는 무엇인가? 이 행위는 축자적인 의미를 넘어 하나의 메타포다. 이 메타포는 P 저자가 〈창세기〉 1장 26절에서 언급한 "인간은 신의 형상", 즉 '인간이 신이다'라는 혁명적인 주장의 근거를 나타낸 구체적인 표현이다. 인류는 모두 자신의 DNA 속에 발아를 기다리는 다아쓰라는 위대한 씨앗을 품고 있다. 이 사실을 아는 자는 '깨달은 자'가 된다. '배움'이라는 것은 바로 인간의 마음속에 잠자고 있는 이 다아쓰를 흔드는 작업이다. 성서에서는 인간의 이 같은 위대함을 깨울 동물이 등장하는데, 바로 '뱀'이다.

〈창세기〉 3장은 뱀에 대한 묘사로 시작한다. 뱀은 신이 만든 모든 동물과 달리 "알 수 없고 똑똑했다"고 기록되어 있다. "알 수 없고 똑똑한"에 해당하는 히브리어 '아룸(arum)'은 동시에 '벌거벗은'

이라는 의미도 가지고 있다. 뱀의 특징은 거주하는 장소가 정해져 있지 않다는 점이다. 나무 위에서 똬리를 틀고 있기도 하고, 지상으로 내려와 먹이를 찾기도 하며, 때로는 물에 들어가기도 한다.

고대 근동 신화에서 뱀은 영생과 풍요의 상징이다. 고대 근동의 가장 오래된 영웅 서사시인 『길가메시 서사시』에서 영생의 불로초를 먹은 이는 길가메시가 아니라 바로 뱀이다. 신약성서에서 예수는 "뱀처럼 지혜롭기"를 주문한다. 에덴동산에서 뱀은 바로 '모든 지식의 나무'에 거주하며 이브를 유인한다. 뱀은 만일 '모든 지식의 나무'의 열매를 먹게 된다면 "모든 것을 알게 되는 신과 같이" 될 것이라고 말한다. 아담과 이브는 무료한 에덴동산에서 먹음직스럽고 보기에도 좋은, 그래서 자신을 지혜롭게 만들어줄 것 같은 그 열매를 보자 먹어버린다. 인간이 처음으로 자신의 오감을 자극하는 무언가를 발견한 것이다.

그들이 '모든 지식의 나무' 열매를 먹었다는 상징은 인간의 오만과 원죄를 뜻하는 것이 아니다. 그들은 열매를 먹고 오랜 잠에서 깨어난다. "이들의 눈이 열렸으며, 자신들이 벌거벗었다는 사실을 (처음으로) 알게 됐다. 그들은 나무 잎을 엮어 옷을 만들어 입었다"라는 성서의 표현처럼 그들은 자신들의 모습을 인식하게 된 것이다. 아담과 이브가 자신이 누구인지 처음으로 깨닫는 순간, 그들은 인류 최초의 의상인 나뭇잎 옷을 만들어 입는다. 옷을 만드는 행위는 곧 인류 문명의 시작을 상징한다. 그들은 신으로부터 자신들을 가리기에 나뭇잎으로는 턱없이 부족하다는 것을 느끼고 있었다.

신의 첫 번째 질문,
'아이에카'

에덴동산에 해가 질 무렵, 이 광경을 다 알고 있던 신이 다음과 같이 질문한다.

"네가 어디 있느냐?"

이 단순한 질문이 신이 인간에게 한 첫 질문이다. 히브리어로는 딱 한 단어인 '아이에카(ayyeka)'다.[10] 신이 인간에게 말을 건넨 첫 단어가 이렇게 간결하고 군더더기가 없다니 놀라울 따름이다. 유대인들의 정체성은 질문에서 시작한다. 그들은 자신들의 생각을 질문을 통해 표현한다. 유대인들이 『토라』를 이해하기 위해 반드시 거쳐야 하는 통과의례가 바로 '질문하기'이다. 성서에서 신은 인간에게 하고 싶은 말을 직접 명령하거나 알려주지 않는다. 신은 소크라테스처럼 인간에게 질문을 던져 스스로 그 질문에 대한 답을 찾도록 산파 역할을 할 뿐이다.

신은 이러한 질문을 다수에게 하지 않는다. 신은 한 사람에게만 자신의 목소리를 들려준다. "아이에카!" 신은 나에게 "너는 어디에 있느냐"고 묻는다. 이 질문에는 정답이 없다. 자신의 삶을 통해 자신만의 방식으로 답을 찾으려는 노력 그 자체가 정답이다. 그 사람이 자주 가고 거주하는 장소는 곧 그 사람을 의미한다. 나의 정신과 육체는 내가 자주 가는 곳에 의해 결정되기 때문이다. 이 장소는 내가 사는 집일 수도 있고, 내가 만나는 친구일 수도 있다. 오늘날과 같은 디지털 시대에는 내가 자주 들르는 인터넷 사이트일 수도 있다. 나의 몸과 마음이 편안해하는 장소, 그곳이 곧 나의 수준이다.

신의 질문에는 시제가 없다. 우리는 이 질문을 '네가 어디 있었느냐?', '네가 어디 있느냐?' 혹은 '네가 어디에 있을 것이냐?'로 번역할 수 있다. 이 질문은 과거─현재─미래라는 인위적인 틀을 깨뜨린다. 히브리어가 속한 셈족어에는 원래 과거─현재─미래라는 시간의 개념이 없었다.[11] '아이에카'에서의 '어디'는 인간으로서 마땅히 깨닫고 도달해야 하는 완벽한 자기만의 장소, 신이 개인에게 할당한 장소를 의미한다. 신은 아담에게 '너는 그 장소를 아느냐?', '그 장소에 있느냐?' 혹은 '그 장소를 찾아가는 중이냐?'라고 묻는다.

'아이에카'라는 이 질문에 당황한 아담과 이브는 자신들의 행동에 대한 책임을 회피한다. 아담은 신에 대한 불순종을 이브에게로, 이브는 뱀에게로 그 책임을 전가한다. 그 결과 아담은 땀 흘려 일하게 되고, 이브는 아이를 낳는 고통을 견뎌야 한다. 그들은 이제 어른으로서의 삶을 시작한 것이다.

인간의 노동과 해산의 고통은 신의 저주가 아니라 인간의 도리다. J 저자는 이 일화를 통해 노동과 출산의 기원을 설명한다. 신화의 중요한 기능 중 하나는 인간 사회의 관습과 도덕에 대한 기원을 설명하는 일이다. 인간은 이제 단순히 과일을 따먹고 사냥을 하던 채집 경제를 넘어 농경 사회로 진입한다. 유목 생활을 접고 한곳에 정착해 가정을 이룬다. 가정이라는 단위는 앞으로 구축할 문명의 핵심으로 자리 잡는다. 그 후 인류는 문자를 만들고 그 소통을 기반으로 도시를 건설한다. 또한 에덴동산 밖의 삶을 시작하면서 옷을 만들어 입는다. 성서에는 신이 가죽으로 옷을 만들어 입혔다고 기록되어 있다.

그렇다면 신은 왜 아담에게 "네가 어디에 있느냐"고 질문한 것일까? 지금으로부터 200년 전 제정러시아 리아디(Liady, 지금의 벨라루스)에 살던 한 랍비는 차별 속에서 불행한 삶을 살고 있는 동료 유대인들을 위해 새로운 형태의 유대교를 고안한다. 신앙과 이성 그리고 정신과 물질이라는 단순한 이원적인 세계를 넘어, 그들을 위한 획기적인 삶의 철학을 제안했다. 이 랍비의 이름은 알터 레베(Alter Rebbe)로 알려진 랍비 슈노이어 잘만(Shneur Zalman)이다.

그는 유대 신비주의 전통인 카발라와 당시 유럽에 유행하던 신비주의 '하시디즘(Hasidism)'을 이성적으로 설명하려 노력했다. 그는 자신의 철학을 '차바드(chabad)'라 불렀다. 차바드는 유대 신비주의에 등장하는 우주의 원칙인 '호크마(chochma, 지혜)', '비나(binah, 명철)' 그리고 '다아쓰(daath, 지식)'의 첫 자음을 따서 만든 용어다.

알터 레베가 차바드를 전파하기 시작하자 제정러시아는 이 새로운 운동을 황제에 대한 반역으로 여겨 그를 체포했다. 그는 거의 8주 동안 모진 고문을 당했다. 공교롭게도 그를 심문한 러시아 관리 중 한 명은 유대 경전 『토라』에 심취해 있었다. 그는 평소 자신을 괴롭혔던 『토라』의 질문을 알터 레베에게 한다. "왜 신은 '선과 악의 지식의 나무'의 열매를 먹은 아담을 벌주려 할 때, '네가 어디 있느냐?'라고 물었는가? 신은 왜 아담이 어디 있느냐고 물어야만 했는가? 신은 전지전능해서 다 알고 있지 않은가?"

알터 레베는 러시아 관리에게 유대계 최고의 주석가인 라시

(Rashi)[12]의 설명을 빌어 신이 아담에게 '왜 너는 죄를 지었느냐?'라고 묻지 않고, '네가 어디 있느냐?'라고 질문한 것은 아담이 겁을 먹지 않게 하려는 의도라고 설명한다. 그러자 이미 라시의 해석을 공부해온 관리는 "그 설명은 나도 알고 있다. 당신에게서 새로운 것을 듣고 싶다"라고 말한다. 알터 레베는 그의 눈을 뚫어지게 바라본 후 이렇게 말한다. "『토라』는 영원합니다. 신이 아담에게 한 질문을 오늘 모든 사람에게, 모든 순간에 묻습니다." 알터 레베는 신의 질문이 단순히 아담에게만 한정된 것이 아니라, 시간과 장소를 초월하여 그 이야기를 듣는 모든 사람들에게 적용되는 것이라고 말한다. "네가 어디 있느냐"라는 질문은 모든 인류에게 신이 묻고 싶은 첫 번째 질문이자, 욥과 예수가 그랬듯 거꾸로 인간이 신에게 외치는 질문이기도 하다.

당신이 꼭 이루어야 할 인생의 목적은 무엇인가? 그리고 그것을 위해 어떤 노력을 하고 있는가? 그것을 이루기 위해 지금 어디까지 왔는가? 에덴동산에서 방황하던 아담과 이브처럼, 삶 속에서 방황하고 있는 우리에게 신은 묻는다.

"네가 어디 있느냐?"

2장

너의 아우 아벨이 어디에 있느냐?

אֵי הֶבֶל אָחִיךָ

주께서 가인에게 물으셨다. "너의 아우 아벨이 어디에 있느냐?"
그가 대답하였다. "모릅니다. 제가 아우를 지키는 사람입니까?"
〈창세기〉 4:9

인간은 왜
태어났는가?

인류의 역사는 살인으로 시작한다. 아
담과 이브는 에덴동산에서 나온 후 가인과 아벨을 낳았다. 성서에
의하면 신은 무슨 이유에서인지 목동이었던 아벨이 바치는 동물 제
사는 좋아한 반면 농부였던 가인의 제사는 거절했다고 한다. 이를
시기한 가인은 아벨을 살해한다. 아벨을 살해하고 숨어 있는 가인
에게 신은 이렇게 묻는다. "네 아우 아벨이 어디에 있느냐?" 이 질
문이 바로 성서에 등장하는 신의 두 번째 질문이다.

신의 이 두 번째 질문은 첫 질문과 유사한 듯하지만 근본적으로
다르다. 첫 질문은 첫 인간인 아담에게 직접 "네가 어디 있느냐?"라
고 묻지만, 두 번째 질문은 그 장소에 없는 제3의 인물인 아벨을 찾
는다. 이 질문에 대해 가인도 신에게 질문으로 답한다. "나는 모릅
니다. 제가 아우를 지키는 사람입니까?"

이 질문에 담긴 의미는 무엇일까? 전지전능한 신은 아벨이 살해

당한 사실을 뻔히 알고 있으면서 왜 가인에게 이러한 질문을 했을까? 이 질문의 기저에는 신의 첫 질문인 "네가 어디에 있느냐?"에 대한 대답이 감춰져 있으며, 인간의 본질에 대한 비밀이 담겨 있다. "네 아우 아벨이 어디 있느냐?"라는 질문은 바로 "인간은 누구인가?"라는 질문이기도 하다.

고대 히브리인들은 인간을 '아담'이라 했다. 아담은 원래 '붉은 흙'이라는 의미를 가진 '아다마(adamah)'에서 유래한 단어다.[1] 로마인도 이와 유사하게 인간을 흙으로 보았다. 라틴어 '호모(homo)'는 '흙'이라는 의미를 지닌 '후무스(humus)'에서 왔다.

고대 그리스인들은 인간을 '안트로포스(anthropos)'라 했다. 안트로포스에 대한 어원은 분분하지만 '(하늘을) 보는 존재'라는 의미로 추정할 수 있다. 이 말에는 모든 동물은 '땅을 보는 존재'이지만, 인간만이 하늘을 보는 존재라는 의미가 내포되어 있다. 또 고대 인도인들은 인간을 '마누(manuh)'라 불렀는데, 이 단어는 '생각하는 동물'이라는 뜻을 지니고 있다. 고대 인도에서는 인간을 인간답게 만드는 특징을 '생각'으로 상정한 것 같다.[2]

서양의 인간 개념과는 달리 동양에서는 사람과 사람 사이의 관계를 중요하게 생각했다. 인간은 스스로 존재할 수 없고 다른 인간과의 관계 속에서 그 사람의 본질이 결정된다고 생각해 '인간(人間)'으로 명명했다. 이 단어에서 중요한 것은 '인(人)'이 아니라 다른 사람과의 관계를 나타내는 '간(間)'에 있다. 서양에서는 '인'에 집중해 인간의 본질을 탐구했다면, 동양에서는 '다른 사람과의 관계'인 '간'에 집중했다. 그렇다면 인간은 이웃과의 관계를 어떻게 설정해야 할까? 이웃의 희로애락(喜怒哀樂)과 상관없이 자신만의 이익을 추구해야 할까? 인간은 과연 그렇게 이기적일까?

이기적 유전자와
이타적 유전자

21세기는 인간이 만물의 영장이 된 비밀이 '이기적 유전자'에 있다고 말한다. 현대인들은 흔히 실증적이며 과학적으로 증명할 수 있어야 '진리'라고 믿는다. 과학은 인간이 알고 있는 지식의 경계를 표시한다는 점에서는 중요하지만, 세월이 지나면 '진리'라 믿었던 객관적인 진리도 과학적인 '거짓'이 되고 만다.

사실 우리가 알고 있는 과학적 진리란 가설일 수밖에 없다. 우리는 아직도 하늘에 별이 몇 개나 있는지 알 수 없다. 다만 성능 좋은 망원경이 개발되면서 무한한 별들 가운데 일부를 조금 더 관찰하게 되었을 뿐이다. 또한 생명이 생기는 경로와 이유, 방법에 대해서는 여전히 아는 것보다 모르는 것이 훨씬 많다. 언제, 어떤 과정을 거쳐 지구에 생물이 태어났는지는 그 어떤 과학자도 정확히 설명하지 못한다.

다윈의 진화론은 당시 등장한 자본주의 경제의 정신적인 구세주였다. 자본주의는 인간은 경쟁적이고 개인주의적이며 이기적이라는 전제에서 출발했다. 다윈은 『종의 기원』에서 유인원의 본능을 "이빨과 발톱이 피로 물든(red in tooth and claw)"이라는 표현을 인용해 설명한다. 이 구절은 영국 시인 알프레드 테니슨(Alfred Tennyson)이 지은 「A. H. H를 추모하며(In Memoriam A. H. H)」[3]라는 시에서 따왔다. 테니슨은 이 시를 통해 자신의 심정을 다음과 같이 토로한다.

신을 믿는 자는 진실로 사랑입니다.
창조의 마지막 법칙을 사랑합니다.
그러나 자연은 이빨과 발톱이 피로 물들고,
까마귀는 자연의 신조에 대고 괴성을 지릅니다.

이 시는 단순한 애도시가 아니다. 종교, 과학 그리고 사후 세계에 대한 철학적인 묵상이 담겨 있다. 이 시는 당시 빅토리아 여왕 시대 영국 사회가 오랫동안 신앙처럼 지켜오던 전통과 관습에 대한 도전과 혼란을 서정적으로 표현한다. 테니슨은 생명의 기원과 인간의 진보에 대한 과학적인 발견과 주장에 어쩔 줄 몰라했다. 그는 지식인으로서 고수했던 세계가 붕괴하는 모습에 소스라치게 놀랐다.

영국은 산업혁명으로 부를 축적한 뒤 과거로부터 흘러내려 오는 오래된 짐들을 벗어던지기 시작했다. 1830년대 영국에서 가장 흥미로운 학문은 지질학이었다.

스코틀랜드 지질학자 찰스 라이엘(Charles Lyell)은 1830년 『지질학의 원리』라는 책을 출간해 영국 사회를 뒤흔든다.[4] 그전까지만 해도 성서의 우주 창조 이야기에 기초한 '격변설'(우주와 생명은 갑작스러운 사건에 의해 형성되었다는 설)이 주류를 이루고 있었다. 라이엘은 지질학자 제임스 허턴이 주장한 '동일과정설'을 전적으로 수용해 근대 지질학의 기초를 다졌다. '동일과정설'이란 아무리 먼 과거라 할지라도 오늘날의 자연 현상을 보면 그 원리나 현상을 추론할 수 있다는 이론이다. 그는 현재를 가만히 응시하면 과거를 푸는 열쇠를 발견할 수 있다고 주장한다.

라이엘의 책『지질학의 원리』는 찰스 다윈에게 지대한 영향을 끼친다. 다윈은 비글호를 타고 항해할 때, 이 책에 심취했다고 한다. 1859년 찰스 다윈은『종의 기원』을 쓰면서 테니슨의 시에 등장하는 "자연은 이빨과 발톱이 피로 물들고(Nature, red in tooth and claw)"를 자신의 이론인 적자생존과 약육강식을 설명하기 위한 함축적인 문구로 사용했다.

일부 과학자들은 인간의 '이기적 유전자'가 생명의 기원과 인간의 본성을 이해하는 핵심이라고 주장한다. 대부분의 현대인은 과학을 진리의 유일한 척도로 신봉한다. 영국 진화생물학자 리처드 도킨스와 같은 과학자들은 인간의 생존을 보장한 유전자는 불가피하게 이기적일 수밖에 없으며, 무슨 수를 써서든 경쟁자를 물리치고 우리 자신의 이익을 추구하도록 만들어졌다고 주장한다. 이 이기적인 경쟁력이 인간이 만물의 영장이 된 승리의 비밀이다.

'이기적 유전자'는 현생 인류의 조상인 호모 사피엔스에게 유용한 생존 메커니즘이며, 생존을 위해 협동하는 법을 배운 무리들이 살아남기 위한 최적의 전략이었다. 미국의 생물학자 에드워드 윌슨(Edward Wilson)은 인간이 인위적으로 협동하고 이타심을 발휘하는 것은 궁극적으로 자신과 자신이 속한 혈연 공동체에 이익을 줄 것이라는 계산에서 비롯된 행동이라고 말한다. 자신이 혜택을 받을 것을 기대하며 이타심을 베푸는 행위를 그는 '호혜적 이기주의(altruistic egoism)'라 한다.

인간의 이기적 본능은 인간 종이 등장하면서부터 인간 조상의 DNA 속에 각인됐다. 이것은 인간이 대략 30억 년 전에 등장한 최초의 동물이라 불리는 파충류로부터 물려받은 유산이다. 파충류는 '생존'하기 위해 존재한다. 뇌과학의 전통적인 이론에 의하면, 파충류의 뇌는 인간을 포함한 포유류의 뇌 안에 그에 상응하는 구조로 남아 있다.[5]

파충류의 뇌는 생존을 위한 최소의 전략만을 지닌 채 반응한다. 주로 '4-F'라 하는 먹고(feeding) 싸우고(fighting) 도망치고(fleeing) 번식하기(fxxx, reproduction)의 네 가지 반응이다. 파충류는 먹을 것을 차지하기 위해 무자비하게 경쟁하고, 어떤 위협도 불사한 채 무조건 싸워 이기려 한다. 그러나 자신보다 힘이 센 존재가 등장하면 자기 자식이 위험에 처했더라도 바로 도망친다. 그리고 자기번식을 위해서는 본능적으로 어떤 행동도 감행한다. 이 네 가지 행동을 유발하는 내면에는 자신이 죽을지도 모른다는 공포가 존재한다.

이 파충류 선조로부터 이어받은 DNA가 바로 '이기적 유전자'이다. 1878년, 프랑스 해부학자인 폴 브로카(Paul Broca)는 모든 포유류는 파충류의 뇌에 존재하지 않는 새로운 뇌가 진화한 것이라고 주장했다. 그는 이 뇌 부분을 '대변연엽(le grand lobe limbique)'이라 했다. 이 뇌는 동물의 희로애락과 같은 감정을 조절하는 것으로 알려져 있다.

포유류는 오랜 기간에 걸쳐 뇌간이나 대변연엽과는 다른 세 번째 뇌를 발전시켜왔다. 이 뇌는 세계와 우리 자신에 대해 숙고하고, 본능적이고 원초적인 격정으로부터 한 걸음 떨어지는 추론 능력의 발상지다. 아프리카에 살던 수많은 유인원 중 몇몇이 자신들이 거주하던 나무에서 내려와 허리를 펴고 걷기 시작했다. 지금부터 약 150만 년 전부터 새로 진화한 종이 바로 호모 에렉투스(Homo Erectus)인 직립원인(直立猿人)이다.

호모 에렉투스는 현생 인류로 진화하는 데 중요한 역할을 한다. 이들은 처음으로 불을 다루는 동물이 되었고 이로써 자신들이 사냥한 고기를 구워 먹게 되는데, 이는 곧 단백질의 공급으로 이어져 뇌의 용량을 급격하게 키우게 된다. 이들은 더 이상 아프리카의 밀림 지대에서 지낼 수 없었다. 사막화가 진행되면서 나무에서 내려와 아프리카 평원에서 채소나 과일을 따먹고 때로는 사냥을 해야 했다. 그러나 아직은 사냥을 하지 못하고 맹수가 먹다 남은 사체를 처리하는 수준이었다. 이때 이들에게 커다란 두 개의 변화가 생겨났다.

첫 번째 변화는 시선이다. 유인원들이 나무 위에서 생활할 때는 사방을 감지해야 하므로 눈이 정면과 측면을 모두 볼 수 있는 곳에 위치해 있었다. 그러나 아프리카 밀림 지대가 점점 줄어들자 이들은 급기야 땅으로 내려왔고, 먹을 것을 찾고 사냥을 하다 보니 한곳을 집중해서 볼 수 있도록 눈이 점점 앞으로 이동했다. 특히 사냥을 할 때에는 사냥감의 움직임을 오래 관찰함으로써 동물의 움직임을 예측해야 했는데, 이러한 관찰과 몰입이 생존의 조건이 되었다.

또 하나의 변화는 협동이다. 평원에 살던 인류의 조상들은 맹수의 공격에 취약했기 때문에, 동료가 사냥을 할 때 안전을 위해 또 다른 동료가 보초를 섰다. 이들에게는 동료와의 관계가 자신의 생존을 보장하는 필수 요소가 되었다. '사회적 동물'로서의 장구한 진화를 시작한 것이다.

온혈 포유류의 도래는 더 큰 진화를 불러왔다. 인류가 직립을 시작하면서 골반은 좁아지고, 뇌는 불의 발견으로 단백질이 공급되어 점점 커졌다. 그러다 보니 새끼는 어미의 산도(産道)를 통과할 수 있도록 미성숙한 상태에서 태어나야만 했다. 그렇게 태어난 새끼들은 무기력했고 어미와 집단은 새끼의 생존을 위해 밤낮으로 그들을 보살폈다. 특히 호모 사피엔스를 포함한 영장류가 그랬다.

거의 모든 온혈 포유류는 태어나자마자 걷고 스스로 어미에게서 젖을 찾아 먹는다. 그러나 인간의 경우는 달랐다. 인류가 진화하면서 어미의 털이 없어지다 보니 인간의 아기는 어미에게 매달리지 못했다. 어미는 자신의 욕망과 배고픔을 억제하고 취약한 아이가 무사히 자라날 때까지 수년 동안 돌봐야 했다. 어미는 아이를 돌보는 동안 사냥이나 채집을 할 수 없으므로 아비가 가져다주는 음식에 의존할 수밖에 없게 되고, 그러면서 인류는 서서히 가족이라는 사회를 이루게 되었다.

부모의 이타적인 사랑은 아이의 생존에 필수적이다. 아무것도 모르는 아이는 어미의 행동을 통해 무의식적으로 누군가 자신을 위해 아무런 조건 없이 목숨을 바친다는 사실을 감지하고 자신의 DNA 속에 이를 각인시키기 시작한다. 모든 아이는 태어나자마자 무의식적으로 '이타적인 노력과 헌신'이 생존의 기초라는 사실을 배운다.

남의 아픔을 나의 아픔으로 여기는 마음과 행동을 영어로 '컴패션(compassion)'이라 하고, 셈족어로는 '라흐민(rahmin)'이라 한다. 라흐민은 어원적으로 '어머니의 자궁'에 해당하는 히브리어 '레헴(rehem)'에서 유래했다. 어머니와 아이의 원초적인 관계, 인간과 인간 사이의 관계의 원형은 바로 '라흐민'이다. 아랍어로는 '라흐만(rahman)'으로 불린다. 특히 『꾸란』은 모든 장이 "비스밀라(bismilah)"라는 구절로 시작하는데, 이 구절을 해석하면 '자비가 넘치고(라흐마니) 언제나 자비로우신(라히미) 알라의 이름'이다.

이슬람에서는 알라 신의 속성을 바로 '컴패션'이라 정의한다. 인간이 가진 컴패션이라는 속성은 아마도 인간의 이기적 유전자를 억제하고 이타적 인간성인 모성애를 배양시켰을 것이다. 인간 내면에 새겨진 이기적인 본능과 이타적인 모성애의 갈등은 고전이나 경전의 최고 주제다. 성서에서는 인류 최초의 살인 사건을 통해 그 모습이 드러난다.

인류 비극의 원형,
가인과 아벨

아담과 이브는 에덴동산에서 나온 후 '에덴동산의 동쪽'에 정착한다.

주 하나님은 그를 에덴동산에서 내쫓으시고, 그가 흙에서 나왔으므로,

흙을 갈게 하셨다. 그를 쫓아내신 다음에, 에덴동산의 동쪽에 그룹들을 세우시고, 빙빙 도는 불칼을 두셔서, 생명나무에 이르는 길을 지키게 하셨다.⁶

성서에 등장하는 이야기는 다른 경전에서와 마찬가지로 과학적인 사실이나 실제로 일어난 역사적 사건의 기록이 아니다. 우주가 어떻게 탄생했는지, 동식물이 언제 등장했는지, 동식물엔 왜 암수 구분이 있는지, 인간은 왜 시간이 되면 죽는지 등과 같은 질문에 대한 정답은 없다. 어린아이들이 어머니에게 자신이 어떻게 세상에 태어났느냐고 물었을 때 다양한 설명을 해주는 것처럼 성서를 쓴 저자(들)는 자기 나름대로의 설명을 시도한다.

성서 저자들, 특히 〈창세기〉를 저술한 저자들은 '기원론적 관심'에서 책을 썼다. 그들은 당시 최고의 이야기꾼들로, 오늘날로 치면 역사가이며 과학자였고 동시에 영적인 사람들이었다. 현재 우리가 알고 있는 역사적이며 과학적인 지식을 기준으로 수천 년 전 경전의 내용을 해석하려 하거나 성서 내용을 자기가 가진 사소하고 과학적인 지식으로 공격하는 행위는 매우 시대착오적이다.

아담과 이브는 이제 에덴동산에서 나왔다. 아니 나올 수밖에 없었다. 동산 안에서 그들은 할 일이 없었기에 신을 부를 일도 없었다. 에덴동산의 밖은 우리가 사는 세상이다. 아담은 흙을 경작하는 농부가 됐다. 이제 인간은 자연이 주는 열매를 따먹는 수동적인 삶에서 벗어나 스스로 자신의 생계를 책임져야 하며, 시간의 지배를 받는 존재가 되어 언젠가는 죽게 된다.

J 저자는 인간이 에덴동산으로 다시 돌아와 영생을 보장하는 '생명나무'의 열매를 따먹을 가능성이 있다고 판단했다. 신은 그곳으로 향하는 길목에 무시무시한 괴물들과 함께 빙빙 도는 불칼을 배치함으로써 인간의 영생을 차단했다. 그 경계를 넘는 일은 일종의 터부(taboo)다.

전통적으로 이 경계를 지키는 존재를 '괴물'이라 하며, 영어로 '몬스터(monster)'라 한다. 몬스터는 '(경계를) 표시하는 자'라는 뜻이다. 불교의 사찰에서 제일 먼저 만나게 되는 문이 산문(山門)이다. 속세를 떠나 부처님의 수미산으로 들어가려면 산문 안에 있는 일주문(一柱門)과 천왕문(天王門) 그리고 불이문(不二門)을 지나야 한다. 특히 천왕문은 사방을 지키는 사천왕의 동상을 모신 문이다.

이들은 인도 고전 『리그베다(Rig-Veda)』에 천신으로 등장하지만 후에 불교에 습합되어 수호신이 되었으며, 불국(佛國)과 속세의 경계를 지키는 괴물로 무시무시한 모습을 한 채 들어오는 사람들을 지켜본다. 이들 중 남방을 지키는 신인 증장천왕은 칼을 들고 있는데, 〈창세기〉에 등장하는 불칼을 든 '그룹'과 유사하다.

성서는 이 괴물을 그룹[7]이라 했다. 유대인들의 삶을 지탱하는 원동력은 도시의 번영이나 왕권이 아니라 모세가 시내 산에서 받았다는 십계명이다. 솔로몬이 예루살렘 성전을 완성한 후 성전의 가장 거룩한 공간인 지성소에 십계명을 보관하는 법궤를 안치한다. 그 법궤의 네 모퉁이에 앉아 이를 지키는 괴물들이 바로 그룹이다. 이들은 흔히 인간의 얼굴을 하고 사자나 독수리의 날개를 가졌다. 그리스도교에서는 날개를 단 사람을 천사로 불렀다.

아담과 이브는 고대 히브리인들이 상상한 인류의 조상이다. 이들은 실존 인물이 아니라 인간의 기원을 나타내기 위한 문학적인 창작 인물이다. 이 내용은 과학적으로나 역사적으로 증명할 수 없다. 그렇다고 이 내용들을 거짓이라 일갈할 수도 없다. 과학의 눈부신 발전에도 생명의 기원에 대해 우리가 아는 것은 거의 없다. 〈창세기〉의 내용이 놀라운 것은 기원전 10세기부터 고대 히브리인들이 우주와 인간의 기원을 설명하려 시도했다는 점이다.

에덴동산을 떠난 아담과 이브는 두 아들을 낳았다. 이 둘은 필연적으로 경쟁하고 갈등할 수밖에 없었다. 형제간의 경쟁과 살해는 우리가 아는 대부분의 신화나 문학 작품의 핵심 주제다. 성서는 인간 사회의 원초적인 비극을 형제간의 갈등으로 설명한다. 가인과 아벨의 이야기는 흔히 인류 최초의 살인 사건이며, 인간 사회의 갈등과 그것이 초래하는 불가피한 비극에 대한 원형으로 알려져 왔다.

첫째 아들인 가인은 아버지 아담의 가계를 이어 농부가 되었고, 둘째 아들인 아벨은 새로운 분야를 개척한다. 그는 양을 치는 유목민이 됐다. 가인과 아벨의 갈등은 둘만의 문제가 아니다. 그들의 갈등은 신에게 바치는 제사에서 시작된다. 신은 가인의 제물을 받지 않고 아벨의 제물만 받았다. 그러나 우주를 창조한 신이 곡식을 바쳤다는 이유만으로 가인을 미워했을 리 없다. 또한 그가 아벨이 바친 제물이 송아지 맏배의 기름이기 때문에 그를 반겼다는 J 저자의 설명도 이해할 수 없다.

가인과 아벨 이야기의 핵심은 이들의 이름에서 그 실마리를 찾을 수 있다. 이브는 가인을 출산한 후 "주의 도우심으로, 내가 남자 아이를 얻었다"라고 말하며 그의 이름을 '획득한 자'라는 의미의 '가인'으로 지었다. 가인의 직업인 농부는 인간이 문명사회로 나가는 첫 단계를 의미한다. 인간은 기원전 1만 년에 고대 근동 지방에서 처음으로 사냥 채집 경제에서 농업 정착 생활로 전환했다.

학자들은 이 사건을 '신석기 혁명'이라 한다. 인간들은 농업 정착 생활을 통해 마을과 도시를 만들고, 수로 개발과 음식 저장 기술을 통해 잉여 농산물을 배출한다. 비로소 인간들은 정교한 노동 분화와 장거리 무역, 계급사회, 중앙집권적 정치 형태를 이루어 문명사회로 진보한다.

그 결과 인간은 기원전 3300년에 메소포타미아(지금의 이라크 지역)에서, 기원전 3200년에 엘람(지금의 이란) 그리고 기원전 3100년에 이집트에서 정교한 문자와 도시 문명을 이룬다. 가인은 앞으로 일어날 인류 문명의 실마리를 쥔 원형적인 인간이다.

아벨의 이름은 누가 지었는지 알 길이 없다. 이를 통해서도 가인과 아벨 이야기의 중심은 가인이라는 사실을 확인할 수 있다. 아벨의 이름은 성서 히브리어에서 두 가지로 등장한다. 첫 번째는 '헤벨(Hebel)'이며 그 의미는 '숨/수증기/헛됨'이다. 누가 자식의 이름을 헛됨, 즉 '금방 사라지는 존재'라는 뜻으로 짓겠는가? '헤벨'이라는 단어가 가장 잘 드러난 구절은 〈전도서〉 1장 2절이다.

전도자가 말한다. 헛되고 헛되다. 헛되고 헛되다. 모든 것이 헛되다.[8]

이 문장의 '헛되다'라는 단어가 바로 헤벨이며, 그 단어가 아벨의 이름이다. 가인과 아벨 이야기를 쓴 성서 기자는 맨 처음부터 아벨을 전체 이야기에서 그리 중요하지 않은, 곧 사라질 존재로 소개한 것 같다. 두 번째 이름은 '아벨(Abel)'로 '슬퍼하다/애도하다'라는 의미다. 이 의미 또한 이름으로 사용하기에는 부적절하다.

우리가 누군가에게 선물을 할 때, 수용자의 기분까지 강요할 수는 없다. 하지만 가인은 자신의 제물을 기쁘게 받지 않는 신을 이해할 수 없어 분노한다. 가인의 이러한 모습은 지금의 우리와 닮았다. 누군가에게 선물을 하면, 우리는 그에 상응하는 보답을 받고자 한다. 이러한 생각과 행동은 선물의 본래 취지를 퇴색시켜버린다. 마치 부모처럼 이러한 가인의 마음을 읽은 신은 가인에게 "어찌하여 네가 화를 내느냐? 얼굴색이 변하는 까닭이 무엇이냐?"라고 묻는다. 그리고 이어서 "네가 올바른 일을 하였다면, 어찌하여 얼굴을 펴지 못하느냐? 그러나 네가 올바르지 못한 일을 하였으니, 죄가 너의 문에 도사리고 앉아서, 너를 지배하려고 하니, 너는 그 죄를 잘 다스려야 한다"라고 말한다. 이 문장에 드디어 '죄'라는 단어가 등장한다. 죄는 영혼의 문 앞에 웅크려 있는 괴물과 같다.

우리는 흔히 죄라고 하면 십계명과 같은 계율을 어기는 것이라고 생각한다. 물론 사회생활을 조화롭게 만들기 위해 도덕적으로 그리고 양심적으로 지켜야 할 관습을 지키지 않는 것도 죄지만, 이보다 더 근본적인 죄가 있다. 죄를 의미하는 히브리어는 '하타(hata)'인데, 그 본래의 의미는 '주어진 길에서 벗어나다'이다. 여기서 길이란 개인이 신에게 부여받은 마땅히 가야 하는 길을 의미한다. 고대 셈족인들은 신이 개인에게 맡긴 그 길을 알지도 못하고, 추구하지도 않는 것을 죄라 했다.

신은 가인의 불만족이 그의 삶을 파괴할 것이라는 사실을 알고 있었다. 스스로 죄를 다스리지 않으면 그 죄가 스스로를 지배할 것이라고 말해주지만 가인은 신의 충고를 들으려 하지 않는다. 가인의 욕망인 죄는 그를 사로잡아 아벨을 살해하려는 결심을 하게 한다. 가인은 아벨을 자신의 삶의 터전인 들로 데리고 나가 살해한다.

에덴의
동쪽

가인과 아벨 이야기는 미국 소설가 존 스타인벡(John Steinbeck)에 의해 유명해졌다. 그의 소설 『에덴의 동쪽』은 제임스 딘이 주연이었던 〈에덴의 동쪽〉이라는 영화로 우리에게 더 친숙하다. 미국 캘리포니아 주 살리나스에서 태어난 스타인벡은 대공황을 겪은 1930년대에 활동한 사회현실주의 작가다. 그는 만년의 대작이랄 수 있는 『에덴의 동쪽』에서 인간의 원죄와 그 짐을 지고 구원을 향해 나아가는 인간의 운명을 묘사한다. 스타인벡은 이 작품을 "내 평생의 모든 것은 이 작품을 위한 연습이다"라고 말했을 정도다.

『에덴의 동쪽』의 주제는 선과 악의 대결이다. 스타인벡은 주인공의 이름을 통해서 선과 악의 상징을 분명하게 드러낸다. 선의 상징을 아벨(Abel)로, 악의 상징을 가인(Cain)으로 해석한 그는 자신의 소설 안에서 'A'로 시작하는 이름의 인물은 선의 상징으로, 'C'로 시작하는 이름의 인물은 악의 상징으로 표시한다. 그러므로 주인공인 애덤(Adam)은 선의 상징, 찰스(Charles)와 캐시(Cathy)는 악의 상징이다. 캐시는 냉담하고 잔인한 이기주의자다. 자신의 집에 불을 질러 부모를 죽이고 집을 떠난 그녀는 포주에게 두들겨 맞아 아담과 찰스의 대문 앞에 쓰러진 채 발견된다. 찰스는 그녀를 거절하지만 애덤은 아무것도 모른 채 그녀와 결혼한다.

애덤은 임신한 캐시와 살리나스 계곡 해밀턴 목장 근처에 도착한다. 애덤에겐 모든 것이 완벽해 보이는 삶이었다. 그러나 캐시는 캘리포니아 농촌에 남아 아내로서, 어머니로서 살아가야 하는 삶을 혐오했다. 캐시는 쌍둥이를 출산한 뒤 남편 애덤의 어깨에 총을 쏘고는 도망가버린다. 총상은 회복되었지만 심한 우울증에 빠진 애덤은 중국 요리사 리와 이웃 사무엘 해밀턴의 도움으로 쌍둥이를 키운다. 애덤은 리를 가족처럼 받아들인다. 이들은 종종 한자리에모여 철학적이며 신학적인 논쟁을 한다. 특히 이들은 〈창세기〉에 등장하는 가인과 아벨 이야기에 집중한다.

리는 이 소설에서 지식인으로 등장해 인간의 운명에 관한 이야기를 성서를 통해 해석하려 한다. 그는 〈창세기〉에 등장하는 가인과 아벨 이야기가 잘못 번역되었다고 주장한다. 그는 샌프란시스코에 살고 있는 자신의 친척들이 2년 동안 고전 히브리어를 공부해 가인과 아벨 이야기를 히브리 원전으로 읽고 핵심 내용을 발견했다고 자랑한다.

한편 캐시는 살리나스 도시의 가장 비싼 사창가의 창녀가 된다.

그녀는 자신의 이름을 '케이트(Kate)'로 바꾸고는 사창가 여주인을 죽인 뒤 자신이 그곳의 주인이 된다. 그녀는 남편 애덤과 두 아들을 까맣게 잊은 채 생활한다. 애덤의 두 아들인 쌍둥이 칼렙(Caleb)과 아론(Aron) 또한 자신들의 어머니에 대해 아무것도 알지 못한다. 칼렙과 아론은 자신의 어머니가 실제로 살리나스에 생존해 있다는 소문을 듣는다.

친절한 이웃 사무엘 해밀턴이 죽고, 애덤의 사업은 악화된다. 아론은 이제 존경받는 사업가가 아니라 웃음거리가 된 아버지를 보고 슬퍼한다. 아론과 칼렙은 고등학교를 졸업하고 각자의 길을 간다. 칼렙은 성서의 가인처럼 농사와 관련된 일을 하고, 아론은 목사가 되기 위해 신학교에 입학한다. 불안한 성격의 칼렙은 사람들을 피해 주로 밤에 도시를 돌아다니다가 우연히 자신의 어머니가 살아 있으며 사창가의 주인이라는 사실을 알게 된다. 그는 사무엘 해밀턴의 아들인 윌 해밀턴과 사업을 시작한다. 돈을 벌어 아버지의 인정을 받기 위해서다.

아론은 추수감사절을 보내기 위해 집으로 돌아온다. 아론은 목사가 되는 것이 자신의 길이 아님을 깨닫고, 아버지에게 신학교를 그만두겠다고 말하려는 참이었다. 추수감사절 식사를 위해 모두 모인 자리에서 칼렙은 아버지 애덤에게 칭찬을 받기 위해 1만 5,000달러의 돈을 내놓는다. 그러나 애덤은 그 돈을 받기를 거절하며 이 돈을 벌기 위해 학대한 농부들을 위해 돈을 돌려주라고 말한다.

칼렙은 창세기의 가인처럼 아버지의 인정을 받지 못한 자신의 화를 아론에게 돌린다. 칼렙은 엄청난 충격에 휩싸일 아론을 상상하며 그를 정신적으로 살해하려는 계획을 세운다. 칼렙은 아론을 어머니에게 데리고 간다. 아론은 사창가 여주인인 케이트가 자신의 어머니라는 사실을 알게 되고, 케이트는 아론을 보고 자기혐오에 빠져 자살한다. 목사가 되려던 아론은 충격으로 인해 제1차 세계대전에 참전해 끝내 전사하고, 리로부터 아론의 전사 소식을 전해들은 애덤은 뇌일혈로 쓰러진다.

애덤은 칼렙을 "팀쉘(Timshel)"이라는 한마디로 용서하고 숨을 거둔다. 여기서 '팀쉘'이라는 단어는 『에덴의 동쪽』을 이해하는 중요한 열쇠이다.

'팀쉘', 자신의 삶을 지배하는 능력

유대인들은 자신들의 경전 『토라』를 해석할 때, 글자를 있는 그대로 믿는 것이 아니라 성서 구절을 각각의 상황에 적용시켜 다양하게 해석해왔다. 그 해석들을 모은 책을 『미드라시(Midrash)』라 하고, 이러한 해석 방법을 '미드라시적 해석'이라고 부른다. 따라서 『미드라시』는 닫힌 책이 아니라 지금도 진행되고 있는 역동적인 열린 책이다. 『미드라시』는 이를 읽는 독자들 또한 자신만의 해석을 내놓을 때 비로소 완성된다.

존 스타인벡이 '미드라시'라는 용어를 알았는지는 중요하지 않다. 그가 쓴 『에덴의 동쪽』은 가인과 아벨 이야기에 대한 '미드라시'이다. 존 스타인벡은 인류가 생존을 위해 처음으로 투쟁한 원초적인 사건인 가인과 아벨 이야기에 끌렸다. 신은 가인에게 "네가 올바르지 못한 일을 하였으니, 죄가 너의 문에 도사리고 앉아서, 너를 지배하려고 하니, 너는 그 죄를 잘 다스려야 한다"⁹라고 말한다. 스타인벡은 이 마지막 문구 "너는 그 죄를 잘 다스려야 한다"에 매료당한다. 그는 여러 영역본을 보았지만 만족하지 못하자, 당시 『토라』 문헌의 최고 전문가인 루이스 긴즈버그(Louise Ginsberg)라는 유대 학자에게 이 문장의 의미를 문의한다.

〈창세기〉 4장 7절의 "너는 그 죄를 잘 다스려야 한다"의 히브리 원문은 다음과 같다. "아타 팀슬 보(atta timshol bo)" 이 문장을 영어로 직역하면 "As for you, you may rule over it"이며, 한글로 번역하면 "다른 사람이 아닌 네 자신이 그것(네 욕망)을 다스릴지도 모른다"이다. 'timshol'이 문장의 마지막에 올 때는 '팀숄'로 발음하지만, 뒤에 연달아 단어가 따라올 때는 'o'가 거의 발음되지 않으므로 '팀슬'로 발음되었을 것이다.¹⁰ 스타인벡은 '팀슬'을 영어 'timshel(팀쉘)'로 음역해 『에덴의 동쪽』에 등장시킨다.

스타인벡은 등장인물의 입을 빌려 팀쉘을 소개한다. 『에덴의 동쪽』에서 이 단어에 대한 정보를 쥐고 있는 자는 중국인 요리사 리다. 스타인벡은 리의 목소리를 통해 자신의 생각을 전달한다.

소설에서 사무엘은 가족에게 가인과 아벨 이야기를 들려준다. 리는 이 이야기에 푹 빠져 성서의 숨은 의미를 캐내려 한다. 그는 여러 번역본들을 비교한다. '흠정역(The King James Version)'에서 신은 가인이 죄를 거뜬히 정복할 수 있을 것이라고 확신하고 약속(Thou shalt rule over it)하는 반면, 미국 표준 번역(The American Standard

Version)은 "그것을 정복하라(Rule over it)"라는 명령형으로 번역한다. 이 번역은 약속이 아니라 명령이다.

이 상반된 의미 때문에 혼란에 빠진 리는 이 단어의 본래 의미를 추적하기로 마음먹는다. 특히 〈창세기〉 4장에 등장하는 가인과 아벨 이야기를 통해 신이 무엇을 말하려 했는지를 대화속에서 찾아내려 했다. 가인은 영원히 저주를 받았는가? 아니면 마침내 구원을 얻었는가?

리는 스타인벡의 철학의 상징이며 제2의 자아(alter ego)다. 리는 아우구스티누스의 원죄 신학(theology of Original Sin)을 기초로 한 '흠정역' 번역이나 다른 번역본에 만족하지 않는다. 그는 다른 중국 철학자와 90세가 넘은 네 명의 유대 히브리 학자들과 함께 팀쉘에 담긴 심오한 의미를 캐내기 시작한다. 2년 동안 히브리어 공부를 한 뒤 그들은 팀쉘이라는 단어의 의미가 "너는 그것을 지배할 수도 있다"라고 결론 내린다. 리는 이렇게 말한다.

팀쉘, '너는 지배할지도 모른다'라는 단어는 우리에게 선택권을 줍니다. 이것이 세상에서 가장 중요한 단어가 될 수 있습니다. 이 단어는 우리에게 길이 열려 있다고 말합니다. 이 단어는 바로 우리 인간에게 돌아옵니다.

'~할지도 모른다'라는 말에는 자유의지가 숨어 있다. 팀쉘은 자신의 삶과 운명을 지배하는 능력을 상징한다. 리는 계속해서 말한다.

'너는 ~할지도 모른다'라는 단어는 인간을 위대하게 해서 신들과 같은 수준으로 만듭니다. 왜냐하면 그의 약함과 더러움 그리고 그의 동생을 살해하는 데 있어서 그는 선택권이 있기 때문입니다. 그는 자신의 길을 선택할 수 있고 그것을 위해 투쟁해 승리할 수 있습니다.[11]

스타인벡은 인간의 자유의지를 믿는다. 인간은 선을 택해 죄를 지배할 수 있다. 이 해석은 성서 이야기를 올바르게 해석했는가 하는 문제의 핵심에서 벗어난다. 히브리어 동사는 그 의미가 고정되어 있지 않기 때문이다. 스타인벡은 단어의 다양한 해석 중 하나를 품어 소설 안에서 풀어낸 것이다.

스타인벡은 팀쉘이라는 단어를 통해 인간이 자신의 운명을 개척할 수도 있고 그렇지 않을 수도 있는 완전한 자유의지의 소유자임을 강조한다. 팀쉘은 인간에게 자신의 과거가 어떻든 그 과거를 잊고 새로운 삶, 희망과 구원의 삶을 살 수 있다고 촉구한다.

〈창세기〉 4장에서, 동생 아벨을 살해하고 죄책감에 사로잡혀 있는 가인에게 신은 "네 동생 아벨이 어디에 있느냐?"라고 묻는다. 에덴의 동쪽에 거주하기 시작한 인간의 삶에서 중요한 것은 내 존재의 위상뿐만 아니라 주위 사람, 그것이 동생이든 친구든 이웃이든 그들이 어디 있는지가 중요하다. 그런데 신의 질문에 대해 가인은 퉁명스럽게 "저는 모릅니다. 내가 내 동생을 지키는 사람입니까?"라고 대답한다.

나는 내 형제를
지키는 자입니다!

"네 동생 아벨이 어디 있느냐?"에 대한 '미드라시적 해석'을 보여준 인물이 또 있다. 바로 미국 대통령 버락 오바마다. 2004년 미국 매사추세츠 주 보스턴에 있는 플리트 센터에서는 대선에 출마한 민주당 존 케리 상원의원의 지명을 위한 민주당원 모임이 있었다. 존 케리 의원은 당시 무명에 가까운 한 인물에게 찬조연설을 맡겼다. 그는 일리노이 주 민주당 상원의원에 출마한 시카고 출신의 케냐 이민자 2세인 버락 오바마였다.

그는 하와이 호놀룰루에서 케냐 이민자 아버지와 캔자스 출신의 미국인 어머니 사이에서 태어났다. 그는 하버드 법대 재학 시 《하버드 로 리뷰(Harvard Law Review)》의 편집장을 지낼 만큼 말을 잘 하고 글을 잘 쓰는 사람이었지만 이렇게 큰 행사에서 연설을 해본 적은 없었다. 그의 연설은 17분 동안 이어졌다. 그는 이 기조연설 요청을 받고 자신의 인생이 이 연설과 직결되어 있음을 직감했다. 그는 며칠 동안 이 연설문 작성에 몰입했다. 그의 연설은 다음과 같이 시작한다.

미국의 중심이자 링컨의 땅인 위대한 일리노이 주를 대신해 제가 이처럼 중요한 모임에서 여러분에게 연설할 수 있는 특권을 부여받아 감사드립니다. 오늘은 특별히 저에게 영광스러운 날입니다. 보시다시피 제가 이 연단에 서 있다는 것은 일어날 수 없는 일이기 때문입니다. 내 아버지는 케냐의 조그만 마을에서 태어나고 자라 미국으로 유학을 온 외국 학생입니다. 그는 염소를 치면서 성장했고 양철 지붕으로 된 학교에 다녔습니다. 그의 아버지, 저의 할아버지는 노예였습니다.

자신에 대해 이야기한 오바마는 이어 일반 미국인들에 대해 이야기한다. 공장 노동자들, 학비가 없어 자식을 대학에 보내지 못하는 부모들, 이라크 전쟁에 참가한 미국 청년들 그리고 전당대회에 참여한 민주당원뿐만 아니라 TV를 시청하고 있는 미국인들에게 그는 이렇게 호소한다.

만일 시카고 남부에 글을 읽지 못하는 소년이 있다면, 그 아이가 제 아이가 아닐지라도 그 사실은 제게 중요합니다. 만일 어딘가에 약값을 지불하지 못하는 노인이 의료비와 월세 중 하나를 택해야 한다면, 그녀가 제 할머니가 아닐지라도 제 삶마저 가난하게 됩니다. 만일 어떤 아랍계 미국인이 정당한 법적 절차 없이 체포당했다면, 그것은 제 시민권에 대한 침해입니다.

군중들은 이 연설에 숨을 죽였다. 그들 마음속에 잠들어 있던 자비와 희망의 불씨에 다시 불이 붙은 것이다. 몇몇 사람들은 감격의 눈물을 흘리기 시작했다. 오바마는 플리트센터에 모인 모든 사람들의 눈과 마음을 훔쳤다. 그 순간 그는 이러한 말을 건넨다.

저는 다음과 같은 근본적인 믿음이 있습니다. 저는 제 형제를 지키는 자입니다. 저는 제 자매를 지키는 자입니다. 이것이 바로 이 나라를 작동하게 합니다. 이것이 우리로 하여금 우리의 개인적인 꿈을 추구하지만 미국이라는 하나의 가족으로 모이게 하는 것입니다. 우리는 '여럿으로 구성된 하나(E pluribus unum)'[12]입니다.

그 후 오바마는 일리노이 주로 돌아가 재직 중이던 공화당 상원의원 알란 케이스를 물리치고 민주당 상원의원이 됐다. 뿐만 아니라 4년 후인 2008년에 미국 대통령이 되었고, 2012년 재선에 성공했다.

오바마가 말한 "저는 제 형제를 지키는 자입니다"라는 구절은 〈창세기〉 4장 9절과 깊은 연관이 있다. 신이 아벨을 살인하고 숨어 있는 가인에게 "네 동생 아벨이 어디 있느냐?"고 묻자 가인은 질문으로 대답한다. "내가 제 동생을 지키는 자입니까?" 오바마의 연설은 가인의 질문에 대한 대답이었다.

팀쉘의 주사위는 이제 우리 각자에게 던져졌다. 당신은 나만 혹은 내 형제만 지키는 자인가. 아니면 우리 사회 안에서 불행을 겪는 모든 이들을 지키는 자인가. 신은 우리 모두에게 "너의 아우 아벨이 어디에 있느냐?"라고 묻는다.

3장

모든 것을 버리고 고향을
떠날 수 있는가?

לֶךְ־לְךָ מֵאַרְצְךָ

"너는 네가 살고 있는 땅과, 네가 난 곳과,
너의 아버지의 집을 떠나서, 내가 보여주는 땅으로 가거라."
〈창세기〉 12:1

히브리인들의 서사시, 창세기

성서에서 연대가 추정 가능한 부분은 〈창세기〉 1장이 아니라 12장이다. 〈창세기〉 1~11장은 우주와 인류의 기원에 대해 깊이 묵상한 고대 히브리인들의 서사시다. 이들은 자신들의 지적인 한계 너머에 있는 궁극적인 관심을 자신들의 언어로 표현했다. 유한의 언어로 무한의 세계를 표현하는 일은 어려운 작업이다. 그래서 〈창세기〉에는 여러 집단 나름의 우주 창조와 인간 창조 그리고 여러 가지 기원에 관한 서로 다른 이야기들이 나열되어 있다.

기원전 4세기경, 〈창세기〉 전체를 편집한 사람들은 아담과 이브를 통해 온 땅에 흩어진 사람들이 경험한 여러 언어들(당시 지중해 지역에는 아카드어, 페르시아어, 페니키아어, 아람어, 히타이트어, 우가리트어, 후리아어, 그리스어, 라틴어 등 수많은 언어들이 있었다)의 기원을 설명할 수가 없었다. 그래서 이들은 〈창세기〉 11장 첫 부분에 '바벨탑' 이야기를 첨가해 수많은 언어가 어떻게 등장했는지 신화적으로 설명했다.

바벨탑 이야기 뒤에는 느닷없이 족보가 등장한다. 성서 저자는 족보를 통해 아브람('아브라함'의 개명 전 이름)의 등장을 역사적으로 설명한다. 〈창세기〉 11장 10~26절까지 노아의 자손 셈에서 시작해 아브람의 아버지 데라와 그리고 아브람과 두 동생 나홀과 하란(후에 소개되는 지명과 다른 이름)을 소개한다.

그런데 〈창세기〉 11장 27절부터 32절까지는 바로 직전에 소개한 간략한 족보와 달리 이들을 자세히 소개한다. 이 부분에 유대교, 그리스도교, 이슬람교의 조상인 아브람이 기록되어 있기 때문이다. 성서 저자가 아브람의 형제와 직계가족을 일일이 거론하는 이유는 이들이 아브람의 인생 여정에 긴밀하게 연결되어 있기 때문이다.

『토라』의 저자 중 족보를 중요하게 여겨 곳곳에 목록을 첨가한 자는 P 저자다. 그들은 기원전 6세기, 유대인들이 바빌론에 포로로 잡혀갔을 당시에 활동했다. 나라를 잃고 바빌론으로 끌려온 사람들을 하나로 묶는 끈은 공동의 기억을 구축하는 이야기였다. 특히 조상과 족보에 관한 기억이 더욱 그랬다.

이집트 학자 얀 아스만(Jan Assmann)의 이론에 의하면 '문화적인 기억(das kulturelle Gedächtnis)'은 한 집단의 정체성을 구성하는 핵심이다. 이 문화적인 기억을 잊어버리는 것은 공동체의 와해와 해산을 의미한다. 유대인들은 자신들이 선택된 민족이라는 문화적인 결속을 강조한다. 따라서 디아스포라 상황에서 정해진 시간을 기념하는 '안식일'이 그들의 문화적 정체성이 되었다.

〈창세기〉 11장에 등장하는 족보는 문명의 기초인 기억과 그것을 기반으로 형성된 역사의식의 시작을 의미한다. 거의 동시대에 지중해를 건너 그리스에서도 헤로도토스(Herodotos)라는 작가가 등장해 역사를 기록하기 시작한다. 그는 그리스 도시국가들과 페르시아제국과의 전쟁을 기록하면서 그리스의 정체성과 사유를 탄생시켰다. P 저자는 구전으로 내려오는 조상들의 스토리(story)를 통해 자신들만의 독특한 역사(history)를 만들었다.[1]

〈창세기〉 11장 28절은 하란이 자신이 태어난 땅 '갈대아인의 우르(Ur of the Chaldeans)'에서 아버지 데라보다 먼저 죽었다고 기록한다. 히브리 성서 원문에 사용된 '갈대아인의 우르'라는 표현은 시대착오적인 용어다. 하란은 롯, 밀가, 이스가 이 세 명의 자녀를 두고 세상을 떠난다. 이 문장을 통해 이 글을 쓴 저자가 기원전 6세기 P 저자라는 사실을 추론할 수 있다. 고고학적 자료를 종합해보면 아브람이 활동하던 시기는 기원전 20세기경이다.

갈대아는 기원전 7세기에 나보폴라사르(Nabopolassar) 왕이 남부 바빌로니아에 건립한 왕국이다. 앗시리아제국의 속국이었던 바빌로니아는 앗시리아제국의 강력한 왕 아수르바니팔이 기원전 627년에 죽자, 나보폴라사르가 반란을 일으켜 '갈대아제국'을 건립했다. 이 제국은 기원전 539년 페르시아제국의 키루스가 바빌론을 점령하면서 사라진다.

P 저자는 유대 민족 공동체를 만들 목적으로 아브람을 자신들의 민족과 이데올로기의 조상으로 세우려는 과정에 있었다. 그는 아브람이 자신들을 억압하는 갈대아 민족의 조상이라는 점을 강조한 것이다. 고고학적으로 그리고 역사적으로 정확히 말하자면 '갈대아인

의 우르'가 아닌 '바빌로니아의 우르' 혹은 '수메르의 우르'가 되었어야 하나 P 저자에게 정확한 서술은 중요하지 않았다. 그의 관심은 사라질 위기에 있는 유대인 공동체의 결성이었다.

하란이 죽은 뒤 아브람과 나홀의 결혼이 기록되어 있다. 아브람 아내의 이름은 사래('사라'의 개명 전 이름)이고, 나홀의 아내 이름은 밀가였다. 밀가는 하란의 딸이므로 나홀은 자신의 조카와 결혼한 셈이다. P 저자는 왜 이들의 이름을 거론했을까? 인간의 이름에는 그 사람의 운명과 염원이 담겨 있다. 아브람이라는 이름의 의미는 '아버지(혹은 조상)가 존경받다'이며[2] 이 이름은 문화사적인 의미를 지니고 있다.

기원전 1만 2000년경, 돌을 날카롭게 만들어 씨를 심고 추수를 하게 되면서 농업을 기반으로 한 사회가 형성되지만 이것은 아직 채집과 농업 정책이 공생하는 모계 사회였다. 그러나 기원전 5000년경부터 수공업과 무역을 하면서 도시가 등장하고, 무역을 돕는 수단인 '문자'가 발명되면서 기원전 3300년경 인류는 문명 속으로 들어선다. 그러면서 도시 간의 경쟁이 심해지고 전쟁이 일상이 되면서 부계 사회로 재편된다. 아브람이라는 이름은 인류 문명의 요람인 메소포타미아에 등장한 영웅의 이름으로 제격이다.

〈창세기〉 12장부터 일어날 신과 인간의 역사는 아브람을 시작점으로 펼쳐진다. P 저자는 자신의 내면을 깊이 묵상하고 자연과 자연 안에 숨어 있는 신의 소리를 듣고 자신이 해야 할 바를 행동으로 옮기는 소수 혁신가들의 삶을 기록한다. P 저자에게 그 첫 인물은 바로 아브람과 사래다.[3] 그는 아브람과 사래의 이야기를 통해 영웅의 모델과 정체성을 구축한다.

P 저자는 아브람의 이야기를 부각시키기 위해 먼저 아브람의 아버지 데라의 마지막 여정을 〈창세기〉 11장 후반부에 묘사한다. 데라는 손자 롯과 아들 아브람, 며느리 사래를 데리고 가나안 땅으로 가기 위해 자신의 고향 '갈대아인의 우르'를 떠나 하란에 이르러 그곳에서 이민자로서 살다가 죽는다.

이 부분에서 가장 눈에 띄는 문장은 11장 30절이다. "사래는 임신을 하지 못하여서 자식이 없었다." 데라의 자손들을 언급하다 갑자기 며느리에 대한 다소 개인적인 정보를 첨가한 것이다. 신앙의 조상인 아브람에게 일어날 숱한 시련과 시험이 사래의 불임성과 깊이 연관되어 있다는 일종의 암시다.

지금부터 4,000년 전, 성서 시대에 살았던 여성의 가장 중요한 가치는 결혼 전의 순결과 결혼 후의 생산성이었다. 히브리 민족의 어머니가 될 사래가 불임이라는 사실은 아브람이 펼칠 신의 역사에 치명적인 결점이었다. 불임은 히브리어로 '아카르(aqar)'다. 이 단어의 의미는 '가족이라는 나무 그루터기로부터 떨어져 나와 말라 없어진 상태'다. 아브람은 처음부터 불가능해 보이는 신기루를 찾아가는 신앙의 여정을 시작한다. 히브리인의 역사는 바로 이 불임 여성으로부터 시작한다.

수메르를 떠나
하란으로

아브람은 중동 지방의 유일신 종교, 즉 기원전 6세기에 시작된 유대교와 1세기에 팔레스타인에 등장한 그리스도교 그리고 7세기에 아라비아에 등장한 이슬람교 신앙의 조상이다.

아브람은 기원전 20세기경 오래된 수메르 도시인 우르에서 태어났다. 우르는 동쪽의 유프라테스 강과 서쪽의 티그리스 강 사이에 있는 비옥한 땅인 메소포타미아에 위치한 최고의 국제 도시였다. 당시 동쪽으로부터 아모리인들이 대규모로 들어와 평화로운 수메르 문명을 호전적인 바빌론 문명으로 교체하기에 이르자 아브람은 자신의 고향을 떠난다.

아브람이 떠난 수메르 사회는 신전 중심의 종교 사회였다. 수메르인들은 신전에 우상을 모시고는 살아 있는 신처럼 매일 옷을 입히고 목욕을 시키고 의례를 진행했다. 그들은 이러한 신상 안에 신이 존재한다고 믿었다. 그래서 유대인들의 십계명 중 제1계명이 바로 '우상을 만들지 말라'는 명령이다. 우상은 신 그 자체였기 때문이다. 그런 수메르 사회에서 아브람의 아버지 데라는 신의 동상을 만드는 최고의 명장이었다.

데라는 우르에서 명성과 부를 지닌 상류층 인사였을 것이다. 데라는 다른 수메르인들과 같이 자연 순환의 시기를 정확히 알려주고 밤에 여행하는 사람들의 밤길을 밝혀주는 달의 신 '난나(Nanna)'를 최고의 신으로 여겼다. 특히 기원전 21세기 우르-남무는 우르라는 도시를 수도로 정하고 달의 신을 주신으로 모셨다. 아름다운 달의 신 난나를 위한 찬양시를 보면 수메르인들이 얼마나 난나를 존경했는지를 알 수 있다. 다음은 달의 신 난나를 찬양하는 시로, 쐐기 문자로 기록된 수메르 시를 원전에서 번역한 내용이다.

하늘에서 누가 고귀합니까?
당신입니다. 당신만이 고귀합니다.
땅에서 누가 고귀합니까?
당신입니다. 당신만이 고귀합니다.

오, 위대한 당신! 당신 말이 하늘에서 선포될 때,
이기기(Igigi) 신들이 엎드립니다.
오, 위대한 당신! 당신 말이 땅에서 선포될 때,
아눈나키(Anunnaki) 신들이 땅에 입 맞춥니다.
오, 위대한 당신! 당신 말이 하늘에서 바람처럼 둥둥 떠다닐 때,
당신의 말은 땅의 먹을 것과 마실 것을 풍요롭게 합니다.
오, 위대한 당신! 당신 말이 땅 위에 떨어지면,
초목이 살아납니다.

오, 위대한 당신! 당신 말은 양 우리와 소 마구간을 넓게 만듭니다.
당신의 말은 살아 있는 피조물들을 퍼지게 만듭니다.
오, 위대한 당신! 당신 말은 진리와 정의가 존재하게 만들어
사람들이 진리를 말하게 만듭니다.

오, 위대한 당신! 당신 말은 하늘 저 편에 있고,

땅에 숨겨져 있어, 아무도 보지 못합니다.

오, 위대한 당신! 누가 당신 말을 이해하겠습니까?

누가 당신 말과 견주겠습니까?

오, 주님이시여! 하늘을 지배하시고 땅을 위용이 있게 만드시는 분!

당신의 형제들 신들 가운데, 당신과 견줄 존재는 없습니다.[4]

우르에는 도시 한가운데 왕궁과 신전이 우뚝 서 있고 그 옆에 난나 신을 위한 성탑이 있다. 특히 봄에 이곳에서 열리는 아키투(Akitu) 축제에서는 12일 동안 난나 신을 위한 종교 의식과 연극이 상연됐다. 우르의 최고 산업은 동상을 대규모로 만들어내는 수공업이다. 우르의 공장들은 돌이나 금속으로 만든 실제 크기의 신과 왕 그리고 귀족의 동상뿐 아니라 개개인이 부적처럼 가지고 다니는 소형 신상도 대량 생산했다. 수메르와 아카드의 모든 가족들은 신전에 소형으로 자신의 보호 신의 상을 만들어두었다. 우르의 신전은 난나를 동상으로 만들어 모셨다. 데라는 1년에 몇 개씩 신전에 쓰일 동상을 조각해 팔았다.

데라의 운명은 새로운 민족의 침입으로 인해 위기에 봉착하는데 바빌로니아제국의 함무라비 왕 시절에 이르러 데라의 가세는 급격히 기운다. 함무라비는 원래 메소포타미아인이 아니라 서쪽에서 이주해온 정복자였다. 이들을 '아모리인들(Amorites)'이라 한다. 이 말자체가 '서쪽(시리아)에서 온 사람들'이라는 의미다. 그는 이전에 부각되지 않았던 새로운 도시 바빌론을 수도로 선택해 건설했다. 함무라비는 수메르 도시, 특히 우르, 우룩, 니푸르와 같은 전통적인 도시로부터 신상과 예술 작품을 모두 약탈해 바빌론을 장식하는 데 사용했다. 함무라비는 자신이 선택한 바빌론을 그가 만든 제국의 수도로 만들고 싶었다. 수메르의 찬란하고 독창적인 예술에 관심이 없었던 그는 동일한 동상을 대량으로 생산하기 시작했다.

데라는 아들 아브람과 며느리 사래 그리고 손자 롯을 데리고 우르를 떠나 하란에 도착한다. 하란은 현재 터키와 시리아 국경 지대에 있는 '산르우르파(Sanliurfa)'다. 하란은 오래전부터 수메르가 대상 무역소를 설치했던 장소로, 지중해와 티그리스 강 중부를 이어주는 무역 중심지다. 하란이라는 단어 자체가 '교차로'라는 의미를 담고 있다. 하란은 후에 '밧단 아람' 혹은 '아람 나하라임'으로 불린다. 이곳은 후에 나오는 이삭의 아내 리브가의 고향이기도 하며, 그들의 아들 야곱이 삼촌 라반을 위해 20년 동안 일했던 유서 깊은 장소다.

하란은 고대 근동 지방의 여러 대상들이 모이는 장소였지만, 이곳에서 우르의 난나 신상이 발견된 것으로 보아, 데라는 자신의 생계를 유지하기 위해 난나의 신상이 필요한 곳에 정착한 것으로 보인다. 아브람은 이곳에서 우르에서의 생활 못지않은 부유함을 누린다.

그러던 어느 날, 아브람과 사래는 낯선 땅에서 홀로 서기를 시도해야 했다. 아브람은 아버지 데라가 죽은 뒤 자주 발릭(Balikh) 강둑에 앉아 하염없이 흘러가는 물을 바라보곤 했다. 어느덧 그의 나이 70세가 넘어 그는 죽음을 앞둔 노인이 됐다. 아브람에게는 아직 자식이 없었다. 사래는 불임 여성이었기에 희망조차 없었다. 아브람은 자주 악몽에 시달렸고, 깨어나면 인생의 무력함을 절실히 느꼈다.

아브람은 오고가는 대상들을 만나 차를 마시고 옛날이야기를 하며 세월을 보냈다. 대상이 있는 곳이면 어디에서나 노래를 부르는 음유시인 '아멜나루(Amelnaru)'가 동행했다. 아브람은 아멜나루의 노래를 통해 영생을 찾아다니던 영웅 길가메시와 지하 세계로 내려가 여신 신두리를 만난다. 신두리와 길가메시와의 대화는 『길가메시 서사시』 판본들 중 기원전 19세기경에 완성된 고대 바빌로니아 판본에 기록되어 있다. 아래는 아카드어로 기록된 길가메시와 신두리의 대화를 번역한 것이다.

"오, 길가메시여! 당신은 무엇을 찾아다니나요?
당신이 찾는 영생, 못 찾을 겁니다.
신들은 인간에게 죽음을 예정해놓았죠.
자신들만 영생을 누리죠.
오, 길가메시여! 당신의 배를 채우세요.
밤낮으로 즐겁게 사십시오.
매일매일 잔치를 여세요.
밤낮으로 춤추면서 노세요.
당신의 옷을 깨끗하게 입고,
당신의 머리를 씻고, 목욕을 하세요.
당신이 안고 있는 어린아이를 즐거워하시고,

당신이 품고 있는 여인에게서 기쁨을 찾으세요. "[5]

하지만 아름다운 노래도 아브람에게는 위안이 되지 않았다. 동네 사람들은 아브람에게 씨받이를 통해 자식을 얻으라고 권유했다. 당시에는 그렇게 하는 것이 관습이었다. 그러나 그는 그럴 생각이 없었다. 아브람과 사래는 서로 사랑했고, 아브람은 사래의 마음에 거슬리는 일을 할 생각이 전혀 없었다. 아브람은 자주 침대에서 나와 마당을 걸었다. 그럴 때마다 아름답고 화려한 저택이 마치 자신의 무덤처럼 여겨졌다. 아브람은 아버지 데라의 유산으로 화려한 집과 시종, 가축 등 인간이 부러워할 만한 것들을 가지고 있었지만 공허함을 떨칠 수 없었다. "내가 왜 인생을 이렇게 살아왔을까?"

"너 자신을 위해 모든 것을 버려라!"

아브람은 아침잠이 없어졌다. 그는 이른 새벽에 일어나기 일쑤였다. 매일 밤 죽음의 신이 성큼성큼 다가오는 것만 같았다. 그는 왜 사는지 고민했다. 수년 전부터 아브람의 시선은 세상이 아니라 자신의 마음으로 향하고 있었다. 그는 밤하늘보다 더 빛나고 심오한 자신을 탐구하기 시작했고, 그러던 어느 날 느닷없이 신의 목소리를 듣게 된다.

주께서 아브람에게 말씀하셨다. "너는, 네가 살고 있는 땅과, 네가 난 곳과, 너의 아버지의 집을 떠나서, 내가 보여주는 땅으로 가거라."[6]

위 문장을 원문에 가깝게 의역하면 다음과 같다. 괄호는 해석상 필요한 의미를 첨가한 내용이다.

주께서 아브람에게 (느닷없이) 명령하셨다. "너는 너 자신을 위해서, 네가 마련한 삶의 터전인 이 땅, 너의 (이익 집단이 있는) 고향, 그리고 네가 (출세하는 데 기반이 되는) 아버지의 집을 버려라! 그리고 내가 네게 보여줄 (새로운) 땅으로 가라!"

성서는 신이 왜 아브람을 선택했는지 침묵한다. 행간을 읽어야만 그 이유를 찾을 수 있다. 〈창세기〉 12장은 히브리어로 '그리고'라는 접속사 '워(wə)'로 시작한다. '워' 앞에는 아브람이 자신의 마음을 응시하며 신의 목소리를 듣기 위해 수련한 무수한 시간이 숨어 있다. 마침내 신과 아브람의 침묵을 깬 자는 신이었다. 신은 아브람의 간청을 들을 시간이 없다. 신은 아브람에게 "모든 것을 버려라!"라고 말한다.

신은 인간에게 두 번째 탈출을 촉구한다. 첫 번째 탈출은 아담과 이브가 '모든 지식의 나무'의 열매를 먹고 자신들의 DNA 속에 신성을 습득한 후 대담하게 세상으로 탈출한 것이다. 자유의지와 욕망이 없는 파라다이스는 지옥이다. 신은 아브람을 통해 인간에게 두 번째 탈출을 명령한다. 이 명령은 인간다운 삶을 위해 반드시 감행해야 하는 의무다. 신은 자신이 처해 있는 장소에 영적인 불만을 느끼고 새로운 길을 모색하는 아브람에게 명령한다. "모든 것을 포기하고 아까워하지 말라! 너 자신을 위해서!"

신이 아브람에게 한 첫 마디는 히브리어로 '레크 르카(lek lka)'다.[7] 신은 아브람을 지목해 부탁이 아닌 명령을 한다. 히브리어 동사 '레크'는 영어나 우리말로 단순히 히브리어에서 '걷다'라고 번역할 수 없다. 한 언어의 동사 의미가 다른 언어에는 여럿일 수 있다. 히브리어에서 '걷다'라는 의미는 크게 세 가지로 번역이 가능하다. 첫째는 '(어떤 장소로) 걷다/가다/(누구를) 따라가다'이며, 둘째는 '어떤 삶을 살다/누구의 발자취를 따라가다/누구를 흉내 내다'이고, 셋째는 '버리다/떠나다/포기하다'[8]이다. 신의 첫 명령에는 이 세 가지 의미가 모두 담겨 있다.

'레크 르카'에서 두 번째 단어 '르카(lka)'를 직역하면 '너를 위해서'다. '르카'는 신의 두 번째 명령에서 가장 중요한 단어다. '르카'를 축자적으로 번역하면 '네 자신을 위하여'라는 의미다. 신이 아브람에게 던진 명령은 아브람을 위한 신의 계획 아래 정교하게 이루어진 행위다. 여기에서 신은 아브람의 믿음, 그의 삶에 대한 시각을 살펴보려 한 것이다. 신이 시험하는 것은 인생의 근본적인 문제에 대한 우리의 태도다. 우리가 일생을 통해 일구어놓은 안전장치나 기득권을 과감히 버리고 신과 동행할 준비가 되어 있는지를 시험한다. 그 이유는 신을 위해서가 아니라 '우리 자신'을 위해서다.

레크 르카 뒤에는 '~로부터 떨어져'라는 뜻의 전치사 '민(min)'이 붙기 때문에, 전체 문장은 '네 자신을 위해 ~로부터 떨어져 모든 것을 포기하라'라고 해석할 수 있다. 여기서 전치사 '민'은 레크 르카 뒤에 세 번 나오는데, 우리가 삶의 터전이라고 생각하는 명사 세 개와 함께 등장한다. 그렇다면 신은 아브람에게 무엇으로부터 떠나라고 말한 것일까? 이를 설명하기 전에 유목민들이 자신의 정체성을 확인하는 다섯 가지 상징을 설명할 필요가 있다. 이 상징은 나와 내가 속해 있는 공동체와 깊이 연관되어 있다.

유대인들이 자신의 존재를 나타내는 가장 작은 상징이자 최소단위는 '나'다.[10] 히브리어를 포함한 셈족어에서 1, 2인칭 대명사 '나'와 '너'는 공동의 어원 '*an'에서 파생됐다. 이 단어는 까마득한 옛날에 만들어져 그 의미는 추적할 수 없으나 한 가지 분명한 사실은 '나'라는 독립적인 주체보다는 '나와 너'라는 공동체 의식이 훨씬 중요했고, 이러한 공동체 의식이 종교라는 문화 현상을 형성하는 데 결정적이었다는 점이다.

'나'를 결정하는 두 번째 단위는 '직계가족'이다. 이 직계가족을 원셈어로는 '바이트(*bayt-)'라 한다.[11] 자신과 형제자매 그리고 아버지, 어머니를 포함한 2촌 관계의 최소 공동체가 '바이트'다. '바이트'의 의미는 셈족어 글자를 빌려 그리스 알파벳을 만들고 후에 영어를 포함한 서양 알파벳의 기원이 된 영어 단어 'B'를 보면 잘 알 수 있다. '알파벳(alphabet)'의 '벳(bet)'은 그리스어 알파벳의 두 번째 글자 '베타(β)'에서 유래했는데, 이 글자는 집을 그린 그림을 본 따 만들어졌다. 히브리인들은 '나'를 규정하거나 또는 확장한 나를 '바이트'라고 표현한다. 바이트는 내가 직계가족과 공유하는 공간이자 이들과 함께 경험하는 시간이다.

고대인들이 가족 단위 혹은 공동체 단위로 존재한 이유는 사회·경제적으로 독립할 수 없었기 때문이다. 자율적이며 독립된 존재로서 개인은 16세기 르네상스와 18세기 계몽주의를 통해 등장했다. 인류 이전에 개인은 가족의 구성원으로 존재한다. 동양에서는 개인이 한 가족의 구성원이라는 것을 표시하기 위해 이름 앞에 성을 붙이지만, 서양에서는 개인이 중요하기 때문에 자신만의 고유한 이름이 성 앞에 온다.

'나'를 규정하는 세 번째와 네 번째 단위는 친족과 부족이다. 친족을 '미쉬파하(mishpachah)'라 하는데, 결혼을 통해 확대된 가족을 이르는 용어로 같은 집 혹은 근처에 사는 직계가족을 넘어 조부, 사촌, 삼촌까지 포함한다. 이들은 한 장소에 거주하면서 집성촌(集姓村)을 이룬다. 이들은 유사시 '하나의 가족'처럼 움직이며 그 우두머리를 '족장(族長)'이라 한다. 부족을 히브리어로 '마태(mateh)'라 하는데, 한 명의 공동의 조상을 통해 형성된 사람들의 집단이다. 이들의 구체적인 사항이 잘 알려지지 않았더라도 부족에 속한 구성원들은 스스로를 이 조상의 후손으로 생각한다. 그리고 자신이 이 부족의 후손임을 알리기 위해 족보를 만든다.

부족을 넘어선 가장 큰 공동체는 백성이다. 백성은 히브리어 '암(am)'을 번역한 단어다. 암의 원래 의미는 친족이었으나 부계 중심의 사회를 의미하는 이 말은 시간이 지나면서 점차 사회학적이면서 종교적인 공동체로 변화한다. 제정일치의 고대 사회에서 종교를 중심으로 이루어진 이데올로기 공동체를 암이라 한다.

아브람은 기원전 20세기부터 한곳에 적을 두지 않고 식량을 찾기 위해 떠돌아다니던 집단인 '아모리인'이다. 아모리인은 메소포타미아와 시리아 그리고 가나안 지역의 도시국가들을 공격하던 유목민을 일컫는 용어다. 당시 수메르인들이 메소포타미아 남부에 건설했던 도시들은 동쪽으로는 엘람족(Elamites), 서쪽으로는 아모리족의 공격을 받아 하나둘씩 멸망한다. 아모리족이 들어와 수메르인이 거주하던 메소포타미아 남부에는 바빌로니아제국이 건설되고, 메소포타미아 북부에는 앗시리아제국이 건설된다. 이곳에 정착한 아모리족은 호전적인 셈족이다. 수메르인과 다르게 이들은 중앙집권적인 도시국가를 세운다. 아모리족을 아카드어로는 '아무루(amurru)', 수메르어로는 '마르투(martu)'라 하는데, 두 용어 모두 '서쪽에서 온 사람들'이라는 의미다.

아모리인을 사회학적 용어를 빌려 표현하자면 '히브리인'이라 할 수 있다. 히브리인은 히브리어로 '이브리(ibri)'다. 이 단어는 경계를 넘나들다' 혹은 '(규율을) 어기다'라는 뜻의 '아바르(abar)'라는 히브리 동사에서 파생했다. 히브리인은 한곳에 정착하지 않고 경계를 넘나드는 자율적인 사람들이다.

아브라함,
새 이름을 얻다

신은 히브리인인 아브람에게 세 가지를 버리라고 명령한다. 그 첫 번째는 "아브람의 땅"이다. 땅은 우리의 삶의 기반이다. 땅 없이 인간은 존재할 수 없다. 신이 우주를 창조할 때 위쪽은 '하늘'이라 했고 아래쪽은 '땅'이라 했다. 그러나 이는 성서 기자의 인간 중심적인 발상에서 비롯한 용어다. 사실 우주에는 위도 없고 아래도 없다. 우주 공간의 보이지 않는 점과 같은 미세한 존재인 이 지구에서 위아래는 지극히 인간 중심적인 용어다.

우리가 발을 딛고 있는 이 거대하고 편평한 땅덩어리가 존재하는 이유는 지구를 내핵으로 끌어당기는 거부할 수 없는 힘, 바로 중력 때문이다. 물질이 거대할수록 중력은 거세며 우주 안에 행성과 달, 별이 상대방을 끌어당기려는 힘의 균형으로 천체가 운행된다. 땅 위를 떠나려 시도하는 순간, 우리는 어김없이 다시 땅으로 떨어진다. 그런데 신은 우리에게 '이 땅'을 버리라고 말한다. 여기서 '땅'이란 우리도 모르게 우리를 끌어당기는 중력과 같은 자기애와 이기심이다.

두 번째는 "네가 난 곳"을 떠나라는 주문이다. 자신이 태어난 곳을 '고향'이라 하며, 그 고향은 마을이나 도시일 수도 있고, 친족이 모여 사는 집성촌일 수도 있다. 집성촌은 자신의 이기심을 마음껏 발휘할 수 있는 단단한 공동체다. 이들의 이기심은 상부상조라는 이름으로 유연하게 적용된다. 고대 베두인 사회를 잘 나타내는 모토는 "나는 내 형제에 대항하고, 내 형제들과 나는 사촌들에게 대항하고, 내 사촌들은 낯선 자들에게 대항한다"이다. 이는 가계와 부족을 근거로 형성된 핵가족이라는 프레임 안에서 개인이 보호받는다는 뜻이다.

부족은 세이크(sheikh)라 불리는 족장이 모든 일을 결정한다. 족장인 아브람이 자신의 고향을 떠나는 순간 그는 생명을 보장받을 수 없다. 고대 근동에서는 어지간한 범죄를 저지르지 않는 한 추방되지 않는다. 추방은 곧 죽음이기 때문이다. 그러므로 고대 사회에서 고향을 떠나는 일은 곧 죽음이다. 특히 유목 사회에서 자신이 사는 지역을 벗어나는 일은 자살 행위나 다름없다. 메소포타미아에서 살인과 같은 범죄를 저질렀을 때 내리는 형벌이 바로 그 사회로부터 추방하는 것이다. 기원전 18세기 바빌로니아의 왕 함무라비가 남긴 법전의 154항에는 "만일 어떤 자유인이 자신의 딸과 근친상간을 범했다면, 그 자유인은 자신이 거주하던 도시로부터 추방당할 것이다"라고 쓰여 있다. 자신이 태어난 곳을 떠난다는 것은 수치스러운 일이다. 신은 아브람의 모든 것이 달려 있는 그 도시, 그가 태어난 곳을 자발적으로 버리라고 명령한다.

신은 세 번째로 "아버지의 집"을 버리라고 요구한다. 아버지의 집이란 그 사람의 정체성이다. 유목 사회에서는 개인으로 불리기보다 '누구의 아들'로 불린다. 한 사람의 정체성은 자신이 속한 '집'에 의해 결정되기 때문이다. 신은 아브람의 절대적인 순명을 요구하면서 점점 범위를 좁혀간다. 아브람이 버려야 할 대상을 땅에서 고향으로, 다시 고향에서 부모로 옮김으로써 자신의 명령이 비상식적이면서 동시에 절대적임을 충분히 표현한다.

그렇다면 아브람은 어디로 가야만 하는가? 신은 아브람에게 "내가 보여줄 땅으로 가거라!"라고 말한다. 여기서 '보여줄'은 미완료형이다. 아브람이 가야 할 곳은 알지도 못하고 알 수도 없는 미지의 장소다. 아브람은 그 땅이 어떤 곳인지 어떻게 알 수 있을까? 신이 말하는 그곳은 아무도 가본 적이 없기 때문에 구체적이며 객관적인 장소가 아니다. 이 장소는 신의 목소리를 듣고 자신만의 여행을 떠나는 자에게 자연스럽게 드러나는 유일무이한 장소다.

아브람이 자신의 전부를 포기하라는 명령을 따른다면 신은 복을 내리겠다고 약속한다. 복을 뜻하는 히브리어 '버러카'의 어근은 'b-r-k'인데, 이 단어의 가장 근본적은 의미는 '무릎'이다. 여기서 말하는 복은 무릎을 꿇고 신의 뜻에 순명(順命)하는 것, 또는 순명의 결과로 얻어지는 어떤 것을 뜻한다. 이 약속이 불가능해 보이지만, 아브람은 다시 우르와 그 후에 정착한 하란을 떠나라는 명령을 받아들인다. 이 명령은 아브람이 자신의 삶에서 가장 중요한 것을 버리고 신이 원하는 삶을 위해 영적인 여행을 떠날 수 있는지에 대한 시험이다. 신이 우리를 위해 준비하는 삶은 과거로부터의 단절, 삶에 대한 근본적인 시각의 변화 없이는 도달할 수 없다.

자신의 순명을 따르면 우리는 새로운 존재가 된다. 아브람은 자신의 고향을 떠나는 순간 이름을 잃는다. 신은 아브람에게 "신경 쓰지 말라! 내가 너에게 새로운 이름을 주겠다. 그리고 그 이름을 위대하게 만들겠다"라고 말한다. 75세의 아브람은 과감히 떠난다.

하란을 떠난 아브람과 사래의 기나긴 여정이 시작되었다. 가나안, 네겝, 이집트를 거쳐 베델 부근에도 잠시 머물렀다가 다시 가나안으로 돌아갔고, 소돔 근처에서도 살았다가 헤브론의 마므레라는 지역에 자리 잡게 되었다. 이곳에는 커다란 상수리나무가 있어서 예로부터 이 지역을 '마므레의 상수리나무'라 불렀다.

어느덧 아브람의 나이는 99세가 되었고, 사라는 89세가 됐다. 아브람은 신이 하란에서 "하늘의 별처럼, 바닷가의 모래처럼" 많은 자손을 주겠다던 약속, 위대한 민족을 세우겠다고 했던 약속이 옛 이야기처럼 가물가물하게만 느껴졌다. 이때 신이 아브람에게 나타나 다음과 같이 말했다.

"나는 너와 언약을 세우고 약속한다. 너는 여러 민족의 조상이 될 것이다. 내가 너를 여러 민족의 아버지로 만들었으니, 이제부터는 너의 이름이 아브람이 아니라 아브라함이다."[12]

또한 신은 사래의 이름 역시 '사라'로 부르라고 말한 후, 사래로부터 아들을 낳을 것이며, 그 아들의 이름을 '이삭'으로 지으라고 명령한다.

낯선 자를 대접하는 아브라함과 사라

아브라함은 그날도 여느 때처럼 하루 종일 상수리나무 아래에 앉아 있었다. 이곳은 사람 한 명 보기 어려운 사막이다. 모든 것이 정지되고 땅거미에서는 뜨거운 열기가 아지랑이처럼 올라오는 날이었다. 그때 섭씨 50도가 넘는 더위 속에 저 멀리로 낯선 사람 세 명이 여행하는 것이 보였다. 아브라함은 그들을 정신이 나갔거나 나쁜 짓을 하려는 강도일지도 모른다고 생각했다. 고대 사회에서 외국인은 위험한 존재였다. 외국인은 그 지역의 '복수동태법'의 보호를 받지 못했다. 이 법은 '피의 보복 원칙'으로 살인을 당한 자의 부족이 그 가해자 부족의 한 명을 살해할 수 있는 법이다. 함무라비 법전 196~197항은 다음과 같이 '렉스 탈리오니스(lex talionis)'를 선포한다.

만일 자유인이 다른 자유인의 눈을 상하게 한다면, 그의 눈도 상하게 하라.
만일 그가 다른 자유인의 뼈를 부순다면, 그의 뼈도 부수어라.

'렉스 탈리오니스'는 고대 유목 사회에서 부족들 간의 힘의 균형을 유지하는 작동 원리다. 부족들은 이 법으로 서로를 견제했다. 그러나 외국인은 이러한 법의 테두리를 벗어난 존재, 살인이나 약탈의 대상이었다. 히브리어로 '나카르(nakar)'는 '외국인'인 동시에 '살해가 가능한 적'이라는 뜻을 가지고 있다. 아브라함과 사라도 이 낯선 곳에서 나카르이고, 멀리서 다가오는 세 명도 나카르일 가능성이 컸다.

하지만 아브라함은 이러한 생존법에 연연해하지 않고 자신의 직관에 따라 행동했다. 아브라함은 저 멀리 서 있는 낯선 자들을 맞이하기 위해 신발도 신지 않고 맨발로 달려간다. 99세 노인이 사막 한가운데서 자신을 해칠지도 모르는 낯선 자들을 맞아하기 위해 뛰어가는 모습을 상상해보라!

아브라함은 주위 사람들, 특히 어려움에 처한 사람들의 처지를 자신의 일처럼 여기고 처음 보는 사람들을 아무런 거리낌 없이 맞이했다. 한순간에 자신은 없어지고 상대방과 하나가 되는 것이다.

이러한 행위를 자신의 '상태'에서 '벗어나기'라고 하며, 고대 그리스인들은 이를 '엑스터시(ecstacy)'라 했다. 엑스터시는 'ek(밖으로)'과 'stasis(자아에 몰두된 있는 그대로의 상태)'가 합쳐진 말이다. 고대 그리스에서는 매년 봄에 디오니소스 축제가 열렸다. 이 축제에 참가하기 위해 수많은 극작가들은 상상을 초월하는 대본을 써서 서로 경쟁했다. 대중들은 이를 통해 희로애락도 느끼지만(오락적 목적), 자신과 전혀 다른 사람이 되어 내면에 있는 '연민'의 감정을 끄집어내는 새로운 경험도 하게 된다(교육적 목적). 교육이란 본래 자신도 모르게 심연에 은닉되어 있는 감정을 '밖으로(e-) 인도하는(ducation)' 행위다.

아브라함은 신의 음성을 들었던 75세 때부터 처음 보는 낯선 사람이라 할지라도 그 사람의 입장에 서는 연습을 시작했다. 그는 지난 24년간 남의 처지를 이해하는 것뿐만 아니라 그 사람의 제2의 자아가 되는 경지에까지 이르렀다. 단순히 감정이 일치하는 '공감'의 단계를 넘어 남이 아프면 나도 아프고 남이 기쁘면 나도 기쁜 혼연일체의 '신비한 합일(unio mystica)'을 이루었다. 이것은 신비주의 전통의 최고 단계였다.

아브라함은 사막에서 만난 낯선 자들을 왕처럼 모시며 그 앞에 절을 했다. 누가 봐도 정상적이며 일상적인 행위는 아니었다. 그는 내가 나 자신이 아닌 다른 존재와 하나가 될 수 있다면 신과도 하나가 될 수 있다고 생각했다.

"손님들께서 저를 좋게 보시면, 이 종의 곁을 그냥 지나가지 마시기 바랍니다. 물을 좀 가져오라고 하셔서, 발을 씻으시고, 이 나무 아래에서 쉬시기 바랍니다. 손님들께서 잡수실 것을, 제가 조금 가져오겠습니다. 이렇게 이 종에게로 오셨으니, 좀 잡수시고, 기분이 상쾌해진 다음에, 길을 떠나시기 바랍니다.”[13]

아브라함은 선의 판단 기준이 내가 아니라 '내 밖의 상태(엑스터시)'인 '당신'에게 있다고 말한다. 그는 “손님들께서 저를 좋게 보시면”이라고 말을 꺼낸다. 이 문장에서 아브라함은 유일신 종교에서의 '선'의 기준을 말한다. 선은 신이 인간에게 원하는 덕목인데 그 기준이 타인에게 있다는 것이다. 이를 나타내는 히브리어 단어는 '토브(tob)'다. 이 단어의 첫 번째 의미는 '선하다'이며, 두 번째 의미는 '좋은 향기를 내뿜다'이다. 토브를 지닌 자는 자신이 의도하지 않아도 달콤하고 그윽한 향기가 저절로 풍기기 때문에 다른 사람이 그 향기를 맡으면 매료되지 않을 수 없다. 그것이 바로 그 사람의 인품이다.

사막에서 오랫동안 여행한 낯선 자들에게 가장 필요한 것은 신선한 물과 음식 그리고 휴식이었을 것이다. 아브라함은 그들을 상수리나무 그늘 아래 널찍한 식탁으로 인도한 후, 물을 주어 목을 축이고 몸과 발을 씻게 했다. 이 낯선 자들은 정성을 다해 자신들을 대접하는 아브라함을 보고 잠시 그곳에 머물기로 한다. 그들은 “좋습니다. 정 그렇게 말씀하시면 사양하지 않겠습니다.”라고 말한다.

낯선 자가 곧
신이다

사라는 신이 아브라함과 자신을 통해 이룰 역사를 상상하고 있었다. 사라는 그들을 위해 오히려 아브라함에게 애지중지 키우는 1년 된 송아지를 한 마리 잡아 대접하자고 제안한다. 유목민에게 송아지는 전 재산이나 마찬가지다. 송아지가 크면 그 가죽으로 천막이나 옷을 만들 수 있고, 우유도 얻을 수 있다. 보통의 유목민은 1년 내내 고기 한 점 먹기 힘들다. 사라의 뜻밖의 제안이 쉽게 이해되지 않지만 아브라함은 그녀의 뜻을 따르기로 한다. 사라의 결정이 틀린 적이 없기 때문이다.

고대 중동 사회에서 낯선 자를 만나는 것은 위험천만한 일이다. 특히 여인은 장막 밖으로 나와서는 안 된다. 사라는 낯선 자들을 위해 대야에 물을 떠놓고, 장막 뒤에서 커다란 돌 밑에 조그만 나무를 정렬해 불을 지핀 후, 야생 이스트로 만든 밀가루 반죽을 올려놓아 빵을 만들었다. 그런 뒤 자연 발효된 엉긴 젖과 우유 그리고 하인이 잡아 온 송아지 고기로 손님을 대접했다.

아브라함은 사라가 마련한 음식을 하나씩 상수리나무 밑에 앉아 있는 나그네들에게로 가져다 날랐다. 그들이 나무 아래서 음식을 먹는 동안 아브라함은 멀찍이 떨어져서 시중을 들었고, 사라는 장막 안에서 이를 지켜보았다.

최고의 대접을 받은 낯선 자들은 아브라함에게 "잘 먹었습니다"라고 말하지 않고 "댁의 부인 사라는 어디에 있습니까?"라고 묻는다. 장막 안에서 음식을 장만한 사라를 먼저 찾은 것이다. 아브라함은 "장막 안에 있습니다"라고 말한다. 여기서 '장막'이란 축자적으로는 '아브라함과 사라가 거주하는 텐트'라는 의미지만, 성서에서는 '신이 계신 곳'이라는 의미다. 후에 모세가 신의 말씀이 새겨진 십계명을 보관한 장소도 바로 장막이다. 아브라함의 대답은 "사라는 신의 말씀 안에 거주하며, 신의 뜻을 실천하고 있습니다"로 해석할 수 있다.

99세의 아브라함과 89세의 사라는 신의 약속이 지켜지지 않은 절망적인 시간에도 신의 뜻을 알고자 노력했다. 그들은 서둘러 여행자들을 맞이했고 나그네들이 마치 신이나 왕인 것처럼 그 앞에 절을 하며 자신의 천막으로 모셨다. 그리고 자신들이 가지고 있는 것 중 가장 좋은 것으로 그들을 대접했다.

이 결정적인 순간에 신비한 일이 일어난다. 아브라함이 낯선 자들을 보니 이들은 사람이 아니라 신이었다. 24년 전 하란에서 목소리만 들었던 그 신들이 아브라함의 눈앞에 사람의 모습, 그것도 낯선 자의 모습으로 등장한 것이다. 이 장면은 우리가 알고 있는 신에 대한 모든 생각과 교리를 산산이 무너뜨린다.

신은 공중 부양을 하거나 축지법으로 종횡무진하는 자가 아니다. 우리가 만든 종교의 교리 안에 힘없이 감금된 포로도 아니다. 신은 때때로 우리가 일상생활에서 만나는 '낯선 자'다. 우리가 낯선 자를 그냥 지나치거나 아무런 감정 없이 대하면 말 그대로 낯선 자가 되지만, 우리가 그(녀)를 내 몸처럼 사랑하고 대접하면 그(녀)는 우리에게 신이 된다. 이 이야기에서 아브라함 종교의 신, 다시 말해 유대교, 그리스도교, 이슬람교의 신은 요란하게 천둥번개 속에서 등장하지 않고 땀과 눈물로 범벅된 일상에서 자신을 드러낸다.

나그네들 중 한 명이 아브라함에게 "나는 당신을 내년 이맘때쯤 분명히 방문할 것이며, 당신의 아내는 아들을 가질 것이다"라고 말한다. 장막 어귀에서 이 이야기를 엿들은 사라는 말도 안 되는 소리에 속으로 '내 나이가 몇인데…… 신도 농담을 하시네!' 하고는 웃고 만다.[14]

사라의 웃음소리가 얼마나 컸던지 신들도 이 웃음소리를 듣고 말았다. 감히 신의 말에 실소를 하냐며 신들은 아브라함에게 호통을 치자, 아브라함은 아내를 신들 앞으로 불러낸다. 본래 여인은 낯선 자들 앞에 나서서는 안 되었으나 사라는 당당히 신들 앞에 선다. 신들 중 한 명인 야훼 신이 말한다.

"나 주가 할 수 없는 일이 있느냐? 다음해 이맘때에, 내가 다시 너를 찾아오겠다. 그때에 사라에게 아들이 있을 것이다."[15]

사라는 처음 대면한 신의 힘에 움찔한다. 사라는 두려워서 "저는 웃지 않았습니다"라며 거짓말을 하고 만다. 사라의 마음을 온전히 이해한 신이 마치 순진한 어린아이처럼 사라에게 "아니, 너 웃었어!" 하며 농담을 하자 사라는 신의 얼굴을 보고는 또 웃고 만다. 아브라함과 사라는 이 놀라운 경험을 일생 동안 기억하며 1년 후에 태어날 아이를 '웃긴 아이'라는 의미의 '이삭'으로 불렀다. 이 이름은 신이 점지한 이름이기도 하다.

아브라함과 사라는 먼 곳까지 쫓아나가 이 낯선 자들, 아니 신들을 마중한다. 그리고 이들을 극진히 대접한다. 그러자 자신들이 그렇게도 만나기를 학수고대한 신이 눈앞에 나타났다. 그들의 정성스러운 배려와 컴패션이 낯선 자를 신으로 만든 것이다. '거룩'이라는 의미를 지닌 히브리어 '카도쉬(kadosh)'의 원래 의미는 바로 '다름'이다. 나와 다르거나 익숙하지 않은 것을 배척하지 않고 그것을 성찰의 기회이자 섬김의 대상으로 만들 때 그 다름이 바로 신이 된다는 것을 그들은 발견한 것이다.

4장

주님께 드릴 양은
어디에 있습니까?

קַח־נָא אֶת־בִּנְךָ אֶת־יְחִידְךָ אֲשֶׁר־אָהַבְתָּ אֶת־יִצְחָק
וְלֶךְ־לְךָ אֶל־אֶרֶץ הַמֹּרִיָּה

"너의 아들, 네가 사랑하는 외아들 이삭을 데리고
모리아 땅으로 가거라."

〈창세기〉 22:2

비극을 통해 성장하는 인간

경전은 다른 고전이나 위대한 문학작품과 마찬가지로 인간의 심연에 깊이 숨어 있는 폭력에 관한 이야기들로 가득 차 있다. 호모 사피엔스들의 생활 방식은 사냥 채집 경제였다. 그들은 일정한 주거지 없이 목초지와 사냥감을 찾아다녔다. 그러다 기원전 1만 2000년경 기적이 일어나 인류의 삶은 전혀 다른 경로로 들어선다. 인류가 농업을 발견한 것이다. 이들은 농사를 시작하면서 한곳에 정착하게 되고 촌락을 이루어 생활하기 시작한다. 좁은 공간에 모여 생활하다 보니 당연히 갈등도 생겨났다. 특히 일부일처제가 경제적인 삶의 형태로 채택되면서 형제간의 갈등이나 아버지와 아들 사이의 갈등이 두드러지게 나타났다.

한집에 거주해야 하는 두 남성인 아버지와 아들의 관계는 복잡하다. 아버지는 가장으로서 아이의 생존을 책임지지만, 그 아이가 점차 어른이 되는 과정에서 이 가장의 자리를 놓고 아버지와 아들은 갈등을 겪는다. 아버지는 자신이 누렸던 우두머리로서의 자리를 위협하는 아들과 필연적으로 대결할 수밖에 없다. 어릴 때부터 부모로부터 가장 많이 듣는 가르침이 "부모에게 순종하라"다. 그러나 이 대결은 불가피하다. 따라서 인류 문명과 종교를 다루는 신화나 서사시에서도 항상 '아버지 살해(patricide)'가 주제로 등장한다.

누구나 살면서 한두 번은 자신이 도저히 해결할 수 없는 문제와 부딪치게 되는데, 이 문제를 결코 외면할 수만은 없다. 우리에게 주어진 방안이란 그 문제와 정면으로 대결해 견뎌내는 것이다. 그 과정에서 나락으로 떨어지는 듯한 절망감에 휩싸이기도 하지만, 인내의 시간을 통해 우리는 지혜를 얻는다. 지혜로운 자는 문제를 해결(solve)하려 하지 않고, 문제를 더 이상 문제로 삼지 않도록 스스로 그 문제를 해소(dissolve)한다. 우리는 이러한 막다른 상황을 '비극'이라 한다.

인간은 비극을 통해 성장한다. 비극은 과거의 자신을 송두리째 부인하고 희생하라고 강요한다. 그래야 새로운 자기가 탄생할 수 있기 때문이다. 서양 지성사의 시작, 특히 아테네를 중심으로 발현된 그리스 문명의 천재성은 그들이 만들어낸 비극 작품의 출현과 일치한다. 무대에서 배우들은 자신들이 연기해야 하는 말과 행동과 생각에 몰입되어 자기 자신으로부터 떨어져 나온다. 배우들의 이러한 경험을 '엑스터시(ecstasy)' 혹은 '황홀경(恍惚境)'이라 한다.

배우는 자신이 맡은 역할에 몰입하기 위해 자연적인 자신을 버리고 인위적인 자신으로 탈바꿈한다. 이 가식적인 탈바꿈이 바로 '가면'이다. 가면을 라틴어로 '페르소나(persona)'라 한다. 페르소나는 후에 배역의 특징인 '개성'이라는 의미도 지니게 된다. 배우가 가면 뒤에 자신을 숨기고 온전히 자신이 맡은 인물이 되는 엑스터시는 그 광경을 보는 관객들을 배우의 내면세계로 끌어들이는 마술이다. 배우의 엑스터시가 관객의 엑스터시로 승화하는 것이다.

배우나 관객들은 각자 가상의 공간과 시간에서 벗어나 다른 사람의 안으로 들어가 그 사람의 희로애락을 똑같이 경험한다. 그들은 이 과정을 통해 마음속 깊은 곳에 단단하게 굳어진 응어리가 서서히 풀리는 경험을 하게 된다. 이러한 경험을 '카타르시스(catharsis)', 즉 정화(淨化)라 한다.

비극이라는 장르와 개념은 서구 정체성의 핵심이다. 고대 그리스인들은 기원전 6세기 비극이라는 문화를 풍미하기 전에 신화와 서사시 그리고 역사 서술 전통에서 자신의 모습을 찾고자 했다. 인류는 기원전 1200년경부터 입과 귀로 전해내려 오던 아름다운 노래와 명언에 운율과 가사를 붙여 이야기를 만들었다. 그리스 비극의 원형은 그때부터 시작된다. 청동기 시대가 종식되고 철기 시대로 진입하는 대변혁 시대에 지중해 지역은 전쟁이라는 소용돌이에 말려든다. 트로이의 함락이라는 주제를 가지고 음유시인들은 오래전부터 내려오던 전설을 하나의 이야기로 만들어 노래하기 시작한다.

이렇게 구전으로 내려온 전쟁 이야기는 호메로스에 의해 기원전 750년경 두 권의 책 『일리아스』와 『오디세이아』라는 제목으로 기록됐다. 그 후 기원전 700년에는 헤시오도스가 신의 계보를 다룬 『신통기』와 농업에 관한 내용의 『일들과 날들』을 썼다. 기원전 5세기에는 헤로도토스가 페르시아와 그리스 도시국가 연합군과의 전쟁 이야기를 쓴 『역사』가 등장한다. 오리엔트의 맹주였던 페르시아 제국의 패권이 마라톤 전쟁과 살라미스 전쟁으로 인해 아테네를 중심으로 한 그리스로 넘어간다. 그리스 도시 중 가장 선진적인 아테네에는 그리스 전체를 하나로 묶는 혁신적인 문화가 등장했다. 이 문화는 자연히 그리스 문학과 철학, 예술 그리고 민주주의로 이어졌다. 바로 '극장'의 등장이다. 이 극장은 오늘날 현대 문명의 핵심인 엔터테인먼트의 효시다.

오이디푸스 왕의 비극

기원전 6세기 후반부터 그리스 도시 국가들은 매년 봄에 디오니시아(Dionysia)라는 종교 축제를 거행했다. 이 축제는 기원전 530년경 그리스 참주였던 페이시스트라토스(Peisistratos)에 의해 아테네에서 처음 열렸다. 페이시스트라토스는 아테네 도시국가가 나아가야 할 방향을 설정했다. 그는 대규모의 새로운 공공건물을 짓고 상수도 시설을 개선했으며 아크로폴리스에 신전을 건축했다.

또한 그는 구전으로 내려오는 호메로스의 서사시 『일리아스』와 『오디세이아』를 처음으로 하나의 일관된 순서를 지닌 경전으로 엮었다. 이 두 권의 책에 담긴 이야기와 지혜는 그리스의 바이블일 뿐만 아니라 서양 문명의 요람이다. 그는 판아테나이아 축제(Panathenaia) 공연에서 이 내용을 통해 아테네 시민들을 하나의 공동체로 묶기 시작한다. 아직 도시국가라는 개념이 없는 상황에서 이야기를 공유한 공동체는 도시 공동체의 근간이 된다.

디오니시아는 디오니소스 신을 위해 3~4월에 거행됐다. 디오니소스는 신비 종교의 축제인 엘루시아 의례의 주신(主神)이다. 부족 단위로 살던 그리스인들은 도시라는 새로운 공간인 아테네에 거주하면서 자연히 드러나는 갈등을 해소하려는 독특한 문화를 만들어 냈다. 그것이 바로 '정치'다. 여러 이민족과 다양한 인종들이 하나의 공간에 살면서 그 공간을 '폴리스'라 불렀고, 이 도시에서 사는 방식을 '폴리테이아(politheia)', 즉 '정치'라 했다.

디오니시아의 절정은 '비극 경연 대회'다. 이 대회는 디오니소스 신의 동상을 아크로폴리스 남쪽 언덕에 위치한 극장으로 가져오면서 시작한다. '극장'의 영어 단어인 '시어터(theater)'는 고대 그리스어 '테아트론(theatron)'에서 유래한다. 극장이라는 공간은 우리에게 집중과 몰입을 요구한다. 그래서 '연극을 보다'라는 그리스 동사 '테아오마이(theaomai)'는 '한 장면을 유심히 관찰하다/묵상하다/한 대상의 의미를 이해하다'라는 뜻을 담고 있다. 이 단어는 어떤 대상을 볼 때 깊은 묵상과 관찰을 통해 그 대상과 합일함으로써 마치 자신이 그 비극을 겪은 것처럼 스스로의 삶을 변화시키는 능동적인 의미까지 포함한다. 근본적으로 삶을 다른 각도에서 해석하는 단계에 이르게 되는 것이다. 그러므로 연극을 보는 것은 자신의 삶을 변화시키겠다는 일종의 종교 행위이며 결단이다.

디오니소스 동상이 아테네에 도착하면 원형 극장 옆에 있는 '거룩한 지역'으로 사람들이 줄지어 들어간다. 이때 사람들은 남근의 상징과 빵 그리고 제기를 들고 들어가는데, 그 안에서 동물 희생 제사 의식을 치른다. 구석기 시대 사냥꾼이었던 인류의 DNA 속에는 동물 사냥을 통해 피를 갈망하는 본능이 녹아 있다. 독일 고전학자 발터 부르케르트(Walter Burkert)는 인간을 '호모 네칸스(Homo Necans)', 즉 '살해 인간'이라 정의했다. 그는 인간이 문명사회로 진입하면서 피를 보고자 하는 경향을 동물이나 인간 희생 제사 의식으로 전환했다고 주장한다.

아테네인들은 동물 희생 제사와 의례 후에 비극 공연을 시작한다. 공연이 시작되기 전에 페르시아와의 전쟁에서 전사한 군인들의 아들이 극장 주위를 행진한다. 관객들은 전사자 아들의 모습을 통해 죽음이라는 개념을 간접 경험하고 동시에 아테네라는 도시 공동체의 중요성을 몸으로 체험한다.

1년 동안 치열한 경쟁을 통해 선발된 세 명의 비극 작가들은 각자 네 편의 연극을 무대에 올린다. 세 편의 비극과 한 편의 사티로스극(satyr play)이다. 맨 나중에 공연되는 사티로스극은 세 편의 비극을 관람하고 감정이 고조된 관객들에게 웃음을 선사하기 위해 심각한 주제를 가볍게 풀어낸 일종의 패러디 공연이다.

심사자들은 이들의 작품을 감상한 뒤 한 명을 선정해 상을 준다. 당시 모든 상을 휩쓴 세 명의 비극 작가가 있다. 아이스킬로스, 소포클레스 그리고 에우리피데스다. 후대 사람들은 이 세 명을 '위대한 그리스 비극 작가들'이라 칭한다. 이들의 작품은 후에 고대 그리스와 로마뿐 아니라 단테와 셰익스피어 같은 유럽의 문필가들에게 지대한 영향을 끼친다.

이들 중 아버지와 아들의 운명적인 관계를 가장 극적으로 다룬 작가는 소포클레스다. 소포클레스가 남긴 일곱 개의 비극 작품 중 세 편의 작품을 '테베 비극'이라 부른다. 세 편의 '테베 비극'은 『오이디푸스 왕』과 『콜로누스의 오이디푸스』 그리고 『안티고네』다. 이 세 작품은 테베의 왕이었던 오이디푸스가 운명에 의해 자신도 모르는 사이 아버지를 죽이고 어머니와 결혼한다는 이야기를 담고 있다. 3대에 걸쳐 지속되는 오이디푸스 왕가의 비극은 인간으로서 피할 수 없는 운명이다.

테베의 왕 라이오스와 그의 부인 조카스타 사이에서 태어난 아이는 아버지를 죽이고 어머니와 결혼할 것이라는 신탁을 받는다. 이 저주는 사실 라이오스가 왕이 되기 전부터 시작된다. 저주는 갑자기 등장하지 않는다. 저주에는 원인이 있으며, 그 원인에 대한 당연한 결과다.

라이오스는 왕이 되기 전 펠로폰네소스에 있는 피사의 왕 펠롭스에게로 도망쳐 피난 생활을 한다. 그는 언젠가 테베로 돌아가 왕위에 오를 것을 준비하며 시간을 보내다가, 펠롭스의 아들 크리시프스에게 전차를 모는 법을 가르치게 된다. 라이오스는 크리시프스를 네미아에서 열리는 경기에 참여시키기 위해 데리고 가는 척하다가 그를 테베로 납치해 강간한다. 자신의 욕망을 이기지 못하는 인간이 왕이 되었다는 사실이 비극의 시작이다. 이 범죄는 라이오스 가문과 그의 도시 테베의 저주의 발단이 된다.

라이오스는 태어난 아이를 차마 죽이지 못한다. 라이오스는 이 아이의 뒤꿈치를 묶어 더 이상 걷지 못하게 만든다. 발뒤꿈치는 그리스 영웅 아킬레우스와 유대의 조상 야곱의 이야기에서도 중요한 주제를 담고 있는 신화소(神話素)다.

그는 한 목동에게 이 아이를 키타이론 산에 버리도록 명령한다. 아이의 발은 나면서부터 묶여진 터라 퉁퉁 부어 있었다. 이 아이는 '오이디푸스', 즉 '발이 퉁퉁 부은 (아이)'라는 이름으로 불렸다. 목동은 오이디푸스를 차마 죽이지 못하고 근처 도시 고린도에서 온 한 목동에게 넘긴다. 그리고 그 목동은 이 아이를 마침 아들이 없어 아이를 찾고 있던 고린도의 왕 폴리보스에게 보낸다. 오이디푸스는 폴리보스 부부를 자신의 친부모로 알고 자란다.

그러나 세월이 지나 폴리보스 왕이 자신의 친부가 아니라는 소문을 듣게 된다. 그는 자신이 누구인지 알아내기 위해 델피로 가서 신탁을 받는데, 자신의 아버지를 죽이고 어머니와 결혼할 것이라는, 인간으로서는 경험해서는 안 될 최악의 예언을 듣는다.

오이디푸스는 자신의 아버지를 죽일 수밖에 없다는 운명을 피하기 위해, 자신의 고향 고린도로 돌아가지 않고 델피 근처에 있는 테베로의 여행을 시작한다. 그런데 아뿔싸, 테베는 자신의 친부모가 있는 도시가 아닌가! 오이디푸스는 테베로 가는 중 세 갈래 길로 나뉘는 교차로에 도착한다. '세 갈래' 길은 플라톤의 용어를 빌리면, 자신의 운명을 결정할 중요한 장소다.

그는 그곳에서 전차를 타고 가는 테베의 왕이자 자신의 친부인 라이오스와 운명적으로 마주친다. 누가 먼저 길을 지나가느냐 하는 사소한 말다툼 끝에 오이디푸스는 아버지 라이오스를 살해한다. 라이오스는 오이디푸스의 친부일 뿐만 아니라 자신이 극복해야 할 과거의 관습, 관행, 습관, 편견의 상징이다. 인간이 스스로 온전해지기 위해서는 아버지로 상징되는 과거에 대한 청산이 필수다. 여기서 과거란 자신의 선택이 아닌 그에게 알게 모르게 부여된 정신적, 사회적, 역사적인 얼개들이다. 인간이 스스로 서기 위해서는 이 얼개들이 자신에게 무슨 의미인지 재점검하고 재선택해야 한다.

오이디푸스는 운명적으로 아버지를 살해한 뒤 테베의 성문으로 향한다. 테베로 들어가는 입구에는 그 안으로 들어가려는 사람들을 가로막는 '스핑크스'라는 괴물이 웅크리고 있다. 그리스어 '스핑크스'는 새로운 단계로 무모하게 진입하려는 사람들의 '목을 조르는 존재'라는 뜻이다. 머리는 인간이고 등은 사자며 새의 날개를 가진 스핑스크는 테베로 들어오려는 자에게 수수께끼를 낸다. 이 수수께끼를 풀면 성문을 지나 테베로 들어갈 수 있지만, 만약 문제를 풀지 못하면 스핑크스의 먹잇감이 되고 만다.

수수께끼는 "한 목소리를 가졌지만, 아침엔 네 발로 걷고, 오후엔 두발로, 그리고 밤엔 세발로 걷는 것이 무엇이냐?" 하는 것이었다. 오이디푸스는 "사람입니다. 어릴 때 네 발로 기어 다니고, 어른이 되어선 두 발로 걷고, 늙은이가 되어선 지팡이까지 포함해 세 발로 다닙니다"라고 대답한다. 그의 대답에 스핑크스는 당황한다. 그리고 그는 경계를 지키는 자로서 자신의 역할을 충분히 이행하지 못했다는 자책감에 시달려 높은 절벽 위로 올라가 몸을 던진다.

이후 오이디푸스는 스핑크스를 죽이고 테베의 질서를 회복했다는 이유로 테베의 왕이 된다. 그는 미망인이 된 라이오스의 아내 조카스타를 아내로 맞이한다. 그러나 조카스타는 사실 그의 어머니였다. 그는 자신도 모르는 사이에 델피 신탁의 두 번째 예언을 완성하고 말았다.

오이디푸스와 조카스타는 두 딸 안티고네와 이스메네 그리고 두 아들 에테오클레스와 폴리네이케스를 낳는다. 테베에 다시 역병이 돌자 오이디푸스는 그 원인을 찾기 시작한다. 그는 테베의 불행이 자신이 저지른 아버지 살해와 근친상간 때문이라는 것을 깨닫는다. 결국 어머니이자 아내인 조카스타는 목을 매 자살하고, 오이디푸스는 그녀의 시신에서 발견된 옷 장식 핀으로 자신의 눈을 찔러 장님이 된다. 그는 자신이 얼마나 어리석고 성급했는지 후회하면서 한순간의 죽음으로는 충분하지 않다고 생각한다. 그는 스스로 눈을 상하게 함으로써 주위 사람들에게 끼친 해악을 감내하는 삶을 택한 것이다.

아버지와 아들의 비극적인 관계는 성서에 등장하는 신앙의 조상 아브라함과 그의 아들 이삭의 관계를 설정하는 데 매우 중요하다. 성서는 그리스 비극과는 다른 새로운 방식으로 비극 이야기를 풀어낸다.

유대인의 오이디푸스 신화, 아케다

유대인들은 〈창세기〉 22장에 등장하는 이야기를 '아케다(Aqedah)'라 부른다. 아케다는 히브리어로 '묶기'라는 뜻으로 아브라함이 자신의 외아들 이삭을 신에게 바치기 위해 제단 위에 묶어놓은 사건을 총체적으로 지칭하는 용어다. 이 이야기를 이해하기 위해서는 상상이 필요하다. 아무런 배경도 없이 신이라는 존재가 등장해 아브라함에게 무지막지한 요구를 한다. 당신에게 이와 유사한 사건이 실제 일어났다고 가정해보자.

당신은 어린아이가 됐다. 방안에서 장난감을 가지고 놀고 있는데 갑자기 방문이 열리고 아버지가 등장한다. 아버지가 평소와 달리 흥미로운 제안을 한다. 아버지와 함께 멀리 여행을 가자는 것이다. 당신은 신이 나서 아버지를 따라나선다. 그런데 어머니는 보이지 않는다. 아버지는 당신을 차에 태우고 한참 동안 달린 뒤 차에서 내려 한적한 곳을 걷는다. 당신과 아버지는 말이 없다. 마침내 당신이 아버지에게 묻는다. "아빠, 우리 어디 가는 거야?" 아버지는 "가면 알아"라고 짧게 대답한다. 한참을 걷던 당신과 아버지는 산에 오르기 시작한다. 정상에 오르자 아버지가 당신에게 말한다. "바위 앞에 서서 움직이지 마." 그런 뒤 아버지는 품 안에서 권총을 꺼내 당신에게 겨누고는 방아쇠를 당기려 한다. 이때 당신은 악몽에서 깨어난다.

〈창세기〉 22장에는 이와 같은 악몽이 기록되어 있다. 아브라함은 소중한 아들 이삭을 제물로 바치라는 신의 음성을 듣고 그 아들을 사막으로 데려가 무참히 살해해 신에게 제물로 바치고자 한다. 신이 그에게 자신이 가장 사랑하는 것을 희생시키라고 명령하자 그는 두렵고 떨리는 심정으로 그 명령을 따른다. 아케다 이야기를 해석한 키르케고르와 프로이트 그리고 칼 융은 모두 아브라함에게 초점을 맞춰 그의 신앙을 여러 각도에서 찬양한다.

이들과 달리 아케다 이야기를 소재로 20세기 미국의 전쟁 문화에 대해 비판한 가수가 있다. 그는 바로 미국의 유명한 가수 겸 작곡가 밥 딜런(Bob Dylan)이다. 유대인인 그는 1965년 아케다 이야기를 20세기 미국 상황에 빗댄 〈하이웨이 61 리비지티드(Highway 61 Revisited)〉라는 노래를 작곡한다. 이 노래는 다음과 같이 시작한다.

오! 신이 아브라함에게 말했죠. "나를 위해 아들을 죽여라!"
아베(아브라함)가 말합니다. "아이쿠! 신은 정말 나를 못살게 구는군요."
신이 말합니다. "아닌데." 아베가 말합니다. "뭐라고요?"
신이 말합니다. "너는 네가 원하는 것을 할 수 있어. 아베야! 그러나 다음에 내가 오는 것을 본다면 도망쳐야 할 걸."
하는 수 없이 아베가 말합니다. "어디서 죽이면 되죠?"
신이 말합니다. "61번 고속도로에서."

베트남 전쟁 반전 운동과 히피 운동의 선구자였던 밥 딜런은 이 노래에서 종교의 절대적 힘을 빌려 미국의 젊은이들을 전쟁터로 내모는 아브라함을 개탄한다. 그는 아브라함의 이름을 미국식 영어로 줄여 '아베(Abe)'라 한다. 딜런은 '아베'라는 이름을 통해 친근하면서도 동시에 잔인한 아브라함의 이미지를 부각시킨다. 또한 미국의 젊은이들을 베트남 전쟁으로 몰고 가는 미국 문화의 잔인성과 새디즘 그리고 권력의 폭력성을 드러낸다. 여러 민족을 탄생시킨 아브라함이 아니라 자신의 민족조차 말살시키려는 아베를 고발하는 것이다.

미국 문화에서 아브라함 하면 떠오르는 인물이 있다. 미국의 16대 대통령으로 남북 전쟁과 노예 제도를 종식시킨 아브라함 링컨이다. 아브라함 링컨의 별명은 '위대한 해방자(the Great Emancipator)'와 '정직한 아베(Honest Abe)'였다. 아베는 미국 역사에 있어서는 정의와 자유의 상징이지만, 이 노래에서는 정의와 자유의 부재, 폭력의 상징으로 묘사됐다.

아베는 자신이 무엇에 의해 조정 당하는지 알지 못한다. 거부할 수 없는 불가항력의 콤플렉스가 자신을 비극으로 내몰아도 그는 이 상황을 직시할 수도 벗어날 수도 없다. 아베는 자신이 가장 사랑하는 자식을 죽여야 하는 이 끔찍한 범죄를 실행하기로 마음먹는다. 그는 덤덤하게 "어디서 죽이면 되죠?"라고 묻는다. 신은 "61번 고속도로에서"라고 대답한다. '61번 고속도로'는 미국의 남부 뉴올리언스부터 북부 미네소타 덜루스까지 남북을 가로지르는 2,758킬로미터에 달하는 가장 긴 고속도로다. 그러므로 61번 고속도로는 곧 미국 전역이라는 의미다.

아들을 죽이려는 아브라함의 행동은 앞서 설명한 '라이오스 콤플렉스(Laius complex)'의 전형적인 예로 해석할 수 있다. 부정적인 아버지 상의 원형인 라이오스 콤플렉스는 거의 모든 신화에 등장하는 주제이기도 하다. 메소포타미아의 창조 서사시인 『에누마 엘리쉬』에서 우주 최초의 신인 강물 신 '압수(Apsu)'와 바다 신 '티아맛(Tiamat)'은 시끄럽다는 이유로 자손들을 몰살하려 한다.

그리스 신화에서 시간의 신인 크로노스는 우주 통치자인 자신의 아버지이며 하늘 신인 우라노스의 권력을 탐내 어머니 가이아와 함께 낫으로 아버지의 성기를 자른다. 이 성기를 바다에 던지자 그 안에서 사랑의 신인 아프로디테가 등장한다. 크로노스도 자신의 자녀로부터 살해당할 것이라는 운명을 알게 되어 레아 여신 사이에서 태어난 데메테르와 헤라, 하데스, 헤스티아 그리고 포세이돈을 삼켜버린다. 그리스 시인 헤시오도스는 다음과 같이 기록한다.

위대한 크로노스는 이들이 자신의 어머니 자궁으로부터 그녀의 무릎으로 나오면 바로 삼켰다. 하늘 신 우라노스의 어떤 자랑스러운 아들로 불멸의 신들 가운데서 왕의 지위를 획득해서는 안 된다. 왜냐하면 그는 (어머니) 가이아와 (아버지) 우라노스로부터 그 자신이 언젠가 자신의 아들로부터 타도당할 운명이라는 사실을 알았기 때문이다.[1]

한편 프로이트의 제자 테오도르 라이크(Theodor Reik)는 아케다 이야기를 성년식과 비교한다. 그는 『시험(Temptation)』이란 책에서 아케다 이야기는 아이가 자라나 성년이 되기 위해 반드시 거쳐야 하는 통과의례라고 해석한다. 이삭의 경우처럼 가정과 어머니로부터 강제로 떨어져 임사 체험을 성공적으로 마쳐야 자신이 속한 사회의 일원이 된다는 것이다.

구약성서 〈출애굽기〉는 이집트의 왕 파라오가 히브리 여인들에게서 태어나는 모든 아이들을 살해하는 장면으로 시작한다. 신약성서 〈마태복음〉도 로마의 헤롯 왕이 새로 태어난 아이들을 학살하는 것에서 시작한다. 독재자들이 자신의 권력을 영원히 유지하기 위해서는 신적인 존재가 되어 영생을 누려야 한다. 자신의 자식들을 살려둔다는 것은 언젠가 자신이 죽고 그 자식이 산다는 것을 의미한다. 그리고 아들은 살아남기 위해 우선 아버지의 질시로부터 벗어나야 한다.

아케다 이야기는 아브라함이 고향을 떠나면서부터 시작된 영적인 여정의 정점이다. 신은 매정하게도 아브라함이 100세에 얻은 아들을 희생물로 바치라고 명령한다. 이것이 아브라함의 신앙과 순종에 대한 시험일까? 혹은 고대 근동에서 유행하던 맏아들을 신에게 바치는 인신 공양에 대한 항의로 도덕적인 가르침을 주려는 것일까? 그렇다면 신의 명령은 인간의 상식이나 양심을 무시해도 좋을 만큼 절대적인가? 키르케고르의 말처럼 신이 원하는 목적을 위해서는 인간의 윤리를 정지시키거나 유보해도 된다는 것인가?

스페인에 살았던 중세 유대인 학자 요셉 알보(Joseph Albo)의 『교리서(Sefer ha-Ikkarim)』는 유대교의 원칙을 다루고 있다. 요셉 알보는 신이 완벽하기 때문에 아브라함이 어떤 행동을 할지 이미 알고 있었다고 주장한다. 신은 아브라함이 이 시험을 통해 신의 심오한 의미를 깨닫기를 원했기 때문이다. 그는 이렇게 말한다. "잠재적인 선행에 대한 대가는 실제적인 선행의 대가보다 못하다."

아케다 이야기는 〈창세기〉 22장 1절에서 다음과 같이 시작한다.

이러한 일이 있은 지 얼마 뒤에, 하나님이 아브라함을 시험해보시려고, 그를 부르셨다. "아브라함아!" 하고 부르시니, 아브라함은 "예,

여기에 있습니다" 하고 대답하였다."[2]

아케다 이야기는 성서에서 느닷없이 등장한다. 이 이야기를 쓴 저자들은 신을 '엘로힘(Elohim)이라 불렀기 때문에 이들을 '엘로히스트(Elohist)'라 한다. 엘로히스트는 『토라』, 즉 〈창세기〉, 〈출애굽기〉, 〈레위기〉, 〈민수기〉, 〈신명기〉를 기록한 네 집단 중 하나로, 성서에서 신을 추상적으로 표현하는 특징이 있다. 또한 모세가 십계명을 받은 장소를 '시내 산'이 아닌 '호렙 산'으로 표기하며 예루살렘보다는 북이스라엘의 지명을 중요하게 생각한다. 일부 학자들은 이들을 기원전 800년경 활동했던 북이스라엘 출신 작가들이라고 추정한다.

엘로히스트는 신이 아브라함을 부른 장소와 시간, 이유에 대해 침묵한다. 또한 신이 왜 아브라함을 시험하는지도 말하지 않는다. 성서는 "이러한 일이 있은 지 얼마 뒤에"라고 이야기를 시작한다. "이러한 일"이란 무슨 일이었을까?

히브리 성서에서 신이 인간을 시험하는 대표적인 이야기는 아브라함의 시험과 욥의 시험이다. 〈욥기〉 1장에는 동방의 의인인 욥이 등장한다. 욥은 신이 인정하는 완벽한 인간이다. 더구나 그는 동방 최고의 부자였고 열 명의 자녀를 낳은 가장 행복한 사람이었다. 그러자 신들이 회의를 연다. 평소 욥을 가장 완벽한 인간으로 생각하는 야훼 신이 말을 꺼낸다. "이 세상에 욥만큼 완벽한 자가 없다." 그러자 신들 가운데 검사 역할을 하는 사탄이 나선다. '사탄'은 히브리어로 '고발하는 자'라는 의미로, 신이 주제하는 법정에서 검사 역할을 하는 자다. 사탄은 욥이 신을 잘 섬기는 이유는 그가 물질적으로 축복했기 때문이라고 주장한다. 야훼 신은 사탄의 말이 맞을 수도 있다고 생각해 욥의 신앙을 알아보고자 사탄에게 욥을 시험하도록 허락한다.

이러한 맥락에서 "이러한 일이 있은 지 얼마 뒤에"를 다시 해석해보자. 아브라함은 〈창세기〉 21장에서 일생의 정점을 찍었다. 100세에 얻은 아들이 그에게 웃음을 선사하고, 주위에 거주하던 유력자들이 와서는 "당신이 무슨 일을 하든지 신이 당신과 함께하실 것입니다"라고 말한다. 아브라함은 '영원한 신'의 이름을 부르며 영적으로도 안정된 상태였다. 아브라함이 방랑 생활을 시작한 지 25년만의 일이다.

그러던 아브라함에게 충격적인 사건이 일어난다. 이삭이 젖을 뗀후 아브라함의 아내 사라는 여종 하갈에게서 얻은 맏아들 이스마엘을 내쫓을 것을 요구한다. 이 사건은 아브라함에게 매우 힘든 상황이었다.

아기가 자라서, 젖을 떼게 되었다. 이삭이 젖을 떼는 날에, 아브라함이 큰 잔치를 벌였다. 그런데 사라가 보니, 이집트 여인 하갈과 아브라함 사이에서 태어난 아들이 이삭을 놀리고 있었다.
사라가 아브라함에게 말하였다. "저 여종과 그 아들을 내보내십시오. 저 여종의 아들은 나의 아들 이삭과 유산을 나누어 가질 수 없습니다." 그러나 아브라함은, 그 아들도 자기 아들이므로, 이 일로 마음이 몹시 괴로웠다.[3]

일생일대의 위기에 봉착한 아브라함은 애지중지하던 하갈과 이스마엘을 약간의 마실 물과 빵을 주어 브엘세바 사막으로 내쫓는다. 신앙의 조상인 아브라함이 왜 이러한 끔찍한 일을 해야만 했을까? 〈창세기〉는 아브라함이 그러한 일을 행한 이유에 대해 신이 그에게 사라의 말을 따르라고 명했기 때문이라는 궁색한 변명을 한다. 이스마엘과 하갈이 사막을 헤매며 죽음을 경험하는 이 사건은 아케다 이야기에서 이삭과 사라가 경험하게 될 사건의 전조다.

아브라함과 사라는 아케다 사건을 통해 하갈과 이스마엘의 심정을 이해하게 되었을 것이다. 이스마엘과 하갈이 천사의 갑작스러운 등장으로 도움을 받아 살아난 것처럼, 이삭도 천사가 개입하면서 살아나게 된다. 이스마엘의 희생은 이삭의 희생의 예시다. 이러한 의미에서 이스마엘 사건은 아케다 사건의 원형이라 할 수 있다.

사라는 아브라함이 원하지 않는 일을 요구하고 관철시킬 뿐 아니라 신까지 동원해 자신의 바람을 성취한다. 이삭에 대한 사라의 집착이 병적인 것을 감안하면, 아케다 이야기는 이삭을 어머니로부터 분리시키는 이삭의 통과의례라고 볼 수 있다. 아브라함은 사라와 이삭의 집착관계를 단절하고자 이삭을 데리고 여행을 떠났을지도 모른다. 어머니와 아들의 관계가 단단할수록 통과의례의 강도는 더욱 세질 수밖에 없다.

갑자기 신이 등장해 아브라함을 시험하는데, 그의 모습은 보이지 않고 목소리만 들린다. 아브라함은 자신이 시험을 당하는지조차 알지 못한다. 이 이야기를 읽는 독자들만이 이것이 시험임을 안다. 이러한 장치는 고대 그리스 연극처럼 독자들을 이야기 안으로 끌고 들어와 흥미진진한 사이코드라마를 숨죽여 관조하는 관객으로 만든다.

여기서 말하는 시험이란 이를 당하는 자가 의지가 약하거나 악마의 속임수에 넘어가 실수한다는 의미가 아니다. '시험하다/증명하다'라는 의미를 지닌 히브리 동사 '니사(nissah)'는 특별한 의미를 지닌다. 신은 아무나 시험하지 않는다. 신은 몇몇 인간을 특별히 선택해 영웅만이 도달할 수 있는 미션을 부여하고, 신의 임무를 수행할 수 있는지를 살핀다. 신은 이 시험을 통해 자신이 선택한 인물이 영웅이라는 점을 증명하려 한다. 성서에서 신으로부터 시험당하는 대표적인 인물은 구약성서의 아브라함과 욥, 신약성서의 예수다.

신이 "아브라함아!" 하고 부르자 아브라함은 "제가 들을 준비가 되어 있습니다"라고 대답한다. 이 말은 히브리어로 '힌네니(hinneni)'라고 기록되어 있는데, 이 단어는 아케다 이야기(《창세기》 22:1~19)에 세 번 등장한다.

첫 번째는 신이 아브라함을 맨 처음 불렀을 때(1절), 두 번째는 이삭이 아브라함에게 질문하려고 "아버지" 하고 불렀을 때(7절), 그리고 세 번째는 천사가 이삭을 해치지 말라고 "아브라함아, 아브라함아!" 하고 두 번 불렀을 때(11절)다. '힌네니'는 신이 자신의 임무를 부여한 특별한 인간을 부를 때, 그 인간이 신에게 말하는 정형화된 문구다. 힌네니는 흔히 '제가 여기 있습니다' 혹은 '제가 당신의 말씀을 들을 준비가 되어 있습니다. 어서 말씀하십시오'로 번역할 수 있다. 신이 모세, 사무엘, 이사야를 불렀을 때도 이들은 모두 "힌네니"라고 답한다.

힌네니는 신과 인간이 소통할 수 있는 주파수가 맞춰져 있으며, 신의 부름에 부응해 경청하고 행동으로 옮길 준비가 되어 있다는 뜻이다. 또한 부름을 받은 사람이 온전히 신에게 집중되어 있을 때 가능한, 신의 미세한 음성까지도 감지할 수 있는 영적인 귀를 지닌 자가 자신도 모르게 즉각적으로 반응하는 감탄사이기도 하다. 말하자면 자신 안에 숨겨진 신성을 발견한 자의 영적인 외침이다. 아브라함의 "힌네니"를 들은 신이 명령한다.

"너의 아들, 네가 사랑하는 외아들 이삭을 데리고 모리아 땅으로 가거라. 내가 너에게 일러주는 산에서 그를 번제물로 바쳐라."[4]

신은 아브라함에게 바로 명령한다. 그는 이 명령을 왜 하는지 설명하지 않는다. 랍비들은 이 구절의 첫 부분을 다음과 같이 부연 설명한다.

"네 아들을 데리고 가라!" / "나는 아들이 둘 있습니다."
"너의 외아들이다." / "두 아들 다 자신들 어머니에겐 외아들입니다."
"네가 사랑하는 자이다." / "저는 둘 다 사랑합니다."
그러자 엘로힘이 마지막으로 밝힌다. "이삭이다."[5]

'모리아'[6]는 어디인가? 〈창세기〉에서 말하는 모리아는 〈역대지하〉 3장 1절에 나오는 "예루살렘 모리아 산"과 동일 지명이다. 예루살렘이라는 도시는 다윗 시대, 다시 말해 아브라함 시대로부터 거의 800년이 지난 후에 건설된 도시이기 때문에 모리아라는 지명이 정확히 어디인지는 아무도 모른다. 성서가 기록될 당시 이 오래된 장소의 원래 위치와 의미는 이미 사라져 아무도 모르는 지명이 된 것 같다.

모리아는 지상의 장소가 아니라 영적인 장소다. 우리가 보거나 만질 수 있는 곳이 아니라 각자의 삶에서 스스로 발견해야 할 우리 자신만의 성소다. 이러한 모리아는 후대에 기록된 〈역대지 하〉 3장 1절에서 예루살렘 성전이 지어질 거룩한 산이 된다.

"모리아 땅으로 가거라"라는 말에서 "가거라"의 히브리 동사는 '레크 르카'다. 이 말은 〈창세기〉 12장 1절에서 신이 아브라함을 처음 불렀을 때 등장한 것으로 히브리 표현으로 직역하면 '너 자신을 위해 가라!'이다. 이 구절을 번역한 영어 성서나 한글 성서에는 '르카'에 해당하는 '너 자신을 위해'라는 번역이 빠져 있다. '르카'는 신이 이 여행이 아브라함과 이삭의 삶의 여정에 있어서 매우 중요하다는 사실을 표현한 것일 수도 있고, 아니면 아케다 이야기의 저자인 엘로히스트의 의도일 수도 있다.

아브라함이 모리아에서 해야 할 일은 이삭을 번제(燔祭)[7]로 신에게 바치는 것이다. 이 명령을 들었을 때, 아브라함은 얼마나 참담했을까? 그럼에도 아브라함은 왜 신에게 항의하지 않았을까? 만일 신이 오늘 밤 꿈에 나타나 그러한 요구를 한다면 당신은 어떻게 하겠는가. 아브라함이 이렇게 비이성적이며 극악무도한 요구에 순종한 이유에 대해서는 이삭을 분석해보면 그 실마리를 찾을 수 있다.

아브라함은 밤을 꼬박 새운다. 그는 아내 사라와 이삭을 불러 자신이 들은 신의 음성에 대해 조심스럽게 말한다. 사라는 신의 명령을 이해할 수 없었다. 이삭을 번제로 바치라는 신의 요구는 자신이 아브라함에게 한 약속을 스스로 파기하는 것과 마찬가지이기 때문이다. 아케다 이야기에서 감정적으로 가장 격한 상태에 도달한 사람은 어머니인 사라일 것이다. 그러나 사라는 이 이야기에 한 번도 등장하지 않는다. 모든 사건을 묵묵히 지켜볼 뿐이다.

이 결정적인 순간에 아브라함과 사라의 마음을 달래고 신의 명령을 수행하겠다고 나선 사람은 바로 이삭이다.

아브라함이 다음 날 아침에 일찍이 일어나서, 나귀의 등에 안장을 얹었다. 그는 두 종과 아들 이삭에게도 길을 떠날 준비를 시켰다. 번제에 쓸 장작을 다 쪼개어 가지고서, 그는 하나님이 그에게 말씀하신 그곳으로 길을 떠났다. 사흘 만에 아브라함은 고개를 들어서, 멀리 그곳을 바라볼 수 있었다.[8]

신이 알려준 모리아는 3절에서 새로운 대명사, 즉 "그곳"으로 표현된다. "그곳"은 4절에서도 다시 등장한다. 아브라함은 신이 말한 그곳을 어렴풋이 알기 시작한 것 같다. 2절에서 모리아는 여행을 떠나면 알려준다고 한 '미래의 장소'였지만, 3절에서 아브라함과 이삭이 영적인 여행을 떠난 후에는 그들에게 '지금의 장소'로 인식된다. "그곳"의 히브리어는 '하마콤(ham-maqom)'[9]으로 축자적인 의미를 따지자면 '내가 서 있는 바로 이 장소'라는 의미다.

아브라함과 이삭이 갈망하는 모리아는 우리가 눈으로 볼 수 있는 장소가 아니라 자기 자신을 완벽하게 버릴 때 오는 깨달음이다. 하마콤은 내가 존재하는 이 시간과 장소인 동시에 시공간을 초월하는 것이기도 하다. 아브라함과 이삭은 "멀리" 있는 하마콤을 본다. 하마콤은 현재 자신이 발견한 신과 동행하는 특별한 어떤 것이지만, 동시에 미래에도 지향해야 할 영적인 이정표다. '멀리 있다'라는 말은 시공간으로 미래에 존재한다는 의미다.

> 그는 자기 종들에게 말하였다. "내가 이 아이와 저리로 가서, 예배를 드리고 너희에게로 함께 돌아올 터이니, 그동안 너희는 나귀와 함께 여기에서 기다리고 있거라."[10]

아브라함은 종들에게 "내가 이 아이와 저리로 가서"라고 말한다. 이 구절은 아케다 이야기의 주제를 결정하는 중요한 부분이다. 이삭을 지칭하는 "이 아이"라는 표현은 히브리어 원문에서 "건장한 청년"이라고 되어 있다.

우리에게 전해내려 온 구약성서는 사실 유대인들의 경전 『토라』였다. 이 경전은 기원전 3세기에 그리스어로 번역되었고, 기원후 4세기에는 로마제국의 언어인 라틴어로 번역됐다. 기원전 3세기 그리스 번역본을 '칠십인역', 기원후 4세기 라틴어 번역을 '불가타(Vulgata)'라 한다. 이들의 잘못된 해석이 아케다를 아브라함의 신앙에 대한 시험으로 둔갑시켰다. 아케다의 주인공은 이삭인데 아브라함으로 오해한 것이다.

"이 건장한 청년"이라는 히브리 문장을 '칠십인역'과 '불가타'에서는 모두 "이 아이"로 오역했다. 그들은 아케다를 자신의 외아들마저 신에게 바치는 아브라함의 신앙을 칭송하기 위해 히브리 원문을 일부러 오역한 것이다. 이 번역에 영향을 받은 모든 유럽과 미국의 성서 번역본 그리고 한국의 성서 번역본에도 모두 "이 아이"로 번역되어 있다.

이 구절에서 문제가 되는 "건장한 청년"을 뜻하는 히브리어 단어 '나아르(naar)'는 다양한 연령층을 가리킨다. 우선 〈창세기〉 37장 2절에 보면 요셉의 나이 17세 때 그를 나아르라 불렀다. 〈출애굽기〉 2장 6절에 등장한 나아르는 3개월밖에 되지 않은 바구니에 담긴 아기 모세를 설명하기도 한다. 그렇다면 이삭의 나이는 어떻게 알 수 있을까?

〈창세기〉 22장에는 등장하지 않지만 아케다 사건을 보고 가장 슬퍼하는 인물이 있다. 이 이야기 뒤에서 내내 절규하는 여인은 바로 아브라함의 부인이자 이삭의 어머니인 사라다. 아케다 이후, 즉 아브라함과 이삭이 집으로 돌아간 후 사건은 〈창세기〉 23장에 기록되어 있다.

사라는 백 년 하고도 스물일곱 해를 더 살았다. 이것이 그가 누린 햇수이다. 그는 가나안 땅 기럇아르바, 곧 헤브론에서 눈을 감았다. 아브라함은 빈소에 들어가서, 사라를 생각하면서, 곡을 하며 울었다.[11]

사라의 나이가 127세라는 사실을 감안하면 이삭의 나이는 37세로 추정할 수 있다. 아케다 이야기의 주인공은 이삭이다. 아케다 이야기는 아버지 아브라함이 아들 이삭에게 영적인 권위를 넘기는 여행이다.

아브라함과 이삭이 마콤에 올라가서 할 행위는 한 가지, 자기 자신을 완전히 버리는 것이다. '엎드려 절하다'라는 히브리어 '니쉬타하웨(nishtahaweh)'는 '신이나 왕 앞에서 존경을 표하기 위해 머리를 포함한 온몸을 땅에 붙여 절하다'라는 의미다. 이 행위를 하는 이유는 다음 두 가지다.

첫째, 몸을 땅에 대어 절을 함으로써 스스로가 자신의 몸에 붙은 '먼지' 같은 존재라는 사실을 깨닫는다. 인간은 흙으로부터 만들어진 후 잠시 살다가 흙으로 돌아간다. 순간을 사는 인간이 무엇보다 스스로 인식해야 할 덕목은 인생의 순간성과 허무함이다. 둘째, 그것을 깨닫는 순간 자신이 해야 하는 임무를 부여받게 된다. 자신의 미션을 부여받은 사람은 이제 먼지와 같은 존재에서 신과 같은 존재로 거듭난다. 자신이 해야만 하는 일을 아는 순간, 그는 시공간을 초월해 자신의 목숨도 아깝지 않은 상태가 된다.

이삭의 단호한 결심

유대인 화가 샤갈은 아케다 사건을 화폭에 담았다. 그는 여기서 아브라함을 거의 장님으로 표현했다. 아브라함이 100세에 이삭을 낳았고 그 이삭이 성년이 되었으므로 굳이 아브라함의 나이를 계산한다면 겨우 생명을 부지할 정도라고 예상한 것이다. 아브라함은 번제에 사용할 장작을 아들 이삭에게 지고 가도록 명령한다. 이삭은 거뜬히 장작을 지고 산을 오르기 시작한다.

> 아브라함은 번제에 쓸 장작을 아들 이삭에게 지우고, 자신은 불과 칼을 챙긴 다음에, 두 사람은 함께 걸었다.[12]

엘로히스트는 아브라함과 이삭의 마음을 "두 사람은 함께 걸었다"라고 표현한다. 그는 이 문장에서 의미심장한 단어를 사용하는데, 바로 "함께"이다. 히브리어 '에하드(echad)'는 '한마음으로 한사람처럼 함께'라는 의미를 담고 있다. 아케다 사건은 아버지 아브라함이 아들 이삭에게 희생을 강요한 사건이 아니다. 신의 명령을 듣고 슬퍼하는 아브라함을 위해 이삭이 스스로 제물이 되겠다고 나선 사건이다. 그 누구도 죽음 앞에서는 의연할 수 없으므로 이삭 역시 두려움과 떨림에 사로잡혔을 것이다. 그러나 스스로 제물이 되겠다고 결심한 것은 분명하다.

〈창세기〉 22장에는 '에하드'가 세 번이나 등장한다. 6절에서 아브라함과 이삭이 산에 오를 때, 8절에서 이삭에 대한 질문에 아브라함이 대답할 때, 그리고 19절에서 모든 일을 마치고 두 종들도 함께 브엘세바로 갈 때다.

엘로히스트는 히브리 경전 전통인 '침묵 속의 웅변(eloquence from silence)'에 충실해 아브라함과 이삭 간의 심정이나 대화에 대해 침묵한다. 이들의 마음을 "두 사람은 함께 걸었다"라는 간결하지만

마르크 샤갈, 〈번제 장소로 가는 아브라함과 이삭〉, 1931

강력한 표현으로 대신한다. 이 신비한 순간에 침묵을 깬 사람은 아들 이삭이다.

> 이삭이 그의 아버지 아브라함에게 말하였다.
> 그가 "아버지!" 하고 부르자, 아브라함이 "얘야, 왜 그러느냐? 말해보아라!(힌네니)" 하고 대답하였다.
> 이삭이 물었다. "불과 장작은 여기에 있습니다마는, 번제로 바칠 어린 양은 어디에 있습니까?"
> 아브라함이 대답하였다. "얘야, 번제로 바칠 어린 양은 하나님이 손수 마련하여 주실 것이다." 두 사람이 함께 걸었다.[13]

이삭이 고개를 들어보니 모리아 산 정상, 마콤이 보였다. 그는 산 아래로부터 장작을 지고 올라오며 괴로워하는 아버지의 얼굴을 힐끗힐끗 보았다. 내가 왜 이러한 곤란한 상황에 처하게 되었나? 이삭은 자신의 운명을 한탄하기도 했다. 그러나 이삭은 이것이 신의 뜻이라면 끝까지 가보기로 결심한다. 이삭은 아버지와의 어색한 적막감을 깨고 아버지를 안정시키고 싶었다. 그는 아브라함에게 자신은 이제 성년이 되었고 자기가 그를 설득해 여기까지 왔다는 사실을 알려주고 싶었다. 이삭은 '아버지, 제가 꼭 번제로 바칠 어린 양이 되어야 합니까? 가능하다면 지금이라도 멈춰주십시오'라고 말하고 싶었는지도 모른다. 그러나 그는 '이것이 신의 뜻이라면 따르겠습니다'라고 결심한다.

절규하는 듯한 이삭의 청원은 신약성서에서 예수가 로마 군인들에게 잡히기 전에 신에게 드린 마지막 기도와 유사하다. 예수는 자신이 십자가를 져야 한다는 운명을 자조적으로 인정했지만, 점점 다가오는 자신의 죽음 앞에서 신을 향해 "아버지, 내가 마시지 않고서는 이 잔이 내게서 지나갈 수 없는 것이면, 아버지의 뜻대로 하십시오"라고 절규한다.

기원후 2세기 히브리어로 기록된 구약성서를 아람어로 번역한 '타르굼 네오피티(Targum Neofiti)'에서는 다음과 같은 해설을 붙인다.

아브라함이 이삭에게 말했다. 내 아들아, 주님께서 자신을 위해 번제를 예비하실 것이다. 그러나 준비하시지 않았다면, 네가 번제의 제물이 될 것이다. 이들 둘은 굳게 결의하고 함께 걸었다.[14]

그들은 이제 신이 말한 하마콤에 도착한다. 아브라함은 그곳에 제단을 쌓고 제단 위에 장작을 벌려놓는다.

그들이 하나님이 말씀하신 그곳에 이르러서, 아브라함은 거기에 제단을 쌓고, 제단 위에 장작을 벌려놓았다. 그런 다음에 제 자식 이삭을 묶어서, 제단 장작 위에 올려놓았다. 그는 손에 칼을 들고서, 아들을 잡으려고 하였다.[15]

성서는 "아브라함이 제단을 쌓고 제단 위에 장작을 벌려놓았다"라고 기록한다. 그러나 아브라함의 나이를 생각했을 때 이삭의 자발적인 동의 없이는 불가능한 일이다. 만일 이삭이 묶이지 않기 위해 저항하거나 도망친다면 아브라함은 결코 이삭을 제물로 바치지 못했을 것이다. 만일 신이 이삭을 시험한 시점을 찾으라면 바로 이 순간이다. 이는 이삭의 신앙에 대한 시험이며, 이삭은 자신의 생명까지 요구한 신의 명령을 기꺼이 따른 순교자다. 이삭이 아브라함, 야곱과 함께 이스라엘 신앙의 조상이 될 만한 덕목을 확인할 수 있는 대목이다.

그리스도교 4대 교황이자 로마의 주교였던 클레멘트가 고린도 교회에 보낸 편지 '클레멘트 서신 1서'에는 다음과 같이 쓰여 있다.

우리의 조상 아브라함이 왜 축복을 받았습니까? 그가 신앙을 통해 의롭게 진실하게 행동했기 때문이 아닙니까? 이삭은 무슨 일이 일어날지 잘 알면서도 기꺼이 자신이 희생 제물이 되기를 허락했습니다.[16]

아브라함은 이삭을 묶을 힘도 의지도 없었다. 이삭은 제 스스로 자신을 묶고 제단 위로 올라가 아브라함에게 "신의 뜻이라면, 용기를 내, 저를 죽이십시오!"라고 말한다. 이삭은 바로 이 순간에 이미 죽은 것이다. 영웅이 되기 위해 자신의 오래된 자아를 죽여야 하는 의례를 아버지 아브라함 앞에서 의연하게 행함으로써 아브라함의 신앙 전통을 이어받았을 뿐만 아니라 비로소 자립하게 된 것이다. 이 순간 이삭은 남들의 비웃음을 사던 늦둥이 어리광쟁이가 아니라 아브라함을 이은 신앙의 표본이자 영웅이 된다.

아브라함은 평상시 자신이 양을 도축할 때 사용하던 칼을 움켜쥐었다. 그는 자신이 메소포타미아 우르에서 시작해 거의 60년 동안 살아온 인생의 장면들을 한순간에 또렷이 회상했다. 자신과 이삭이 처한 비극적인 상황을 모두 이해할 수는 없었지만, 스스로 제 목숨을 내놓겠다는 이삭의 주장에 순응할 수밖에 없었다. 아브라함이 칼을 들고 아들의 목을 찌르려는 순간 하늘에서 소리가 들려왔다.

그때에 주의 천사가 하늘에서 "아브라함아, 아브라함아!" 하고 그를 불렀다.[17]

하늘에서 나온 이 소리의 주체는 누구인가? 이 소리는 누구나 들을 수 있는 소리인가? 아니면 지금 아브라함이 꿈을 꾸고 있는 것인가? 아브라함을 부른 존재는 "주의 천사"라고 기록되어 있다. '말악(malak)'[18]이라는 히브리어는 흔히 '천사/전령'으로 번역된다. 이 전령은 인간일 수도 있고 신일 수도 있다. '말악'은 구약성서에 등장하는 신앙의 조상들, 즉 모세, 여호수아에게 자신의 모습을 드러냈고, 하갈과 아브라함에게도 말을 건넨다. 후에 야곱과 모세 앞에도 등장한다.

말악이 다른 신명과 같이 등장하는 경우에는 그 해석이 애매하다. '주의 천사(히브리어로 '말악 야훼')'라는 표현은 그 명칭의 주체가 천사인지 아니면 이스라엘의 신 야훼인지 분명하지 않지만 대부분의 경우 야훼 신과 같은 의미다. 성서 저자들은 신이 인간에게 직접 말하는 것은 신의 위엄을 손상시키는 행위라고 생각했다. 따라서 야훼라는 신명 앞에 기계적으로 말악을 삽입해 신과 인간의 직접적인 접촉을 피한 것으로 보인다. 천사라는 개념은 유대인들이 기원 전 6세기 페르시아제국의 식민지가 되면서 조로아스터교의 천사론을 받아들인 뒤부터 등장한다. 그러므로 이 문장에서 말하는 주체는 '야훼가 보낸 천사'가 아니라 '야훼'라고 번역하는 편이 원문에 더 가깝다. 야훼 신의 목소리를 들은 아브라함은 또다시 "예, 여기 있습니다"라고 말한다. 세 번째로 '힌네니'라고 대답한 것이다. 이어 신은 다음과 같이 말한다.

"그 건장한 청년에게 아무 일도 하지 말아라! 네가 너의 아들, 너의 외아들까지도 나에게 아끼지 아니하니, 네가 신을 경외하는 자라는 사실을 마침내 알았다"[19]

신은 아브라함에게 "신을 경외하는 자(야레 엘로힘, yare Elohim)"라는 별명을 지어준다. '경외'의 히브리어는 '야레(yare)'다. 『미쉬나 (Mishnah)』 '선조들의 어록' 1장 3절에 보면 경외에 대한 설명이 나온다.

대가를 받기 위해 주인을 위해 봉사하는 노예처럼 되지 마십시오. 대가를 기대하지 않고 주인을 위해 봉사하는 사람처럼 행동하십시오. 그러면 하늘의 경외(야레)가 당신에게 깃들 것입니다.[20]

『탈무드』에 의하면 '야레'는 자기 삶의 주인, 즉 인생에 있어서 자신이 반드시 해야 하는 일을 깨달은 자가 그 일을 자발적으로 할 때 그 행위자에게 서서히 더해지는 카리스마다. '야레' 없이 경전을 연구하는 사람은 보물 창고로 들어갈 수 있는 열쇠를 가지고 있으나 밖으로 나오는 열쇠는 없는 금고지기와 같다. 신을 경외하는 자는 자신이 가진 도구로 아름다운 작품을 만드는 지혜로운 예술가다.

> 아브라함이 고개를 들고 살펴보니, 수풀 속에 숫양 한 마리가 있는데, 그 뿔이 수풀에 걸려 있었다. 가서 그 숫양을 잡아다가, 아들 대신에 그것으로 번제를 드렸다.[21]

아케다 이야기는 위의 문장 전에서 멈춰야 했다. 굳이 수풀에 뿔이 걸린 숫양이 있었다는 말을 할 필요가 없다. 아브라함과 이삭은 이미 신으로부터 인정받은 '신을 경외하는 자'가 되었기 때문이다. 아케다 이야기를 흔히 '아브라함이 아들 이삭까지 바치는 신앙을 보여주자 신이 개입해 이삭을 죽이지 않고 희생양을 대신 주었다'라고 해석한다. 이 해석은 아케다에 담긴 의미를 얄팍하게 해석하고 성서 저자의 의도를 오해한 것이다.

이 절체절명의 순간은 위대한 예술가들에게 영감을 주기에 충분하다. 특히 서구 르네상스 화가 카라바조와 렘브란트는 아케다 이야기를 자신들의 그림을 통해 획기적으로 해석한다. 이들은 그림으로 경전에 대한 '시각적인 해석'을 선사한다. 이 화가들은 기록된 문자를 기초로 한 해석이 아니라 기록되지 않은 부분을 포착하고 핵심 개념을 잡아 아케다 이야기의 전체를 보는 렌즈를 제공한다.

렘브란트의
해석

렘브란트는 아브라함을 아케다 이야기의 주인공으로 보았다. 그는 자신의 고향 라이덴을 떠나 열정적인 칼뱅 신앙[22]으로 넘쳐나는 암스테르담에 정착한 지 오래였다.

렘브란트는 1635년 〈이삭의 희생〉이라는 그림에서 신이 등장하는 바로 그 순간인 신의 에피파니(epiphany)를 묘사한다.[23] 현현(顯顯)이란 뜻의 에피파니는 평범하고 일상적인 대상 속에서 갑자기 경험하는 영원한 것에 대한 통찰을 의미한다. 여기서 이삭은 아브라함의 아들일 뿐만 아니라 신약성서에 등장하는 예수다.

렘브란트는 아케다 이야기 전체를 다루기보다 결정적인 순간에 집중한다. 그림에서 아브라함은 큰 손으로 이삭의 머리를 뒤로 젖혀 그의 하얀 목을 노출시킨다. 목숨을 위협하는 칼에 대한 공포는 이삭의 얼굴을 질식시킬 정도다. 왼편 상단에는 하늘에서 급히 날아온 천사가 있다. 렘브란트는 〈창세기〉 22장 11~12절의 내용을 세 인물의 손을 통해 시각적으로 표현한다. 우선 천사의 왼손은 죽이지 말라는 명령을 표시하기 위해 위로 치켜 올라가 있으며, 오른손은 칼을 쥔 아브라함의 손목을 살포시 잡는다. 거기에는 어떤 힘도 들어가 있지 않으나 아브라함이 칼을 놓칠 정도로 강력하다. 렘브란트는 떨어지는 칼을 통해 신의 명령이 얼마나 시급했는지를 묘사한다. 에피파니의 순간이 강력하게 표현된 곳은 아브라함의 표정이다. 아브라함의 얼굴은 천사의 등장으로 어리둥절하면서도 동시에 이삭이 죽지 않아도 된다는 안도의 기쁨으로 혼란에 빠져 있다.

렘브란트 판 레인, 〈이삭의 희생〉, 1634

아브라함의 손에서 떨어진 칼은 하얗게 드러난 이삭의 목을 향하고 있다. 그런데 그 칼날은 무디고 닳아 제물을 벨 수 없을 것만 같다. 이 칼은 살육을 위한 도구라기보다 장식용으로 보인다. 렘브란트는 왜 이 칼을 그림의 중심에 배치했을까. 이 칼은 의도적으로 우리의 관심을 이삭으로 향하게 한다. 그는 아케다 이야기를 통해 예수의 십자가 사건을 해석하고 있는 것이다.

이 그림에서 우리의 시선을 끄는 빛, 칼과 칼집, 천사의 눈길은 모두 이삭을 향해 있다. 아브라함은 천사를 응시하지만, 그 시선을 받은 천사의 눈은 다시 이삭에게로 향한다. 이 그림이 성서 속 아케다 이야기와 가장 다른 점은 이삭을 대신할 어린 양이 없다는 점이다. 렘브란트는 이삭의 얼굴을 가림으로써 그를 통해 여러 기능을 수행하도록 한다. 동시에 이삭은 희생양이기도 하다.

렘브란트는 이삭을 피에타의 예수로 표현했다. 피에타의 구성 요소들, 특히 허리 감개와 관찰자에게 확연히 드러나 있는 몸체, 누구인지 알 수 없게 손으로 가려진 얼굴, 천상의 빛을 발하며 죽은 듯 움직임이 없는 몸, 희생양 등등 이 모든 것들은 이삭이 신약성서의 예수 이미지를 담고 있다는 증거다. 이삭의 모습은 예수의 수난과 죽음을 상징한다. 렘브란트가 칼뱅 신앙의 본산지에서 살았다는 사실을 감안하면 그리 놀랄 일도 아니다. 그는 아케다 이야기를 예수의 십자가 처형 사건의 예시로 보았다.

렘브란트는 아케다 이야기가 주는 희생 제사의 폭력성을 감소시켰다. 희생 제사에 동반되는 폭력과 피는 어디에서도 보이지 않는다. 칼은 분명 폭력성을 띠는 도구이기는 하지만, 렘브란트가 그린 칼은 닳고 무딘 의식용일 뿐이다.

마지막 순간에 이삭을 살린 신의 은총은 신이 아케다 사건을 면밀하게 관찰하고 있었고, 그의 아들 예수를 희생양으로 주는 행위와 동일시된다. 신약성서 〈로마서〉 8장 32절에서 바울은 "당신의 아들을 아끼지 않으시고, 우리 모두를 위해 내주신 분이, 어찌 그 아들과 함께 모든 것을 우리에게 선물로 거저 주지 않으시겠습니까?"라고 신의 은총에 감사한다. 렘브란트는 자신의 그림을 보게 될 당시 개신교인들에게, 이삭은 신이 우리에게 주신 어린 양, 즉 예수라는 메시지를 전달한다.

카라바조의 해석

렘브란트와 전혀 다른 해석의 그림을 그린 카라바조의 시각적 해석을 살펴보자. 렘브란트만큼 파란만장한 삶을 살았던 카라바조는 감히 개신교가 발 딛지 못한 가톨릭 국가 이탈리아에서 활동했다. 그는 1603년에 〈이삭의 희생〉을 그렸다. 렘브란트는 이삭을 통한 신의 은총을 그렸지만, 카라바조는 근본적으로 그 신의 은총을 의심한다. 또한 '은총' 교리를 기반으로 한 개신교를 비웃는다. 카라바조는 렘브란트와 달리 아케다 이야기에 등장하는 모든 요소인 아브라함과 천사, 이삭, 숫양 그리고 칼을 하나하나 명확하게 표현했다.

렘브란트의 그림과 비교해 가장 다른 점은 천사가 하늘에 있지

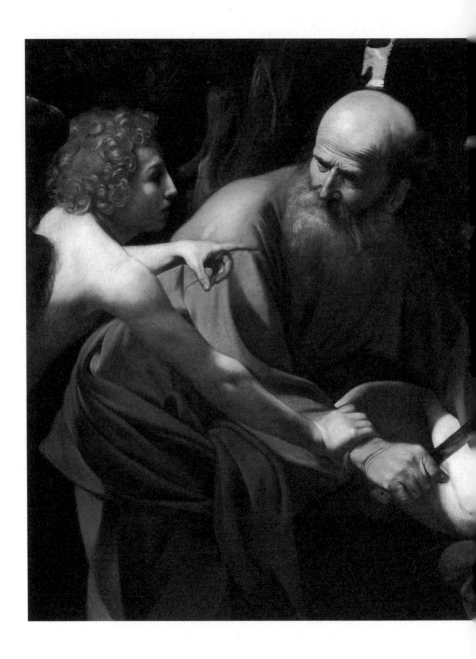

미켈란젤로 다 카라바조, 〈이삭의 희생〉, 1603

않고 아브라함과 같은 땅위에 있다는 점이다. 아브라함이 쥔 칼의 날은 날카롭게 서 있고 이삭 옆에는 숫양이 있다. 여기에 등장하는 인물들 사이에는 긴장감이 흐른다. 천사는 오른손으로 칼을 들고 있는 아브라함의 손을 쥐고 있고, 아브라함의 왼손은 이삭의 목을 세차게 누르고 있다. 이삭은 고통으로 절규한다. 카라바조도 렘브란트처럼 관찰자들에게 아케다 이야기를 설명한다. 렘브란트의 그림은 평온했지만 카라바조의 그림은 무언가 우리를 불안하게 만든다. 그의 그림에서 가장 불안하게 느껴지는 요소는 이삭의 모습이다. 카라바조는 이삭의 절규하는 모습을 중심으로 아케다 이야기를 렘브란트와 다른 방식으로 표현했다.

카라바조는 이삭을 아버지 아브라함의 폭력의 희생자로 표현한다. 이삭의 일그러진 얼굴은 그의 고통을 생생하게 드러낸다. 특히 공포에 사로잡힌 그의 눈은 처절하게 도움을 청하고 있다. 이삭은 우리에게 이 상황이 얼마나 끔찍한가를 절실하게 느끼라고 강요한다. 렘브란트가 그린 이삭의 적막한 몸짓과 달리, 카라바조의 이삭은 아브라함의 완력에 눌린 채 발버둥치는 모습이다. 이삭은 몸짓과 표정을 통해 자신은 희생 제물이 되고 싶지 않다고 강하게 반발한다.

아브라함은 이삭의 몸부림에도 꿈쩍하지 않는다. 그는 천사와 대화를 나누면서도 한손으로 이삭을 제압할 만큼 힘이 세다. 천사의 말을 듣고 있는 듯하나 그가 천사의 말에 동의했는지는 알 수 없다. 카라바조는 아브라함의 눈동자를 눈두덩이의 그림자로 가려 그의 의중을 숨긴다. 렘브란트가 그린 에피파니의 순간과 달리 아브라함은 천사의 등장을 그리 반기는 것 같지 않다. 자신의 하나밖에 없는 아들을 이 지경으로까지 몰았는데, 이제 와서 개입하는 천사를 이해할 수 없다는 시선이다.

천사는 신적인 아우라가 부족하다. 그는 하늘에서 내려오지 않고 아브라함과 같은 평지에서 등장한다. 그가 천사라는 표식은 그의 어깨에 조그맣게 달린 날개뿐이다. 또한 천사는 한손으로 이삭을 제압하는 아브라함에 비해 왜소하며 힘도 없어 보인다.

렘브란트의 장식용 칼과는 달리 카라바조의 칼은 위협적인 무기처럼 보인다. 성서에서는 '침묵'한 칼의 재질과 모양을 시각적으로, 그리고 '웅변적으로' 표현한다. 허리춤에 주름지게 걸쳐진 채 묶여 있는 아브라함의 장밋빛 옷은 이미 피로 흥건히 적셔진 것처럼 번제의 끔찍한 폭력성을 말해준다.

카라바조는 렘브란트와 달리 숫양을 이삭의 오른쪽에 그렸다. 그러나 그 양이 이삭을 위한 희생양이 되었는지는 알 수 없다. 양은 왜 자신을 죽이지 않고 사람을 죽이느냐고 항변하며 아브라함을 쳐다보고 있다. 양의 머리 위쪽 밝은 부분에 중요한 단서가 하나 있다. 건물이 보이는 것으로 미루어 산 아래 마을인 듯하며, 희미하게 두 명의 실루엣이 보인다.

이 두 명은 아브라함이 〈창세기〉 22장 5절에서 언급한 산 밑에 남기고 온 건장한 종들이다. 아브라함은 그들에게 "내가 이 아이와 저리로 가서, 예배를 드리고 너희에게로 함께 돌아올 터이니"라고 말했었다. 그러나 〈창세기〉 22장 19절의 "아브라함이 그의 종들에게로 돌아왔다"는 표현에서 알 수 있듯이 그들에게로 돌아온 사람은 아브라함뿐이다. 이삭이 돌아왔다는 이야기는 빠져 있다.

이삭과 숫양은 뒤에 희미하게 보이는 두 명의 종과 겹쳐 이삭의 운명을 복잡하게 암시한다. 카라바조는 이삭과 숫양이 산 밑에서 기다리고 있는 두 종과의 만남과 연결되어 있다고 말한다. 〈창세기〉 22장 19절의 내용으로 다시 이 장면을 해석하면 천사는 아브라함을 설득하는 데 실패했고, 결국 아브라함 혼자 산에서 내려왔을지도 모른다. 아브라함은 천사의 말에 설득되었을까? 천사가 숫양 쪽으로 고개를 돌리라고 손짓하지만 그는 볼 생각이 없다. 자신의 신앙이 굳건함을 증명하고 싶기 때문에 천사의 만류도 소용이 없다.

울부짖는 아들 이삭과 이를 무시한 채 자신의 임무에 몰두해 신으로부터 자신의 위치를 인정받으려는 매정한 아버지 아브라함. 이 그림은 전형적인 그리스 비극에 등장하는 아버지와 아들의 갈등, 라이오스 콤플렉스와 오이디푸스 콤플렉스 모두를 포함하고 있다.

천사는 아버지와 아들의 이 비극적인 관계에 개입하지 못한다. 카라바조는 천사를 인간처럼 그림으로써 신적인 권위를 무시한다. 그는 인신 공양이라는 주제를 통해, 아이의 안녕을 책임져야 할 어른과 종교가 힘없는 아이를 일방적으로 살해하는 모습을 그려냈다.

렘브란트는 〈창세기〉 22장 14절의 "이러한 일이 있었으므로, 아브라함이 그곳 이름을 여호와이레라고 했다. 오늘날까지도 사람들은 '주의 산에서 준비될 것이다'라는 말을 한다"를 기반으로 그림을 그렸고, 카라바조는 〈창세기〉 22장 19절의 "아브라함이 그의 종들에게로 돌아왔다", 즉 아브라함만 홀로 산에서 내려와 두 종들과 만났다는 내용을 기반으로 그림을 그렸다고 볼 수 있다. 렘브란트가 성서의 내용을 전통적인 방식으로 표현했다면, 카라바조는 이야기에 숨겨진 내용을 시각적으로 표현함으로써 아케다 이야기의 결론을 우리 각자에게 맡긴다.

샤갈의
해석

아케다 이야기를 그린 또 한 명의 화가가 있다. 바로 마르크 샤갈[24]이다. 그는 어려서부터 아버지의 『토라』 읽는 소리에 잠을 깼으며, 『토라』를 히브리어 원문으로 외울 정도였지만 유대교 신자는 아니었다. 그는 당시의 다른 현대 화가들과 달리 『토라』에 등장하는 인물들을 그리곤 했다.

샤갈은 아케다 이야기를 그리기 위해 렘브란트와 카라바조의 그림을 면밀히 연구한 후 자기만의 시각적 주석을 달았다. 샤갈이 그린 〈이삭의 희생〉을 보면 렘브란트나 카라바조처럼 모든 등장인물을 그려 넣었다. 아브라함은 칼을 들고 있고, 이삭은 나무 위에 누워 있으며, 숫양은 멀리 떨어져 나무 밑에 조그마하게 그려져 있다. 그런데 천사가 두 명이다. 왼쪽 상단의 천사는 흰 옷을 입고 왼손을 들고 있다. 두 번째 파란색 천사는 하늘과 땅의 경계까지 내려와 아직도 자신의 말을 이해하지 못하는 아브라함을 설득한다. 파란색 천사 옆에는 나무가 하나 서 있고 그 옆에서 이 광경을 바라보며 절규하는 여인이 있다. 바로 이삭의 어머니 사라다. 아케다를 다룬 그림들 가운데 처음으로 사라가 등장했다. 이 그림의 핵심은

마르크 샤갈, 〈이삭의 희생〉, 1966

사라의 울부짖음이다. 그녀의 목소리는 실제 아케다 이야기에 등장하지 않지만, 죽음의 위기에 처한 아들에 대한 어머니의 숭고한 사랑이 담겨 있다.

샤갈은 사라를 이 전체 이야기를 푸는 열쇠를 쥔 인물로 표현했다. 그림의 오른편 상단에는 예수의 십자가 사건이 묘사되어 있다. 샤갈은 사라와 예수의 십자가 사건을 아케다 이야기에 대한 주석으로 그렸다. 그는 어려서부터 배워온 아케다 이야기를 '미드라시(midrash)'적으로 해석했다. 그는 렘브란트나 카라바조가 접근할 수 없는 유대인과 그리스도인의 심오한 해석 전통을 추가했다. 말하자면 그의 그림은 아케다 이야기라는 본문과 주석으로 구성된 작품이라고 할 수 있다.

샤갈의 그림은 세 부분으로 구성되어 있다. 그림 하단에는 아케다 이야기의 재현, 왼편에는 유대인들의 경전 해석의 원칙인 '침묵 속의 웅변'의 재현, 그리고 오른쪽 상단에는 그리스도교 경전 해석의 원칙인 예수의 십자가 사건과 '피에타(Pieta)'가 그려져 있다. 아브라함과 이삭이 그림의 텍스트라면 사라의 절규와 예수의 십자가 사건은 본문에 대한 유대교적 주석과 그리스도교적 주석이다.

우선 아브라함을 살펴보자. 아브라함은 하늘에서 천사가 내려와 부르자 그를 쳐다본다. 그러면서 쥐고 있던 칼을 이삭의 몸으로부터 떼어낸다. 이삭을 더 이상 희생 제물로 바치지 않겠다는 몸짓이다.

샤갈이 그린 아브라함은 렘브란트나 카라바조가 묘사한 아브라함과 비교해 크게 다른 점이 있다. 샤갈의 그림에서 아브라함은 이삭을 번제의 제물로 바치려는 것이 아니라 할례 의식을 행하려는 것처럼 보인다. 아브라함의 왼손은 이삭의 발가벗은 허벅지 위에 놓여 있고 오른손에는 칼이 들려 있다. 아브라함의 모습만 보았을 때는 특이한 점을 찾을 수 없다. 그러나 이삭과 천사의 모습은 매우 이상하다. 이삭의 묶이지 않은 오른손은 정면으로 우리를 향하고 있다. 더욱더 특이한 점은 렘브란트와 카라바조의 그림에서와 달리 여기서의 이삭은 소년이 아니라 청년이다. 샤갈은 히브리 원문에 등장하는 '나아르'라는 단어를 숙지하고 있었으므로 당연히 이삭을 청년으로 표현한 것이다.

이삭을 청년으로 표현했다는 사실 이외에 더 충격적인 것은 그의 윙크하는 모습이다. 이삭은 한쪽 눈은 감고 한쪽 눈은 뜬 채 우리와의 교감을 시도한다. 이는 우리로 하여금 그림을 새로운 각도에서 보라는 촉구다. 아케다 이야기에 대한 타인의 해석을 그대로 받아들이지 말고 그림을 통해 스스로 새로운 해석을 찾아내라는 것이다.

샤갈이 표현하는 이삭은 자신이 죽을 것을 알면서도 자신의 생명을 내어주는 대속자의 모습이다.[25] 이삭의 상반신은 노란색으로 칠해져 있다. 샤갈은 노란색을 영적인 깨달음의 색으로 사용해 신적인 경지를 표현했다.

하늘과 땅의 경계에 파란색으로 그려진 천사는 그 모습이 선명하지 않다. 그는 날개를 퍼덕이며 아브라함 쪽으로 팔을 내밀지만 팔이 매우 짧다. 그림의 왼편에 나무가 있고 그 밑에는 숫양이 있다. 그는 "숫양의 뿔이 걸린 수풀" 대신에 나무를 그렸다. 너무 작아서 아브라함이 보지도 인식하지도 못한다.

하얀색 천사는 왼손으로 그림의 오른쪽 상단에 있는 예수의 십자가 사건을 가리킨다. 그러나 아브라함은 이 십자가 사건을 보지 못한다. 그는 아브라함에게 외친다.

"주의 말씀이다. 내가 친히 맹세한다. 네가 이렇게까지, 너의 아들, 너의 외아들까지 아끼지 않았으니, 내가 반드시 너에게 큰 복을 주며, 너의 자손이 크게 불어나서, 하늘의 별처럼, 바닷가의 모래처럼 많아지게 하겠다. 너의 자손은 원수의 성을 차지할 것이다. 네가 나에게 복종하였으니, 세상 모든 민족이 네 자손의 덕을 입어서, 복을 받게 될 것이다."[26]

그림의 가운데에 자리한 아브라함과 이삭의 모습은 다중적인 의미를 지닌다. 샤갈은 그 의미를 서로 다른 색으로 표시한다. 붉은색으로 칠해진 아브라함은 천사가 부르는 소리에 고개를 든다. 이삭을 죽이려던 칼을 허공으로 들어 올려 이삭의 생명에는 지장이 없다. 그러나 이삭을 보면 상황이 다르다. 이삭은 불의 노란색과 붉은색으로 휘감겨 있다. 불이 붙은 나무로부터 노란색, 붉은색, 오렌지색 연기가 피어오른다. 이삭은 불길 속에서 연소되고 있는 번제물이다.

샤갈은 유대인이었지만 그리스도교 교부들의 성서 해석을 받아들여 그림의 오른쪽 상단에 예수의 십자가 사건을 그렸다. 게다가 이 그림의 제목을 '아케다'라 하지 않고 '이삭의 희생'이라 했다. 초기 그리스도교 교부들은 유대교 경전을 그리스도교 경전으로 포함시키면서, 『토라』에 등장하는 이야기가 신약성서 이야기의 예표(豫

表, prefiguration)라고 생각했다. 그 대표적인 예는 바로 아케다 이야기다. 그들은 "예수는 제단에 바쳐진 이삭을 통해 예정된 사건을 완성했다"라고 믿었다.

예수는 이삭처럼 신에게 '사랑받는 하나밖에 없는 아들'이며 자신이 살해당할 것을 알면서도 모리아 산과 같은 예루살렘에 입성한다. 그는 이삭처럼 자신이 희생 제물이 될 때 사용할 나무, 즉 십자가를 지고 그곳에 오른다. 이삭은 마지막 순간 죽음을 모면하지만, 오이디푸스처럼 버려진 아들인 예수는 십자가 위에서 죽음을 맞이한다. 이삭에게 이 경험은 성인이 되기 위한 통과의례이지만, 예수에게는 죽음을 넘어 부활로 가기 위한 통과의례다.

아우구스티누스는 『신국론』에서 이삭이 자기 번제에 사용될 나무를 지고 걸어간 사실을 예수가 십자가를 지고 골고다 언덕으로 끌려간 사건과 연결시킨다.

우리 주님(예수)이 자신의 십자가를 지고 간 것처럼 이삭은 제사의 장소로 자신이 희생될 나무를 지고 갔다. 마침내 이삭이 죽임을 당하지 않았다. 왜냐하면 아브라함이 이삭을 죽이는 것이 금지되었기 때문이다. 그렇다면 그 대신 제물로 바쳐진 숫양은 누구인가? 누구의 피로 희생 제물이 완성되었나? 아브라함이 그(예수)를 보았을 때, 그는 가시덤불에 뿔이 걸렸다. 숫양이 예수가 아니면, 누구이겠는가? 그가 제물로 희생되기 전에 누가 가시면류관을 썼는가?[27]

이삭의 음부 부분이 피로 물들어 있는 것을 보면 샤갈은 아케다 이야기를 이삭의 성인식으로 해석한 것 같다. 이삭은 이 과정을 거쳐 아브라함의 대를 있는 이스라엘 신앙의 조상으로 자립하게 될 것이다. 또한 샤갈은 이 그림에서 자신의 어릴 적 기억들을 그려냈다. 검정색 긴 외투를 입고 수염이 난 사람은 왼쪽 팔에 『토라』를 끼고 있다. 그는 샤갈이 어릴 적 자신의 고향 비테프스크에서 보았던 유대인의 모습이다. 그 위에는 한 여인이 두 팔을 올리고 한쪽 무릎을 꿇은 채 절규하고 있으며, 그녀의 뒤로 아우슈비츠 유대인 수용소에서 나오는 사람들이 파란 하늘로 사라진다. 여기서 십자가를 지고 가는 사람은 예수일 수도 있고 샤갈이 목격한 유대인의 대표일 수도 있다.

성서 아케다 이야기에는 사라가 등장하지 않지만 샤갈의 그림에는 사라가 등장한다. 이 그림에서 사라는 남성들만의 이야기를 관조하고 개입하는 관객이다. 그녀는 자신의 주장을 강하게 부각시킨다. 그녀는 눈을 부릅뜨고 간청하듯 두 손을 올린 채 여기에서 벌어지고 있는 사건을 관찰하고 반응하라고 촉구한다.

샤갈의 그림은 아브라함과 이삭이 함께 홀로코스트의 불길 속에서 연소되는 것으로 해석할 수 있다. 마찬가지로 맨 위에 그려진 다른 유대인들 또한 아우슈비츠 가스실의 연기 속으로 사라진다. 샤갈은 아케다 이야기를 통해 아브라함과 이삭의 자녀들에게 일어날 비극을 담아냈다. 아브라함에게 무엇인가를 말하려는 파란색 천사는 눈을 감고 있다. 600만 명 이상의 유대인이 홀로코스트 사건으로 사라졌는데, 신은 눈을 감고 있다. 그 뒤에 하얀 천사가 축복의 말을 건네지만, 그의 손이 인도하는 곳은 홀로코스트다.

홀로코스트를 경험한 샤갈은 신이 인간의 고통을 마주할 의사도 능력도 없다고 확신한다. 그런 신이 자기 자식을 살해하려는 사건에 개입하려는 모습에 그는 쓴 웃음을 짓는다. 샤갈의 그림은 신에 대한 불평이다. 이삭과 아브라함으로부터 피어오르는 불길은 신에 대한 항거다. 신이 자신들을 돌아보지 않아 그들이 멸절 위기에 처했다는 것이다. 신은 이 비극의 장면을 외면했지만 사라로 대표되는 여인들은 홀로코스트에 참여하고 반응한다. 처음부터 이 과정을 지켜본 사라는 우리에게 방관하지 말라고 소리친다.

그림 상단에 십자가를 지고 가는 예수 앞에도 두 명의 여인이 서 있다. 아마도 예수의 어머니 마리아와 수제자 막달라 마리아일 것이다. 그림의 오른편에는 마리아가 예수를 안고 있는 모습인 '피에타'가 있다. 이는 동시에 사라가 이삭을 안고 있는 모습이기도 하다.

어머니와 아들의 모습은 서로 다르게 세 번 등장한다. 사라와 이삭, 마리아와 아기 예수, 그리고 마리아와 십자가를 진 예수. 아케다 이야기에서 어머니와 아들의 관계로 전이된 것이다. 샤갈은 아케다 이야기를 사라의 눈으로 해석하라고 말한다. 사라의 시선은 우리로 하여금 이삭을 사랑하는 아들이자 희생된 아들로 인식하게 만든다. 사라를 통해 우리는 이삭, 예수, 홀로코스트 희생자들을 우리의 사랑하는 자녀로 보게 되는 것이다.

5장

너의 이름이 무엇이냐?

מַה שְּׁמֶךָ

그분이 야곱에게 물었다. "너의 이름이 무엇이냐?"
야곱이 대답하였다. "야곱입니다."
그 사람이 말하였다. "네가 하나님과도 겨루어 이겼고,
사람과도 겨루어 이겼으니,
이제 너의 이름은, 야곱이 아니라, 이스라엘이다."
〈창세기〉 32:27~28

새끼 거북이의
알 깨기

다른 모든 생명들이 그러하듯 알에서 갓 깨어난 새끼 거북이는 신비하기만 하다. 태어난 지 몇 분도 되지 않은 새끼 거북이들은 마치 자신들이 가야 할 길을 아는 것처럼, 저 멀리 들려오는 파도 소리와 빛의 파장을 따라 바다를 향해 힘차게 나아간다. 새끼 거북이의 인생 여정은 어미 거북이에서부터 출발한다.

어미 거북이가 바다를 횡단해 자신의 고향 해안까지 헤엄쳐오는 여정은 매순간 죽음과의 사투다. 호시탐탐 상어와 고래가 노리고 있고, 인간이라는 동물이 막강한 무기로 언제든 자신들을 포획해 죽일 수 있다. 어미 거북이는 바다의 파고가 제일 높고 여름 중 가장 뜨거운 날 헤엄치기 시작해 자신이 태어난 땅 해변에 도착한다. 5~6주 전에 임신한 알을 낳으러 가는 것이다. 이는 거북이의 삶에서 가장 중요한 순간이므로 그들은 아무도 없는 한밤중에 바닷가에 도착해 바닷물이 닿지 않도록 해안으로부터 수십 미터 떨어진 모래 사장에 둥지를 틀기 시작한다.

어미 거북이는 깊게 구덩이를 판 뒤 그곳에 50~200개의 알을 낳는다. 그러고는 곧바로 모래로 둥지를 덮어놓는다. 맹금류로부터 알을 보호하고, 점액이 마르지 않도록 적당한 온도를 유지하기 위해서이다. 세 시간여 동안 이 모든 일을 마친 어미 거북이는 다시 바다로 향한다. 자신이 해야 할 일을 한 뒤 후회 없이 다시 바다로 떠나는 것이다.

2개월 정도 지나면 모래 속에 낳아놓은 알들이 깨지기 시작한다. 신비롭게도 새끼 거북이는 알 속에서도 자신의 생존을 위한 무기를 만든다. '카벙클(carbuncle)'이라는 임시치아(臨時齒牙)가 바로 그 무기다. 새끼들은 카벙클로 알의 내벽을 깨기 시작한다. 이 벽을 깨지 못하면 새끼 거북이는 빛 한번 보지 못한 채 살다가 그 안에서 죽을 것이다.

새끼 거북이가 알을 깨고 나왔다고 해서 모든 것이 끝난 것은 아니다. 알을 깨느라 카벙클이 부러져 피가 난 새끼 거북이를 맞이하는 것은 아빠 거북이도 엄마 거북이도 아니다. 어미 거북이가 알을 낳기 위해 덮어놓고 간 30센티미터 두께의 모래다. 어미 거북이가 얼마나 단단하게 다져놓았는지 이 모래성은 웬만해서는 꿈쩍도 하지 않는다. 새끼 거북들이 이 모래를 뚫고 나오기까지는 무려 3일에서 7일이나 걸린다. 이 과정이 얼마나 고되고 어려운지 새끼 거북이의 몸무게는 알을 깨고 나올 때에 비해 30퍼센트 정도 줄어든다.

그럼에도 새끼 거북이들은 섣불리 모래 표면으로 올라오지 않는다. 모래 위에는 그들의 생명을 위협하는 다른 동물들이 있기 때문이다. 새끼 거북이들은 숨을 죽이고 때를 기다리다 한밤중이 되어서야 운명의 질주를 시작한다. 한순간에 쏟아져 나온 새끼 거북이들은 '자석 컴퍼스'라는 본능적인 감지 장치에 따라 자신들이 가야할 길을 향해 일제히 움직인다. 바다에 도착하기까지의 이 과정은 그야말로 목숨을 내놓은 질주의 시간이다. 그럼에도 새끼 거북이들은 바다라는 생명을 만나기 위해 주저하지 않고 질주한다.

우여곡절 끝에 도달한 바다는 새끼 거북이에게는 천국인 동시에 지옥이다. 새끼 거북이는 바다에 입수해서 48시간 동안 미친 듯이 수영을 한다. 그들이 향하는 곳은 바다의 가장 밑바닥이다. 이곳에는 자신들을 위협하는 큰 물고기들이 많지 않기 때문이다. 그들은 이곳에서 바다거북이로서의 인생을 시작한다.

열등감에 사로잡혔던 야곱의 과거

자신의 카벙클로 자신의 유일한 삶의 터전인 알을 깨려는 사람이 있었다. 그는 자신을 둘러싸고 있는 세계가 보호막이 아니라 자신의 성장을 멈추게 하고 결국 그 안에서 자신을 질식하게 하는 알이라고 깨달은 사람이다. 그의 이름은 '야곱'이다. 대부분의 우리는 우주의 한 공간에 던져진 채 그 구체적인 시공간에서 형성된 세계관을 '옳은 것'이라고 착각하며 그 안에 안주해버린다. 대다수는 그것이 자기 나름의 행복이라고 생각하고 일생을 마친다.

그러나 극소수의 인간은 자신이 던져진 그 환경이 출구 없는 알이라고 절실하게 인식하기 시작한다. 그들은 '천재'로 불릴 가능성이 있는 자들이다. 천재는 자의든 타의든 자신을 둘러싸고 있는 알을 깨고, 진정한 자기 자신과 만나기 위해 목숨을 담보로 하는 자신만의 여정을 떠나는 사람들이다. 자신을 실망시키고 좌절시키고 안주하게 만드는 타성에 젖은 자아를 직시하며, 그들은 자기 자신이라는 괴물과 대면하기 위해 자신이 태어난 고향으로 돌아간다.

아브라함의 아들 이삭은 리브가와 결혼하고, 리브가는 쌍둥이를 낳는다. 먼저 나온 아이는 몸이 붉고 털이 많아 이름을 '에서'라 지었고, 뒤의 동생은 쌍둥이 형의 발뒤꿈치를 잡고 태어나 이름을 발뒤꿈치라는 뜻의 '야곱'이라 지었다. 태어날 때부터 야곱은 '제2인자'이자 '에서의 동생'이며 '꼴찌'였다. 그의 이름은 '얌체'라는 뜻도 지니고 있다. 다시 말해 그는 자신을 위해서는 호시탐탐 기회를 놓치지 않는 전형적인 이기주의자였다. 아직도 알을 깨지 못하고 그 안이 세계가 전부인줄 아는 새끼 거북이와 같은 존재였다.

나이가 들어 아버지 이삭은 에서를 편애했다. 에서가 사냥해서 가져다주는 음식이 늙은 이삭에겐 최고의 즐거움이었고, 재산 상속을 비롯한 모든 권한을 에서에게 주기로 오래전부터 결심했다. 이삭은 아내 리브가의 치마폭에 싸여 있는 야곱을 항상 못마땅하게 여겼다. 리브가는 모든 일을 뒤에서 조정하는 보이지 않는 손이었다.

에서만을 사랑하는 아버지의 편애로 항상 열등감에 사로잡혀 있는 야곱이 어느 날 집에서 죽을 쑤고 있었다. 사냥에서 돌아온 형에서가 죽 한 그릇을 달라고 하자 야곱은 순간 기지를 발휘해 "만일 형이 장자권을 포기하면 음식을 주리다!"라고 하며 형의 마음을 떠본다. 에서는 소중하게 생각해야 할 자신의 명분을 가볍게 여긴다. 야곱은 그날 죽 한 그릇으로 장자로서 가져야 할 명분을 획득했다.

눈이 침침해져 점점 보이지 않게 된 이삭은 죽기 전에 자신의 모든 권한을 에서에게 넘기고자 그에게 마지막으로 사슴을 사냥해 요리를 만들어오라고 명령한다. 자신의 재산을 관례에 따라 맏아들인 에서에게 넘겨주려는 의식을 치르기 위해서다.

희생 제사
의식의 의미

이삭의 아버지 아브라함도 이러한 의식을 치렀다. 〈창세기〉 15장에서 신은 아브라함에게 공식적인 계약을 체결하자고 제안한다. 이 계약은 결국 아브라함이 지향해야 할 숭고한 자아와의 약속이다.

신은 아브라함에게 3년 된 암송아지 한 마리와 3년 된 암염소 한 마리와 3년 된 숫양 한 마리와 산비둘기 한 마리와 집비둘기 한 마리씩을 가지고 오라고 말한다. 아브라함은 신과의 합일을 기다리며 하루 종일 희생 제물을 준비한다. 신의 음성을 들은 아브라함은 마지막으로 서로 맺은 계약을 파기하지 말자는 의례를 행한다. 이 의

레는 지상에서 이루어지는 것이 아니라 영적으로 승화된 상태, 세상에 태어날 때와 같은 순수한 상태에서 가능하다. 이를 '깊은 잠'이라 한다.

저녁이 다가와 아브라함은 자신이 한 번도 가본 적 없는 거룩한 경지로 진입한다. 이 상태를 히브리어로 '타르데마(tardemah)'라 한다. 타르데마는 과거의 상처를 딛고 새로운 도약을 꿈꾸는 자들이 반드시 통과해야 할 문지방이다. 이 경험을 통해 잃어버렸던 자아를 찾고 과거의 상처로부터 회복하는 계기를 마련한다. 아브라함은 '깊은 잠'에 빠진다. 이 잠은 일상의 잠이 아니다.

아브라함은 타르데마에서 현재의 자신뿐만 아니라 미래의 자신을 보게 된다. 성서에서는 과거와 미래를 구분하는 중간 단계인 터부를 '어둡고 강력한 공포'로 표현한다. 아브라함은 이 공포 안에서 헤매고 있다. 아브라함은 이 경험을 통해 절망을 희망으로 전환할 불굴의 용기와 지혜를 얻는다.

신이 등장한다. 해가 지고 어둠이 짙게 깔린다. 연기 나는 화덕과 타오르는 횃불이 갑자기 나타나서, 쪼개놓은 희생 제물 사이로 지나간다. 불이 반으로 잘린 희생물 사이로 지나가는 행위는 오래된 희생 제사 의식이다. 고대 근동의 희생 제사 의식에서는 둘로 잘린 고깃덩어리 사이로 계약 당사자들이 걸어간다. 이는 만일 한쪽이 계약을 파기하면 이 잘린 동물의 꼴이 될 것이라는 암묵적인 발언이다.

동물을 잡아와 별미를 만들어 함께 먹는 행위를 '계약'이라 한다. 계약의 히브리어 표현인 '버리쓰(berith)'는 '잘라진 것'이라는 의미인데, 바로 이 '고기를 자르다'라는 뜻이다. 계약 당사자들은 계약 체결을 축하하기 위해 잘린 희생 동물을 요리해 먹는다. '식사'가 계약의 완결인 것이다.

이삭은 아버지 아브라함의 희생 제사 의식을 혐오한다. 그는 아버지와 함께 3일 동안 사막을 걸어가 자신을 희생 제물로 바치려 했던 그 끔찍한 번제가 아닌 약식으로 계약을 체결하려 한다. 그는 이제 앞이 거의 보이지 않을 정도로 늙어 계약 체결을 위한 의례에 필수 요소인 타르데마도 생략한다. 그는 맏아들 에서가 잡아온 사냥감을 요리해 먹는 것으로 계약을 체결할 예정이다.

이삭이 에서에게 하는 말을 엿들은 이삭의 아내 리브가는 에서가 사슴 사냥을 하러 간 사이 야곱을 부추겨 눈먼 이삭을 속일 음모를 꾸민다. 리브가는 오랫동안 에서를 관찰한 결과 그가 가문의 대를 이을 재목이 아니라고 판단한다. 그녀는 야곱을 장자로 등극시키기로 마음먹는다. 겉으로는 유약해보여도 훈련을 통해 살아남을 최후의 새끼 거북이는 야곱이라고 판단한 것이다. 리브가는 야곱을 털이 많은 에서로 변장시키기 위해 그에게 동물가죽을 뒤집어씌운 뒤 자신이 만든 음식과 함께 이삭에게 보낸다. 이삭의 입맛은 누구보다도 리브가가 잘 알고 있었다.

이삭은 그가 에서가 아니라 가죽을 덮어 쓰고 들어온 야곱임을 알아차리지만 짐짓 모른 척 행동한다. 그 순간 이삭은 아브라함에서 이삭으로 이어져온 신앙의 유산이 에서가 아니라 야곱을 통해 성취될지도 모른다고 생각했을 것이다. 이삭은 모른 척하고 야곱의 음식을 받은 뒤 그에게 모든 권한을 넘겨주었다.

장막 밖에서 기다리고 있던 리브가는 즉시 야곱을 자신의 오빠 라반이 살고 있는 하란 땅으로 피신시킨다. 사냥에서 돌아온 에서가 이 사실을 알게 되면 야곱을 죽일 것이 분명했기 때문이다. 이때부터 스무 살 야곱의 정처 없이 떠도는 생활이 시작된다.

절망에서 빠져나올 사다리

야곱은 집을 떠나 친척들이 살고 있는 하란으로 가던 중 한 장소에서 하루를 묵어야 했다. 베개도 없어 넓적한 돌 하나를 주워 베고는 하늘을 올려다 보았다. 적막한 밤은 야곱의 근심과 걱정을 배가시켰다.

야곱은 이 무명의 장소에서 꿈을 꾼다. 그는 꿈에서 땅에 '층계'가 있고 그 꼭대기가 하늘에 닿아 있는 것을 보았다. 층계에 해당하는 히브리어 '술람(sullam)'은 성서 전체에 단 한 번 등장한다.[1] 술람은 흔히 '사다리'로 번역되는데 메소포타미아의 '지구라트(ziggurat)'라는 독특한 신전 구조를 통해 단어의 정확한 의미를 추적할 수 있다.

지구라트는 고대 근동인들이 지은 신전 이름이다. 수메르인, 아카드인, 엘람인, 바빌로니아인 그리고 앗시리아인들이 자신들이 섬기는 신의 안식처를 건축한 것이다. 가장 전형적인 형태는 직사각형의 플랫폼을 만들고 그 위에 점점 작은 직사각형의 건물을 올려놓는 것으로 지구라트라는 단어 자체가 '한없이 쌓아올린 건물'이라는 의미다.

돌이 없는 메소포타미아인들은 지구라트 전체를 진흙 벽돌을 구워 쌓아올렸고, 맨 위에는 레바논에서 수입한 백향목으로 제사를 지내는 지성소를 만들어 올렸다. 이곳은 그 도시의 사제만이 들어가 잘 수 있는 장소다. 특히 신년이 되면 왕이 이곳에서 '거룩한 여인' 혹은 '신에게 주어진 여인'이라 불리는 신전 창기와 '히에로스 가모스(hieros gamos)'라는 성혼례를 올려 도시의 풍요를 비는 의례를 거행한다. 사제는 지구라트 정면에 놓인 계단을 밟고 맨 위의 지성소로 올라간다.

지구라트는 이집트의 오벨리스크나 피라미드처럼 하늘과 땅이 만나는 '오메가 포인트(Omega Point)'다. 땅에 사는 인간이 하늘로 오를 수 있도록 인도하는 계단을 아카드어로 '심밀투(simmiltu)'라 하며, 이 계단을 통해 인간은 신을 만나 하나가 된다. 야곱이 본 층계인 술람이 바로 이 심밀투다. 성서 저자는 분명히 바빌론의 지구라트와 그 중앙 계단인 심밀투를 알고 있었고, 그 단어를 차용해 히브리어 술람을 사용했을 것이다.[2]

이 층계는 땅에 굳건히 박혀 있고 그 끝이 하늘에 닿아 있다. 이 장면은 야곱의 인생을 뒤흔든다. 이 장면은 '땅과 하늘이 하나'라는 메타포다. 기존 종교는 하늘은 하늘이고 땅은 땅이며 하늘과 땅을 이어주는 유일한 매개체는 종교와 사제라는 사실을 줄기차게 설교해왔다. 하늘과 땅이, 신과 인간이, 개인과 이웃이 하나라고 주장한 사람들은 기성 종교에 의해 이단으로 낙인찍혀 축출당하거나 죽임을 당했다. 가장 대표적인 인간이 예수다.

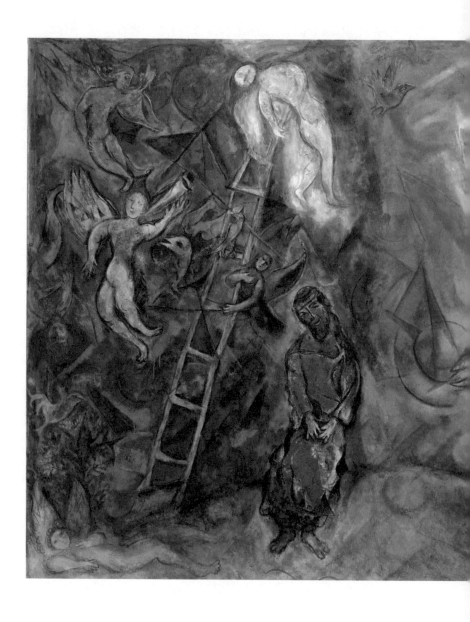

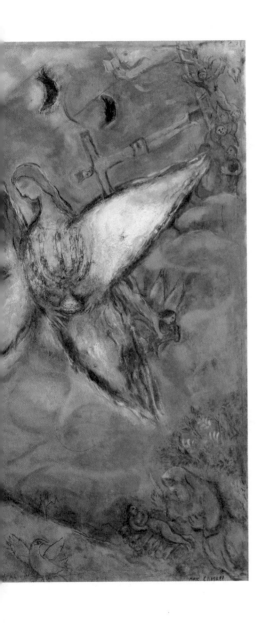

마르크 샤갈, 〈야곱의 꿈〉, 1966

술람은 사기꾼이자 겁쟁이였던 야곱을 한순간에 변화시킨다. 야곱은 마치 새끼 거북이가 카병클로 자신이 안주하던 잠자리를 부수듯이 익숙함, 전통, 편견, 눈치, 대의명분이라는 자신이 안주하던 알과 같은 잠에서 깨어난다. 그리고 혼자 중얼거린다. "신이 분명히 이곳에 계시는데도, 내가 미처 그것을 몰랐구나."³ 우리의 영적인 단계가 다음 단계로 진입하는 기반은 우리가 처해 있는 현재 상황에 대한 재인식이다. 야곱이 잠을 잔 곳은 아무도 거들떠보지 않는 초라한 땅이다. 야곱은 바로 그 장소가 신이 계신 곳임을 깨닫는다.

그는 두려워하면서 중얼거린다. "이 얼마나 두려운 곳인가! 이곳은 다름 아닌 신의 집이다. 여기가 바로 하늘로 들어가는 문이다."⁴ '두려워하다'로 번역된 히브리어 동사는 '야라(yara)'다. 야라는 새로운 인식의 경지에 들어섰을 때 말로 표현할 수 없는 희열의 상태를 의미한다. 어떠한 대상에 대해 우리의 인식보다 더 큰 인상을 받을 때 느끼는 감정이며 그동안 알고 있던 선과 악, 아름다움과 추함이라는 이분법적 분류를 넘어서는 그 무엇이다. 따라서 야라는 '두려워하다'라는 뜻보다는 '숭고하다'라는 뜻이 더 어울린다.

'숭고한'을 뜻하는 서브라임(sublime)이라는 단어는 라틴어 '서브리미스(sublimis)'에서 파생했다. 서브리미스는 '아래서'라는 의미를 지닌 '서브(sub)'와 '문지방/경계'를 의미하는 '리멘(limen)'의 합성어다. 리멘은 삶과 죽음의 경계로, 아무런 준비도 없이 들어섰다가는 갑작스러운 죽음을 맞이할 수 있는 공간이다. 이 특별한 공간을 '터부'라고도 한다.

야곱은 이 공간에 들어서서 자신이 해야 할 소명을 듣게 된다. 우리는 종종 이 공간에 들어가기를 두려워하고, 그 안에서 들려오는 소리를 듣지 않으려 애쓴다. 터부에서 들려오는 자신의 목소리를 거부한 채, 다른 사람들의 목소리를 따라가기 십상이다. 이 목소리는 설명이나 이성을 넘어서는 것으로 환각이나 망상과는 다르다. 우리의 삶을 송두리째 바꿔 전혀 새로운 존재로 거듭나게 하는 강력한 힘이다. 야곱은 바로 그 무명의 장소가 "하늘로 들어가는 문"임을 깨닫는다.

하늘로 들어가는 문을 통과하기 위해서는 오래된 자아를 살해해야 한다. 그리고 자신이 알게 모르게 습득한 지식을 버리려면 그 지식이 자신이 처한 상황에 아무런 도움이 되지 않는다는 사실을 깨달아야 한다. 스스로에게 하는 이 질문은 새로운 길을 찾아 헤매는 자에게 슬그머니 그 모습을 드러내는 베헤모스(괴물)다. 미지의 세계로 진입하려면 질문이 필요하며, 자신의 현재 상태를 전적으로 의심하는 자세가 필요하다.

"하늘로 들어가는 문"에서 '문'에 해당하는 히브리어는 '샤아르(saar)'다. 샤아르는 도시를 둘러싼 '성문'이라는 의미와 함께 '성문위에서 그 안으로 들어오는 자를 지켜보는 행위', 즉 '생각'이라는 의미도 함께 가지고 있다. 생각은 우리의 운명과 성격을 만드는 마스터 스위치다. 붓다의 말을 기록한 『법구경(法句經)』에 보면 "인간은 마음이다. 더욱이 생각이라는 도구를 취해 자신이 원하는 것을 이루면서 수많은 기쁨과 슬픔을 얻게 된다. 그가 비밀리에 생각하지만 언젠가 드러난다. 환경이란 자신의 모습을 훤히 바라볼 수 있는 유리잔에 불과하다"라는 말이 있다. 이 순간 야곱은 과거의 자아가 사라지고 새로운 자아로 부활한다.

우리가 살아 있다는 것, 존재한다는 사실을 인식하는 순간이란 무엇인가? 인간은 시간이라는 씨줄과 공간이라는 날줄이 만나는 지점에서 자신이 살아 있음을 확인한다. 순간이란 봄의 약동으로 싹이 트고 꽃망울을 터뜨리는 그 찰나(刹那)다. 흔히들 '눈 깜짝할 사이'라는 말을 한다. 찰나는 75분의 1초(약 0.013초)에 해당하며, 불교에서는 모든 것이 찰나마다 생겼다 멸하고, 멸했다가 생기면서 계속되어 나간다고 말한다. 이를 찰나생멸(刹那生滅), 찰나무상(刹那無常)이라 한다. 또한 불교에서는 찰나를 '생각이 스치는 한순간'처럼 짧다는 의미로 염(念), 일념(一念)으로 번역하기도 한다. 일념 안에 90번의 찰나가 지나가고 한 찰나 안에서 생멸이 900번 일어나므로, 하루에 3,282만 번의 찰나가 지나간다.

　봄이 오면 잎과 꽃망울은 모든 찰나에 과격하고도 드라마틱하게 변화한다. 이 찰나의 순간에 식물은 자신의 색깔과 자기 몸의 구조를 다채롭게 변화시킨다. 몇 년 지나면 우리가 앉은 의자나 책상도 원래 지녔던 독창적인 무결성(integrity)을 잃는다. 우리가 인식하지 못할 뿐 인간을 포함한 만물은 찰나에 그 현상과 본질이 변한다. 이 인식의 순간을 영어로 '모멘트(moment)'라 한다. 라틴어 '모멘텀(momentum)'은 '움직임/움직이는 힘/변화' 혹은 '순간'이라는 의미다. 자기변화의 기초는 바로 이 모멘텀, 지금 이 순간을 어떻게 포착해 인식하고 자신이 원하는 삶으로 만드느냐에 달려 있다. 이것은 애벌레가 껍데기를 벗고 나비로 태어나는 순간이며, 새끼 거북이가 카벙클로 알을 깨고 나오는 그 순간의 환희다.

　스스로를 깨달은 야곱은 꿈을 꿨던 무명의 장소를 '베델(Bethel)',

즉 '신이 계신 장소'라 명했다. 야곱은 자신 앞에 펼쳐질 세상이 험하다 할지라도 결코 혼자가 아니며, 저마다의 삶에는 목적이 있다는 것을 처음으로 깨닫는다.

신은 이러한 야곱에게 절망에서 빠져나올 '술람'을 선사한다. 땅과 하늘을 이어주는 술람은 홍수 이후 신이 노아에게 선사한 무지개와 유사하다. 술람의 끝은 하늘을 향해 있어서 볼 수 없지만, 반대편 끝은 지상에 박혀 있다. 하늘로 올라가기 위해서는 매일 지상에서의 어려운 상황의 계단을 한 걸음씩 올라가야 한다. 야곱은 사다리의 첫 가로대에 올라선다. 그는 더 이상 어린아이가 아니다. 그는 아브라함과 이삭이 추구했던 영적으로 성숙한 인간으로서의 첫 걸음을 내디뎠다.

겁쟁이 야곱의
불안한 귀향

붓다의 말 중에 "해탈하기 전에 물을 나르고 나무를 패고, 해탈한 후에 물을 나르고 나무를 팬다"라는 문장이 있다. 영적인 경지에 도달한다 할지라도 여전히 일상생활에 성실해야 하며, 초월적인 경험을 단순하고 사소한 일들과 접목시키도록 노력해야 한다는 말이다. 삶의 진정한 변화는 서서히 일어난다.

야곱은 한밤에 베델에서 신을 만나는 초자연적인 경험을 했지만 아침이 되자 다시 혼자 삼촌 라반이 있는 하란으로 떠나야 했다. 어느 날 야곱은 들판에서 우물 하나를 발견한다. 해가 저물자 몇몇 목동이 몰려와 양 떼에게 물을 먹이고는 우물 입구를 다시 돌로 막았다. 야곱이 그들에게 어디에서 왔느냐고 묻자 그들은 하란에서 왔다고 대답했다. 야곱은 마침내 삼촌이 사는 곳에 도착한 것이다. 야곱이 "혹시 나홀의 아들 라반을 아십니까?"라고 묻자, 그들은 "잘 압니다. 저기 라반의 딸 라헬이 가축과 함께 오고 있습니다!"라고 대답했다.

야곱은 우물을 향해 오고 있는 라헬을 보고는 얼른 우물로 달려가 입구를 막고 있는 육중한 돌을 다시 밀어내 라헬의 양 떼에게 물을 주었다. 야곱은 사촌 여동생 라헬의 커다란 눈을 다시 바라보았다. 그는 라헬의 눈과 목선에서 자신의 어머니 리브가의 모습을 보았다. 야곱은 라헬을 보는 순간 그녀의 침묵이 자신의 침묵이며, 그녀의 눈이 자신의 눈이라는 사실을 직감했다. 라헬 역시 야곱을 보고 그의 어린 시절과 현재 그리고 미래를 꿰뚫어보았다.

이들은 처음 만났지만 마치 오래전부터 곁에 있던 연인 같았다. 야곱은 라헬에게 입을 맞추고는 소리 높여 울었다. 그는 자신이 라반의 여동생 리브가의 아들이라고 말했다. 과거 아브라함이 종을 보내 바로 이곳에서 이삭의 부인 리브가를 발견한 것처럼, 수십 년이 지나 바로 이곳에서 야곱 또한 자신의 부인이 될 라헬을 발견한 것이다. 라반은 야곱을 반갑게 맞이했고 그는 이곳에 정착하게 된다.

삼촌 라반은 계산에 밝은 사람이었다. 친척임에도 야곱의 노동력을 이용해 재산을 불릴 셈이었다. 라반은 야곱이 라헬에게 푹 빠져 있는 것을 알고는 계약을 유도했다. 그는 야곱에게 7년간 일을 하면 라헬을 아내로 주겠다고 제안한다. 사랑에 빠진 야곱은 성실하게 일해 약속한 7년을 채운 뒤 라반에게 라헬과의 혼인을 허락해달라고 요구한다. 그러자 라반은 혼인 잔치를 열어준다. 밤이 되어 하객들이 모두 집으로 돌아가고, 술에 취한 야곱은 비틀대는 몸을 이끌고 신방으로 향했다. 7년간의 노동을 뒤로하고 비로소 첫날밤을 치른 것이다.

동이 트고 야곱이 눈을 떴다. 그런데 옆에 라헬이 아닌 라헬의 언니 레아가 누워 있는 것이 아닌가! 그들은 서로를 보고 놀라 말문이 막혔다. 야곱은 불행의 환영이 그를 덮쳤다고 생각했다. 어둠 속에서 연정과 술기운에 사로잡혀 낯선 여인에게 자신의 몸과 영혼을 드러낸 것이다. 레아 역시 야곱과 함께 라반의 계략에 농락당한 희생물이었다. 야곱은 신방에서 뛰어나와 라반에게 달려가 이렇게 말한다.

"외삼촌께서 저에게 이러실 수가 있습니까? 제가 그동안 라헬에게 장가를 들려고 외삼촌 일을 해드린 것이 아닙니까? 외삼촌께서는 왜 저를 속이셨습니까?"[5]

그러나 라반은 미안한 기색 따위는 없었다. 그는 장사꾼처럼 말한다.

"큰딸을 두고서 작은딸부터 시집을 보내는 것은, 이 고장의 법이 아닐세. 그러니 이레 동안 초례 기간을 채우게. 그런 다음에, 작은아이도

자네에게 주겠네. 그 대신에 자네는, 또 7년 동안, 내가 맡기는 일을 해야 하네."[6]

야곱은 화가 치밀었지만 참았다. 라헬에 대한 사랑이 삼촌을 향한 복수심보다 컸기 때문이다. 야곱은 또다시 7년 동안 일을 해주고 결국 라헬을 얻었다.

이후 야곱은 사업에 성공한다. 부인 두 명과 첩 두 명까지 두고 남부럽지 않게 살지만 한 가지 부족한 점이 있었다. 이 한 가지는 야곱의 삶 전체를 사로잡고, 매순간 살아 있음을 느끼게 하는 원동력이었다. 어미 거북이가 산란을 위해 죽음을 무릅쓰고 자신이 태어난 고향으로 돌아와야 하는 것처럼, 야곱 역시 자신의 고향으로 돌아와야 새 힘을 얻을 수 있었다. 그러나 그를 고향으로 돌아오지 못하게 만드는 괴물이 있었다. 겉으로 보기에는 형 에서인 것 같지만 사실은 자신의 가슴 속 깊이 자리하고 있는 자기 자신 '야곱'이라는 괴물이다.

야곱이 집으로 돌아가기 위해서는 타향에서 결혼한 두 명의 아내, 레아와 라헬을 설득해야 하고, 삼촌이자 장인인 탐욕스러운 라반의 음모에서 벗어나야 하며, 빼앗긴 장자의 권한에 화가 나 그가 돌아오기만을 학수고대하는 에서를 대면해야 하고, 무엇보다도 아버지 이삭과 에서를 속이고 수십 년 동안 방랑 생활을 하며 쌓아온 자신의 죄책감을 내려놓아야 했다. 야곱에게 고향은 타인의 시선과 타인이 붙여준 별명, 그리고 불운한 과거와 쓰라린 열등감과 내적 갈등이 모인 덩어리였다. 이 과거의 야곱을 살해하기 위해서는 자기 자신과 정면으로 대결해야 한다.

야곱은 마침내 에서와 얼굴을 맞대고 용서를 구하리라 결심한다. 그러나 에서가 자신을 죽일지도 모른다는 생각에 에서의 마음을 떠보기 위해 전령을 보내 이렇게 말한다.

"주인의 종 야곱이 이렇게 아룁니다. 저는 그동안 라반에게 몸 붙여 살며, 최근까지도 거기에 머물러 있었습니다. 저에게는 소와 나귀, 양 떼와 염소 떼, 남종과 여종이 있습니다. 형님께 이렇게 소식을 전하여 드립니다. 형님께서 저를 너그럽게 보아주십시오."[7]

야곱은 자신이 더 이상 속임수를 일삼는 어린아이가 아니며 경제적으로도 성공했고 사람들로부터 존경받는 인물임을 부각시키며 형에게 호소했다. 자신이 재산이 많다는 것을 알리면 에서의 분노를 누그러뜨릴 수 있을 것이라고 추측한 것이다. 아직도 자신이 가지고 있는 부를 우상으로 여기는 마음이 야곱으로 하여금 자기 자신을 찾지 못하게 가로막고 있었다. 에서를 만나고 돌아온 전령들의 얼굴에 수심이 가득했다. 그들은 야곱이 상상하던 시나리오대로 최악의 상황을 전한다.

"주인어른의 형님인 에서 어른께 다녀왔습니다. 그분은 지금 부하 400명을 거느리고, 주인어른을 치려고 이리로 오고 있습니다."[8]

이것은 결코 야곱이 바라던 대답이 아니었다. 야곱은 두려움과 불안에 떨었다. 최악의 시나리오가 현실이 되자 그는 400명의 용병을 대항할 방도를 찾았다. 그는 종과 가축과 낙타를 둘로 나누었다. 에서가 한쪽을 공격하는 틈을 타 다른 한쪽은 도망을 칠 셈이었다. 야곱은 이 위기의 순간에 신을 찾았다.

"부디, 저의 형의 손에서, 에서의 손에서, 저를 건져주십시오. 형이 와서 저를 치고, 아내들과 자식들까지 죽일까 두렵습니다. 주께서 말씀하시기를 '내가 반드시 너에게 은혜를 베풀어서, 너의 씨가 바다의 모래처럼 셀 수도 없이 많아지게 하겠다' 하시지 않으셨습니까?"⁹

오늘날의 우리는 기도에 대해 어떻게 이해하고 있는가? 많은 사람들이 기도를 신에게 떼를 쓰면 들어주는 마술지팡이 쯤으로 생각한다. 한자 '기도(祈禱)'를 풀이하면 '자신의 목숨(壽)을 자신의 도끼(刀)로 찍으려는 시늉을 하며 간절히 원하는 모습'이다. 우리가 하는 대부분의 기도가 이와 같다. 40일 금식기도를 했다는 사람에게 아무런 삶의 변화도 나타나지 않는 이유는 신이 원하는 삶이 무엇인지를 깊이 묻지 않고 자신이 원하는 욕망만을 무작정 요구했기 때문이다. 기도는 오히려 신이 원하는 삶이 무엇인지 깊이 묵상하는 행위다.

밤새도록 뒤척이며 잠을 설친 야곱은 아직도 형의 분노를 삭일 방도가 있을 것이라고 생각했다. 다음 날 아침, 그는 200마리의 암염소와 20마리의 숫염소, 200마리의 새끼 암소와 20마리의 새끼 수소, 30마리의 낙타와 그 새끼들, 40마리의 암소와 10마리의 수소,

20마리의 암탕나귀와 10마리의 수탕나귀를 골라 첫 번째 팀과 함께 보냈다. 가축들이 에서가 사는 진영에 도착하자 야곱의 종들은 에서에게 "당신의 종 야곱은 우리 뒤에 오고 있습니다"라고 전했다. 야곱은 자신이 보낸 뇌물을 보면 형이 자신을 용서해줄 것이라고 착각한다.

뒤에서 멀찌감치 다른 팀과 함께 따라온 야곱은 저녁이 되어 얍복 강가에 도착했다. 이 강만 건너면 형 에서가 있다. 야곱은 아직도 과거의 수동적이며 철들지 않은 자아로 인해 어린아이와 같은 결정을 내린다. 겁쟁이 야곱은 자신의 아내와 자식을 먼저 보내기로 결정한다. 그는 두 아내와 두 여종 그리고 모든 아이들을 배에 태워 강 건너편으로 보냈다. 야곱은 만에 하나 어떤 불상사가 일어난다면 강 반대쪽으로 도망칠 생각이었다. 그는 아직도 자신의 이름 '야곱'스러운 생각을 하고 있었다.

야곱에게서는 아브라함이나 이삭처럼 미래에 대한 위대한 비전이나 자기희생을 찾아볼 수 없다. 아브라함은 자신의 꿈을 실현하기까지 100년이나 기다릴 정도로 끈기와 인내의 신앙이 있었다. 그는 신에게 어떤 것도 바라지 않고 오히려 금지옥엽 같은 자신의 아들을 신에게 바치려 했다. 이삭은 스스로 희생 제사의 제물이 되고자 했다.

반면 야곱은 우리네와 비슷하다. 그는 어려운 일을 회피하고 남이 해결해주기를 바라며 대책 없이 기다린다. 심지어는 자신의 가장 가까운 사람들까지 위험에 빠뜨린다. 그는 자신이 해야 할 일이 무엇인지 모르고, 신의 명령을 아전인수로 해석하며, 신과의 계약을 지키려 하기보다 자신의 무력함과 나약함을 원망한다. 야곱은 전략적인 생존자다. 신을 의지하기는 하나 그는 자신의 생존을 위해 신을 포함한 모든 것을 버릴 수 있는 나약한 인간이다.

야곱은 다음 날이 되면 형을 만나야 하지만 그의 심중을 알 길이 없었다. 형으로부터 심판을 받아야 하는 막다른 골목에서 그는 자신이 누구이며 무엇을 해야 하는지 깊이 생각했다. 우리는 왜 이러한 순간에 이르러서야 자기 자신을 들여다보게 되는 것일까. 야곱은 이제 일생 동안 자신을 짓누르고 있던 자기라는 괴물과 마주할 준비가 됐다. 그는 오랜만에 홀로 사막에 남아 있었다.

적막하기만 한 사막의 한가운데서 야곱은 숨기고 싶고 기억하고 싶지 않은 수많은 장면들을 떠올렸다. 그는 아버지와 형을 속이고 가출했던 20년 전을 떠올렸다. 눈 깜짝할 사이에 지나가버린 세월이 야속하기만 했다. 그동안 열심히 일해 부를 이루었지만 지금 이 순간 모든 것들이 부질없게만 느껴졌다. 그는 아브라함과 이삭의 신앙에 대해 생각했다. 강 건너의 불꽃이 가물가물하며 연기와 함께 사라지고 있었다.

신과 씨름해 이긴 자, 이스라엘

강은 예로부터 한 지역과 다른 지역을 구분하는 자연적인 경계이자 문명의 발상지다. 강을 중심으로 공동체와 국가가 형성되었고, 강을 건넌다는 의미는 자신이 속한 익숙한 세계를 떠나 미지의 세계로 들어가는 것이며, 인생에서 중요한 단계를 넘어선다는 상징이다.

그리스 신화의 스틱스 강은 삶과 죽음의 경계이고, 성서의 요단 강 또한 이 세계와 저 세계의 구분이다. 구약성서에서 홍해는 오합지졸과 광야 40년 생활을 감행할 신앙 공동체를 분리시키는 리트머스이며, 로마 장군 시저 역시 루비콘 강을 건넌 후 로마제국의 절대 지도자가 됐다. 야곱은 자기 재산과 가족들을 모두 강 건너로 보내지만 정작 자신은 건너가지 못한다. 야곱이 베델에서 술람을 본 것을 새끼 거북이가 카벙클로 알을 깨고 나온 것과 비교한다면, 얍복 강은 새끼 거북이가 헤쳐 올라가야 할 30센티미터 두께의 모래이자 그곳에서 탈출해 바다까지 무사히 도착해야 하는 여정이다.

야곱은 홀로 남아 있었다. 성서는 "어떤 사람"이 야곱을 붙잡았다고 기록한다. 갑자기 어떤 낯선 자가 나타나 아침까지 야곱과 씨름을 했다. 히브리어에서 '얍복'은 '씨름하다'와 어원이 같다. 낯선 자는 도저히 힘으로는 야곱을 제압할 수 없다는 사실을 깨닫자 야곱의 엉덩이뼈를 부숴놓는다.

날이 새려고 하자 낯선 자는 "해가 떠오르니, 나는 가야 한다"고 말한다. 그러나 야곱은 "당신이 나를 축복해주지 않으면 보낼 수 없습니다"라고 단호하게 말한다. 여기서 '축복'이라는 의미는 삼라만상의 뜻에 맞추어 자신의 운명을 깨달아 알고 그것에 복종하는 행위다. 야곱의 말은 '내가 왜 사는지, 어디로 가야 하는지, 뭘 해야 하는지 스스로 깨닫지 않는다면 나는 이 자리에서 죽는 편이 낫겠다'라는 의미다. 야곱의 목숨을 건 간절함에 낯선 자는 감탄한다. 낯선 자는 야곱의 소원을 들어줄 참이었다. 그가 야곱에게 묻는다. "너의 이름이 무엇이냐?"

이름은 고대 오리엔트 사회에서 가장 중요한 개인의 일부다. 셈족어로 '쉠(*shimm)'은 '이름/기억/역사'라는 다양한 의미를 지닌다. 고대인들은 신이 인간 각자의 운명을 이름을 통해 알려주었다고 믿었다. 아브라함 종교들, 즉 기원전 4세기경에 등장한 유대교, 기원후 1세기의 그리스도교, 그리고 기원후 7세기의 이슬람교는 모두 셈족인들이 만든 종교다. 이들은 자신을 셈, 즉 '이름'의 후예라고 믿었다. 사막의 거친 환경에서 이들의 삶을 가능하게 하는 원동력은 신에 대한 기억으로 자신들의 정체성을 확립하고, 자기 조상들이 물려준 신앙의 유산을 기억해 공동체에 기여하는 것이라고 믿었다. 유대인들은 신을 지칭하는 '신성사문자(神聖四文字)'인 '야훼(YHWH)'를 '하쉠', 즉 '(바로) 그 이름'이라 부른다. 성서의 위대한 인물들은 종종 신을 만난 뒤 새로운 이름을 얻는다.

야곱은 자신의 이름을 묻는 낯선 자에게 "야곱입니다"라고 대답한다. 그러자 낯선 자는 "네가 하나님과도 겨루어 이겼고, 사람과도 겨루어 이겼으니, 이제 너의 이름은, 야곱이 아니라, 이스라엘이다"라고 말한다. 야곱은 자신의 이름을 새로 지어준 이 낯선 자가 누구인지 궁금해서 "당신의 이름을 알려주십시오"라고 말한다. 그는 알 필요 없다면서 그 자리를 급히 떠난다. 이 낯선 자는 누구일까?

그는 야곱 안에 자리하고 있는 과거에 사로잡힌 인간, 과거 지향적 인간인 야곱의 어두운 제2의 자아일 수도 있다. 야곱은 밤새도록 자신 안에 있는 부정적인 자기와 씨름한 것이다. 야곱은 이 부정적인 자아를 극복하고 새로운 정체성을 얻었다. 그는 지금까지 형 그늘에 가려진 채 엄마 치맛자락만 잡는 어린아이, 아버지 사랑을 받지 못하고 삼촌에게 속임을 당하는 나약하고 수동적인 인간이었다. 야곱은 이 사건을 통해 과거를 극복하고 미래에 대한 새로운 비전을 보았다. 야곱은 이제 도망치지 않고 당당히 버틴다. 그는 더이상 '발뒤꿈치' 야곱이 아니라 '신과 겨루어 이긴' 이스라엘이다.

낯선 자에 대한 또 다른 해석은 성서 이야기에서 드러나듯이 바로 '신'이다. 성서에서는 이 신을 '이쉬(ish)', 즉 '보통 인간'으로 지칭한다. 고대 이스라엘 사회에서 신은 사막 한가운데처럼 전혀 예상하지 못한 장소에서 느닷없이 등장하는 어떤 사람이며, 그 신은 누군가의 인생을 근본적으로 변화시킬 수 있다. 우리가 신을 만나지 못하는 이유는 바로 인간이 정해놓은 시간과 장소에 신을 묶어놓았기 때문이다. 아브라함과 사라를 찾아간 '세 명의 낯선 자들'은 그들의 손자 야곱 이야기에도 등장한다. 야곱은 이 낯선 자를 그저 지나가는 사람이 아니라 자신의 운명을 바꿔놓을 수 있는 신이라고 생각했다.

다음 날 동이 트자 야곱은 얍복 강을 건넌다. 야곱은 엉덩이뼈가 어긋나 절뚝거리고 있었다. 강을 건너자 자신의 두 아내와 아이들이 살아 있었다. 얼마 지나지 않아 형 에서가 건장한 청년 400명을 데리고 그를 향해 오고 있었다.

그는 자신의 새로운 이름 '이스라엘'이 자신의 삶에 어떤 영향을 끼칠지 궁금했다. 야곱은 자신의 가족과 종 그리고 가축들을 둘로 나눈 뒤 사랑하는 아내 라헬을 맨 뒤에 서게 했다. 그리고 자신은 맨 앞에 섰다. 더 이상 야곱은 겁쟁이가 아니었다. 야곱은 '신과 싸워 이긴 나 이스라엘이 누구를 대적하지 못하겠는가?'라고 생각하며 다가오는 형 에서 앞으로 나아가 그가 가까이 올 때까지 일곱 번이나 정성스럽게 절을 했다. 절을 마친 야곱은 엉덩이의 통증으로 겨우 일어섰다.

그러자 야곱의 쌍둥이 형 에서가 '붉은 머리'를 휘날리며 다가왔다. 그의 허리춤에는 보기에도 섬뜩한 커다란 칼이 햇빛을 받아 반짝이고 있었다. 에서는 야곱에게 달려가 그를 껴안고 입 맞추었다. 그리고 다음과 같이 말했다.

"내가 오는 길에 만난 가축 떼는 모두 웬 것이냐?"
"형님께 은혜를 입고 싶어서, 가지고 온 것입니다."
"아우야, 나는 넉넉하다. 너의 것은 네가 가져라."
"아닙니다, 형님, 형님께서 저를 좋게 보시면, 제가 드리는 이 선물을 받아주십시오. 형님께서 저를 이렇게 너그럽게 맞아주시니, 형님의 얼굴을 뵙는 것이 하나님의 얼굴을 뵙는 듯합니다."[10]

에서와 야곱은 지난 20년 동안 단 하나밖에 없는 혈육임에도 서로를 원수로 생각하고 지낸 자신들의 모습과 상대방이 겪었을 고통의 세월을 헤아리며 한참 동안 울었다. 이 눈물은 자기만의 세계에서 벗어나 상대방의 고통을 자신의 고통으로 느끼는 눈물이다. 에서는 야곱의 간절한 청을 받아들였다. 야곱은 얍복 강의 경험을 통해 원수 같고 두렵기만 했던 형 에서가 신처럼 보였다.

야곱 이야기는 '발뒤꿈치'로 태어나 평생 남의 눈치만 보던 인간이 훗날 이스라엘이라는 민족의 조상이 되는 인간 승리의 과정을 보여준다. 야곱의 승리는 운명과 고통과 역경을 극복할 수 있는 자신의 능력에 대한 믿음에서 시작한다.

야곱은 부모와 형을 떠나 20년 동안 방황했지만 신을 만나 새로운 정체성을 부여받았다. 이스라엘! 신과 겨뤄 신을 이기는 존재란 바로 형 에서를 만났을 때 자신과 형을 위해 울 수 있는 사람이다. 비록 다리를 절뚝거리는 불구의 몸이 되었지만 그에게는 모든 사람을 신처럼 여길 수 있는 성스러운 마음이 생겼다.

6장

네가 손에 가지고 있는 것이 무엇이냐?

מַזֶּה בְיָדֶךָ

주께서 그에게 물으셨다. "네가 손에 가지고 있는 것이 무엇이냐?"
모세가 대답하였다. "지팡이입니다."
〈출애굽기〉 4:2

아브라함과
모세

신은 누구를 선택하는가? 성서에 등
장한 인물들이 무작위로 선택된 보통사람 같지만, 이들은 신이 자
신을 선택하도록 충분히 준비한 자들이다. 이들이 준비된 자라는
것을 확신할 수 있는 근거는 그들이 신의 선택을 받은 후 성취한 업
적에 있다. 자신이 충분히 준비되어 있지 않다는 것을 누구보다 잘
알고 있음에도 불구하고 그런 소명을 받는다면 그는 불행한 사람이
다. 현명한 사람은 자신의 능력에 넘치거나 부족한 일을 단호히 거
절할 줄 안다. 신은 선택할 만한 사람을 선택한다. 선택받은 사람들
은 받을 만한 준비가 되어 있는 자로 생각과 행동이 일치하는 자며
그것들을 행동으로 옮기는 자다.

고대 이스라엘의 위대한 지도자 아브라함과 모세는 신의 선택을
받고 전혀 다르게 반응했다. 후대에 등장하는 유대교, 그리스도교,
이슬람교는 아브라함을 '우리의 조상'이라고 한다. 반면 모세는 신

으로부터 천상의 경전을 내려 받아 아브라함 종교의 경전들, 즉 『토라』와 성서 그리고 『꾸란』의 기틀을 마련했다. 이들은 모두 모진 시험을 통과해야 했고, 신과 '계약'을 맺었으며, 신과 얼굴을 맞대고 대화할 능력이 있는 자들이다. 이들은 가장 위대한 성서의 지도자로 비슷한 면모를 보이기도 하지만 근본적으로 성격이 달랐다.

아브라함은 불굴의 지도자였다. 그는 메소포타미아 사회에서 자랐지만 자신 안에 내재한 신의 목소리를 들은 뒤 온 가족을 이끌고 새로운 땅을 개척하며, 가족 모두를 자신이 확신하는 신앙으로 인도했다. 그는 수많은 반대와 조롱도 아랑곳하지 않고 메소포타미아의 우르라는 도시에서 터키 남부 하란으로, 다시 가나안(팔레스타인)으로 이주했다가 흉년이 들자 이집트로, 그리고 다시 가나안에 정착했다. 아브라함의 가족들은 일사불란하게 그를 따랐다.

모세와 그를 따르는 떠돌이 '히브리인'들은 아브라함의 경우와는 달랐다. 모세는 신을 "불타는 가시떨기나무"에서 만났지만, 신의 명령을 지키지 않고 내키지 않은 일에는 온갖 핑계를 댔다. 신이 너무 화가 나 모세를 죽일 뻔한 사건도 있었다. 그를 따르는 히브리인들도 그를 존경하지 않았다. 그들은 "갈대 바다"를 건넌 뒤 사막에서 지속적으로 모세에게 불평을 늘어놓았고 "사막에서 죽는 것보다, 이집트인들을 섬기며 사는 것이 낫다"라며 그를 조롱했다.

아브라함은 애초부터 신을 의심하지 않았다. 신이 그에게 요구하는 모든 것을 아브라함은 그대로 실행했다. 예를 들어 그는 "너의 하나밖에 없는, 네가 사랑하는 아들, 이삭을 데리고, 모리아라 불리는 지역에 가라. 내가 알려줄 산들 중 하나에 올라, 그곳에서 그를 번제로 바쳐라"라는 신의 이해할 수 없는 명령에도 아무런 질문을 하지 않는다. 아브라함과 이삭이 신의 말대로 실행하려는 것을 보고는 그제야 신은 숫양을 '희생양'으로 마련해 이들의 신앙을 확인한다. 아브라함은 자신의 신앙을 증명하기 위해 심지어 자기 자식까지 희생시키려 했다.

모세는 달랐다. 모세는 생각이 많고 의심도 많았다. 불타는 가시떨기나무 속에서 처음 신을 만났을 때 신은 그에게 이집트로 가서 어려운 처지에서 신음하고 있는 히브리인들을 해방시키라는 임무를 내린다. 그는 신의 의지를 의심하며 묻는다. "왜 제가 파라오에 가서 이스라엘인들을 데리고 나옵니까?" 모세는 신의 존재를 자신의 눈으로 직접 확인했지만, 자신을 도구로 선택한 그 신을 의심한다. 다시 말해 "당신께서 저를 잘못 보고 선택하셨습니다"라고 대꾸한 것이다.

모세는 자기 자신에게 온전히 집중되어 있는 인물이다. 아브라함의 불굴의 신앙과는 달리, 모세의 신앙은 그리 굳건하지 못했다. 나중에는 모세 역시 아브라함과 같은 신앙을 지니게 되지만 그는 불안하고 의심 많은 우리와 닮았다.

이들은 신을 만나는 방식에도 차이가 있다. 신은 아무런 경고도 없이, 그리고 이유도 없이 아브라함을 부른다. "너는 네가 태어난 곳, 네 민족, 네 아버지 집을 떠나, 내가 알려줄 땅으로 가라. 내가 너를 위대한 나라로 만들고 너에게 복을 내릴 것이다." 아브라함은 기도 중에 이 소명을 듣고 신앙의 긴 여정을 떠난다. 반면 모세는 히브리인들을 이집트에서 해방시켜 젖과 꿀이 흐르는 가나안으로 인도하라는 명령을 받는다. 아브라함과 모세 둘 다 새로운 땅에 대한 약속을 받지만, 차이점은 모세는 먼저 히브리인들을 해방시켜야 한다는 것이다.

아브라함은 묵상을 통해 신과 만난다. 그는 신과의 깊은 대화를 통해 일을 처리한다. 그는 아내 하갈과 자신의 아들 이스마엘에 관한 일도 기도와 묵상을 통해 결정했으며, 소돔과 고모라에 대한 신의 징벌도 기도를 통해 상의했다. 마지막으로 자신의 아들, 이삭을 번제로 바치는 사건도 신에게 묻는다.

모세도 묵상을 통해 신을 만나지만, 신은 그에게 항상 시각적이고 청각적인 모습으로 등장한다. 모세가 양을 치고 있을 때 신은 불이라는 매개체를 통해 나타난다. 또 히브리인들을 이끌고 가던 중 갈대 바다와 뒤따라온 이집트 군대로 인해 진퇴양난에 처했을 때도 신은 "너는 왜 내게 부르짖느냐? 이스라엘인들 보고 전진하라고 하여라. 너는 지팡이를 들고 네 손을 바다에 펼쳐, 물이 갈라져 그들이 바다를 건너가게 하라"라고 직접 개입해 명령한다.

이기와 사치로부터
떠나라

〈창세기〉 1~11장은 우주와 인간의 기원에 관한 이야기다. 이후 〈창세기〉의 주인공은 아브라함과 그의 아들 이삭 그리고 그의 손자 야곱이다. 이들이 직계가족인지는 역사적으로 확인할 수 없다. 이들에 관한 이야기는 세월이 지나면서 여러 가지의 구전이 첨가됐다. 고대 이스라엘인들은 이들의 이야기를 자신들을 하나로 묶어주는 공동 기억으로 여겼다. 이들을 하나로 묶어 역동적인 신앙 공동체로 만든 사건은 바로 '이집트(애굽)로부터의 탈출', 이른바 '출애굽'이다.

이집트는 당시 오리엔트 세계의 최고 문명을 구가하고 있었다. 나일 강의 정기적인 범람으로 이집트는 늘 먹을 것이 풍족한 곡창지대였고, 팔레스타인과 아나톨리아(히타이트) 그리고 남쪽으로 누비아 지역까지 제국을 확장하는 시기였다. 그러므로 이집트라는 단어는 모든 문명의 이기와 사치 그리고 편함의 상징이었다.

이집트 문명의 핵심은 순응과 질서다. 이집트인들은 자신을 거대한 피라미드를 이루는 200만 개의 돌 중 하나의 존재로 여긴다. 그래서 자신의 자리를 잡고 버텨주는 것이 이집트인들이 생각하는 최고의 덕이다. 기원전 3100년경부터 시작한 이집트 문명은 기원전 13세기에 들어와 위기를 맞이한다. 이집트 문명의 역동성은 사라지고 현상을 있는 그대로 유지하려는 태도가 이집트의 정신이 됐다. '마아트' 정신이 혁신의 기반이 아니라 안주와 안정, 체제 유지의 수단으로 전락해버린 것이다.

유연성과 즉흥성을 잃어버린 문명은 곧 쇠퇴하기 마련이다. 그리고 그 틈을 타 새로운 주인이 나타난다. 이집트 문명을 이어간 두 개의 문명 집단은 헤브라이즘과 헬레니즘이다. 헤브라이즘의 주역은 고대 근동 지방의 히브리인이다. 그들은 이집트로 내려와 연명하던 외국인 노동자들 중 일부다. 모세는 이집트에서 안주하며 살고 있던 히브리인들을 부추겨 새로운 길을 모색하도록 촉구한다.

그들은 먹고살기에 불편함이 없는 그 편안한 '길'로부터 '밖으로 나와' 새로운 삶을 모색한다. '탈출'의 영어 단어 '엑소더스(exodus)'는 원래 그리스어에서 유래했다. 그리스어 'ex'는 '~로부터 밖으로'라는 전치사이며, 'hodos'는 '모든 사람들이 가는 길'이라는 의미다. 〈출애굽기〉는 모든 사람들이 가는 그 길에서 탈출해 자신만의 길을 찾으라는 명령이다.

〈출애굽기〉는 당시 정착할 곳 없이 떠돌아다니던 히브리인들이 '모든 사람들이 가는 길'로부터 어떻게 '밖으로 나와' 이스라엘이라는 신앙 공동체를 만들었는지를 기록한 대서사시다. 이 서사시는 이스라엘 민족의 기원이기도 하지만, 오늘날 새로운 길을 모색하는 21세기 '히브리인들'을 위한 지침서이기도 하다.

기원전 20세기부터 근동 지방에는 식량을 찾아 국경을 넘나드는 유목민이 존재했다. 이들은 이제 막 등장하기 시작한 제국에서 경제적인 자립을 획득하지 못한 이민자들이다. 기원전 19세기, 지금의 터키에 히타이트인들이 곳곳에 도시를 세우고 정착하기 시작한다. 거의 같은 시기에 메소포타미아 남부에서 인류 최초의 문명을 이룬 수메르 도시국가들은 이란 지역에서 몰려온 엘람인들에 의해 공격당한다. 수메르인이 거하던 장소에는 바빌로니아인들이, 그 북쪽으로는 앗시리아인들이 들어와 군사 도시를 건설한다.

경계를 넘는 자,
히브리인

　　　　　　　　　　　메소포타미아로 들어온 이들 셈족인
들은 수메르 전통을 이어받아 계급사회를 구축한다.[1] 왕족과 귀족
들은 소작농들의 노동과 세금으로 국가를 운영했는데, 소작농이 지
주에게 세금을 내지 못하면 노예가 되어야 했다. 일부 소작농들은
노예로 전락하는 것을 두려워한 나머지 자신의 고향을 등지고 미지
의 세계로 도망쳤다. 이집트 문헌에는 이스라엘 노예들이 언급되어
있지 않다. 이렇게 고대 근동 지방을 배회하고 심지어는 도시를 공
격하는 집단을 수메르어로 '사가쯔(sagaz)'라 한다.

　이들은 기원전 21세기 우르 제3왕조 시절에 처음 등장했다. 이들
은 도시국가 언저리에서 노략질을 일삼는 집단이며, 수메르 기록에
의하면 옷을 입지 않고 조용히 여행하는 사람들이었다. 이들은 자
신들이 가고 싶은 곳으로 가서 모든 것을 파괴하고 자신들이 거주
할 천막촌을 만든다. 이들은 도시의 법을 무시하고 경계에 거주하
는 자들이다.

　이들은 기원전 14세기 팔레스타인과 이집트의 안녕을 위협하는
골칫덩이였다. 1887년 이집트 텔 엘 아마르나(Tell el-Amarna)라는
도시에서 쐐기문자로 기록된 토판 문서가 350개나 발견됐다. 이 문
헌은 기원전 1400~1366년 사이에 파라오와 파라오가 임명한 팔레
스타인 도시의 통치자 사이에 오간 편지들이다. 당시 국제 공용어
가 아카드어였기 때문에 파라오와 외국에 주둔 중인 부하들은 아카
드어를 기록한 점토판으로 소통했다. 이 편지를 '아마르나 편지들

(Amarna Letters)'이라 부른다. 몇몇 토판 문서는 메소포타미아의 '사가쯔'와 같은 존재들을 언급한다. 다음은 예루살렘 왕 압두 헤바가 이집트 파라오 아멘호텝 3세에게 보낸 편지다.

주님이신 왕에게, 당신의 종 압두 헤바가 말합니다.

주님이신 왕의 발 앞에 저는 한 번에 일곱 번씩, 일곱 차례 몸을 땅에 대고 엎드립니다.

제가 왕에게 무슨 일을 했습니까, 주님! 그들이 나를 나의 주님 앞에서 책망하며 말합니다.

'압두 헤바가 주님이신 왕에 대항해 반란을 일으켰다.'

제가 여기 있습니다. 제가 아는 한 제 아버지나 어머니가 이 자리를 제게 주지 않았습니다.

강력한 왕의 팔이 나를 나의 아버지 집으로 인도했습니다. 제가 왜 주님이신 왕에 대항해 반란을 일으킵니까?

주님이신 왕이 살아계심을 두고 맹세합니다. 제가 주님이신 왕의 총리께 말합니다.

'왜 당신은 하비루를 두둔하시고 당신의 부하들을 곤경에 처하게 만드십니까?'

(…)

왕이시여, 궁수들을 보내십시오. 왕은 이곳에서 더 이상 땅을 가지고 있지 않습니다.

하비루가 왕의 지역을 모두 약탈했습니다. 만일 궁수들이 올해 온다면, 왕의 모든 땅은 유지될 것입니다. 그러나 궁수들이 없다면, 왕의 땅은 사라질 것입니다.

주님이신 왕에게 당신의 종 압두 헤바가 편지를 썼습니다.[2]

기원전 14세기 예루살렘의 왕 압두 헤바는 곤경에 빠진다. 아카드어로 '하비루(habiru)'라 불리는 사람들이 예루살렘을 공격해 점령당할 시점에 놓이자 그는 파라오 아멘호텝에게 빠른 시간에 궁수를 보내달라는 편지를 보낸다. 모세가 등장한 시기는 바로 이 '하비루'들이 활동하던 때다.

수메르어 '사가쯔'와 아카드어 '하비루'는 기원전 14세기 시리아에 존재했던 우가리트어로는 '아피루(apiru)', 히타이트어로도 '아피루(apiru)'라 한다. 그러나 학자들은 아피루가 모든 히브리인은 아니라고 추정한다. 아피루는 기원전 21세기부터 메소포타미아, 히타이트, 팔레스타인, 이집트 등 고대 근동 전역에 등장하는 용어이기 때문이다. 아피루는 사회적 신분이 낮은 사람들로 다른 도시나 나라로부터 도망쳐온 피난민이나 도망자를 의미한다. 그러나 고대 바빌로니아 문헌에서는 용병으로 등장하며, 아마르나 문헌에서는 도적으로 나온다.

아피루는 〈출애굽기〉에 주로 등장하는 '이브리(ibri)'와 깊은 연관이 있다. 이 단어는 고대 그리스어로는 '헤브라이오스(Hebraios)', 라틴어로는 '헤브라에우스(Hebraeus)'로 번역되었으며, 영어로는 '히브루(Hebrew)', 한국어로는 '히브리인'이 됐다. 이브리라는 단어는 구약성서에 서른네 번 등장하는데 그중 스무 번이 요셉 이야기와 모세 이야기에 나온다.

〈출애굽기〉는 바로 이브리들이 어떻게 이스라엘이라는 신앙 공동체를 만들었는지, 그들이 가지고 있는 과거의 습관을 어떻게 버렸는지를 알려준다. 이 역사적이면서도 영적인 자기혁명의 지도자가 바로 모세다. 성서는 모세와 히브리인들의 출애굽에 대한 역사적인 배경을 설명하기 위해 히브리인이면서 고대 이집트의 높은 관직에 올랐던 요셉 이야기를 단편소설 형식(〈창세기〉 37장~50장)으로 소개한다.

모세를 이집트 역사 안에서 조망할 수 있는 성서 구절은 〈출애굽기〉 1장 8절에 등장하는 "요셉을 알지 못하는 새로운 왕이 이집트를 통치하였다"라는 문구다. 이 새로운 왕은 이집트 왕조 중 어떤 파라오인가? 이 구절은 '힉소스(Hyksos)'의 통치가 끝나고 이집트 통치로 돌아간 사건을 의미한다.

이집트 제12왕조(기원전 1991~1802) 후에 힉소스라는 사람들이 몰려와 이집트 북부 삼각주 지대에 거주하며 아바리스(Avaris)라는 도시를 수도로 정하고 150년 동안 통치했다. 이집트인들은 이들을 '헤까 크세웨트(Heqa khsewet)', 즉 '외국인 통치자들'이라 불렀다. 후에 그리스인들이 '헤까 크세웨트'를 '힉소스'라 부르게 된 것이다.

힉소스는 후대에 '목자 왕들'로 잘못 번역되었는데, 사실 힉소스는 단일 인종 집단이 아니라 에게 해에서 건너온 인도-유럽인들, 히타이트에서 넘어온 사람들, 그리고 남부 가나안 지역에서 서서히 들어와 정착한 사람들을 포함하는 '외국의 통치자'를 의미하는 보통명사였다. 이집트인들이 부르는 힉소스에는 이스라엘인들을 포함해 히브리인들이 일부 포함되어 있었다.

힉소스는 자신들의 통치 기간 동안 태평성대를 이루었다. 힉소스는 이집트 종교를 수용했고 이집트어를 공식 언어로 사용했으며, 그들에게 새로운 군사 기술과 말 그리고 전차를 소개했다. 그러나 이집트의 민족주의가 발흥되어 남쪽의 누비아 왕국과 결탁한 파라오 이집트 제18왕조 아흐모세 1세(재위 기원전 1549~1524)가 기원전 1567년에 힉소스를 내쫓기 시작해 투트모세 3세(재위 기원전 1479~1424)에 이르러 완전히 퇴치했다.

역사적·고고학적 자료에 의하면 〈출애굽기〉의 배경은 요셉이 이집트의 고위 관직으로 등극해 고센 지방(삼각주 지방)에 장관으로 임용된 힉소스 시대이며, 〈출애굽기〉 1장 8절의 "요셉을 모르는 새로운 왕"은 투트모세 3세 이후의 왕 아멘호텝 2세(재위 기원전 1427~1397)나 투트모세 4세(재위 기원전 1397~1388) 혹은 제19왕조의 첫 번째 왕 람세스 1세(재위 기원전 1295~1294)일 가능성이 높다. 이 새로운 왕은 아직도 남아 있던 히브리인들을 강제 노역에 동원시킨다. 히브리인들은 이집트가 곡식을 저장하는 성읍, 즉 비돔과 라암셋을 건설하는 일에 끌려 나갔다.

영웅의 탄생

만약 모세가 태어난 때가 기원전 13세기경 이집트 제19왕조 람세스 1세 시기라면, 히브리인들을 포함한 힉소스들은 이집트에서 노예 생활을 해야만 했다. 따라서 모세는 이집트에 거주하는 어느 이주 노동자의 자손으로 태어난 것으로 보인다.

성서에 의하면 당시 이집트는 외국인 노동자들의 숫자가 기하급수적으로 늘어나는 것을 두려워해 이들의 자녀, 특히 사내아이가 태어나면 살해하라는 명령을 내렸다. 이집트 파라오는 힉소스들의 흔적을 지우기 위해 궁궐이나 신전을 개조할 뿐만 아니라 히브리인들의 인구가 늘어나는 것에도 신경을 곤두세웠다.

히브리인 중에 '요게벳(Jochebed)'이라는 이름을 지닌 여인이 있었다. 요게벳은 레위지파로 같은 지파의 남자와 결혼해 아론과 미리암을 낳았다. 모든 사내아이들을 나일 강에 던져 죽이라는 파라오의 명령이 두려워 요게벳은 세 번째 아이를 3개월 동안 숨겨두었다가 더 이상 감출 수 없게 되자, 갈대 상자를 구해 역청과 송진을 발라 방수 처리한 뒤 그곳에 아이를 담아 강가의 갈대 사이에 놓아둔다.

여기서 사용된 '상자'의 히브리어는 '테바(tebah)'인데, 이 동일한 단어가 성서에서 노아의 '방주'를 묘사할 때도 쓰인다. 노아의 방주가 혼돈의 세계에서 새로운 창조의 세계로 인도할 노아 가족이 승선한 것처럼, 갈대 상자도 떠돌이 히브리인들 가운데 선별해 신앙 공동체를 이룰 영웅을 담는 그릇이다.

모세가 갈대 상자에서 태어난 이야기는 고대 근동 지방에 널리 퍼진 영웅 탄생의 전형적인 공식이다. 기원전 24세기 메소포타미아에 최초로 셈족제국인 아가데(Agade)를 건설한 사르곤 1세에 관한 탄생 신화는 다음과 같다.

사르곤이 말한다. 나는 사제 아버지와 산으로부터 내려온 알려지지 않은 한 순례자 어머니의 자식이다. 지금 나는 아가데 도시를 중심으로 제국을 통치한다.

내 어머니가 아수피라누 도시에서 그녀가 아이를 낳았다는 사실이 알려지는 것을 원치 않아, 나를 갈대로 엮고 역청으로 바른 바구니 안에 넣고 유프라테스 강둑 위에 두었다. 강이 나를 수로로 끌고 내려가 궁중 정원사인 악키(Akki)가 물에서 나를 건져 자기 자식처럼 키웠다. 그는 나를 위대한 왕의 정원을 가꾸도록 훈련시켰다.

사랑과 전쟁의 여신인 이쉬타르 여신의 도움으로, 나는 머리가 까만 민족의 왕이 되어 55년 동안 치리했다.[3]

요게벳은 위태롭게 나일 강 위를 둥둥 떠가는 갈대 상자를 차마 지켜볼 수 없었다. 그녀는 미리암을 시켜 그 갈대 상자를 지켜보라고 한 뒤 눈물을 머금고 집으로 돌아갔다. 마침 시녀들과 함께 나일 강에 목욕을 하러 온 파라오의 공주는 갈대숲에 걸려 있는 한 상자에서 갓난아이의 애절한 울음소리가 흘러나오는 것을 듣게 된다.

공주는 시녀를 시켜 상자를 열게 했다. 그런데 그 상자 안에 울고 있는 사내아이가 있는 것이 아닌가! 공주는 아이 엄마의 마음과 아이의 운명을 생각하며 눈물지었다. 공주는 "이 아이는 틀림없이 히브리 사람의 아이로구나"라고 말하며, 이 아이가 오래전 이집트로 흘러들어온 떠돌이의 자식임을 알아차린다. 만일 공주가 그 아이의 울음소리를 못 들었거나 혹은 그 아이가 히브리인의 자식인 것을 알고 그대로 내버려두었더라면 모세라는 인물도 출애굽도, 더 나아가 이스라엘 민족도 없었을 것이다.

이 광경을 지켜본 미리암이 공주 앞에 나서서 "제가 가서 히브리 여인 가운데서 아기에게 젖을 먹일 유모를 데려다 드릴까요?"라고 말하자 공주가 선뜻 허락한다. 미리암은 자신의 어머니이자 아기의 어머니인 요게벳을 유모로 데려와 젖을 먹였다. 아이가 젖을 뗀 후 요게벳은 그 아이를 공주에게 데려갔고, 공주는 이 아이를 양자로 삼았다. 공주는 아이의 이름을 '내가 그를 물에서 건졌다'는 뜻의 '모세'로 지었다. 모세는 이 공주의 양자로 파라오의 궁궐에서 자랐지만 직계가 아니기에 파라오가 될 수 없는 처지였다.

한 민족의 건국 신화는 영웅의 비범하고 숭고한 점을 강조하기 마련이다. 로마를 건국한 로물루스와 레무스 그리고 베르길리우스의 아이네아스, 영국의 아서 왕, 한국의 단군은 태어날 때부터 보통 사람들과 달랐다. 그러나 히브리인들의 영웅 모세는 이러한 영웅성이 부족하다. 성서 저자는 전설에 의해 부풀려진 민족 영웅이 아니라 보통사람 모세가 어떻게 영웅이 되었는지에 초점을 맞춘다.

어른이 된 모세는 외국인 노동자로 살고 있는 자신의 동료 히브리인들이 이집트인에게 학대당하는 것을 본 후 그 이집트인을 죽여 모래 속에 묻어버린다. 모세의 정의감은 여기서 멈추지 않는다. 다음 날 그가 다시 나가서 보니 이번에는 동족인 히브리 사람 둘이 서로 싸우고 있었다. 모세가 싸움을 중단시키려 하자 그중 한 히브리인이 "누가 당신을 우리의 지도자와 재판관으로 세웠단 말이오? 당신은 이집트 사람을 죽이더니 이제는 나도 죽일 작정이오?"라고 말한다. 모세는 자신이 이집트인을 살해한 사실이 알려진 것을 알고 사람들이 거의 거주하지 않는 미디안 평원으로 도망친다.

며칠을 도망쳐 미디안 평원에 있는 우물가에 도착한 모세는 일곱 명의 여자 목동들이 물을 길어 양 떼에게 먹이려고 하는 것을 보게 된다. 여자 혼자 사막을 돌아다니는 일은 위험하므로 이들은 일곱 자매가 함께 물을 길러 온 것이다. 그런데 이때 남자 목동들이 등장해 그녀들을 내쫓으려 했다. 파라오 궁궐에서 무술을 단련했던 모세는 남자 목동들을 혼쭐내 쫓아버리고, 일곱 자매를 도와 양 떼에게 물을 먹인다.

일곱 자매의 아버지 호밥(다른 사본에서는 이드로)은 미디안 지역의 제사장이었다. 그는 갈 곳 없는 모세를 양자로 삼고 자신의 딸 십보라와 결혼시켜 양을 치게 한다. 모세의 40년의 기나긴 목동 시절이 시작된 것이다. 그는 그동안 '게르솜'이라는 이름의 아이도 낳았다. 그 이름의 의미는 '거기에서 나그네가 되었네'이다.

"신발을 벗어라!"

기원전 14세기경 시내 반도 미디안 지역은 끝없이 펼쳐진 사막과 태고에 일어났던 화산 활동으로 만들어진 가파른 산이 전부였다. 그는 더 이상 이집트의 왕자가 아니라 살인자이며 떠돌이 히브리인일 뿐이었다. 지난 40년을 하루도 빠지지 않고 아침이면 양 떼를 몰고 산으로 올라갔다가 저녁이면 돌아왔다. 모세는 산속으로 들어가 끝없이 펼쳐진 사막과 거친 화산을 보면서 멍하니 앉아 있곤 했다. 그를 단련시킨 스승은 바로 고독이 었다.

모세는 양 떼를 몰고 높은 산으로 올라가 자연을 관찰했다. 시절에 따라 변화하는 자연을 감지하는 것이 목동인 모세에게는 필수였다. 모세는 점점 자연과 자신에게 몰입하기 시작했다. 저녁이 되어 양 떼를 몰고 집으로 돌아오면 자신이 속한 공동체의 이익을 위해 고민했다.

모세를 영웅으로 훈련시킨 장소는 사막이다. 사막의 히브리어는 '미드바르(midbar)'인데 '바람으로 단단히 다져진 장소'라는 뜻도 있지만 '신의 말씀'(다바르)이 있는 장소'라는 의미도 있다. 신은 신에 대한 담론, 신에 대한 이론, 신을 위해 만든 종교보다 크다. 신은 종종 인간이 부수적인 모든 것을 버리고 자신에게 온전히 집중할 때 '말씀'을 들려준다. 40년 동안 사막에서 목동 생활을 하면서 이제 모세는 결단의 시간이 오고 있음을 느꼈다.

어느 날 모세는 사막의 언저리를 지나 끝까지 가보기로 마음먹는다. 그는 지난 40년간 훈련해온 사막을 건너갔다. 〈출애굽기〉 3장 1절에는 "그는 광야를 지나서 뒤편으로 갔다"라고 기록되어 있다. 바로 모세의 이러한 결심이 신을 만나게 되는 결정적인 계기가 된다. "광야를 지나서 뒤편으로"라는 표현은 의미심장하다. 사람들은 광야 자체가 신을 만날 수 있는 장소라고 생각하지만, 모세는 그 광야를 훨씬 지나 더 이상 갈 수 없는 곳, 다시는 돌아올 수 없는 장소까지 나아간다. 다시 말해 그는 자신의 목숨을 내놓고 죽음의 장소로 간 것이다. 자신이 알고 있던 사막을 지나 지상에서 볼 수 없는 아주 높은 산으로 들어갔다. 이 산이 "신의 산, 호렙"이다. 여기서 '신의 산'이란 신만이 들어갈 수 있는 거룩한 산이다.

산 안에는 신기한 것들로 가득 차 있었다. 과학적으로 설명할 수 없는 강력한 신비가 모세의 눈앞에 펼쳐졌다. 모세가 매일 보던 가시떨기나무는 불에 타고 있는데도 열도 나지 않고 연기도 내뿜지 않았다. 모세는 자신의 눈을 의심한다. 이 초월적인 현상을 자세히 보려고 가까이 다가가자 떨기나무 사이로 "모세야, 모세야"라고 부르는 소리가 흘러나왔다.

성서에서는 그 소리가 신의 것이라고 전한다. 그렇다면 모세는 신의 소리를 어떻게 들을 수 있었을까? 40년 동안의 사막 생활은 모세에게 자신의 내면을 들여다보는 시간이었다. 모세가 본 가시떨기나무는 실제로 불에 연소되지 않는 나무를 본 것이 아니라 이전에는 볼 수 없었던 새로운 시선을 갖게 되었음을 의미한다. 그 시선이란 일상 속에서 특별함을 볼 수 있는 능력이다. 가시떨기나무에서 들려온 소리는 신의 소리이자 모세 내면의 목소리다.

인간이 자신의 내면의 소리를 듣지 못하는 이유는 그 소리가 신의 목소리라고 상상하지 못하기 때문이다. 인간은 공동체가 정한 규율이나 종교가 만든 교리가 권위 있는 목소리라고 생각해 무조건 승복하는 경향이 있다. 모세의 위대한 점은 자기 내면의 목소리를 소중하게 여기고 반응했다는 점이다. 그는 결심하며 말한다. "힌네니."

'힌네니'는 '여기 보십시오. 나는 준비되어 있습니다' 혹은 '무슨 말이든 하십시오. 나는 바로 행동으로 옮기겠습니다'라는 의미다.

마르크 샤갈, 〈모세와 불타는 가시떨기나무〉, 1960~1966

모세는 자신의 심연에서 미세하게 들려오는 소명에 즉각 대답한다.

"이리로 가까이 오지 말라. 네가 서 있는 곳은 거룩한 땅이니, 너는 신
을 벗어라."[5]

신은 모세에게 "이곳으로 가까이 오지 말라!"라고 말한다. 이 말
은 무슨 뜻일까? 모세가 들어선 사막이 성전경내(聖殿境內)였다면,
호렙 산은 성전(聖殿)이다. 그리고 가시떨기나무는 지성소(至聖所)
다. 지성소는 사회가 부여한 페르소나를 벗어야만 들어갈 수 있다.
모세가 이 순간 남다른 경지로 들어가기 위해서는 과거의 오래된
자아, 특히 자신이 속한 공동체가 부여한 명칭과 기대를 버려야 한
다. 과거의 유산을 끌어안고서는 혁신할 수 없기 때문이다.

모세는 이성을 뛰어넘는 이 현상 앞에서 머리를 땅에 대고 떨었
다. 그는 40년 동안 그토록 대면하길 원했던 신 혹은 자신의 내면과
마주했다. 신기한 것은 신이 자신을 드러내기 위해 특별한 장소를
택한 것이 아니라 아무도 돌보지 않는 사막의 가장 흔한 식물인 가
시떨기나무를 택했다는 점이다.

이때 신은 "신발을 벗어라"라고 말한다. 신발은 당시 유목민들
의 재산 목록 1호나 마찬가지였다. 또한 신발은 모세의 오래된 자
아를 의미한다. 신은 네가 가장 소중하게 여기는 것을 포기하고 과
거의 자아로부터 벗어나라고 말하는 것이다. 또한 신발을 벗는 행
위는 거룩한 공간과 세속의 공간을 나누는 표식이다. 신은 "신발을
벗어야 하는 이유는 네가 서 있는 바로 그 땅이 거룩한 땅이기 때문

이다"라고 말한다. 그 새로운 세상이란 하늘에 있는 장소가 아니다. 바로 우리가 서 있는 이 장소가 거룩한 땅이다.

신은 자신을 새로운 신으로 소개하지 않는다. "나는 너의 조상의 하나님, 곧 아브라함의 하나님, 이삭의 하나님, 야곱의 하나님이다"라고 말한다. 모세에게 나타난 신은 이스라엘 조상 대대로 믿던 바로 그 신이다. 아브라함은 위대한 비전을, 이삭은 헌신을, 야곱은 깨달음을 상징한다. 그런데 모세에게 자신을 드러낸 이 신은 이전의 신과는 전혀 다른 면모를 보여준다.

"나는, 이집트에 있는 나의 백성이 고통받는 것을 똑똑히 보았고, 또 억압 때문에 괴로워서 부르짖는 소리를 들었다. 그러므로 나는 그들의 고난을 분명히 안다. (…) 지금도 이스라엘 자손이 부르짖는 소리가 나에게 들린다. 이집트 사람들이 그들을 학대하는 것도 보인다. 이제 나는 너를 바로에게 보내어, 나의 백성 이스라엘 자손을 이집트에서 이끌어내겠다."[6]

여기서 신은 히브리인들의 고난을 두 눈으로 직접 보았고, 억울한 울음소리를 직접 들었다고 전한다. 한마디로 이 새로운 신은 인간의 고통을 자신의 고통으로 느끼는 신이다. 신은 모세에게 이집트에서 노예 생활을 하며 그럭저럭 배고픔을 채우고 있는 히브리인들을 이집트에서 해방시켜야 한다고 말한다.

"나는
나 자신이다"

신은 모세에게 "나는 너를 바로(파라오)에게 보내어, 나의 백성 이스라엘 자손을 이집트에서 이끌어내게 하겠다"라고 말하지만, 모세의 반응은 시큰둥하다.

"제가 무엇이라고, 감히 바로에게 가서, 이스라엘 자손을 이집트에서 이끌어내겠습니까?"[7]

성서에서 신을 만나는 사람들은 두려워 떨거나 감히 말을 건네지 못하는데, 모세는 자신의 생각을 분명하게 전달한다. 그러고는 이어 당돌하게 질문을 한다.

"제가 이스라엘 자손에게 가서 '너희 조상의 하나님께서 나를 너희에게 보내셨다' 하고 말하면, 그들이 저에게 '그의 이름이 무엇이냐?' 하고 물을 터인데, 제가 그들에게 무엇이라고 대답해야 합니까?"[8]

모세는 신에게 "당신의 이름이 무엇입니까?"라고 질문한다. 성서에서 신의 이름을 대놓고 물어본 것은 모세가 처음이었다. 모세는 다른 사람을 통해 간접적으로 들은 신이 아니라 자신이 직접 만난 신을 확인하고 싶었다. 그러자 신은 자신의 이름을 〈출애굽기〉 3장 14~15절에서 세 가지 다른 이름으로 소개한다. 사실 이것은 이글을 기록한 성서 저자가 세 가지 신명을 소개한 것이라고 볼 수 있다. 왜 그는 세 가지 이름으로 신을 소개했을까? 우선 각 신명의 축자적인 의미가 무엇인지 살펴보자.

신은 자신의 첫 번째 이름을 히브리어로 '에흐에 아쉘 에흐에 (ehye asher ahye)'[9]로 소개한다. 이 부분을 한글 성서에서는 "나는 스스로 있는 자이다"라고 번역하고, 1611년 영국에서 번역한 '흠정역' 영어 성서는 "I am that I am(나는 스스로 있는 자이다)"으로 번역한다. 이는 문법적으로 성립될 수 없는 문장이다. 문장에서 술어는 주어의 일부분으로 그것을 수식하거나 서술해야 하지만, 이 문장에서는 주어와 술어가 일치하기 때문이다. 신은 자신의 이름보다 속성을 말해주었다. '에흐에 아쉘 에흐에'를 문법적으로 보면 하나의 이름일 수도 있고 혹은 전체가 하나의 문장일 수도 있다. 그러나 모세가 신의 이름을 물어보았을 때 신이 "나는 ~이다"라고 대답했을리 없다. 따라서 이 전체가 이름일 가능성이 높다.

두 번째 신명은 '에흐에(´HYH)'이다. 이 이름은 동사형이지만 고유명사로 사용됐다.

세 번째 신명은 'YHWH', 즉 야훼다.[10] 야훼는 '여호와' 혹은 '주(主)'로도 번역된다. 이 이름은 성서 저자가 의도적으로 첨가한 것으로 후에 유대교에서 공식 명칭으로 사용된다. 세 번째 이름을 어떻게 발음했는지 아는 사람은 아무도 없다. 후대에 전해 내려온 히브리어 원문에는 4자음뿐이다. YHWH, 이 신비한 4자음은 흔히 '테트라그라마톤(tetragrammaton)'이라 하며, YHWH를 '신성사문자(神性四文字)'라 한다.

'에흐에 아쉘 에흐에'(혹은 아흐에 아쉘 아흐에), '에흐에'(혹은 아흐에)

혹은 '야훼' 중 가장 매력적인 이름은 '에흐에 아쉘 에흐에'다. 이 이름은 기원전 3세기 그리스 번역으로 '나는 존재하는 그분이다(ego eimi ho on)'로 표현되었고, 기원후 4세기 라틴어 번역에서는 '나는 존재하는 그 존재다(ego sum qui sum)'로 표현됐다. 신은 다른 존재 내의 개념으로 정의할 수 없는 존재다. 신은 신 그 자체로만 정의되는 존재, 즉 현상과 실체가 일치하는 존재, 현실과 이상이 동일한 존재다. 그런 의미에서 흔히 영어로 번역되는 "I am that I am"보다는 "I am that of Myself" 혹은 "I am Myself"가 의미상으로 더 적합하다.

모세가 들은 내면의 소리 '나는 나 자신이다'라는 말은 고대 인도 경전에서도 찾아볼 수 있다. 『찬도가 우파니샤드』는 기원전 8세기부터 만들어진 것으로 추정되는 힌두교 경전으로 현인 우달라카(Uddalaka)가 자신의 아들 스베타케투(Shvetaketu)에게 전하는 말로 이루어져 있다.

스베타케투는 12년간 힌두교 경전을 공부한 뒤 신과 우주의 진리를 알 것 같은 자만심에 차 있었다. 우달라카는 아들 스베타케투에게 "아들아, 너는 듣지만 들을 수 없는, 인식하지만 인식할 수 없는, 알지만 알려지지 않는 지식을 추구해보았느냐?"라고 물었다. 아들은 아버지가 하는 말을 도무지 이해할 수 없어 "아버지, 그 지식이 무엇입니까?"라며 되묻는다. 그러자 아버지는 "아들아, 진흙 한 줌을 이해하면 진흙으로 만든 모든 것을 알 수 있다. 진흙 한 줌과 진흙으로 만든 만물의 차이는 이름뿐이다. 그러나 이 둘은 하나다. 금덩이 하나를 알면 금으로 만든 모든 것을 알 수 있고, 철 한 조각을 알면 철로 만든 모든 것을 알 수 있다. 이것이 내가 말하는 지식이다"라고 대답한다. 아들이 "내 스승들은 이 지식을 알지 못합니다. 알았더라면 저에게 알려주었을 것입니다. 아버지, 이 지식에 관해 말씀해주십시오"라고 말하자, 아버지는 "결과는 원인일 뿐이다. 육체는 음식이고, 음식은 물이고, 물은 불이며, 불은 존재다. 존재만이 진실하다. 네가 바로 그것이다(tat tvam asi)."라고 이야기한다.

온 우주가 하나로 연결되어 있고 인간이 추구하는 최고의 선은 바로 자기 자신이다. '나는 나 자신이다'는 '내가 바로 그것이다'와 같은 말이다. 내가 탐구하고 추구해야 할 대상은 바로 나 자신이다.

거룩함은
일상에 있다

여행을 떠나면서 자신이 어디로 향하는지 모르는 사람은 없다. 우리는 보통 목적지를 선정하고 그곳으로 향하는 지름길을 찾는다. 그러나 대개의 영웅들은 남들이 가본적이 없는 길을 선택한다. 지도에도 없고, 가본 사람도 없기에 조언도 들을 수 없다. 찰스 다윈, 헨리 포드, 아브라함 링컨, 알렉산더, 마리 퀴리, 라이트 형제, 모차르트 등 우리가 아는 대부분의 영웅들은 그들 스스로 내디딘 한 발짝 한 발짝이 새로운 길이 됐다. 아브라함, 모세, 예수, 무함마드도 마찬가지다. 이들의 공통점은 바로 '부정적 수용 능력(negative capability)'으로 설명되는 불안감, 초조함, 질시, 외로움, 우울증, 경계성, 애매모호함을 자신이 꿈꾸는 미래의 굳건한 발판으로 만들었다는 데 있다.

'부정적 수용 능력'이란 삶에서 흔히 마주하는 모순들을 기존 질서 안에서 쉽게 해결하려는 유혹을 뿌리치고 혼돈을 있는 그대로 자신의 삶의 일부로 가져가는 태도다. 부정적 수용 능력이라는 개념을 만들어낸 사람은 영국 낭만주의 시인 존 키츠(John Keats)다. 키츠는 셰익스피어가 가진 능력을 부정적 수용 능력이라고 명명한다. 이것은 사실을 성마르게 추구하지 않고, 불확실하고 신비하고 의심스러운 상태에 의연하게 거하는 능력이다. 삶은 우리가 경험한 것에 대한 질문을 끝없이 발굴하고 그 질문과 함께 사는 것이다. 미지의 세계가 과학을 움직이는 원동력이며, 가장 아름다운 경험은 바로 신비다. 신비한 아름다움에 대한 감정은 다른 모든 생각들을 극복하고 심지어는 제거해버린다. 모세는 바로 이 부정적 수용 능력의 화신이다.

신은 모세에게 이집트인들을 굴복시켜 히브리인들을 해방시킬 것이라고 장황하게 설명한다. 자신의 이름까지 말한 신이 구구절절 설명했음에도 모세는 여전히 의심이 많다. 그리고 그는 신에게 다시 질문한다.

"그들이 저를 믿지 않고, 저의 말을 듣지 않고 '주께서는 너에게 나타나지 않으셨다' 하면 어찌합니까?"[11]

여전히 굴복하지 않고 말대답을 하는 모세의 태도를 참으며 신이 질문한다.

"네가 손에 가지고 있는 것이 무엇이냐?" 모세가 대답하였다. "지팡이입니다."[12]

모세가 지팡이를 던지자 지팡이가 뱀이 되고, 손을 가슴에 대자 나병 걸린 사람처럼 희게 되었다가 다시 품으니 원래대로 돌아왔다. 신은 이 두 가지 기적을 보여주며 "그들이 네가 하는 말도 믿지 않고, 첫 번째 이적의 표징도 받아들이지 않는다고 하더라도, 두 번째 이적의 표징은 믿을 것이다"라고 말한다. 그래도 모세가 여전히 못미더워하자 "나일 강에서 물을 퍼다 마른 땅에 부으면 그 물이 피가 될 것이다"라는 예비 표징을 알려준다.

의심 많고 고집불통인 모세를 설득하기 위해 신은 별별 기적을 보여준다. "그러겠습니다"라는 대답을 애타게 기다리는 신에게 모세는 아직도 변명을 늘어놓으며 약간은 비아냥대는 투로 대답한다.

"주님, 죄송합니다. 저는 본래 말재주가 없는 사람입니다. 전에도 그랬고, 주께서 이 종에게 말씀을 하고 계시는 지금도 그러합니다. 저는 입이 둔하고 혀가 무딘 사람입니다."[13]

모세는 말을 더듬는 사람이었다. 신은 모세를 달래며 이야기한다.

"누가 사람의 입을 지었느냐? 누가 벙어리를 만들고 귀머거리를 만들며, 누가 앞을 볼 수 있는 사람이 되게 하거나 앞 못 보는 사람이 되게 하느냐? 바로 나 주가 아니더냐? 그러니 가거라. 네가 말하는 것을 내가 돕겠다. 네가 할 말을 할 수 있게, 내가 너에게 가르쳐주겠다."[14]

신은 이렇게까지 말했으니 모세가 더 이상 자신의 부탁을 거절하지 않으리라 생각한다. 하지만 모세는 다시 "주님, 죄송합니다. 제발 보낼 만한 사람을 보내시기 바랍니다"라며 절망적인 대답을 한다. 신은 모세에게 크게 노해 다음과 같이 말한다.

"레위 사람인 너의 형 아론이 있지 않느냐? (…) 그가 너를 대신하여 백성에게 말을 할 것이다. 그는 너의 말을 대신 전달할 것이요, 너는 그에게 하나님 같이 될 것이다. 너는 이 지팡이를 손에 잡아라. 그리고 이것으로 이적을 행하여라."[15]

모세의 승리다. 신은 모세를 대신해 말 잘하는 아론을 말하는 사람으로, 그리고 모세는 그 뒤에서 모든 일을 관장하는 신적인 존재로 만들어 새롭게 출발한다. 모세는 외국인 노동자의 아들로 태어나 파라오의 양자가 되었고, 다시 살인자가 되어 사막에서 40년 동안 도망자로 살았다. 이 40년은 모세를 민족의 구원자로 변화시키는 창조적인 시간이었다. 자신이 해야 할 일을 묵상하기 위해 깊은 산속으로 들어간 모세에게 신은 "신발을 벗어라! 네가 서 있는 그곳은 거룩한 땅이다!"라고 말한다.

신이 모세에게 준 최고의 가르침은 '바로 네가 서 있는 그 장소, 네가 40년 동안 지겹도록 다녔던 그 먼지 나고 더러운 그 장소가 바로 천국'이라는 생각의 전환이다. 유대인들은 히브리어로 '네가 서 있는 그곳'의 의미를 지닌 '마콤(maqom)'을 바로 거룩한 장소, 천상의 장소라고 여겼다. '신과 만나는 곳'은 특별한 장소가 아니라 희로애락을 경험하는 삶의 현장이다. 모세가 이스라엘인들을 구원할 장비 역시 특별한 것이 아니라 그가 지난 40년 동안 가지고 다니던 지팡이였다. 신은 우리에게 "네가 손에 가지고 있는 것이 무엇이냐?"라고 묻는다.

우리 마음속 깊은 곳에는 영원히 불타지 않는 가시떨기나무가 있다. 그 나무는 우리에게 "나는 나 자신이다"라고 속삭인다. 그런데 사람들은 대부분 자신의 마음속 소리를 그냥 지나친다. 가시떨기나무처럼 흔하다고 생각해서 무시한다. 이 불타는 가시떨기나무는 지금도 우리의 눈과 귀를 기다리고 있다.

7장

너는 어찌하여 내가 악하게 여기는 일을 하였느냐?

מַדּוּעַ בָּזִיתָ אֶת־דְּבַר יְהוָה
לַעֲשׂוֹת הָרַע בְּעֵינַי

"그런데도 너는, 어찌하여 나 주의 말을 가볍게 여기고,
내가 악하게 여기는 일을 하였느냐?"
〈사무엘기 하〉 12:9

위대한 리더의
조건

기원전 13세기경 이집트에서 이주한 사람들을 히브리인이라고 하는데 이 말의 의미는 '국경을 넘나드는 사람들'로 요즘 용어를 빌리면 '불법 체류자'들이다. 이들은 메소포타미아와 팔레스타인 그리고 이집트로 이어지는 이른바 '비옥한 초승달' 지역에서 정착하지 못하고 경제적인 자유를 찾아 떼를 지어 돌아다니던 사람들이다. 히브리인들은 인종적이거나 민족적인 개념이 아니다. 〈출애굽기〉 12장 38절에는 "온갖 잡족"들이 이집트로부터 나왔다고 기록되어 있다. 이들은 경제적인 안정과 음식을 찾기 위해 비옥한 초승달 지역을 배회하던 사람들이다. 모세는 광야에서 오랫동안 지내면서 이들을 신앙 공동체로 만든다.

히브리인들이 만든 신앙 공동체의 핵심은 '나는 나 자신이다'이다. 모세에 의해 전해진 이 독립적인 사고는 그들이 팔레스타인에 정착하면서 문제에 봉착한다. 기원전 11세기 고대 도시들은 국가라는 새로운 기관을 만든다. 여러 도시가 협력해 우두머리를 내정하고 그 왕이 전체 행정을 관장한다. 이들은 왕정을 효과적으로 관리하기 위해 상비군(常備軍) 체계를 갖춘다. 히브리인들은 새로 도착한 땅 팔레스타인에서 막강한 상비군을 갖춘 도시국가들과 대결해 살아남아야만 했다. 히브리인들은 자신들이 거부하고 탈출한 왕정을 전술적으로 수용할 수밖에 없었다. 사실 왕 제도는 이들이 지향하는 공동체의 근간을 훼손하는 제도였지만, 상비군과 정부 조직이 있는 팔레스타인에 대적하기 위해 그들은 상시적이 아닌 임시적 지도자를 세운다. 이 지도자를 '멜렉(melek)'이라 불렀다.

멜렉은 히브리어로 '상의하는 사람/충고를 받는 사람'이라는 뜻이다. 이 단어에서 알 수 있듯이 히브리인들의 지도자는 절대 권력을 지닌 고대 오리엔트의 통치자들과 성격이 달랐다. 그들은 팔레스타인에 정착하면서 당시 그곳에 살던 '블레셋' 사람들과 전쟁을 감행한다.

히브리인들은 사람들 사이에 문제가 발생하면 재판을 해주던 지도자들이 상비군을 갖춘 블레셋과의 전쟁에서 이길 수 없다는 사실을 깨닫는다. 그들은 사무엘이라는 사제에게 왕을 세워줄 것을 요구한다. 그는 사울을 이스라엘의 첫 번째 왕으로 임명한다. '사울'이라는 히브리어의 의미는 '큰 자'라는 뜻이다. 사울은 블레셋과의 전쟁에서 선봉자로 나선 '큰 자'이다. 그의 존재는 거의 『일리아스』의 아킬레우스와 같다. 하지만 얼마 지나지 않아 그가 자기 권력의 제한된 경계를 넘어서자 신은 사무엘이라는 이스라엘 원로 지도자를 통해 왕이 될 새로운 인물을 모색한다. 사무엘은 환상 중에 신의 목소리를 듣게 된다.

사무엘의 환상 속에 나타난 신은 아무도 거들떠보지 않는 베들레헴이라는 동네 촌부 이새의 아들들 중에 사울의 후계자를 선택한다. 사무엘은 사울의 의심을 피하기 위해 암송아지 한 마리를 끌고 희생 제사를 지내러 베들레헴으로 내려가는 척한다. 왕의 칙사인 사무엘이 베들레헴 같은 시골로 내려가는 일은 드문 일이다. 사무엘은 사람들을 희생 제사 의식에 참여하도록 유도한다. 이새의 아들들을 눈여겨볼 셈이었다.

이새의 맏아들 엘리압은 누가 보아도 잘난 청년이었다. 사무엘은 속으로 엘리압이 사울의 뒤를 이어 이스라엘의 왕이 되어도 손색이 없다고 생각했다. 그러자 신이 그에게 말한다. "너는 그의 준수한 겉모습과 큰 키만을 보아서는 안 된다. 그는 내가 세운 사람이 아니다. 나는 사람이 판단하는 것처럼 그렇게 판단하지는 않는다. 사람은 겉모습만을 따라 판단하지만, 나 주는 중심을 본다."[1]

신이 사람을 판단할 때 '중심'을 본다는 것은 과연 무엇인가? 중심은 히브리어로 '레브(leb)' 혹은 '레바브(lebab)'다. '레브'는 마음의 세 가지 기능, 즉 지식과 감정 그리고 의지의 원천이다. 사무엘이 또 다른 아들이 있느냐고 묻자 이새는 여덟 번째 아들이 있다고 말한다. 그가 바로 다윗이다.

사무엘은 다윗의 머리에 기름을 부어 지도자로 추대한다. 여기에서 '메시아'라는 용어가 등장한다. 메시아는 히브리어로 '기름 부음을 받은 자'라는 의미다. 다윗은 메시아라는 칭호로 불린 최초의 인물이다. 이 용어는 그리스어로 '크리스토스(christos)'로 번역되었고 신약 시대에는 예수의 별칭이 됐다.

다윗은 원래 우울증에 빠진 허약한 사울을 보호할 경비병으로 등장한다. 다윗은 특히 수금[2]을 연주하는 악사였다. 고대 이스라엘에서는 전쟁을 할 때, 군사들의 사기를 돕기 위한 군악대를 세웠는데, 다윗은 아마도 군악대원으로도 전투에 참여했을 것이다. 다윗은 사울의 근위대원이 되었고 사울이 우울증에 시달릴 때마다 수금을 연주해주었다.[3]

다윗의 예술성을 엿볼 수 있는 부분은 바로 〈시편〉이다. 다윗의 저작이 담긴 〈시편〉에는 자신의 모습을 응시하는 묵상의 시와 자연에서 자신의 삶을 노래하는 목가적인 시로 가득 차 있다. 다윗이 반란을 일으킨 아들 압살롬으로부터 도망치면서 자신의 비참한 심정을 생생하게 표현한 시, 예루살렘에 올라가면서 오케스트라와 함께 황홀경에 빠져 심연으로부터 터져 나오는 기쁨을 표현한 시, 양 떼를 몰고 목초지와 샘물을 찾아다니다 해가 저물어 들판에서 자면서 깨달은 인간의 위대함을 찬양한 시, 포도 추수를 기념하며 얼큰하게 취해 부른 시, 왕으로 등극하면서 새로운 비전을 제시한 시 등등 그의 시들은 오늘날까지도 아름다운 작품으로 회자된다.

군사 영웅의 등극

다윗은 정교한 감성을 지닌 시인이었을 뿐만 아니라 전쟁에 나가면 항상 승리하는 군사 영웅이었다. 당시 블레셋 사람들은 팔레스타인 해변의 다섯 개 도시를 중심으로 국가의 형태를 갖추었다. 블레셋인은 기원전 12세기부터 지중해에서 배를 타고 이주해온 기원을 알 수 없는 부족이다. 이들은 팔레스타인과 이집트에 거주하다가 이집트 파라오 람세스 3세가 이들을 이집트에서 몰아내자 팔레스타인 남서쪽에 위치한 해안 도시 아스글론, 아스돗, 에그론, 가드 그리고 가사 이 다섯 도시로 들어와 거주하기 시작하면서 이 근처에 살던 이집트 사람들, 이스라엘 사람들, 가나안 사람들과 갈등을 빚었다.

이집트에서 이주해온 이스라엘 사람들은 그들의 움직임을 방관할 수 없었다. 팔레스타인 사람들은 가나안 남쪽으로 점점 팽창하면서 왕권을 수립하고 국가를 건설하려는 이스라엘과 대결했다. 이들이 거주하던 다섯 도시, 즉 펜타폴리스(Pentapolis)는 앗시리아제국이 기원전 722년에 침공하면서 자취를 감추었다. 블레셋은 그리스-로마 시대에 팔라이스티나(Palaestina), 즉 팔레스타인이라는 이름으로 불렸다.

사울은 '엘라'의 계곡에서 블레셋 군인들과 대치한다. 블레셋에는 가드 출신 대장 골리앗이 등장해 이스라엘 군사들을 조롱하고 있었다. 골리앗은 거인이었다. 그는 이스라엘과 대치하면서 하루에 두 번, 자신과 이스라엘 군인 한 명과 일대일 전투를 통해 전쟁의 승패를 가리자고 요구한다. 사울과 이스라엘 군인들은 그의 가공할 만한 몸집과 힘을 보고 감히 나서지 못했다.

블레셋과 이스라엘은 이 계곡에서 40일이나 지루하게 버틴다. 이때 다윗은 대치 중인 형들 엘리압과 아비나답 그리고 삼마에게 먹을 것을 가져다주는 심부름꾼이었다. 이새는 다윗에게 "여기에 있는 볶은 곡식 한 에바와 빵 열 덩어리를 너의 형들에게 가져다주어라. 너는 그것을 가지고 빨리 진으로 가서, 너의 형들에게 주어라. 그리고 이 치즈 열 덩이는 부대장에게 갖다드리고, 너의 형들의 안부를 물은 뒤에, 형들이 잘 있다는 증거물을 가지고 오너라"라고 말한다. 이새는 부대장에게 치즈 열 덩이를 뇌물로 주어 자기 자식들이 무사히 전쟁을 마치고 돌아오기를 기대한 것이다.

다윗은 자신의 양 떼를 다른 양치기에게 맡기고 아버지가 이른 대로 먹을 것을 챙겨 엘라 평지에 도착한다. 이스라엘과 블레셋 군인은 전열을 지어 서로 맞서 있었다. 다윗은 가지고 온 짐을 맡기고 전선으로 달려가 형들에게 안부를 물었다. 그런데 이때, 골리앗이 대열에서 나와 이스라엘 사람에게 싸움을 거는 것을 다윗이 목격한다. 이스라엘 사람들은 골리앗을 보고 무서워 모두 도망친다. 다윗은 이스라엘 군인들에게 저 블레셋 사람이 무엇이기에, 살아계시는 하나님을 섬기는 군인들을 이렇게 모욕하느냐고 묻는다. 그러자 군인들은 골리앗을 죽인 자에게는 사울 왕이 많은 상을 내릴 것이며, 사위로 삼을 것이며, 집안의 모든 세금을 면제해줄 것을 약속했다고 대답한다.

다윗이 군인들과 이렇게 이야기하는 모습을 본 큰형 엘리압은 철없는 다윗을 꾸짖는다. 형들은 다윗의 행동이 터무니없어 보였다. 그런데 오히려 다윗은 형에게 내가 무엇을 잘못했냐며 대들더니 다른 사람에게 가서 골리앗에 대해 또 물어보았다. 다윗의 이러한 행동이 사울의 귀에까지 들어가자 사울은 다윗을 데려오라고 했다.

사울을 만난 다윗은 "임금님의 종인 제가 나가서, 저 블레셋 사람과 싸우겠습니다."라고 말했다. 그러자 사울은 "다윗아, 너는 이 블레셋 사람과 일대일로 싸워 이길 수 없을 것이다. 너는 (전투 경험이 없는) 청년이지만, 골리앗은 청년 시절부터 (오랫동안 전투를 해온) 전사다"라고 말한다.

다윗은 자신의 능력을 과소평가하는 사울에게 이렇게 말한다. "저는 평상시에 아버지의 양 떼를 지키는 자입니다. 사자나 곰이 양 떼에 달려들어 한 마리라도 물어 가면, 저는 곧바로 뒤쫓아 가서 그놈을 쳐 죽이고 그 입에서 양을 꺼내어 살려내곤 하였습니다. 그 짐승이 저에게 덤벼들면 그 턱수염을 붙잡고 때려 죽였습니다. 제가 사자도 죽이고 곰도 죽였으니 골리앗도 쉽게 이길 수 있습니다." 다윗은 골리앗에 대한 두려움이 없었다. 사울을 포함한 이스라엘인들은 골리앗이 아니라 골리앗이 뿜어내는 두려움에 사로잡혀 그를 바로 쳐다보지도 못했다.

결국 다윗을 허락한 사울은 자신의 군장비로 다윗을 무장시켰으나 거구인 사울의 옷이 다윗에게 맞을 리 없었다. 다윗은 자신이 곰과 사자를 죽일 때와 같은 목동 차림으로 골리앗을 굴복시킬 수 있다고 확신했다. 다윗은 목동의 지팡이를 들고, 시냇가에서 돌 다섯 개를 주워 주머니에 집어넣은 다음, 자기가 쓰던 무릿매를 손에 들고 골리앗 가까이로 나아갔다. 몸집이 크지만 둔한 골리앗에 비해 민첩하고 강력한 무기를 가진 다윗은 조약돌을 투석 주머니에 올려놓고 힘차게 돌린 후 날려 골리앗의 이마에 명중시켰다. 다윗은 골리앗을 힘으로 죽인 것이 아니라 상대방을 파악할 수 있는 지성과 자신이 가진 최고의 기술로 제압했다. 다윗은 기절한 골리앗에게 달려가 그의 목을 잘랐다. 바로 이 순간 다윗은 목동이나 졸개에서 이스라엘의 가장 위대한 장군으로 등극한다. 다윗은 골리앗의 무기와 갑옷을 자신의 텐트에 보관하고 골리앗의 머리를 예루살렘으로 가지고 간다.

다윗과 골리앗의 대결이 다윗의 등극에 결정적인 역할을 하긴 하나 좀 의심스러운 부분이 있다. 〈사무엘기 하〉 21장 19절에는 베들레헴 출신 야레오르김의 아들 엘하난이 "가드 골리앗(의 아우 라흐미)"을 살해했다고 기록한다. 이것으로 추론해보면 다윗 같은 유명인사가 골리앗과 싸워 이겼다는 사실이 알려졌는데 무명씨인 엘하난이 다시 골리앗을 죽였다고 기록할 리 만무하다. 그러므로 아마도 골리앗 이야기를 만든 사람이 다윗을 부각시키기 위해 잘 알려지지 않은 엘하난을 다윗으로 대치했을 가능성이 크다.

성서는 사울이 다윗을 군대장으로 삼고 자기 딸 미갈과 결혼시켰다고 기록한다. 여기서 다윗의 관직명은 '나기드(nagid)'다. 나기드는 유사시에 투입되어 승리를 쟁취하는 『일리아스』의 아킬레우스와 같은 선봉대장이라는 의미다. 다윗은 블레셋과의 전쟁에서 영웅이 됐다.

그 후 다윗은 수많은 전쟁에서 공적을 세웠고, 다윗의 인기가 점점 치솟자 사울은 다윗을 암살하려 한다. 그러나 다윗을 사랑한 사울의 아들 요나단은 그에게 사막으로 도망치라고 경고한다. 다윗은 그곳에서 자신을 지지하는 사람들과 힘을 비축한다. 그는 블레셋의 도시 가드의 왕이었던 아기스 밑에 머문다. 아기스 왕은 다윗을 신뢰했지만, 다윗의 전력을 알고 있는 블레셋의 다른 도시의 왕들이 반대해 사울과의 전쟁에는 나가지 못한다. 아기스 왕이 이끄는 블레셋 군대는 길보아 산에서 사울과 요나단이 이끄는 군대와 만나 전투를 벌인다. 그곳에서 사울과 요나단은 전사한다.

그 후 사울의 다른 아들 이스보셋이 왕이 되고 그 역시 다윗과 싸운다. 이때 다윗의 인정을 받기 위해 암살자들이 이스보셋의 머리를 다윗에게 가져오지만 다윗은 암살자들을 공개적으로 처형한다. 이제 다윗은 사울을 따르던 자들의 충성심까지 얻게 되어 헤브론에서 이스라엘과 유다의 왕으로 등극한다.

다윗의 도시, 예루살렘

예루살렘은 베냐민지파에게 할당된 지역 안에 위치해 있었다. 이곳은 원래 여부스족들이 거주하던 장소다. 여부스족은 〈창세기〉 10장에 등장하는 가나안의 부족명이다. 최근 학자들의 의견에 의하면 여부스족은 아모리족에 속한 부족으로, 마리라는 지역에서 발견된 아카드어 쐐기문자 문헌에 '야부시움(Yabusium)'으로 등장한다. 혹은 기원전 14세기에 발견된 아카드 문헌인 '아마르'나 편지 기록에 의하면 당시 예루살렘의 왕을 '아브디-헤바'라고 하는데, '헤바'는 지금의 아르메니아 지역에 거주하던 후리아인의 여신명 헤바트(Hebat)에서 유래했을 가능성이 크다. 그러므로 여부스족은 후리아 귀족계급이 이주해와 정착한 집단의 명칭이라는 가설도 있다.

다윗은 이스라엘의 12지파를 하나의 정치 체계 안으로 모으기 위해 예루살렘을 이스라엘의 전략적인 수도로 결정했다. 그는 여부스족이 거주하는 예루살렘을 정복해 수도를 헤브론에서 예루살렘으로 천도한다. 예루살렘은 새로운 이스라엘의 정치적, 경제적 그리고 군사적 수도가 된다. 그의 결정은 탁월했다. 예루살렘은 12지파를 모으는 상징적인 장소가 됐다.

예루살렘은 정치적으로 중요한 도시가 되었지만 이스라엘의 다른 장소에 비해 종교적으로는 그다지 중요한 곳이 아니었다. 다윗은 예루살렘을 종교적으로 가장 중요한 도시로 만들기 위해 공개적으로 의도적인 행위를 서슴지 않았다. 그는 모세가 시내 산에서 받은 십계명이 보관되어 있다고 여겨지는 법궤를 예루살렘으로 가져왔다. 법궤는 신의 존재를 확인하는 물질적인 상징이다. 법궤를 모신 예루살렘은 이스라엘인들의 영적인 수도가 될 터였다. 모세는 떠돌이 유목민들을 40년간의 사막 생활을 견디게 한 후 약속의 땅으로 인도했고, 다윗은 이제 예루살렘에서 농민들과 도시인들로 구성된 새로운 왕국을 완성한다. 모세와 다윗을 인도한 가시적인 신의 현현은 바로 법궤다.

이 법궤는 블레셋과의 전쟁 중에 빼앗기게 된다. 되찾은 법궤는 다시 벳세메스라는 마을에 보관되고, 다시 예루살렘 서북쪽으로 10킬로미터 정도 떨어진 기럇여아림으로 옮겨져 아비나답이라는 농부가 이를 지키게 된다. 다윗은 법궤의 소중함을 잘 알고 있었다. 특히 레위지파 사람도 아닌 촌부가 법궤를 보관하고 있다는 사실을 알게 된 다윗은 법궤를 예루살렘으로 가져올 것을 공식적으로 선포하게 되고, 12지파 장로들은 이를 전적으로 환영한다.

그러나 예루살렘에서 멀지 않은 마을 기브아 사제들은 이를 반대했다. 베냐민지파에 속하는 이들은 모세 시대로부터 간직해오던 히브리어로 '오헬 모에드(ohel moed)'라 불리는 장막(the tent of meeting)과 청동 제단을 모신 특별한 성소를 관리해왔다. 기브아는 수많은 순례자들이 이 거룩한 물건들을 보려고 몰려오는 영적으로나 경제적으로 중요한 마을이었다. 예루살렘에 법궤가 안착된다면 기브아는 더 이상 과거의 영광을 찾지 못할 터였다. 특히 기브아인들은 다윗을 왕위 찬탈자로 보았기 때문에 법궤를 예루살렘으로 옮기는 의례에 참석하지 않았다. 그러나 다윗은 그들을 처벌하지 않고 이들의 반대를 용인했다.

법궤를 이전하는 날, 다윗은 수많은 이스라엘 행렬 앞에서 법궤를 인도했다. 다윗의 이 행위는 자신과 이스라엘 신을 예루살렘의 주인으로 모시는 의례다. 법궤는 아비나답의 집에서 나와 소가 있는 정결한 마차에 올려졌다. 그러나 법궤를 이전하는 과정에서 신성한 절차가 행해지지 않아 불상사가 일어나고 만다.

법궤를 옮길 수 있는 자는 사제계급인 레위인들 뿐이며, 이들도 법궤를 직접적으로 만져서는 안 되기 때문에 뒤에서 법궤를 미는 두 개의 가로 막대가 마차 뒤에 설치되어야 한다. 그러므로 농부인 아비나답과 그의 두 아들이 법궤를 실은 마차를 옮긴다는 것은 신성모독적인 행위였다. 온갖 연주와 함께 행렬이 예루살렘 근처 나곤이라는 사람의 타작마당에 이르렀을 때, 소들이 날뛰어 법궤가 넘어지려 하자 아비나답의 아들 웃사는 손으로 법궤를 지탱하다 그만 그 자리에서 즉사하고 만다. 웃사가 정말 죽었는지는 확인할 길이 없으나 신을 모시는 거룩한 법궤는 인간과 접촉해서는 안 되는 일종의 '터부'라는 원시적인 신앙이 성서에 표현된 것 같다.

다윗은 이 사건을 신이 보낸 불길한 징조로 해석하고 예루살렘으로 향하던 행렬을 멈추게 한다. 그러고는 나곤의 타작마당 옆에 있는 오벳에돔이라는 사람의 집에 법궤를 보관하도록 명령한다. 자신이 정복한 예루살렘을 신이 있는 영적인 장소로 만들려는 기획이 실패로 돌아가자 잠시 휴지기로 들어간 것이다. 성서에서는 법궤가 오벳에돔 집안에 있는 3개월 동안 그 집을 흥하게 했다고 증언한다. 다윗은 이를 구실 삼아 다시 예루살렘이 위치한 시온 산으로 행렬을 움직이게 한다. 사실 다윗은 3개월 동안 인내를 발휘해 여론의 추이를 살폈을 것이다.

이번에는 소가 끄는 마차 대신 레위 사제들이 두 개의 나무로 법궤를 어깨에 메고 이동했다. 레위인들은 법궤가 흔들리지 않도록 여섯 걸음 가고 쉬고 하는 과정을 반복하며 예루살렘으로 입성했다. 법궤가 오벳에돔의 집에서 '다윗 성'으로 옮겨지자 다윗은 큰 축제를 열었고, 법궤가 안착된 예루살렘은 신이 거주하는 천상의 공간이 됐다. 예언자 나단은 법궤를 모실 성전은 그의 아들에 의해 후에 지어질 것이라고 선포하며, 신이 다윗과 계약을 맺어 다윗 왕가와 예루살렘은 영원할 것이라고 말한다. 다윗은 보잘것없는 목동에서 이스라엘의 왕으로 굳건하게 자리한다.

영웅의 통과의례,
비극

성서에서 가장 위대한 영웅으로 꼽히는 다윗도 훗날 비극적인 시간을 겪게 된다. 영웅에게 있어서 비극이란 어떤 의미인가? 우선 고대 그리스의 비극을 살펴보자.

아이스킬로스(Aeschylos)는 기원전 472년, 디오니소스 비극 경연 대회에서 〈페르시아인들〉을 포함한 3부작으로 우승을 차지한다. 〈페르시아인들〉은 지금까지 발견된 그리스 비극 작품 중 가장 오래됐다. 이 연극을 후원한 자는 아테네에 민주주의를 도입하고 파르테논 신전 건립을 통해 서양 문명의 꽃을 피운 페리클레스(Pericles)다. 그는 배우들과 합창대의 의상과 연습 비용 일체를 지원하는 후원자(choregos)였다. 23세의 페리클레스는 지금 막 걸음마를 시작한 아테네의 찬란한 미래를 예견하고, 아이스킬로스와 함께 〈페르시아인들〉을 통해 그리스 문명의 정신을 고양시키고자 했다.

〈페르시아인들〉은 이전의 다른 그리스 비극들과 달리 독특한 점이 있다. 비극의 소재로 주로 사용됐던 호메로스나 헤시오도스의 신화가 아니라, 그리스와 페르시아 사이에서 일어났던 실제 전쟁인 살라미스 해전을 다루고 있기 때문이다. 더 놀라운 점은 이 비극을 볼 관객들이 전쟁에 나가서 승리를 쟁취하고 돌아온 아테네인들과 그의 가족들이었는데도 불구하고, 연극의 내용이 전쟁에서 이긴 그리스인들이 아닌, 전쟁에서 패배한 페르시아인들에 대한 이야기라는 것이다. 게다가 연극에서 그리스인은 한 번도 등장하지 않는다.

기원전 6세기 인류 최초로 제국을 건설했던 페르시아는 신생 도시국가들의 연합체인 그리스에게 어쩌다가 패한 것일까? 기원전 490년, 신생 도시국가 아테네는 페르시아제국의 다리우스 대왕(Darius I)에 대항해 마라톤 전쟁에서 싸워 승리를 거둔다. 다리우스 왕의 아들 크세르크세스는 페르시아의 속국인 이집트와 바빌론에서 반란이 일어나자 이를 진압하고, 그 기세를 이어 기원전 480년에 3만 명의 군대를 이끌고 그리스를 공격한다. 그리스 동맹은 살라미스에서 창조적인 계략과 패기로 약한 군사력을 극복하고 페르시아를 물리친다.

〈페르시아인들〉의 이야기는 바로 이 지점에서 시작한다. 페르시아제국의 패전을 알리는 전령사의 말은 살라미스 전쟁에 관한 최초의 서술이다. 이 사실을 인식한 아이스킬로스는 자신이 참전해 보고 들은 이야기를 기초로 극본을 썼다.

연극은 페르시아제국의 수도 수사에 패전 소식이 전해지는 것으로 시작된다. 다리우스의 아내이자 크세르크세스의 어머니인 아토사는 페르시아제국의 귀족으로 구성된 합창대와 함께 페르시아제국의 멸망의 이유를 찾는다. 이들은 객관적으로 우세한 페르시아제국이 왜 패배했는지 도무지 이해할 수 없었다. 그러자 죽은 다리우스의 영혼이 등장해 그 이유를 말해준다. 바로 아들 크세르크세스의 주제넘은 자만심인 '휴브리스(hubris)'가 그 원인이라고 말한다.

오만함을 뜻하는 휴브리스는 인간의 마음에 싹을 내고 무르익어 시간이 지나면 열매를 맺는다. 그 열매는 다름 아닌 자신이 자초한 재난과 불행이며 그를 비롯해 그가 속한 공동체는 눈물로 그 결과를 감수해야 한다. 제우스는 이 자만심을 혐오한다. 제우스는 크세르크세스를 향해 경고하지만 그는 이미 남의 충고를 듣지 못하는 귀머거리가 되고, 현상을 있는 그대로 파악하지 못하는 장님이 된 후다.

아이스킬로스는 살라미스 전쟁의 승리를 통해 찬란한 그리스 문명의 불씨를 보았다. 그는 위대한 그리스의 미래를 보았고, 그리스가 페르시아제국과 같은 강력한 나라가 될 것이라고 확신했다. 그는 바로 이 시점에서 위대했던 제국의 몰락을 조망하여 타산지석으로 삼을 필요가 있다고 생각했다.

페리클레스는 이 문화적인 행사를 아테네뿐만 아니라 그리스 도시국가 전체의 정체성을 형성하는 결정적인 계기로 삼는다. 그는 연극이 상연되기 전에 멀게는 마라톤 전쟁, 가까이는 살라미스 전쟁에서 전사한 군인들의 아들들을 모든 관객들 앞으로 행진시킨 뒤 무대 바로 앞에 좌정하게 한다. 그리고 이 연극을 통해 아테네 시민과 그리스인들을 교육시킨다.

아테네 디오니소스 축제에서 우승한 이 연극은 기원전 467년 시실리에서 공연되었고, 그 이후로도 여러 번 무대에 올려질 만큼 유명한 작품이 되어 그리스인들의 민족정신을 고취시켰다. 아이스킬로스의 비극은 원래 총 3부작이었는데 현재 첫 번째와 세 번째 작품은 사라지고 두 번째 작품인 〈페르시아인들〉만 전해지고 있다.

〈페르시아인들〉은 그리스인들의 허를 찌르는 페리클레스의 혜안으로 가득 차 있다. 그는 전쟁에서 승리한 그리스인들이 자아도취에 빠져 다시 퇴락의 길로 빠져들 수 있다고 판단했다. 그는 패자인 페르시아와 승자인 아테네 시민 모두에게 우리의 승리는 우연일 뿐이라고 엄중하게 경고한다. 분명한 사실은 자신의 승리에 도취된 강자의 오만은 스스로를 장님으로 만들어 자기 자신에게 복수(네메시스, nemesis)한다는 것이다.

페르시아 전쟁이라는 사건이 아이스킬로스의 감수성을 자극시킨 것은 독재에 대한 자유의 항거, 야만 문화에 대한 그리스 문명의 대결이라기보다는 이전 고대 이스라엘의 예언자들이 선포한 대로 역사란 신의 섭리가 드러나는 과정이며 전쟁의 승패와 국가의 존망은 신의 의지에 달려 있다는 점이다. 아이스킬로스는 자신의 동료 그리스인들에게 왜 페르시아가 멸망했는지 이 연극을 통해 묵상할 것을 권한다.

아테네 디오니소스 극장에 모인 2만여 명의 그리스인들은 숨죽인 채 당시 최대의 볼거리인 〈페르시아인들〉을 관람했다. 그리스인들은 극중 슬퍼하는 페르시아 군인들을 보면서, 자기 자신을 돌아보고 그들에게 연민을 느끼며 함께 눈물을 흘렸다.

다윗에게 찾아온 비극

여기 자신에게 다가온 행운을 신의 섭리라 생각하지 않고 자신의 탁월함 때문이라고 자만한 자가 있다. 그는 이스라엘의 최고 영웅이자 동시에 불행하고 나약한 인간 '다윗'이다. 다윗은 완벽한 남성이었다. 그는 고대 이스라엘을 통일시킨 첫 번째 왕으로 성서의 가장 위대한 영웅이다. 그의 인생은 구약성서 〈사무엘기 상, 하〉와 〈역대지 상〉에 자세히 기록되어 있다.

그러나 모든 영웅에게는 벗어날 수 없는 흠이 있기 마련이다. 다 윗은 인생의 정점에서 비극적인 순간을 맞이한다. 『오레스테이아』나 『오이디푸스 왕』의 주인공들이 그렇듯이 영웅이기에 맞이할 수밖에 없는 '비극'이라는 준비된 터널을 통과해야만 한다.

다윗을 비극으로 인도한 '밧세바'라는 여인이 있었다. 밧세바를 둘러싼 다윗의 비극은 〈사무엘기 하〉 11장 1절에서 이렇게 시작한다.

그 다음 해 봄에, 왕들이 출전하는 때가 되자, 다윗은 요압에게 자기의 부하들과 온 이스라엘의 군인들을 맡겨서 출전시켰다. 그들은 암몬 사람을 무찌르고, 랍바를 포위하였다. 그러나 다윗은 예루살렘에 머물러 있었다.[4]

다윗은 일생 동안 야전에서 잔뼈가 굵은 사령관이다. 그런데 위의 구절은 자신이 있어야 할 들판에서 부하들과 진을 치고 대치하지 않고, 근무지를 이탈해 후방 예루살렘에서 느긋하고 한가롭게 있는 상식 밖의 다윗을 묘사한다. 이스라엘을 통일하고, 예루살렘을 신이 거주하는 시온 성으로 만들고, 많은 전쟁에서 승리한 후 다윗은 자신도 모르게 자만해지기 시작했다. 성공한 사람들이 예외 없이 갖게 되는 오만함이 그의 마음에도 뿌리내리기 시작한 것이다. 다윗은 군대를 이끌고 전쟁터에 나가야 하는 자신의 일을 요압 장군에게 맡겨버리고 예루살렘에 머물러 있었다고 성서는 전한다.

왜 다윗은 전쟁에 나가지 않고 예루살렘에 머물렀을까? 당시 주변 국가인 암몬인들과 아람인들은 점점 세력을 키워가는 이스라엘을 저지하기 위해 군사적으로 결탁해 전쟁을 치르고 있었다. 이스라엘은 사면초가에 빠졌다. 그런 상황에서 다윗이 예루살렘에 머문 이유에 대해 성서는 알려주지 않는다. 굳이 그 이유를 찾자면 그는 전성기를 보내고 이제 황혼으로 들어선 것이 아닌가 싶다. 이때의 다윗 나이를 계산해보면 40대 후반에서 50대 정도였을 것이다.

요압 장군은 암몬의 수도 랍바 성을 기습 공격해 상수도와 그와 연결된 시냇가 도시 구역을 점령한다. 그러한 뒤 그는 다윗에게 전령을 보내 이스라엘의 군대를 거느리고 와서 이 성의 중심부를 점령할 것을 요구한다. 충직한 요압 장군은 랍바 점령을 다윗의 공적으로 만들어주고 싶었던 것이다. 그러나 다윗은 예상과 달리 랍바로 가지 않았다.

성서 저자가 명확하게 그 이유를 밝히지는 않았으나 다윗은 정신적으로나 육체적으로나 쇠퇴하고 있었다. 다윗은 일생을 사막의 모래 폭풍 속에서 뜨거운 낮과 추운 밤을 보냈다. 그는 지혜와 강력한 체력으로 사울과 블레셋 그리고 가나안 민족들과의 싸움에서 승리한 위대한 영웅이었고 법궤가 예루살렘으로 들어올 때 너무 기쁜 나머지 자신이 나체가 된 것조차 모르던 열정적인 남성이었다.

그러던 다윗이 이제는 활력을 잃고 궁궐에서 뒹굴며 부인과 수많은 첩과 함께 아이들의 재롱을 보는 '할아버지'가 된 것이다. 골리앗의 머리를 자르던 홍안의 자신만만한 다윗과는 너무도 달라진 모습이다. 예루살렘에 남아 있던 다윗은 한 여성을 만나게 된다.

어느 날 저녁에, 다윗은 잠깐 눈을 붙였다가 일어나, 왕궁의 옥상에 올라가서 거닐었다.[5] 그때에 그는, 한 여인이 목욕하는 모습을 옥상에서 내려다보았다. 그 여인은 아주 아름다웠다.[6]

이 구절은 좀 더 자세히 살펴볼 필요가 있다. 다윗이 일어난 시간은 저녁이다. 여기서 쓰인 히브리어 '에레브(erev)'는 노을이 생기기 시작할 무렵을 말한다. 그는 중동 지방에서 흔히 볼 수 있는 더위를 피해 낮잠을 자는 시에스타(siesta)를 길게 가진 후 거의 저녁때가 되어 침대에서 일어난 것이다. 그는 잠이 완전히 깨지 않아 선선한 저녁 바람을 쐬러 옥상에 올라가 이리저리 거닌다.

다윗은 자신의 무기력함을 한탄하며 궁궐 아래 펼쳐진 예루살렘을 바라보았다. 아무런 생각도 없이 집들을 보고 있다가 지붕 위에서 목욕하는 여인을 발견한다. 바로 그날 왕궁 바로 밑에서 한 여인도 찌는 듯한 더위 때문에 잠을 설쳤다. 성서 본문에는 그녀가 옥상에서 목욕을 했는지 아니면 마당에서 했는지에 대한 구체적인 언급은 없지만, 그녀가 집 안에 머물렀다면 다윗은 그녀를 관찰할 수 없었을 것이다.

성서 저자는 여인의 모습을 "매우 좋았다"라고 표현한다. 일반적으로 한 여인의 미모를 나타내는 히브리어는 '야파(yaphah)'다. 그러나 히브리어 원문을 보면 이 여인을 수식하는 단어는 겉으로 드러난 아름다움인 '야파'가 아니라 '기품이 있고 감히 넘볼 수 없는 매력을 지녀 조화롭고 훌륭한'이라는 의미를 지닌 '토브(tob)'라는 형용사를 사용한다. 게다가 '토브'를 '굉장히/상상할 수 없는'이라는 의미의 '메오드(meod)'라는 부사가 꾸민다.[7] 토브의 원래 의미가 '향기로운'이라는 점을 감안하면, 다윗이 몰래 지켜보던 이 목욕하는 여인은 단순히 외적으로만 아름다운 것이 아니라 내적인 기품까지 겸비했다고 볼 수 있다.

이스라엘의 운명을 바꾼 여인, 밧세바

중년의 위기를 맞이한 다윗은 밧세바에게 한눈에 반한다. 다윗은 그녀에게 빠져들어 자신이 왕이라는 사실도 잊은 채 신하를 보내 그 여인이 누구인지 알아보게 했다. 신하는 그 여인이 히타이트(헷) 사람이며 이스라엘 군대 장교인 우리아의 아내라고 전했다. 밧세바가 유부녀라는 사실을 알게 되었음에도 다윗은 그녀를 궁궐로 초대하는 편지를 보낸다.

밧세바는 이 편지를 받고 무슨 생각을 했을까? 남편 우리아는 히타이트 용병으로 이스라엘에 와서 이곳 군대의 고위직까지 오른 입지전적인 인물이다. 남편 우리아는 요압 장군과 함께 랍바에서 수개월째 전투 중이며 언제 돌아올지 아무런 기약이 없었다. 궁궐로 들어오라는 다윗의 편지를 받은 밧세바의 심리 상태를 포착한 위대한 그림이 있다. 렘브란트의 유화 〈다윗의 편지를 읽고 있는 밧세바〉다.

렘브란트는 다윗과 밧세바의 사건에서 가장 중요한 순간을 묘사한다. 그는 다윗의 욕망이나 이와 관련한 이야기가 아닌 밧세바가 다윗의 부름을 받고 고민하는 장면에 집중했다.

렘브란트는 밧세바를 거의 실물 크기로 그려 그녀의 사치스러움, 우아함 그리고 에로티시즘을 생생하게 표현했다.[8] 그는 배경을 티티안이나 베로네제 같은 르네상스 이탈리아 베니스 화가들이 사용하던 금과 구리 색의 명암법으로 처리했다. 그녀는 왕비나 덮을 법한 황토색과 검은색으로 수놓아진 브로케이드 이불과 그녀의 순진함을 상징하는 정교한 흰색 드레이퍼리 위에 절묘하게 앉아 있으며 오른손으로 다윗이 보낸 편지를 덤덤하게 쥐고 있다.

밧세바의 얼굴에는 긴장감, 슬픔, 체념 등 복잡한 심리 상태가 그대로 드러난다. 렘브란트는 맨 처음에는 밧세바의 머리를 똑바로 세워 그렸으나 밧세바의 감정을 효과적으로 드러내기 위해 그녀의 머리를 오른편으로 약간 기울게 했다. 그녀의 시선은 허공을 바라보고 있는데 마치 자신이 처한 운명을 슬프게 받아들이는 듯하다.

흰색 드레이퍼리에 얹은 손과 다윗의 편지를 들고 있는 오른손을 비교해보라. 왼손을 올려놓은 흰색 드레이퍼리는 과거를 상징한다. 이는 남편이 전쟁에서 돌아오기만을 기다리는 여인의 순진한 마음을 상징한다. 밧세바는 이 드레이퍼리에 집착하거나 거머쥐지 않고 부드럽게 손을 올려놓았을 뿐이다. 그녀는 과거를 그냥 떠나보낼 셈이다.

이와 비교해 밧세바의 오른쪽은 왕비에 어울리는 금색 브로케이드 이불이 있고, 오른손에 들린 편지에는 다윗과 밧세바의 삶에 중요한 전환점이 될 내용이 적혀 있다. 그녀는 다윗의 전령이 들고 온 이 편지를 받고 며칠을 고민했다. 남편이 야전에서 암몬인들과 전쟁하고 있는데, 왕의 유혹을 받은 나는 어떤 결정을 내려야 하나? 그러나 그녀는 마음을 정한 것 같다. 아무것도 잡으려 하지 않은 왼손과 달리 그녀의 오른손은 편지를 움켜쥐고 있다.

그녀는 자신의 삶의 진로를 바꿀 중요한 결정을 내린다. 보통사람들은 그녀가 다윗에게 가려고 마음먹은 것에 대해 비도덕적이라고 쉽게 말할지 모른다. 그러나 그녀는 이전 아브라함의 부인 사라처럼, 사건의 본질과 중요성 그리고 미래를 보고 자신의 행보를 결정한다. 밧세바는 우유부단하고 언제 돌아올지 모르는 남편을 기다리기보다는 자신의 삶을 스스로 개척하기로 마음먹는다.

〈사무엘기 하〉 11장 3~4절은 그 이후의 사건을 덤덤하게 전한다.

다윗은 사람을 보내어서 그 여인을 데려왔다. 밧세바가 다윗에게로 오니, 다윗은 그 여인과 정을 통하였다. 그 여인은 마침 부정한 몸을 깨끗하게 씻고 난 다음이었다. 그런 다음에, 밧세바는 다시 자기의 집으로 돌아갔다.[9]

밧세바는 무슨 생각을 하고 있었을까? 밧세바의 생각을 여러 각도에서 관찰할 수 있도록 도와주는 영화가 있다. 〈다윗 왕〉이라는 미국 영화에서 밧세바는 새로운 모습으로 등장한다. 밧세바는 자신이 목욕하는 모습을 다윗이 지켜보고 있다는 사실을 알았음에도 불구하고 멈추지 않는다. 밧세바는 이 모든 사건을 의도적으로 진행한다.

밧세바는 다윗에게 자신의 남편이 자신을 학대했다고 말한다. 밧

렘브란트 판 레인, 〈다윗의 편지를 읽고 있는 밧세바〉, 1654

세바는 야심이 있는 여인이었다. 성서에서는 남편 우리아와의 관계에 대해 침묵하지만 밧세바는 다윗과의 만남을 통해 이 두 당사자의 운명뿐만 아니라 이스라엘의 운명을 바꾸어놓는다.

밧세바는 다윗과 정을 통한 뒤 자신이 임신한 사실을 알게 된다. 유대법에 의하면 여인이 간음을 하면 돌팔매질로 죽음을 당한다는 사실을 그녀는 누구보다 잘 알고 있었다. 특히 남편이 이스라엘 군대의 고위 장교라면 더욱더 일이 복잡해진다. 밧세바는 깊은 고민에 빠진다. 그녀가 살 수 있는 길은 자신이 임신한 사실을 이스라엘의 최고 권력자인 다윗에게 직접 알리는 것이다.

그녀는 고대 사회의 다른 여인들처럼 남성 중심 사회에 항복하는 수동적인 희생자로 살지 않는다. 그녀는 자신의 생명을 유지하기 위해 자신의 미래를 계획한다. 어쩌면 그녀는 자신이 임신한 아이가 다윗의 뒤를 이어 이스라엘의 왕이 될 수 있으리라는 꿈을 꾸었는지도 모른다. 밧세바는 과감하게 다윗에게 사람을 보내 자신의 임신 사실을 알린다. 밧세바는 삶과 죽음의 위험한 게임을 시작한 것이다.

"내가 주께 죄를 지었습니다!"

밧세바의 임신 소식을 듣고 다윗은 너무 당황해 이 일을 감추려 한다. 그는 이 사실을 무마하기 위해 전쟁터에서 싸우고 있는 밧세바의 남편 우리아를 불러들여 자연스럽게 아내 밧세바와 집에서 지내게 하는 수밖에 없다고 생각했다. 이 서투른 행동을 통해 다윗의 예지력이 예전 같지 못하다는 것을 알 수 있다. 밧세바는 다윗이 이 일을 어떻게 처리할지 관조한다.

다윗은 랍바에서 진을 치고 있던 요압 장군에게 편지를 보낸다. 밧세바의 남편 우리아를 예루살렘으로 귀환시키라는 명령이었다. 요압은 영문도 모르는 채 우리아를 예루살렘으로 보낸다. 다윗은 우리아의 눈치를 보며 상관 요압과 군인들의 안부와 싸움터의 형편을 묻는다. 그러고는 진짜 속마음을 털어놓는다. "이제 (네 아내 밧세바가 있는) 집에 내려가서 목욕을 하고 쉬어라." 다윗은 그의 집에 먹을 것을 잔뜩 실어 보내고는, 오늘 밤이 지나면 자신이 밧세바를 임신시킨 사실을 숨길 수 있다고 생각했다.

그러나 일이 매번 계획대로 풀리는 것은 아니다. 우리아가 집으로 돌아가지 않고 궁궐 문간에 누워서 자고 있는 것이 아닌가! 다윗은 우리아가 집으로 내려가지 않았다는 것을 알고 혼을 낸다. "원정길에서 돌아왔는데, 왜 집으로 내려가지 않느냐?" 우리아는 충성스러운 군인답게 이렇게 답변한다.

"언약궤와 이스라엘과 유다가 모두 장막을 치고 지내며, 저의 상관이신 요압 장군과 임금님의 모든 신하가 벌판에서 진을 치고 있습니다. 그런데 어찌, 저만 홀로 집으로 돌아가서, 먹고 마시고, 나의 아내와 잠자리를 같이 할 수가 있겠습니까? 임금님이 확실히 살아 계심과, 또 임금님의 생명을 걸고 맹세합니다. 그런 일은, 제가 하지 않겠습니다."[10]

다윗의 눈이 휘둥그레졌다. 좌불안석이 된 다윗은 우리아에게 "정, 그렇다면, 오늘은 날도 저물었으니, 여기에서 지내도록 하여라. 그러나 내일은, 내가 너를 꼭 집으로 보내겠다"라고 말한다. 결국 우리아는 그날 밤을 예루살렘에서 묵는다. 한잠도 못잔 다윗은 기막힌 방안을 생각해낸다. 우리아를 술에 취하게 해서 집으로 보낼 생각이었다. 다윗은 다음 날 그를 다시 불러다가 자기 앞에서 먹고 마시고 취하게 했다. 다윗은 멀찌감치 떨어져 우리아가 집으로 들어가는지 살펴보았다. 우리아는 끝내 자신의 집으로 들어가지 않았다. 다윗은 이제 이스라엘 장교 한 명도 어쩌지 못하는 초라한 신세가 되고 말았다.

이성을 잃은 다윗은 해서는 안 될 일을 꾸민다. 다른 동방의 군주들처럼 왕의 권력을 이용해 간접 살인을 감행하려 한 것이다. 밤새도록 고민하던 그는 우리아를 최전선에 배치시켜 죽게 만들 계략을 짠다. 그는 요압 장군에게 편지를 써서 우리아 편에 보낸다. 편지의 내용은 다음과 같다.

"너희는 우리아를, 전투가 가장 치열한 전선으로 앞세우고 나아갔다가, 너희만 그의 뒤로 물러나서, 그가 맞아서 죽게 하여라."[11]

다윗은 요압과 다른 군인들을 자신의 살해 계획의 공범으로 만든다. 요압은 다윗의 뜻대로 적의 성을 포위하고 있다가 적의 저항 세력이 가장 강한 곳에 우리아를 배치해 그를 전사하게 만든다. 요압 장군은 다윗에게 사람을 보내 이 상황을 낱낱이 전한다. 자신의 목적이 달성되자 다윗은 안도의 한숨을 쉬고 전령에게 말한다.

"너는 요압에게, 칼은 이 편도 죽이고 저 편도 죽이기 마련이니, 이번 일로 조금도 걱정하지 말라고 전하여라. 오히려 그 성을 계속 맹렬히 공격하여서 무너뜨리라고 전하여, 요압이 용기를 잃지 않도록 하여라."[12]

다윗은 이제 말과 행동이 거짓과 악으로 가득한 형편없는 파렴치범이 됐다. 밧세바는 남편 우리아가 죽었다는 소식에 하염없이 울었다. 다윗은 밧세바가 애도의 기간을 마치자 기다렸다는 듯이 그녀를 다시 왕궁으로 불러들였다. 다윗은 이미 자기가 가야 할 길을 잃었고, 이스라엘 또한 위기에 빠진다.

다윗이 맞이한 아내와 아들들의 목록은 〈역대지 상〉 3장에 기록되어 있다. 다윗은 헤브론에서 7년 반 동안 왕으로 지내면서 여섯 명의 아내에게서 여섯 명의 아들을 낳았다. 예루살렘으로 수도를 옮긴 후 밧세바와 결혼해 네 명의 아들을 낳았으니 모두 합쳐 일곱 명의 아내에게서 열 명의 자식을 낳았다. 그 후에도 첩을 통해 아홉 명의 아들과 한 명의 딸을 낳았다. 다윗은 아내와 첩에게서 모두 열아홉 명의 아들과 한 명의 딸을 낳았다.

그러다 보니 늙어가는 다윗의 뒤를 이어 누가 왕이 될 것인가라는 첨예한 문제가 발생했다. 왕비들과 왕자들은 저마다 권력을 잡기 위해 음모를 꾸미고 있었다. 바로 이 시점에 밧세바는 다윗 왕가의 대를 바로 세우는 핵심적인 역할을 한다.

다윗이 원해서라기보다는 그녀 스스로 이스라엘 왕가의 현재와 미래를 예측하고 계획해 비밀리에 이 일을 진행했다. 밧세바는 예루살렘으로 들어와 일곱 번째 아내가 되었고, 그들 사이에 아들이 태어난다.

이 사건을 기록한 성서 저자는 그의 체면을 살리기 위해 예언자 나단과 다윗의 만남 이야기를 〈사무엘기 하〉 12장에 삽입함으로써 다윗을 다시 괜찮은 왕으로 돌려놓고자 한다.

〈사무엘기 하〉 12장을 보면 아무런 맥락 없이 예언자 나단이 등장한다. 나단은 후에 밧세바를 도와 솔로몬을 다윗의 후계자로 만드는 인물이다. 나단이 다윗을 찾아와 재미있는 이야기 하나를 들려준다.

"어떤 성읍에 두 사람이 살았습니다. 한 사람은 부유하였고, 한 사람은 가난하였습니다. 그 부자에게는 양과 소가 아주 많았습니다. 그러나 그 가난한 사람에게는, 사다가 키우는 어린 암양 한 마리밖에는, 아무 것도 없었습니다. 그는 이 어린 양을 자기 집에서 길렀습니다. 그래서 그 어린 양은 그의 아이들과 함께 자라났습니다. 어린 양은 주인이 먹는 음식을 함께 먹고, 주인의 잔에 있는 것을 함께 마시고, 주인의 품에 안겨서 함께 잤습니다. 이렇게 그 양은 주인의 딸과 같았습니다. 그런데 그 부자에게 나그네 한 사람이 찾아왔습니다. 그 부자는 자기를 찾아온 손님을 대접하는데, 자기의 양 떼나 소 떼에서는 한 마리도 잡기가 아까웠습니다. 그래서 그는 그 가난한 사람의 어린 암양을 빼앗 아다가, 자기를 찾아온 사람에게 대접하였습니다."[13]

다윗은 나단이 자신의 이야기를 빗대어 하는 것을 눈치 채지 못했다. 다윗은 그 부자가 못마땅하니 그를 죽여야 한다고 말한다. 그러자 나단은 바로 그 순간에 다윗을 책망한다.

"임금님이 바로 그 사람입니다. 주 이스라엘의 하나님이 이렇게 말씀하십니다. '내가 너에게 기름을 부어서, 이스라엘의 왕으로 삼았고, 또 내가 사울의 손에서 너를 구하여주었다. 나는 네 상전의 왕궁을 너에게 넘겨주고, 네 상전의 아내들도 네 품에 안겨주었고, 이스라엘 사람들과 유다 나라도 너에게 맡겼다. 그것으로도 부족하다면, 내가 네게 무엇이든지 더 주었을 것이다. 그런데도 너는, 어찌하여 나 주의 말을 가볍게 여기고, 내가 악하게 여기는 일을 하였느냐? 너는 헷 사람 우리아를 전쟁터에서 죽이고 그의 아내를 빼앗아 네 아내로 삼았다. 너는 그를 암몬 사람의 칼에 맞아서 죽게 하였다. 너는 이렇게 나를 무시하여 헷 사람 우리아의 아내를 빼앗아다가 네 아내로 삼았으므로, 이제부터는 영영 네 집안에서 칼부림이 떠나지 않을 것이다. (…) 내가 너의 집안에 재앙을 일으키고, 네가 보는 앞에서, 내가 너의 아내들도 빼앗아, 너와 가까운 사람에게 주어서, 그가 대낮에 너의 아내들을 욕보이게 하겠다. 너는 비록 몰래 그러한 일을 하였지만, 나는 대낮에 온 이스라엘이 바라보는 앞에서 이 일을 하겠다.'"[14]

예언자 나단은 소포클레스의 『오이디푸스 왕』에 등장하는 예언자 테이레시아스와 유사하다. 오이디푸스의 가장 큰 결점은 바로 오만(휴브리스)이다. 오만은 그의 단점이자 장점이다. 오만은 그를 비극적 운명으로 몰아넣는가 하면, 테베의 왕으로 만들기도 한다. 과거의 진실을 찾으려 노력하고, 상대방을 배려하는 모습이 오이디푸스를 위대한 왕으로 만들었지만, 동시에 그 자신감이 오만이 되어 그를 추락시키기도 했다. 테베의 예언자 테이레시아스는 오이디푸스에게 "당신은 눈을 가지고 있지만 볼 수는 없군요!"라고 경고한다. 오이디푸스의 오만함은 결국 자기자신을 장님으로 만든다.

　나단의 경고를 들은 다윗은 오이디푸스와 달리 나단에게 "내가 주께 죄를 지었습니다"라며 자백한다. 다윗은 절대 권력을 지닌 왕이지만, 자신의 잘못을 바로 시인할 줄 아는 사람이었다. 그리고 이러한 행동이 다윗을 더욱 위대하게 만들었다. 자신의 잘못을 시인할 수 있는 능력이란 자신을 있는 그대로 객관화할 수 있는 시각을 가졌다는 증거다. 자신을 높은 경지에서 바라볼 수 있는 '응시'야말로 우리가 지녀야 할 덕목이다. 인간은 누구나 실수할 수 있다. 하지만 그보다 중요한 것은 항상 자신을 성찰하고, 과거의 잘못했던 자신을 인정하고 변화시키려는 마음가짐이다.

8장

너는 여기에서 무엇을 하고 있느냐?

מַה־לְּךָ פֹה אֵלִיָּהוּ

"엘리야야, 너는 여기에서 무엇을 하고 있느냐?"
〈열왕기 상〉 19:9

예언자의
등장

아일랜드 극작가 버나드 쇼는 자신의 작품 『악마의 제자』에서 "동료 인간들에 대한 가장 사악한 죄는 그들을 미워하는 것이 아니라 그들에 대한 관심이 없는 것이다. 무관심은 비인간성의 본질이다"라고 말했다. 우리는 대부분 자신과 가족, 자신과 연관된 공동체만을 위해 일생을 숨 가쁘게 달려간다. 다른 사람보다 더 많은 지식으로 무장해 경쟁에서 이기고 싶어 하고, 돈과 명성, 권력이 행복을 가져다줄 것이라고 믿는다. 하지만 자기 자신에게만 집중되어 있는 이러한 삶은 시간이 지날수록 행복보다는 공허로 가득 차 있다는 사실을 나중에야 알게 된다.

20세기 초 유럽에 등장한 실존주의적 허무주의 이론에 의하면 인생 그 자체에는 내재적인 의미나 가치가 존재하지 않는다. 오늘날 허블 망원경으로 측정되는 2,000억 개의 천체 속에서 지구나 인간이라는 종은 무시해도 될 만큼 미미하다. 그 광활한 우주 안에 던져진 채 일생 동안 그 의미를 찾으려 하지만 결국 후대 사람들의 기억 속에서도 사라질 뿐이다.

이 허무주의는 고대 그리스 스토아 철학과 유사하다. 첫 스토아 철학자들 중 한 명인 제논(Zeno of Citium)은 모든 철학적 주제의 핵심은 마음 조절이라고 말한다. 그는 인간은 자신이 바꿀 수 있는 것만 걱정해야 한다고 주장한다. 그 외의 것들에 대해서는 우리가 할 일이 없다. 회의주의자들처럼 우리는 고요한 마음의 상태를 유지해야 한다. 심지어 스토아 철학자들은 사랑하는 사람의 죽음과 같은 비극적인 사건을 만나더라도 감정의 변화가 없었다. 슬퍼한다고 해서 죽은 사람이 돌아오지 않기 때문이다. 스토아 철학자들은 어떤 상황이나 사건에 대해 우리가 느끼는 것은 선택의 문제라고 말한다. 그러므로 우리가 가질 수 없는 것에 대해 슬퍼할 필요가 없다.

이러한 허무주의 전통은 기원전 3세기 헤게시아스(Hegesias)라는 그리스 철학자로부터 시작한다. 그는 행복은 도달할 수 없으며 인생의 목적은 고통이나 슬픔을 피하는 것이라고 주장한다. 헤게시아스는 부와 가난, 자유와 속박과 같은 전통적인 가치들은 무의미하며 죽음이 삶보다 낫다고 역설한다. 그러므로 삶의 목표는 살아 있는 동안만이라도 즐기자는 것이다. 기원전 3세기에 등장한 스토아 철학은 인간의 최고 단계를 '호모 아파세티코스(homo apatheticus)'로 정의했다. 인간의 이성을 흔드는 감정과 충동은 인간의 행복을 해치는 일이기에 금욕 생활을 통해 아파테이아(apatheia), 즉 '평정심'을 유지해야 한다.

이러한 허무주의적 인간관과는 달리 기원전 10세기 팔레스타인에서는 동료 인간의 삶에 깊이 관여함으로써 인생의 목적과 의미를 찾을 수 있다는 새로운 생각이 시작됐다. 이것이 바로 고대 이스라엘의 '예언자 제도'라는 영적인 운동이다. '예언자'는 신의 분노(ira dei)를 자신의 삶으로 투영시켜 자기가 살고 있는 공동체의 문제를 자신의 문제로 여기는 즉 '호모 심파세티코스(homo sympathetikos)'다. 예언자는 점쟁이처럼 미래에 일어날 사건을 말하는 사람이 아니다. 그는 오히려 공동체를 위해 신의 의지를 대신 말하는 '대변자'로 자신과 공동체를 위해 할 일이 있는 사람이다. 그는 우주의 기운을 감지하고 인간에게 그 내용을 전달하는 매개자다.

고대 이스라엘에는 예언자에 해당하는 세 가지 히브리 단어가 있다. 이 단어들을 살펴보면 예언자의 기능과 그 변천을 추적할 수 있다. 예언자에 해당하는 세 단어 중 가장 오래된 단어는 '로에(roeh)'다. '로에'를 직역하면 '견자(見者)'다. 고대 근동 지방에서는 미래를 미리 알아보기 위해 여러 가지 형태의 점을 쳤다. 메소포타미아 문헌에 의하면 '바루(baru)'라 불리는 사제들은 동물 내장의 모양이나 새들이 비행하는 형태 혹은 물 위에서 기름이 드러나는 모양을 통해 미래를 점쳤다.

기원전 11세기 이집트에서 발견된 파피루스에는 팔레스타인의 도시 도르에서 온 소년이 신이 들려 몸을 떨고 알 수 없는 소리를 냈다고 기록한다. 성서에는 실제로 가나안 종교인 바알과 아세라 여신의 사제들이 황홀경에 빠져 춤을 추며 이상한 소리를 냈다고 증언한다.

두 번째 단어는 '호째(hozeh)'다. '호째'는 '로에'와 달리 신의 명령을 어떻게 아는지 그 과정을 언급하지 않는다. 호째는 직업적인 예언자가 아니다. 신이 일방적으로 선택해 말씀을 전달하는 도구다. 호째를 군이 번역하자면 세상에 대한 통찰력을 지닌 '선견자(先見者)'라 할 수 있다. 예언자에 해당하는 가장 중요한 히브리어는 '나비(nabi)'다. 나비는 '신의 말을 전달하도록 부르심을 받은 자'를 뜻한다. 그는 자신의 말이 아니라 깊은 묵상과 기도를 통해 신의 음성이나 신들의 회의 장면을 목격하고 그것을 가감 없이 '전달하는 자'다. 나비는 그리스어로 '프로페테스(Prophetes)', 즉 '(신을) 대신해(pro) 말하는 자(phetes)'다. 다시 말해 '신의 입'이다.

주류 신앙에 반기를 든 엘리야

기원전 9세기에 활동한 엘리야는 요르단 동편 출신으로 당시 가나안의 바알 종교에 대항해 이스라엘의 신앙을 지키려고 고군분투한 인물이다. 엘리야는 털이 덥수룩하고 허리에 가죽 띠를 두른 전형적인 금욕-명상주의자였다. 엘리야(Elijah)는 자신의 이름을 '나의 신은 야훼다'로 만들 정도로 야훼 신앙의 화신이었다.

그는 당시 이스라엘인들을 휩쓸고 있던 바알 신앙에 과감하게 도전했다. 바알 신은 가나안 지방의 주산업인 농경에 필요한 비와 천둥, 번개 그리고 이슬을 관장하는 신이다. 바알 신앙은 가나안에서 성행한 풍요 종교로서 바알신과 아스다롯 여신이 성교를 통해 풍작을 초래한다고 믿었다. 이들의 종교 의례는 실제로 성행위를 동반

하는 성 혼례를 포함한다. 이들의 신전에는 커다란 목상이 세워져 있었으며, 이 목상 아래에서 사람들은 아스다롯 여신 역할을 하는 신전 창기와 실제 성행위를 포함한 종교 의식을 거행한다. 바알 신앙은 신을 잘 믿기만 하면 물질적인 풍요가 따라온다고 설교했다.

바알 신앙은 이스라엘 조상들이 대대로 믿어왔던 야훼 신앙을 근본적으로 흔들었다. 이러한 신앙이 이스라엘에 본격적으로 스며든 계기는 아합 왕과 가나안의 도시국가 시돈 왕의 딸인 이세벨과의 결혼 때문이다. 그는 이세벨을 통해 바알 신앙을 수용하고 사마리아에 바알 신전과 아세라 여신상을 세워 이스라엘의 전통적인 신앙을 버리고 물질주의를 최선으로 생각하는 바알주의를 신봉했다.

아합과 이세벨은 엘리야를 이스라엘의 문젯거리로 생각했다. 엘리야는 물질만능주의의 바알 신앙에 맞서 야훼 신앙으로 도전했기 때문이다. 엘리야는 아브라함과 모세를 통해 도도하게 흘러온 조상들의 신앙 전통을 강력하게 선포했다. 아합과 그의 부인 이세벨이 야훼를 섬기는 모든 예언자들을 살해하자 야훼는 엘리야에게 아합을 만날 것을 명령한다.

엘리야를 본 아합은 "이스라엘을 괴롭히는 자여!"라고 꾸짖는다. 엘리야는 오히려 거짓된 신들을 섬겨 이스라엘을 망친 자가 바로 아합 왕이라고 호통 친다. 엘리야는 자신을 죽이려는 아합에게 바알 선지자들과의 대결을 제안한다. 아합 왕은 바알의 예언자 450명과 또 다른 우상신 아세라의 예언자 400명을 갈멜 산으로 모아 공개적으로 엘리야를 제거하고자 한다.

엘리야에게 갈멜 산은 모세의 호렙 산처럼 신을 만나는 장소였다. 갈멜 산 정상에 이스라엘에서 가장 존경받는 엘리야와 권력의 정점에 있는 아합 그리고 그를 추종하는 바알 종교 예언자 850명이 정렬했다. 이 광경을 목격하기 위해 수많은 사람들이 몰려들었다. 엘리야는 그들에게 결단을 촉구한다.

> "여러분은 언제까지 양쪽에 다리를 걸치고 머뭇거리고 있을 것입니까? 주님이 하나님이면 주님을 따르고, 바알이 하나님이면 그를 따르십시오."[1]

천둥과 같은 엘리야의 외침에 사람들은 아무 말도 못한 채 묵묵히 서 있기만 했다. 그들은 종교를 자신의 물질적 풍요를 위해 믿었을 뿐, 신과 이웃의 사랑과 정의를 위해 믿지는 않았기 때문이다.

엘리야는 누가 진정한 신인지 가르기 위해 제물을 놓고 기도를 해서 그 제물을 불로 태우는 쪽을 참 신으로 인정하자고 제안한다. 이 광경은 실제로 일어난 사건이라기보다는 바알 신앙과 야훼 신앙 중 어떤 것이 진실한 종교인지를 가르는 메타포다. 사람들은 엘리야의 제안을 수용해 두 마리 송아지를 잡아 각을 떠서 나무 위에 놓은 뒤 서로 자기 신에게 기도하기 시작했다. 먼저 바알과 아세라 예언자 850명이 아침부터 낮까지 단 주위에서 춤을 추며 황홀경에 빠져 뛰기 시작했다. 초기 예언자 형태인 '로에'의 모습으로 열렬히 기도했지만 별 소용이 없었다. 그러자 그들은 칼과 창으로 피가 나도록 자기 몸을 해하면서 더욱 큰 소리로 기도했으나 하늘에서 불은 내려오지 않았다.

이번에는 엘리야가 나섰다. 그는 이스라엘인들에게 12지파를 상징하는 열두 개의 돌로 단을 쌓게 하고 단 주위에 도랑을 판 뒤 제물과 제단 위에 물을 열두 통이나 부었다. 이 물이 흘러 도랑이 넘칠 정도로 흠뻑 젖어 아무리 불을 붙이려 해도 그럴 수 없는 상황이 됐다. 엘리야가 기도를 시작했다.

"아브라함과 이삭과 이스라엘을 돌보신 주 하나님, 주님이 이스라엘의 하나님이시고, 나는 주의 종이며, 내가 오직 주의 말씀대로만 이 모든 일을 하고 있다는 것을, 오늘 저들이 알게 하여주십시오."[2]

기도가 끝나자 하늘에서 불이 내려와 번제물과 나무와 돌과 흙을 태우고 도랑의 물까지 핥듯이 불살랐다. 이 구절은 실제로 신이 하늘에서 불을 내려 기적을 보인 것인지는 확인할 길이 없지만 신의 불이 이스라엘의 꺼져가던 불씨에 불을 지펴 자신들의 모습을 환하게 보게 했다고 상징적으로 해석할 수 있다. 이스라엘인들은 이 광경을 보고 다시 야훼 신앙으로 돌아오게 된다. 그 후 엘리야는 바알 선지자들을 기손 강 골짜기까지 데리고 가 숙청한다.

삶의 의미를 잃은 엘리야의 고뇌

아합은 엘리야가 한 모든 일과 모든 예언자들을 죽인 일을 이세벨에게 낱낱이 알렸다. 그러나 이세벨은 눈 하나 깜짝하지 않았다. 그녀는 바알 신앙을 포기하지도 않았고 엘리야가 보여준 야훼 신의 놀라운 기적에도 아랑곳하지 않았다. 이세벨은 자신을 따르는 바알 예언자들이 집단적으로 살해되었다는 사실에 이제 자신의 지상 최고의 목표를 엘리야를 죽이는 일로 설정했다. 이세벨은 엘리야에게 심부름꾼을 보내어 말한다.

"네가 예언자들을 죽였으니, 나도 너를 죽이겠다. 내가 내일 이맘때까지 너를 죽이지 못하면, 신들에게서 천벌을 달게 받겠다. 아니, 그보다 더한 재앙이라도 그대로 받겠다."[3]

엘리야는 갈멜 산의 기적이 아합이나 이세벨의 마음을 돌이킬 것이라고 생각했지만 그것은 잘못된 판단이었다. 목숨을 위해 도망치는 신세가 된 엘리야는 유다의 땅 브엘세바로 갔다. 브엘세바는 이세벨의 힘이 미치지 못하는 장소였지만, 엘리야는 미친 듯이 남쪽으로 더 내려갔다. 엘리야는 끝없이 펼쳐진 사막으로 깊숙이 들어갔다. 그것으로도 충분하지 않아 하룻길을 더 걸어 한 로뎀 나무 아래 앉았다.

엘리야는 일생을 야훼를 위해 바쳤고 심지어 백성들을 바알 신앙으로부터 돌아오게 하는 기적까지 베풀었다. 특히 이스라엘인들을 정신적으로 오염시키는 바알 선지자들을 전멸했지만, 그에게 돌아온 것은 이세벨의 살해 위협뿐이었다. 엘리야는 삶의 허무함을 떨쳐낼 수 없었다. 그리고 자신을 이렇게 만든 신이 야속하기도 했다. 그는 자포자기 심정으로 죽기를 간청한다.

"주님, 이제는 더 바랄 것이 없습니다. 나의 목숨을 거두어주십시오. 나는 내 조상보다 조금도 나을 것이 없습니다."[4]

위 문장에서 '내 조상'이라는 단어는 죽은 사람을 의미한다. 모든 것을 다 이룬 엘리야는 끝내 목숨을 끊고자 했다. "내가 왜 지금까지 아등바등 살아왔는가? 인간은 죽으면 다 같은 것이 아닌가? 왜 신은 나에게 확실한 신의 계시를 보여주지 않는 것일까?" 피곤함에 지친 엘리야는 비몽사몽 간에 중얼거리며 로뎀 나무 아래에 누워 잠이 들었다. 그런데 그때 누군가 다가와 그에게 어서 일어나 먹으라며 그를 깨우는 것이 아닌가! 엘리야가 일어나보니 사방에는 아무도 없고, 그의 머리맡에는 뜨겁게 달군 돌에 구워낸 과자와 물 한 병이 놓여 있었다. 그는 그것들을 먹고 마신 뒤 다시 잠이 들었다. 두 번째로 누군가 다가와 그를 깨우며 말했다.

"일어나서 먹어라. 갈 길이 아직도 많이 남았다."[5]

이 상황에서 아직도 가야 할 '길'이란 무엇을 의미하는가. 길은 목적지가 아니다. 길이 있다고 믿고 일어서는 순간 그 길이 목적지가 되기 때문이다. 절망의 순간에 누군가 나타나 새로운 길이 있으니 모색해보라고 응원한다. 엘리야는 왜 일어나야 하는지 모르지만 그 길을 모색하기 위해 음식을 먹고 힘을 얻어 목숨을 건 여행을 시작한다. 그는 40일 밤낮을 걸으며 일생일대의 영적인 여행을 감행한다.

성서에서 '40'은 실제 숫자라기보다 시험과 역경을 포함한 아주

긴 기간을 의미하며, 신의 뜻을 알리기 위해 신이 개입해 변화시키는 시간을 의미한다. 성서에서 다윗과 솔로몬은 각각 정확히 40년 동안 치리했다. 노아 홍수 이야기에서도 40일 밤낮으로 비가 내렸고, 이스라엘인들은 출애굽 후 40년 동안 광야에서 생활했다. 모세는 십계명을 받기 위해 시내 산에 40일 동안 거주했고, 신약성서에서 예수는 공생애를 시작하기 전 사막에서 40일 동안 금식하며 시험을 받았다.

40일 후 엘리야가 도착한 곳은 아주 높은 호렙 산이었다. 엘리야는 40일간의 광야 생활을 통해 마침내 신을 대면할 수 있는 마음의 준비를 마친 것이다.

섬세한
침묵의 소리

엘리야는 호렙 산의 한 동굴에서 하룻밤을 지낸다. 그는 몸은 피곤하지만 영적으로 신의 목소리를 들을 준비가 되어 있었다. 마침내 신의 목소리가 들려왔다. 그렇게도 기다리던 신의 첫 말은 다소 그를 책망하는 소리였다.

"엘리야야, 너는 여기에서 무엇을 하고 있느냐?"[6]

엘리야는 자신이 그렇게도 기다리던 신이 이러한 질문을 할 것이라고는 예상하지 못했다. 그의 명령으로 지친 몸을 이끌고 40일 밤낮을 걸어 겨우 동굴에 들어왔는데, 신은 왜 이러한 질문을 하는 것일까. 분명 신은 엘리야가 왜 이 장소에 왔는지 알고 있다. 엘리야는 기다렸다는 듯이 신에게 애원한다.

"나는 이제까지 주 만군의 하나님만 열정적으로 섬겼습니다. 그러나 이스라엘 자손은 주님과 맺은 언약을 버리고, 주의 제단을 헐었으며, 주의 예언자들을 칼로 쳐서 죽였습니다. 이제 나만 홀로 남아 있는데, 그들은 내 목숨마저도 없애려고 찾고 있습니다."[7]

엘리야는 차라리 죽는 편이 낫겠다고 말한다. 신은 절망에 빠진 엘리야에게 새로운 신의 모습을 보여주어야겠다고 생각한다. 그는 엘리야에게 이렇게 말한다.

"이제 곧 나 주가 지나갈 것이니, 너는 나가서, 산 위에, 주 앞에 서 있어라."[8]

엘리야는 허겁지겁 동굴 밖으로 나가 눈앞에 펼쳐진 심산유곡을 보았다. 갑자기 이전에는 볼 수 없었던 크고 강한 폭풍우가 몰아쳐 산을 쪼개고 바위를 부수었다. 엘리야는 그 공포의 바람 가운데 신의 모습을 찾았다. 그 바람은 신이 세상을 창조할 때 흉흉한 바다를 제압해 세상을 창조한 바람만큼 강력한 바람이었다. 그러나 아무리 기다려도 그 바람 가운데에서 신을 찾을 수 없었다. 이번에는 커다란 지진이 일어났다. 호렙 산을 삼킬 만한 큰 소리가 나더니 땅이 갈라지고 산이 흔들렸다. 그러나 거기에서도 신의 흔적을 찾을 수 없었다. 지진 후에 용암과 불꽃이 튀고 산불이 났지만 그 불 가운데에도 신은 없었다.

그런데 이때, 엘리야는 세상에서 들어본 적 없는 신기한 소리를 듣게 된다. 불이 난 뒤 어디선가 "부드럽고 조용한 소리"가 들렸다. 엘리야는 가장 놀랍고 경외로 가득한 신의 모습을 발견한다. 성서는 이 소리를 "섬세한 침묵의 소리"라고 증언한다. '소리'라면 귀로 들을 수 있는 음(音)이 있어야 한다. 그러나 이 소리를 구성하는 내용이 '침묵'이다. 그 소리는 정성을 다해야 들리는 섬세한 소리다. '섬세한 침묵의 소리' 그 자체는 신이기도 하며 신을 만나는 도구이기도 하다.

엘리야는 이 목소리를 듣고 새 힘을 얻는다. 이 신비의 소리는 우리의 육체적인 두 귀가 아닌 신의 섭리를 들을 수 있는 영적인 귀가 있어야만 들을 수 있는 거룩한 소리다. 한자로 '섭리(攝理)'는 '아프거나 병에 걸린 몸을 잘 조리하다'라는 뜻 뿐만 아니라 '자연계를 지배하고 있는 원리와 법칙' 혹은 '우주 삼라만상에 숨어 있는 신의 뜻'이라는 의미다. 여기에서 '섭(攝)'자의 모양은 손과 귀 세 개로 구성되어 있다. 신의 섭리는 마음의 손을 치켜 올려 육체에 달린 두 개의 귀가 아니라 오랜 묵상을 통해 하심(下心)한 사람들에게 부여되는 세 번째 귀를 통해 들을 수 있는 영감이다.

어떻게 하면 내적인 침묵의 소리를 들을 수 있을까. 겉보기에는 침묵하는 것처럼 보이지만 머리로는 수많은 생각으로 마음이 요동친다. 침묵은 우리가 할 수 없는 것들을 생각에서 지우는 연습이다.

그 침묵의 순간이 바로 거룩한 휴식의 시간이며, 신에게 바치는 최고의 찬송이다.

호렙 산에서 모세와 이스라엘인들에게 천둥과 번개로 말하던 신은 수백 년 후 엘리야에게 섬세한 침묵의 소리로 자신을 드러낸다. 신은 큰 소리가 아니라 침묵으로 소통의 방식을 바꾼 것이다. 엘리야를 통해 신은 인간들에게 강한 인상을 남기기보다 수용되고 이해되기를 원한다. 신은 역설적이게도 인간과 소통하기 위해 섬세한 침묵의 소리를 선택한 것이다.

호렙 산의 거친 폭풍우가 바위를 부순다면, 신의 침묵의 소리는 돌과 같은 인간의 마음을 부순다. 엘리야에게는 신의 침묵이 폭풍우나 천둥보다 더 무서웠을 것이다. 이러한 침묵은 엘리야를 새로운 미래의 길로 인도한다.

당신은 지금 무엇을 하고 있습니까?

엘리야는 마침내 신의 침묵의 소리를 들을 수 있는 '귀'를 부여받았다. 자살까지 생각했던 극한의 상황에서 40일 밤낮으로 사막을 헤매며 신에게 절규한 뒤 신이 있는 거룩한 호렙 산에 올라 어머니의 자궁과 같은 동굴에서 새롭게 태어났다. 환희에 찬 엘리야는 자신의 외투 자락으로 얼굴을 감쌌다. 신의 얼굴을 대면할 수 없었다. 그는 떨리는 마음으로 일어나 동굴 어귀에 다시 섰다.

신은 좀 전에 말한 것과 같은 질문을 한다. "엘리야야, 너는 여기에서 무엇을 하고 있느냐?" 엘리야도 이전과 같은 대답을 한다. "나는 이제까지 주 만군의 하나님만 열정적으로 섬겼습니다. 그러나 이스라엘 자손은 주님과 맺은 언약을 버리고, 주의 제단을 헐었으며, 주의 예언자들을 칼로 쳐 죽였습니다. 이제, 나만 홀로 남아 있는데, 그들은 내 목숨마저도 없애려고 찾고 있습니다."[10]

똑같은 대답을 했지만 엘리야는 이제 새로운 미션을 부여받을 마음의 준비를 마쳤다. 그러자 신은 엘리야에게 세상에 내려가 신의 뜻을 펼치라고 말한다.

"너는 돌이켜, 광야 길로 해서 다마스쿠스로 가거라. 거기에 이르거든, 하사엘에게 기름을 부어서, 시리아의 왕으로 세우고, 또 님시의 아들 예후에게 기름을 부어서, 이스라엘의 왕으로 세워라. 그리고 아벨므홀라 출신인 사밧의 아들 엘리사에게 기름을 부어서, 네 뒤를 이을 예언자로 세워라."[11]

철학자 니체는 "인생을 사는 이유를 가진 자는 인생의 어떤 고통도 견딜 수 있다"고 말한다. 자신의 삶의 존재 이유를 아는 사람은 외적인 성공이나 실패를 초월한다. 인생의 고통이란 견딜 수도 있지만, 도저히 이해할 수 없고 참을 수 없는 경우도 있다. 그때 살아야만 하는 이유를 지닌 사람은 그것을 극복할 수 있다.

엘리야는 신을 위해 일생을 바쳤지만 실제로 자기 삶의 존재 이유를 듣지 못했다. 그러나 호렙 산에 올라가 자신의 삶을 변화시킬 신을 발견한다. 그것은 바로 엘리야 자신의 마음의 소리였다. 너무 섬세하고 미세해서 오랜 침묵을 수련한 사람에게만 선물로 주는 '침묵의 소리'가 신이라는 사실을 깨닫게 된 것이다.

9장

네가 무엇을 보느냐?

מֹה־אַתָּה רֹאֶה

"네가 무엇을 보느냐?"
〈아모스〉 7:8

앵무새
죽이기

"누군가를 정말로 이해하려 한다면 그 사람의 입장에서 생각해야 하는 거야. (…) 말하자면 그 사람 살갗 안으로 들어가 그 사람이 되어서 걸어다니는 거지." 이 말은 하퍼 리의 소설 『앵무새 죽이기』에서 강직한 변호사 애티커스 핀치가 자신의 딸 스카우트에게 하는 말이다. 인간은 자신의 경험으로 쌓아올린 지식, 즉 편견 안에서 판단할 수밖에 없다. 이러한 자신의 입장에서 탈출해 다른 사람의 입장에서 세상을 보려는 행위가 곧 배움이다.

『앵무새 죽이기』는 1929년에 발생한 미국의 대공황 직후 앨라배마 주 메이콤이라는 시골 동네에서 일어난 사건을 중심으로 전개되는 소설이다. 이 소설은 어린아이들의 눈을 통해 미국의 가장 첨예한 문제 중 하나인 인종과 정의에 대해 다룬다.

주인공은 여섯 살 소녀 스카우트 핀치다. 그녀는 오빠 젬과 인권 변호사 아버지와 함께 산다. 스카우트의 엄마는 세상을 떠났다. 스카우트와 젬은 매년 여름 메이콤에 있는 이모 집에 방문하는 딜이라는 소년과 친하게 지낸다.

그런데 세 아이에게는 신비한 존재가 하나 있다. 집 건너편에 사는 부 래들리라는 이웃이다. 그는 세상과 단절한 채 은둔 생활을 하는 탓에 그를 본 사람은 거의 없으며, 메이콤 주민들은 그와 말 섞기를 기피한다. 아이들은 그를 두려워하면서도 그가 누구인지 궁금해한다.

아버지 애티커스는 젊은 백인 여성을 강간하려 했다는 혐의로 기소된 흑인 톰 로빈슨의 국선 변호사로 임명된다. 인종에 대한 편견으로 오염된 메이콤 주민들은 애티커스를 혐오하게 되고, 그 도시의 아이들은 스카우트와 젬을 "깜둥이 애인"이라며 괴롭힌다. 하지만 어린 스카우트는 아버지의 용기를 존경한다.

애티커스는 톰 로빈슨의 재판이 아이들을 위험에 빠뜨릴 것이라고 판단해 아이들의 방청을 허락하지 않는다. 스카우트와 젬 그리고 딜은 아버지 몰래 재판석에 들어가 전 과정을 지켜본다. 이 재판에서 애티커스는 고소인 메이엘라와 그녀의 아버지인 술주정뱅이 밥 이웰이 거짓말을 하고 있음을 증명한다. 왜냐하면 메이엘라를 성적으로 학대한 자는 톰 로빈슨이 아니라 그의 아버지 밥이었기 때문이다. 애티커스는 톰 로빈슨이 흑인이기 때문에 그들이 기소하려 했다는 것을 배심원들에게 설득력 있게 밝힌다.

톰 로빈슨은 자신이 메이엘라를 자주 도와준 이유는 그녀가 불쌍하기 때문이었다고 말한다. 이 말을 들은 배심원들은 아연실색한다. 흑인 남성이 백인 여성을 불쌍하게 여긴다는 말을 이전까지 들어본 적이 없기 때문이다. 용서나 연민이란 백인들의 전유물이며 흑인들은 그것을 수동적으로 받아들이는 존재라고 여겨왔기 때문이다. 사실을 있는 그대로 인식하지 못하고 자신이나 사회가 만들어놓은 관습과 상식이 전부라고 생각하는 배심원들은 톰 로빈슨에게 유죄를 선고한다. 그 후 로빈슨은 감옥에서 총알을 열일곱 발이나 맞고 살해된다. 교도소 경비들은 이에 대해 톰 로빈슨이 탈출을 기도했기 때문이라고 증언한다.

인간은 옳고 그름을 사실 여부와 상관없이 자신의 편견이나 선입관을 기초로 혹은 자신의 이익을 위해 판단하는 경우가 많다. 심지어 그러한 이기심을 위해 정교한 지식으로 무장한다. 밥 이웰은 톰 로빈슨이 죽자 자신의 성공과 그의 불행에 흡족해한다. 그는 법정에서 자신에게 창피를 준 애티커스에게 복수를 결심한다. 그는 애티커스의 얼굴에 침을 뱉고, 판사 테일러 집에 무단 침입하려 했으며, 심지어는 톰 로빈슨의 미망인을 위협한다. 그는 이것으로도 성이 차지 않자 스카우트와 젬을 칼로 살해하려 한다. 아이들이 학교 할로윈 축제 행렬에서 나와 집으로 돌아가는 것을 목격한 밥은 스카우트와 젬에게 칼을 휘두르고 이 과정에서 젬의 팔이 부러진다.

그러나 다행히도 어둠 속에서 누군가 나타나 밥으로부터 그들을 구해준다. 스카우트와 젬은 갑자기 나타난 자가 부 래들리라는 사실을 알게 된다. 마을 보안관이 현장에 도착하고 밥 이웰을 발견했을 때 그는 이미 죽은 상태였다. 보안관은 젬과 부 래들리에게 책임이 있다고 생각했지만, 밥 이웰이 자신의 칼에 찔려 45분 동안 피를 흘리다 죽었다고 보고한다. 스카우트는 자신과 젬의 목숨을 구해준 부 래들리의 현관 앞에서 다음과 같이 생각한다. "아빠가 정말 옳았다. 언젠가 상대방의 입장이 되어보지 않고서는 그 사람을 정말로 이해할 수 없다고 하신 적이 있다. 부 래들리 아저씨네 집 현관에 서 있는 것만으로도 충분했다."

이 소설에서 '앵무새'는 매우 중요한 상징이다. '앵무새'는 젬과 스카우트가 공기총 사용법을 처음 배울 때 아버지 애티커스가 해준 말이다. 애티커스는 그들에게 쏘는 법을 가르치지 않고 한 가지 지켜야 할 사항을 말해준다.

"나는 너희들이 뒷마당에서 차라리 깡통을 쐈으면 좋겠어. 너희들이 새들을 쫓아 다닐 것을 알고 있지만. 너희가 명중시킬 수 있다면, 원하는 모든 파랑새들에게 총을 쏴 봐. 그러나 명심해야 할 것은 앵무새를 죽이는 일은 죄란 사실이야."

이 소설에서 앵무새는 톰 로빈슨이라는 흑인을 의미하기도 하고, 젬과 스카우트 혹은 부 래들리를 의미하기도 한다. 또 사회적으로, 정치적으로 그리고 경제적으로 중심에서 밀려난 약자를 의미하기도 한다. 한 사회가 기능하기 위해서는 이들의 노동력과 헌신이 필수적임에도 불구하고 이들은 쉽게 약탈과 폭력의 대상이 된다. 이들은 자신을 방어할 수 있는 사회적인 장치를 가지고 있지 않기 때문에 인류가 문명을 이루고 정착한 이후 항상 착취의 대상이 됐다.

정의란
무엇인가?

　　　　　　　　　　　『앵무새 죽이기』에 등장하는 앵무새와 같은 존재가 바로 히브리인이다. 이들의 이동이 이집트의 고고학적 자료나 벽화, 기록에 본격적으로 등장하는 시기는 기원전 19세기경부터다. 고대 이집트 문헌에서는 이들을 '샤수(Shasu)'라 했는데, 그 의미는 '맨발로 이동하는 자'다. 이들은 기원전 13세기 파라오 메르넵타 석비에 '이스라엘'이라는 명칭으로 등장한다. 이 석비에는 고대 이집트어로 "이스라엘은 초토화되었고 그 자손은 더 이상 없다"라는 문장이 등장한다. 샤수는 모압과 에돔 그리고 이스라엘 왕국 지역 출신 사람들을 총괄적으로 지칭하는 용어다.

　히브리인들은 이집트라는 당시 최고의 문명국에서 하층민으로 살다가 새로운 신이 등장했다는 소식을 듣는다. 새로운 신의 등장이라기보다는 새로운 개념의 신을 주장하는 사람들이 있다는 소문이라고 해야 정확할 것이다. 이들은 특히 자신들과 같이 사회의 약자를 변호하는 신을 모신다. 그 신은 다른 나라의 왕이나 귀족들을 위한 신이 아니라 히브리인들의 고통을 귀로 직접 듣고 그들의 고생을 눈으로 직접 보는 신이다. 그 신의 이름은 '야훼'며, 그는 '고아와 과부 그리고 가난한 자'를 위한 신이다. 이들에게 '야훼 신이 유일신'이라는 표현은 다른 민족이나 집단이 믿는 신을 인정하지 않고 자신들의 신만을 유일한 신으로 섬기는 배타적인 신이 아니다. '유일신관'은 사회의 약자를 위한 신만이 유일하게 신이라 불려야 마땅하다는 신앙관이다.

〈시편〉 68편에서 이스라엘의 신은 "고아의 아버지, 과부를 돕는 재판관"으로 표현된다. 특히 〈시편〉 82편에 이스라엘 신이 법정에 나와 신들을 모아놓고 재판하는 장면이 등장하는데, 다른 신들과 달리 이스라엘 신만이 "고아를 변호해주고, 가련한 사람과 궁핍한 사람"을 돌보는 신으로 등장한다. 이들을 돌아보지 않는 신들은 거짓이며, 그 신들은 인간들처럼 죽을 것이라고 경고한다.

기원전 8세기에 등장한 예언자 아모스는 그 사회의 가장 중요한 가치는 이 소외된 자들의 복지와 권리를 보장하는 것이라고 주장한다. 아모스는 북이스라엘에서는 여로보암 2세가, 남유다에서는 웃시야가 왕이던 시기에 활동했다. 당시 남유다와 북이스라엘은 전례 없는 태평성대를 누리고 있었다. 아모스와 다른 예언자들과의 차이는 그는 전문적인 직업 예언자가 아니라 가난한 농부이자 목동이었다는 사실이다.

그는 남유다의 도시 베들레헴에서 8킬로미터 떨어진 드고아 출신이다. 그는 거친 광야에서 양 떼를 몰고 다니며 남유다뿐만 아니라 북이스라엘의 초원을 수없이 돌아다니며 예루살렘이나 베델 등의 대도시에서 발생하는 '부익부 빈익빈' 현상과 같은 사회 불균형을 목격한다. 그는 양을 팔러 간 시장에서 거짓과 폭력 그리고 고착화된 계급 갈등의 실상을 보고 괴로워한다. 특히 동료 인간들이 종교와 결탁한 왕족과 귀족들에게 고통당하는 것을 보고 괴로워하며, 어떻게 하면 이들의 고통을 대변할 수 있을지 고심한다.

그는 사막 한가운데서 신의 음성을 듣는다. 신은 남유다 사람인 아모스에게 일면식도 없는 북이스라엘의 여로보암 2세와 그의 예언자들을 향해 심판과 저주의 경고를 전하라는 임무를 받는다. 국가의 물질적인 번영이 신의 축복의 상징이라고 자화자찬하는 그 자만심을 꾸짖으라는 것이다.

히브리인들이 가나안에 정착해 이스라엘 공동체를 세운 뒤 고대 이스라엘의 경제 구조는 '나할라(nahalah)'라는 특별한 체계를 통해 지탱됐다. '나할라'는 보통 '유산(遺産)'으로 번역되는 히브리 단어로 동산과 부동산을 모두 포함한다. 히브리인들의 모든 부동산은 이스라엘의 12지파들에게로 배분되고, 다시 각 지파에 속한 친족들에게 나뉘며, 그리고 친족들 밑에 아버지를 중심으로 한 가족인 '베이트'에게 할당된다. 이 할당된 부동산을 '나할라'라 한다.

'나할라'는 양도불가하다. 그래서 모든 이스라엘 사람들은 자신들의 땅을 소유지가 아닌 잠시 맡아 경작하는 곳으로 생각하고 가꾼다. 이들은 신이 나할라의 주인이라고 생각했다. 토지는 몇몇 귀족들이 아니라 모든 사람들에게 이익을 가져다주었다.

이들에게는 자신들이 사는 성문 앞에 모든 마을 주민들이 참여하는 법정이 있었다. 이 법정은 사회의 약자들을 보호하는 장치로, 주민들이 선출한 10여 명의 원로들이 그들의 고충을 직접 듣고 결정한다.

아모스는 이 나할라 제도가 기능이 상실되었다는 사실을 실감한다. 왕족, 왕족과 결탁한 귀족 그리고 이들의 편의를 위해 존재하는 사제와 거짓 예언자들이 이스라엘의 경제를 망쳐놓았다. 히브리인들은 이들의 권력과 음모로 인해 가난과 곤경에 빠졌다. 나할라의 주도권은 모든 이스라엘 사람들에게 있는 것이 아니라 몇몇 탐욕스러운 중앙 관리들에게로 넘어갔다. 사회에 만연한 불의는 이스라엘의 존재 이유, 그 기반 자체를 흔드는 정신적인 재난이었다.

상류층의
도덕적 타락

이스라엘의 정체성은 사회적 약자에 대한 배려에서 출발했다. 신앙은 약자에게 베푸는 관심과 선행으로 완성되는 것이었다. 그런데 당시 중산층, 정부, 왕, 권력 기관 그리고 종교인들은 신과의 계약을 성전을 높이 건축해 그 안에서 자기들만의 축제를 즐기며 자기들만이 구원받았다고 착각한다. 아모스는 유대의 모든 구성원들의 죄를 낱낱이 고발한다. 〈아모스〉 4장은 북이스라엘의 수도, 사마리아의 부유한 여성들에 대한 예언이다.

사마리아 언덕에 사는 너희 바산의 암소들아, 이 말을 들어라. 가난한 사람들을 억압하고, 빈궁한 사람들을 짓밟는 자들아, 저희 남편들에게 마실 술을 가져오라고 조르는 자들아, 주 하나님이 당신의 거룩하심을 두고 맹세하신다. "두고 보아라. 너희에게 때가 온다. 사람들이 너희를 갈고리로 꿰어 끌고 갈 날, 너희 남은 사람들까지도 낚시로 꿰어 잡아 갈 때가 온다. 너희는 무너진 성 틈으로 하나씩 끌려 나가서 하르몬에 내동댕이쳐질 것이다."

〈아모스〉에서는 사마리아의 부유한 여성들을 "바산의 암소"라 부른다. 바산은 실제로 요단 강 건너편 곡창 지대를 이른다. '바산의 암소'는 비하적인 용어라기보다는 결국 도살장에 끌려가 살해당하고 갈고리에 꿰어 매달릴 운명에 처한 불쌍한 이스라엘인들을 지칭한다. 이들은 가난한 자들의 고통에는 아랑곳하지 않고 자신들만의 안락한 삶을 즐기는 자들이다.

> 너희는 망한다! 시온이 안전하다고 생각하고 거기에서 사는 자들아, 사마리아의 요새만 믿고서 안심하고 사는 자들아, 이스라엘 가문이 의지하는 으뜸가는 나라, 이스라엘의 고귀한 지도자들아! (…) 너희는 망한다! 상아 침상에 누우며 안락의자에서 기지개 켜며 양 떼에서 골라 잡은 어린 양 요리를 먹고, 우리에서 송아지를 골라 잡아먹는 자들, 거문고 소리에 맞추어서 헛된 노래를 흥얼대며, 다윗이나 된 것처럼 악기들을 만들어내는 자들, 대접으로 포도주를 퍼마시며, 가장 좋은 향유를 몸에 바르면서도 요셉의 집이 망하는 것은 걱정도 하지 않는 자들, 이제는 그들이 그 맨 먼저 사로잡혀서 끌려갈 것이다. 마음껏 흥청대던 잔치는 끝장나고 말 것이다.[2]

〈아모스〉 6장은 "너희는 망한다!"라는 선언으로 시작한다. 이는 북이스라엘뿐만 아니라 남유다 수도 예루살렘에 거주하는 자들에 대한 경고다. 아모스는 자신이 구원받았다고 생각하는 집단을 '시온'과 '사마리아'라는 용어를 빌어 정죄하려 한다.

최근 고고학자들은 사마리아에서 상아로 만든 각종 장식품과 가구를 발견했다. 당시 상류층의 사치스런 도덕 불감증, 탐욕, 탐닉은 사회의 불의와 직접적으로 연결되어 있었다. 이들은 곡식을 팔 때 가짜 저울로 속이고 찌꺼기 밀까지 팔아먹으려 했으며, 속임수를 통해 부를 축적했다. 또한 인신매매도 서슴지 않고 행하며 헐값에 가난한 사람들을 사고, 신 한 켤레 값으로 빈궁한 사람들을 매매하기도 했다. 이러한 자들에게 신은 "그들이 한 일 그 어느 것도 두고 두고 잊지 않겠다"라고 경고한다.

신이 가장 비난하는 범죄는 우리가 아는 살인, 강간, 폭력 등이 아니다. 이는 분명 사회의 도덕을 현저하게 파괴하는 중대 범죄지만, 〈아모스〉는 모든 시대와 장소를 초월해 항상 사회에 만연해 있는 눈에 띄지 않는 죄를 지적한다. 이 죄들은 잘 드러나지 않으며, 권력이나 부를 가진 자들의 자발적인 노력과 행위를 통해서만 제거되는 죄들이다. 특히 부도덕한 마음과 행동은 사회 전체를 위험에 빠뜨린다.

아모스는 도덕은 제의나 종교적 의무처럼 중요한 사항으로 부각되지 않으나 도덕성이 신앙심보다 더 중요하다고 주장한다. 신에게 예배드리기 위한 전제 조건은 도덕성의 확보다. 〈아모스〉 5장 21~24절은 도덕성이 결여된 위선적인 종교인들을 비판한다.

"나는, 너희가 벌이는 절기 행사들이 싫다. 역겹다. 너희가 성회로 모여도 도무지 기쁘지 않다. 너희가 나에게 번제물이나 곡식 제물을 바친다 해도, 내가 그 제물을 받지 않겠다. 너희가 화목제로 바치는 살진 짐승도 거들떠보지 않겠다. 시끄러운 너의 노랫소리를 나의 앞에서 집어치워라! 너의 거문고 소리도 나는 듣지 않겠다."³

신은 아무리 사람들이 모여 성대한 예배들 드리고, 값진 예물을 바치고, 오케스트라를 동원한 연주와 찬양을 드려도 받지 않겠다고 선포한다. 그는 그러한 위선적인 예배가 역겹다고 신랄하게 비판한다. 사회정의를 실현하지 않는 사람들의 예배는 가짜이기 때문이다. 아모스에게 불의와 도덕 불감증은 '신성 모독'이다. 신과 이스라엘의 관계는 계약 의무를 이행할 때 유지된다. 그 의무가 바로 '사회정의'다. 사회정의를 행하지 않는 이들이 드리는 의례나 예배는 웃음거리다.

의례는 신의 존재를 자신의 공동체에 확인시키고 자신들이 잘못한 행위에 대해 용서를 비는 제도다. 그런데 이스라엘인들은 점점 자신들이 신에게 많은 제물을 바치면 신이 그 대가로 호의를 베푼다고 생각했고, 자신들이 어떻게 행동하든 형식적인 의례만 화려하게 치르면 된다고 착각했다. 성대한 의례도 신이 원하는 것이 아니라 신이 자신 편이라고 믿는 인간의 정신적인 쾌감을 위한 장치나 다름없었다.

아모스가 본
세 개의 환상

신은 아모스에게 세 개의 환상을 보여준다. 그가 목격한 장면들은 자연적인 재해다. 아모스가 본 첫 번째 환상은 신이 메뚜기 떼를 만들어 땅위의 모든 푸른 풀을 먹어버리게 하는 장면이다. 메뚜기 떼는 아프리카와 서아시아에서 수천 년 동안 농업에 가장 큰 폐해를 끼쳐왔다. 메뚜기 떼는 콜레라와 같은 병원체를 전염시키는 데 결정적이다. 메뚜기 떼 그림은 고대 이집트 벽화에도 등장하며, 성서와 『꾸란』에서도 종종 치명적인 자연재해로 언급된다.

고대 이스라엘인들은 기원전 13세기 이집트에서 탈출할 때 자신들이 경험한 여러 재해를 〈출애굽기〉에 자세히 기록해놓았다. 열 가지 재해들 중 메뚜기 떼 재해는 여덟 번째다. 그러자 아모스는 신에게 간청한다. "주 하나님, 용서하여주십시오! 야곱이 어떻게 견디어낼 수 있겠습니까? 그는 너무 어립니다." 그러자 신이 메뚜기 떼를 통한 심판을 파기시킨다.

아모스의 두 번째 환상은 가뭄에 관한 것이다. 그는 메뚜기 떼가 지나가고 난 뒤 들판과 농지가 초토화되고 설상가상으로 가뭄까지 오는 환상을 본다. 이스라엘은 심각한 가뭄으로 지하수와 농경지가 말라 농사를 지을 수 없게 됐다. 그러자 이번에도 아모스는 신에게 간청한다. "주 하나님, 그쳐주십시오! 야곱이 어떻게 견디어낼 수 있겠습니까? 그는 너무 어립니다." 그러자 이번에도 신은 자신의 뜻을 거둔다.

아모스는 세 번째 환상을 본다. 이 환상은 자연적인 재해를 다루는 첫 번째와 두 번째 환상과는 다르다. 그는 성벽 곁에 서 있는 야훼 신의 손에 다림줄이 들려 있는 것을 본다. 신이 아모스에게 말한다.

"아모스야, 네가 무엇을 보느냐?" 하고 물으시기에, 내가 대답하기를

"다림줄입니다" 하니, 주께서 선언하신다. "내가 나의 백성 이스라엘의 한가운데, 다림줄을 드리워 놓겠다. 내가 이스라엘을 다시는 용서하지 않겠다. 이삭의 산당들은 황폐해지고 이스라엘의 성소들은 파괴될 것이다. 내가 칼을 들고 일어나서 여로보암의 나라를 치겠다."⁴

다림줄은 건물을 지을 때 그 건물이 수직인지를 알아보기 위해 사용하는 건축 용구다. 건축가가 건물에 다림줄을 대면 그 건물이 수직인지 삐뚤어졌는지를 판단할 수 있다. 신은 다림줄을 들고 모든 사람들을 공평하게 심판한다. 아모스는 신이 메뚜기 떼나 가뭄으로 심판하려 했을 때는 신을 설득해 그런 일이 일어나지 않도록 했지만, 다림줄로 심판할 때는 신을 설득하지 않는다.

이스라엘 사회가 도덕적 불감증과 불의의 늪에 빠진 이유 중 첫 번째는 종교인들이 그 역할을 제대로 수행하지 않았기 때문이다. 이들은 사회의 강자 편에 서서 자신들의 세속적 이윤만을 바라는 속물이었다.

북이스라엘에서 가장 큰 성전이 있는 도시는 베델이다. 과거 신앙의 조상 야곱이 사막에서 신을 만나 '사다리 꿈'을 꾼 뒤 이곳은 '베델', 즉 '신이 계신 집'이 됐다. 베델은 원래 특정한 장소가 아니라 간절히 신을 만나고자 하는 사람에게 신이 자신을 드러내는 그 장소다.

북이스라엘 사람들은 베델에 남유다의 예루살렘과 맞먹는 웅장한 성소를 지었다. 이들은 신이 그 웅장한 성소 안에만 있다고 확신하고 이스라엘인들을 성전으로 불러 모아 헌금을 징수하기에 급급

했다. 베델의 대제사장인 아마샤는 골칫거리 아모스에 대해 여로보암 2세에게 "아모스가 이스라엘 나라 한가운데서 임금님께 대한 반란을 선동하고 있습니다. 그가 하는 모든 말을 이 나라가 더 이상 참을 수 없습니다"[5]라고 보고한 뒤 아모스를 찾아가 말한다.

"선견자야, 사라져라! 유다 땅으로 도망가서, 거기에서나 예언을 하면서, 밥을 빌어먹어라. 다시는 베델에 나타나서 예언을 하지 말아라. 이곳은 임금님의 성소요, 왕실이다."[6]

여기서 아마샤는 아모스를 '선견자'로 부른다. 이 용어는 히브리어로 '호쩨'인데, 그 기본적인 의미는 '세상을 상식의 눈으로 볼 수 있는 자'라는 뜻이다. 새로운 시대에 요구되는 예언자는 더 이상 가난한 자들에게 형이상학적이며 삶과 유리된 말을 고상하게 포장하는 자가 아니다.

아마샤는 아모스에게 "같은 업종의 사람인데 왜 그러냐? 너도 고향으로 돌아가 돈과 권력을 얻기 위해 종교인인 척해라!"라고 충고한다. 그는 베델은 왕이 계신 곳이므로 절대 권력자인 왕에게 거스르는 말을 해서는 안 된다고 경고한다. 이 구절에서 당시 북이스라엘 종교의 타락상을 볼 수 있다. 종교인은 돈을 밝히는 세속 직업이 되었고, 종교는 정치와 유착해 그 시녀 노릇을 하고 있었다. 아모스가 아마샤에게 대답한다.

"나는 예언자도 아니고, 예언자의 제자도 아니다. 나는 집짐승을 먹이며, 돌무화과를 가꾸는 사람이다. 그러나 주께서 나를 양 떼를 몰던 곳에서 붙잡아 내셔서, 주의 백성 이스라엘에게로 가서 예언하라고 명하셨다."[7]

아모스는 자신이 흔히 종교인이라고 불리는 예언자도 아니고 예언자로 훈련받기 위해 문하생 노릇을 한 적도 없다고 말한다. 요즘 말로 하면 신학교에 다닌 적이 없다는 뜻이다. 자신은 사막에서 어렵게 양과 염소를 치는 평범한 목동이자 사막에서 자라는 돌무화과 나무를 다듬는 농부인데 갑자기 신이 나타나 예언을 하라는 소리를 들었다고 말한다. 기성 종교가 타락하고 왕실에서 신학교를 세워 종교인들을 대량 생산하자 신은 자신을 대신할 예언자를 보통 사람 가운데 지목한 것이다.

아모스는 아마샤에게 비극적인 미래를 선포한다. "너희들 아내는 이 도성에서 창녀가 되고, 네 아들딸은 칼에 찔려 죽고, 네 땅은 남들이 측량하여 나누어 차지하고, 너는 사로잡혀 간 그 더러운 땅에서 죽을 것이다. 이스라엘 백성은 꼼짝없이 사로잡혀 제가 살던 땅에서 떠날 것이다."

아모스는 앞으로 다가올 민족의 대수난을 직감하고 있었다. 실제로 기원전 722년에는 북이스라엘이 앗시리아제국에 의해 멸망하고 기원전 586년에는 남유다가 바빌로니아제국에 의해 멸망한다. 이 두 제국의 정복 정책은 '정복-추방'이라는 공식으로 진행된다. 이들은 나라를 잃고 2500년 동안 다시 떠돌이 생활을 해야 하는 급박한 위기 상황이 다가오고 있음을 인식하지 못했다.

정의는 자비의
다른 이름

　　　　　　　　　　인간은 오감을 통한 감지로 자신의
인격과 성격을 형성한다. 특히 시각은 인간에게 특별하다. 인간이
영장류에서 출발해 호모 사피엔스가 될 수 있었던 이유도 여러 사
물들을 대충 보는 것이 아니라 집중해서 볼 수 있는 시각적인 능
력 때문이다. 인간은 자신의 영적인 눈과 정신적인 눈으로 보는 것
에 의해 정의된다. 신은 아모스에게 "네가 무엇을 보느냐?"라고 묻
는다. 이 질문은 아모스가 자신의 두 눈으로 보는 대상에 관한 것이
아니라 아모스의 궁극적인 관심이 무엇인지를 묻는 것이다.

　우리는 무엇을 보고, 무엇을 소중하게 여기며, 삶의 다양한 관심
사 중 무엇을 가장 우선순위에 둘까? 아모스의 눈은 다른 사람들의
눈과는 달랐다. 그는 자신이 속해 있는 공동체의 취약점을 감지하
고 가슴 아파하는 전형적인 '호모 심파티쿠스'였다.

　그리스 철학자 아리스토텔레스는 완전한 인간이 된다는 것은 자
기 자신을 위한 능력 개발 이상이라고 주장한다. 그는 『정치학』에
서 한 개인이 최선을 발휘한다는 것은 가족(오이코스)이라는 사적인
집단과 도시(폴리스)라는 공적인 집단과의 연관 속에서 완성된다고
믿었다.[8] '도시'란 도덕과 정의에 의해 연결된 공동체다. 그래서 그
는 인간을 '정치적인 동물(zoon politikon)'이라고 정의한다. 인간은
단순히 '생존'하기 위해 몰려다니는 동물 이상이다. 인간은 도시 안
에서 행복한 삶을 위해 존재한다. 행복한 삶을 위해 필요한 조건들
은 정의라는 덕(아레테)과 질서 잡힌 도시다. 정의 그 자체가 궁극

적인 목적은 아니다. 정의에 있어서 중요한 점은 '옳은 것'이 아니라 '선한 것'이다. 단순히 '옳은 것'을 기준으로 이성과 논리의 추론을 통해 주어진 사건을 판단하기는 불가능하다. 아리스토텔레스는 실용적이며 심층적인 기준으로 판단한다. 법률이 주어진 구체적인 관계 안에서 판단이 어떻게 적용되었는지를 살펴보는 것이 핵심이다.' 그는 이것을 '형평(epieikeia)'이라 한다. 법은 인간의 행복에 도달하기 위한 소중한 징검다리다.

아모스의 영적인 눈은 아리스토텔레스가 말하는 '형평'의 눈을 통해 이스라엘 공동체의 법률과 관습을 본다. 아모스는 사회의 약자를 보려는 시선을 '영적인 시선'이라 불렀다.

정의란 무엇인가? 그리고 정의를 어떻게 실현할 수 있을까? 아모스는 사회의 약자의 눈으로 세상을 보는 것이 정의라고 말한다. 히브리어와 아랍어에 등장한 '자비'라는 의미를 지닌 '레헴(rehem)'은 본래 '(어머니의) 자궁'이라는 뜻이다. 자비란 자식을 위해 때로는 희생도 마다하지 않고 아낌없는 사랑을 주는 어머니처럼 행동하는 것을 뜻한다.

이러한 행동이 종교 시설에 가서 기도와 예배를 드리는 것보다 더 중요하다고 아모스는 주장한다. 정의는 나의 입장에서 옳은 것을 행하는 것이 아니라 자신이 속한 공동체의 구성원의 입장, 더 나아가 상대방의 입장에서 세상을 보는 것이다.

우리 주변에는 아직도 하퍼 리의 소설에서 말하는 '앵무새'나, 기원전 10세기 이스라엘이 건립된 뒤 떠돌아다닐 수밖에 없었던 히브리인들과 같은 사회적 약자들이 있다. 사회의 도덕적 기초와 희망

은 자비에서 출발한다는 것을 잊어서는 안 될 것이다. 정의가 미움
과 폭력, 그리고 자기기만과 자기 확신으로 무장한다면 그 정의는
누군가에게 또 다른 불의가 될 수 있다. 정의는 바로 이들의 눈으로
세상을 보라는 촉구다.

10장

무엇이 선한 것인가?

מַה־טּוֹב

너 사람아, 무엇이 착한 일인지를 주께서 이미 말씀하셨다.
주께서 너에게 요구하시는 것이 무엇인지도 이미 말씀하셨다.
오로지 공의를 실천하며 인자를 사랑하며 겸손히
네 하나님과 함께 행하는 것이 아니냐!
〈미가서〉 6:8

종교의 본질은
무엇인가?

종교는 흔히 신념 체계라고 잘못 알려져 있다. 종교에서는 무엇을 믿느냐가 중요한 것이 아니다. 자신의 삶에서 소중한 것을 찾아가는 과정이며, 그 과정에서 습득된 행동이 자연스럽게 주변 사람들에게 드러나는 것이다. '믿는다'라는 영어 동사 'believe'의 의미는 '삶에 있어서 자신에게 소중한 것을 찾아 우선순위를 매기고, 그것을 충실하게 지키는 삶'이다.

16억 무슬림들을 하루에 다섯 번씩 메카를 향해 기도하게 하는 힘은 어디서 나오는가? 인류의 3분의 1을 차지하는 그리스도인들이 일주일에 한 번씩 정해진 날에 예배를 드리러 가는 이유는 무엇일까? 기원전 6세기 나라를 잃고 2,500년 후에 국가를 건립한 이스라엘인들의 정신은 무엇인가? 중국의 지도자들이 13억 인구를 이끌고 G1을 꿈꾸며 채택한 유교란 무엇인가?

세계 주요 종교의 핵심과 각 종교의 특징을 이해하는 일은 중요하다. 성급한 종교 비교는 종교 간의 우열을 매기고 자기 종교의 기준에서 다른 종교를 판단하는 오류를 범한다. 이제 그 '다름'을 '참아주는 행위(톨레랑스)'에서 상대방에 대한 배려와 존경으로 변화시켜야 한다.

한 종교만 옳다고 주장하는 처사는 지난 2,000년 이상 면면히 흘러와 인류 역사를 바꾼 종교에 대한 모독이다. 각 종교는 나름대로 자기만의 독특한 상징체계와 행동 양식이 있다. 이것들을 심도 있게 연구하다 보면 개별 종교에서 지향하는 '길'은 '하나'라는 것을 깨닫게 된다.

기원전 7세기, 종교의 구태의연함과 자기기만을 신랄하게 비판한 자가 있었다. 미가는 기원전 722년 앗시리아제국의 산헤립 왕이 북이스라엘의 수도 사마리아를 파괴하고 그 여세를 몰아 701년 남유다를 공격하기 시작할 때 활동한 예언자다. 구약성서 〈미가서〉는 "주께서 사마리아와 예루살렘이 어찌 될 것인지를, 모레셋 사람 미가에게 보여주시면서 하신 말씀이다"라고 시작한다. 그의 이름의 의미는 '야훼 신과 같은 자는 누구인가?'이다.

그는 예루살렘에서 남서쪽으로 32킬로미터 떨어진 모레셋이라는 시골 마을 출신이다. 그는 기원전 737~690년까지 거의 50년간 예루살렘에 거주하며 정치인과 종교인들에 대한 비판과 예언을 주저하지 않았다. 미가는 예언자로 소명을 받아 설교하면서 사마리아(북이스라엘)와 남유다가 멸망할 것이라고 예언했다.

특히 그는 남유다의 수도 예루살렘이 그 도시의 사회 약자들로부터 탈취한 불법적인 돈으로 예루살렘 성전이 화려하게 장식되고 개축되는 것을 보고 자신의 입을 통해 신의 분노를 표출한다. 예루살렘의 왕족과 귀족들 그리고 사제들은 예루살렘에서 웅장한 성가대와 상상할 수도 없는 값비싼 제물을 바치면서 신을 찬양하고 예배를 드렸다. 그러면서 평상시에는 속임수를 썼고 공적인 일에서는 뇌물과 부패로 돈을 벌었다. 이들은 어떻게 돈을 벌든 신에게 정성껏 제사만 잘 지내면 된다고 생각했다.

미가는 신이 원하는 것이 예배나 제사 혹은 기도가 아니라고 말한다. 종교는 무엇인가? 흔히 종교라 하면 창시자가 있고, 그 창시자가 선포한 내용을 정리한 '경전'이 존재하며, 경전의 내용을 정리한 핵심적인 사항을 '교리'라는 이름으로 고백한다. 그리고 특정한 날을 정해 정기적으로 경전의 내용을 알리고 신을 찬양하며, 그 종교가 신봉하는 신을 경배하는 정교한 의례를 행한다. 이러한 것들은 사실 부수적이다. 예배, 헌신, 경전, 교리가 신을 대신할 수는 없기 때문이다.

예배는 히브리어로 '아보다(avodah)'이다. 이 단어는 '노동/직업'이라는 의미를 동시에 지닌다. 우리에게는 전혀 다른 두 개념, 즉 '신을 경배하고 예배하는 것'과 '직업으로 노동하거나 일상생활을 하는 것'이 고대 히브리인들에게는 서로 분리할 수 없는 하나의 개념이었다. 예배와 노동이 분리된다면 그것은 신이 바라는 예배도 아니고 노동도 아닌 것이다.

'예배'는 영어 성경에서 '서비스(service)'라고 번역되어 있다. 이 단어는 성서를 영어로 번역하는 과정에서 새로 만들어진 단어다. 50여 명의 성직자와 학자로 구성된 번역 위원은 영국 국왕 제임스

1세의 명령으로 성서를 영어로 직접 번역하여 1611년에 '흠정역(The King James Version)'을 만들었다. 그들은 '아보다'라는 히브리 단어의 다중적인 의미를 감안해 이전에는 존재하지 않았던 새로운 단어를 만든 것이다.

신이 인간에게 원하는 것

인간은 언어로 표현할 수 없는 신을 묘사하기 위해 필연적으로 상징, 은유, 기호를 사용한다. 그러나 세월이 지나면서 이러한 상징들이 신을 대치하게 되어 정작 신이 원하는 것을 잊어버린다. 인간들은 자신들이 경험한 신을 역사적이면서도 구체적으로 묘사하기 마련이며, 자신과 다르게 신을 묘사하는 사람들을 판단할 기준을 만들어 이를 '이단'이라고 폄하한다.

한 알의 씨앗이 땅에 떨어져 움을 틔워 싹을 내고 커다란 나무로 자라는데, 인간은 그것을 객관적이며 과학적으로 설명할 수 없다. 인간이 할 수 있는 일은 우리의 경험적 지식의 한계 안에서 그 과정을 설명할 뿐이다. 우리는 어떻게 그 조그만 씨가 커다란 나무가 되는지, 풍성한 가지를 내어 새들이 둥지를 트는지 상상할 뿐이다. 성인은 그 신비를 자신들의 구체적인 역사적 상황에 비추어 설득력 있게 설명하는 자들이다. 이들은 깊은 자기성찰을 통해 그것을 깨닫고, 핍박과 죽음을 무릅쓰고 그 깨달음을 거침없이 선포한다.

이러한 신은 누구나 만나고 싶고 닮고 싶은 삶의 모델이다. 경전에서 신은 어머니 혹은 아버지라는 상징으로 설명된다. 우리는 각자 자신의 어머니가 세상에 한 분밖에 존재하지 않는다고 생각한다. 그러나 내 어머니의 소중함과 유일성은 다른 어머니의 소중함과 유일성을 이해하기 위한 도구일 뿐이다. 내 어머니의 유일성은 내가 만나보지 못한 에스키모인의 어머니나 아프리카 원주민의 어머니의 유일성을 이해하기 위한 렌즈다.

20세기 초에 등장한 종교 근본주의는 자신의 종교만이 구원의 유일한 길이라고 주장한다. 이 근본주의 종교는 마치 자기 어머니만 진짜이며 다른 사람의 어머니는 가짜라고 주장하는 것과 같다. 본 적도 없고 알지도 못하지만 내 어머니가 내게 위대한 것처럼, 다른 사람의 어머니도 그에게는 위대하다고 짐작하고 그들을 존경해야 한다.

미가는 당시 예루살렘에서 신을 경배하는 이스라엘인들을 근본주의적 종교인이라고 생각했다. 그들은 자신들의 신이 자신들이 지은 곳에만 계시며, 자신들이 정한 시간에 예배를 드리면 기뻐할 것이라고 착각했다. 그들은 신을 자신이 원하는 우상으로 만들어 정해진 시간과 장소 안에 감금한 채 자신의 편의대로 섬겼다. 그러면서 송아지를 번제로 바치고 값비싼 올리브기름을 바치면 신이 나의 기도를 들어주신다고 착각했다. 〈미가서〉 6장에는 신이 인간에게 원하는 것이 무엇인지에 대한 내용이 잘 나타나 있다.

수천 마리의 양이나, 수만의 강 줄기를 채울 올리브 기름을 드리면, 주께서 기뻐하시겠습니까? 내 허물을 벗겨주시기를 빌면서, 내 맏아들이라도 주님께 바쳐야 합니까? 내가 지은 죄를 용서하여 주시기를 빌면서, 이 몸의 열매를 주님께 바쳐야 합니까?

너 사람아, 무엇이 착한 일인지를 주께서 이미 말씀하셨다. 주께서 너에게 요구하시는 것이 무엇인지도 이미 말씀하셨다. 오로지 공의를 실천하며 인자를 사랑하며 겸손히 네 하나님과 함께 행하는 것이 아니냐!'

여기서 '사람'에 해당하는 히브리어는 '아담'이다. 최초의 사람을 뜻하는 '아담'이라는 단어는 원래 '흙'이라는 의미이다. 우리는 원래 흙이었다가 잠시 생명을 부여받아 순간의 삶을 살고, 다시 흙으로 돌아가는 존재인 것이다. 이렇듯 아담'이라는 명칭에는 삶의 덧없음에 대한 아쉬움이 스며 있다.

기원전 6세기 소아시아 에베소 출신의 헤라클레이토스는 '만물은 변한다(panta rhei)'라고 주장한 바 있다. 세상의 모든 것이 탄생과 소멸을 반복하듯이 인간 역시 그 과정의 일부다. 인간은 그 과정을 인식하는 유일한 동물로서 잡을 수 없는 세월을 의미 있고 아름답게 보낼 수 있는 방법을 고민해왔다. 그리고 결국 인간은 죽는다는 사실을 아는 유일한 동물임에도 마치 영원히 살 것처럼 무언가에 목숨을 걸기도 한다.

그 첫째는 직업이다. 인간은 직업을 통해 자신의 존재를 확인하려 한다. 일을 통해 돈을 벌고 가족의 생존을 보장하지만 정작 정년이 되어 하던 일을 그만두면 자아 상실감에 빠져든다. 그래서 우리는 지속적으로 할 수 있는 일, 직업 이상으로 일생을 통해 반드시 이루어야 할 삶의 목표를 만들려고 한다.

둘째는 명성이다. 우리는 다른 사람들이 평가하는 내가 곧 나 자신이라고 착각한다. 또한 과거에 했던 일들을 자랑하며 그 추억으로 살아간다.

셋째는 부(富)다. 사람들은 부가 그 사람의 인격과 능력의 척도라고 여긴다. 특히 일부 사람들은 운 좋게 부유한 가정에서 태어나 최고의 교육을 받고 물질적 풍요를 마음껏 누린다. 이러한 행운에는 자신보다 못한 환경에서 태어난 사람들을 위해 봉사해야 하는 책임이 따르지만 우리 주변에는 이를 인지하지 못하고 사는 사람들이 많다.

미가는 "신이 원하는 것은 선(善)이다"라고 말한다. 직업과 명성, 돈보다 더욱 중요한 것은 바로 '선'이다. '선'에 해당하는 히브리어는 토브(tob)이다. 토브의 본질적인 의미는 인간의 오감으로 경험할 수 있는 '최선'이다. 토브는 맛과 향기가 '달콤하며' 보거나 듣기에 '즐거운' 것이다. 이때 토브는 전적으로 주체가 아닌 객체의 느낌이다. 그러므로 선이란 내가 생각하기에 좋은 것이 아니라 상대방이 느끼기에 좋은 것이다. 그 기준이 절대적으로 상대방에게 달려 있다는 뜻이다.

신은 가장 매력적인 향기를 내뿜을 수 있는 세 가지 비밀을 알려주었다. "공의를 실천하며, 인자를 사랑하며, 겸손히 네 하나님과 함께 행하는 것"이 바로 이 세 가지가 선이라고 성서는 말한다.

정의란 사람을
차별 없이 대하는 것

고대 그리스 철학자 플라톤은 자신의 저서 『국가』에서 정의란 서로 갈등하는 인간들이나 도시 간의 조화로운 관계라고 말한다. 정의로운 사람은 자신이 마땅히 있어야 할 곳에서 최선을 다하고 자신에게 요구된 일을 정확히 완성하는 자다.

미국 철학자 존 롤스는 진리가 사유 체계의 첫 번째 덕목인 것처럼 정의는 공동체의 가장 중요한 덕목이라고 주장한다. 정의는 자비나 관용보다 근본적인 개념으로 종교에서는 신의 섭리나 심판 사상과 관련이 있다. 정의를 공정성과 연관시키는 시도는 역사적으로 드물 뿐만 아니라 현대 서구 사회의 창작물이다. 존 롤스는 로크의 '사회계약론' 이후 정의가 공정성의 한 형태인 배분의 개념이 되어 그 본질을 흐렸다고 주장한다. 그는 정의란 인간을 위한 최선이라고 말한다.

미가는 선을 위한 첫 원칙으로 "정의를 실천하라"고 주문한다. 히브리어로는 "아쇼트 미쉬파트(ashot mishpat)"인데 이를 직역하면 '정의 실천하기'이다. 정의라고 번역된 '미쉬파트'의 가장 기본적인 뜻은 "사람을 차별 없이 대하는 것"이다. 미쉬파트의 어원적인 의미는 '공평하게 판단하다/재판하다'이다.

고대 이스라엘 법에서 미쉬파트는 그 사람의 국적, 성별, 사회적 지위, 인종과 상관없이 그 해당 사건만을 기초로 판단하는 원칙을 지칭한다. 소극적 의미의 미쉬파트는 '무전유죄 유전무죄'가 아니라 잘못한 행위에 대해 그에 해당하는 동일한 처벌을 받는 것이다.

미쉬파트는 잘못에 대한 벌을 넘어 사람들 각자에게 걸맞은 권리를 보장한다. 미쉬파트에는 '공평하게 판단하다' 이외에 적극적이며 사회정의적인 의미도 포함된다.

성서에서 미쉬파트가 나오는 모든 예에는 특정한 부류의 사람들이 그 대상으로 등장한다. 성서는 미쉬파트가 '과부와 고아, 이민자 그리고 가난한 자'에 대한 지속적인 돌봄과 그들의 바람을 사회에 펼칠 수 있도록 배려하는 것임을 지속적으로 이야기한다.

근대 이전 농업 사회부터 오늘날에 이르기까지 이 네 부류의 사회 집단은 사회 소외 계층으로 가뭄과 전쟁 그리고 사회가 불안할 때 가장 먼저 영향을 받는다. 오늘날 외국인 노동자, 노숙자, 한 부모 가정, 노인 계층이 포함된 기초생활자, 차상위 계층 등이 바로 이 미쉬파트의 대상이라 할 수 있다. 그 사회의 성숙도와 정의 실현 정도는 순전히 그 사회가 이 계층을 어떻게 대하느냐에 달려 있다.

이 계층에 대한 소홀이나 무관심은 단순히 자비의 부족이 아니라 신의 제1명령인 미쉬파트를 범하는 죄악이다. 신은 경제적으로나 사회적으로 가장 취약한 계층을 사랑하고 돌보며, 우리 모두에게 그것을 요구한다. 고대 이스라엘의 시인은 자신들의 신을 "고아의 아버지시며 과부의 재판장이다"라고 소개한다. 이러한 정의는 당시 고대 사회에서 파격적이고 혁명적인 개념이었다. 고대 사회에서 신은 그 사회의 엘리트들, 즉 왕과 귀족, 사제들의 이익을 대변하는 존재였기 때문이다. 그래서 고대 사회에서 이 지도자들을 부정하는 것은 곧 신을 부정하는 셈이었다.

그러나 고대 이스라엘의 신은 정반대로 그 사회의 잘나가고 힘

있는 남성 편이 아니라 "고아, 과부 그리고 이방인"의 신으로 소개한다. 역사는 신이 이 소외 계층이 점점 힘을 얻도록 돕는 과정이다. 이러한 점에서 고대 이스라엘의 신은 당시 이집트와 메소포타미아의 신들과는 달랐다. 신은 다음과 같이 말한다.

악한 자의 집에는, 속여서 모은 보물이 있다. 가짜 되를 쓴 그들을, 내가 어떻게 용서할 수 있겠느냐? 틀리는 저울과 추로 속인 사람들을, 내가 어떻게 용서할 수 있겠느냐? 도성에 사는 부자들은 폭력배들이다. 백성들은 거짓말쟁이들이다. 그들의 혀는 속이는 말만 한다.[2]

신은 고대 이스라엘인들이 예루살렘 성전에 올라가 성대한 예배를 드리면서 자신들이 진정한 신앙인이라고 주장하는 뻔뻔함에 호통을 친다. 신이 인간에게 원한 첫 번째 명령, 신이 인간에게 요구한 첫 번째 선은 사회의 취약 계층을 차별하지 않을 뿐만 아니라, 그들의 고충을 들어주고 해결해주는 것이기 때문이다.

자기희생적 사랑, 헤세드가 필요한 이유

신이 우리에게 요구하는 두 번째 덕목은 "인애를 간구하라"다. 이 구절에 대한 히브리어 원문 "아하보트 헤세드(ahabot hesed)"를 보면 그 의미를 좀 더 깊이 이해할 수 있다. 먼저 '희구하라'의 뜻인 '아하보트'는 보편적으로 '사랑하다'

로 해석한다. 이 단어는 특히 '인간들 간의 사랑', 즉 부부, 자녀, 친구들 간의 사랑과 우정 혹은 신에 대한 인간의 정성을 의미한다. 이는 인간적인 감정이 내포된 상대방에 대한 관심으로 '간구(懇求)'라고 번역할 수 있다.

그런 간구의 대상이 '헤세드(hesed)'다. 헤세드는 보편적으로 '인애(仁愛)'라고 해석하고 영어로는 '스테드패스트 러브(steadfast love, 변치 않는 사랑)', '카인드니스(kindness, 친절)'로 번역하고 그리스어로는 '아가페(agape)'라고 하는데, 그 의미를 현대어로 표현하기는 힘들다. 이는 아랫사람이 윗사람에게 하는 충성이나 사랑이 아니라 윗사람이 아랫사람에게 일방적으로 베푸는 사랑으로, 한자로 표현하면 '총애(寵愛)' 정도가 될 것이다.

아이에 대한 어머니의 무조건적인 사랑 역시 헤세드다. 성서는 우리에게 헤세드를 마음속에 간직하고 행동으로 옮기려고 노력하라고 주문한다. 우리는 어머니의 뱃속에서 나올 때부터 수년간에 걸쳐 헤세드를 간접 경험한다.

모든 인간의 생존은 바로 어머니의 헤세드를 통해 가능하며, 어린아이는 어머니를 통해 헤세드가 인간을 단순한 동물이 아닌 신적인 존재로 도약하게 하는 이타적 유전자라는 사실을 서서히 배운다. 동서고금의 성인과 철학자 그리고 혁신가들은 인간이 이기적인 유전자를 가지고 있음에도 불구하고 이타적인 유전자를 설파하고 그것을 인류에 감동적으로 전달하고 행동으로 옮긴 자들이다.

헤세드는 관심의 단계를 넘어선다. 그것에는 베푸는 주체와 받는 주체가 일치해 상대방의 희로애락을 함께 느끼고 해결하려는 노력이 동반된다. 또한 그 노력이 강압적이지 않고 자신의 몸에서 자연스럽게 배어나와 주체와 객체의 구분이 사라진다. 아파하는 갓난아기의 고통을 어머니도 느끼듯이 인간은 헤세드를 통해 나와 다른 사람들의 일상을 나의 삶으로 인식한다. 따라서 신은 우리에게 자기희생적 사랑을 목표로 삼고 행동으로 옮기기를 경주해야 한다고 주문한다.

"너의 신과 함께 겸손히 생활하라!"

신이 요구하는 세 번째 명령은 "너의 신과 함께 겸손히 생활하라!"이다. '겸손'은 자신을 낮출 줄 아는 것과 동시에 자신 안에 숨어 있는 위대함을 발견하는 시발점이다. 일찍이 노자는 『도덕경』 제66장에서 다음과 같이 말한다.

강과 바다가 온갖 계곡 물의 왕이 될 수 있는 까닭은
잘 낮추기 때문이다.
그러므로 온갖 계곡 물의 왕이 될 수 있다.
이러하기 때문에
백성들 위에 서고 싶으면
반드시 자신을 낮추는 말을 써야 하고,
백성들 앞에 서고 싶으면
반드시 자신을 뒤로 해야 한다.

이로써 성인은 위에 있어도

백성들이 부담스러워 하지 않고,

앞에 있어도

백성들이 거추장스럽게 생각하지 않는다.

그래서 온 천하가 즐겁게 밀어주고 싫증을 내지 않는다.

이렇게 하여 그는 다투지 않는다.

그러므로 온 천하가 그와 다툴 수 없다.[3]

노자는 성인이 되기 위한 가장 중요한 원칙으로 겸손을 언급한다. 철학자 임마누엘 칸트도 겸손을 "자기 자신을 의존적이며 오염되었다고 여기지만 능력이 있고 가치가 있는 이성적인 인간으로 생각하는 삶에 대한 태도"라고 정의한다. 칸트에게 겸손은 인간의 가장 중요한 덕인 셈이다.

대부분의 현대인들은 겸손함을 잃어버리고 직업, 명성, 그리고 재산이 자기 자신이라고 착각하며 살아간다. 그러다 늘그막에 이것들을 상실하고 나면 허무에 휩싸여 생을 마감한다. 혹은 타인이 강요한 신을 숭배하고, 그 신에 대한 여러 의견 중 하나를 '교리'라는 이름으로 신봉하며, 주말마다 드리는 예배만이 자신을 구원해줄 유일한 수단이라고 생각한다.

종교와 이데올로기가 우리 삶을 오히려 점점 더 피폐하게 만드는 이유는 저마다 편리한 신을 자신이 정한 규칙대로 신봉하려 하기 때문이다. 신은 예언자 미가를 통해 신이 원하는 것은 그런 '종교 행위'가 아니라고 단호하게 말한다.

신이 원하는 이상적인 삶은 바로 '선함'이다. 그 선함은 우리 사회의 약자들에 대한 관심과 역지사지하려는 마음가짐, 그리고 그것을 실천하는 것이다. 그들의 희로애락을 자기 자신의 일로 온전히 느끼고 행동하는 것이야말로 지금 우리 사회에 가장 필요한 것이 아닐까.

11장

누가 우리를 대신하여 갈 것인가?

מִי יֵלֶךְ־לָנוּ

"내가 누구를 보낼까? 누가 우리를 대신하여 갈 것인가?"
내가 아뢰었다. "제가 여기에 있습니다. 저를 보내어주십시오."
〈이사야서〉 6:8

위대한 예언자, 이사야

기원전 8세기 유대에서 활동한 예언자 이사야는 자기만족이라는 잠에 빠져 있는 남유다 왕국을 도덕으로 재무장시키고자 일생을 헌신한 인물이다.

이사야는 남유다 정치의 중심에 있었다. 그는 기원전 8세기부터 웃시야 왕, 요담 왕, 아하스 왕 그리고 히즈키아 왕 아래 활동했다. 특히 요담 왕과 아하스 왕 시절에는 유대 궁중의 최고 고문으로 활동했다. 구약성서 〈이사야서〉는 총 66장으로 구성되어 있는데, 그중 1~39장은 기원전 8세기에 살았던 이사야의 기록으로 주로 앗시리아제국의 위협을 다루고 있으며, 40장 이후는 유대 역사에서 훨씬 뒤에 등장하는 바빌론 포로기를 다루고 있다. 학자들은 〈이사야서〉 1~39장을 '제1이사야'라고 명한다.

이사야는 위험한 국제 정세 속에서 유다 왕국의 생존을 지켜내리라 믿었던 지도자 웃시야 왕이 죽자 실의에 빠진다. 웃시야 왕은 남

유다 왕국의 가장 성공한 왕 중 한 명이다. 그는 '야훼가 힘이다'라
는 자신의 이름에 담긴 의미를 유감없이 발휘했다. 웃시야는 16세
의 나이에 유다의 열한 번째 왕이 되어 52년 동안이나 치리했다. 그
는 유다 왕국의 국경을 굳건하게 지켰고, 유다는 전례 없는 태평성
대를 구가했다. 그는 뛰어난 전략가인 동시에 무기를 고안해 생산
하는 발명가적 기질도 있었다.

그러나 이 위대한 왕의 마지막은 비극적이었다. 그는 예루살렘
성 안에 안치된 왕들의 분묘에 묻히지 못하고 쓸쓸히 성 밖 들판에
묻혔다. 웃시야의 위대한 업적을 고려한다면 이는 충격적인 사실이
다. 그의 묘비에는 다음과 같이 새겨져 있다. "그는 나병 환자였다."

이스라엘의 역사 기록이 담긴 〈역대지〉에는 웃시야가 마음이 교
만해져 자신이 사제 역할을 하며 향단에 스스로 분향을 하려 했다
고 기록되어 있다. 당시 사제 80명이 웃시야 왕의 진입을 막으려 했
지만 그는 막무가내로 성소로 들어가 분향을 하려다가 주위에 서
있는 사제들에게 화를 냈다. 웃시야에게는 왕이라는 역할이 있고,
제사장에게는 다른 역할이 있다. 인간은 자신의 역할에 최선의 노
력을 경주할 때 위대한 삶을 살 수 있다. 그런데 웃시야 왕은 왕이
라는 이름으로 권력을 남용한 것이다.

성서는 웃시야 왕이 권력자에게 요구되는 최선이 '겸양'이라는
사실을 망각하자 신의 저주의 상징인 나병에 걸렸다고 기록한다.
겸양이란 자신이 해야 할 일을 알고 그 일에 매진하는 헌신이다. 제
사는 자신의 욕심을 신에게 바치는 의식이다. 웃시야는 제사를 통
해 자신을 과시하려다 변을 당한 것이다. 웃시야는 죽는 날까지 나

병을 앓았고, 예루살렘에서 쫓겨나 별궁에서 홀로 살다가 쓸쓸히 죽음을 맞이한다. 이 시기가 고대 오리엔트에서 중요하게 여겨지는 이유는 이때 앗시리아제국이 새로운 강자로 등장하기 때문이다. 앗시리아 왕 디글랏 빌레셀(재위 기원전 745~727)은 팔레스타인 정복의 야욕을 불태우기 시작한다.

신과 인간이
하나가 되는 장소

이사야는 궁중의 최고 고문으로서 유다의 태평성대 시기가 사라지자 권력의 본질에 대해 깊이 생각한다. 이사야는 신을 대면하기 위해 지성소로 들어가기로 마음먹는다. 지성소는 예루살렘 성전 안에 위치한 특별한 장소로 모세가 시내 산에서 받은 십계명을 보관했다는 궤(櫃)가 위치한 장소다.

'지성소'라 불리는 이 장소는 대제사장이 이스라엘 종교 축제일인 대속죄일에만 들어갈 수 있는 장소다. 대제사장은 1년에 한 번 대속죄일에 들어가 가운데 있는 보좌에 희생의 피와 향을 피운다. 지성소는 예루살렘 성전 왼쪽 끝에 위치한 가로, 세로 4.5미터의 정사각형 공간으로 빛이 하나도 없는 곳이다. 지성소의 원래 명칭은 '코데쉬 핫-코다쉼(qodesh haq-qodeshim)'으로 영어로 직역하면 'holy of holies'다. 이 구문은 히브리어 관용구로 최상급을 표현할 때 사용하며 '가장 거룩한 장소'라는 의미다. 일생 동안 간절히 신을 믿었다 할지라도 이곳에 들어갈 수 없다. 이 공간은 신이 인간

가운데 존재한다는 특별한 표식이다. 이곳과 필적할 만한 장소는 16억 인구 무슬림들의 순례 종착지인 메카에 있는 검은 돌 '카바'다.

이사야는 신과 인간이 만나 하나가 되는 장소, '신적인 합일(unio mystica)'이 가능한 유일한 공간인 지성소에 들어선다. 지성소에는 제사장이 희생 의례를 행하는 성소와 구분하기 위해 두꺼운 장막이 드리워져 있다. 이사야가 지성소 안으로 들어가자마자 그는 밖에서는 볼 수 없었던 새롭고 충격적인 광경을 목격한다. 그는 신이 높게 들린 보좌에 앉아 있고 그 신의 옷자락이 성전에 가득 찬 것을 본다. 이전까지 볼 수 없었던 비밀스러운 세계가 열리자 그는 자신의 삶의 터전인 일상적인 공간에서 인간의 오감을 넘어서는 신비함을 보게 된 것이다.

고대 이스라엘에서 신은 인간의 눈으로 볼 수 없는 존재로 묘사된다. 하지만 이사야는 새로운 제3의 눈으로 우주를 주관하는 주인이 천상의 의자에 앉아 있는 것을 목격한다. 이것은 신을 찾으려는 몇몇 사람들에게만 주어지는 특별한 선물로 일상의 숭고한 경험이다.

'제3의 눈' 혹은 '마음의 눈'은 일반인들이 지나치거나 간과해 버리는 우주와 인생의 중요한 상징을 읽어내는 능력이다. 이것을 12세기 스페인에 등장한 유대교 신비주의 카발라에서는 '호크마(지혜)'라 하며, 인도 힌두교 전통에서는 '아즈나(ajna)' 혹은 '차크라(chakra)'라 한다. 그리고 생리학자들은 이것을 '송과체(pineal gland)'라 한다.

송과체는 두뇌 한복판에 있는 기관으로 솔방울처럼 생겼다고 해서 붙여진 이름이다. 송과체에 빛을 비추면 실제로 빛을 감지할 수 있고, 이 부분을 활성화하면 모든 감정과 관념에서 벗어나 무지 상태에 이를 수 있다고 한다. 인도에서는 제3의 눈을 가진 사람을 '르시(rsi)', 즉 '시인(視人)'이라 한다. 그리스도교 전통에서 제3의 눈은 세상을 구분하는 이원론적인 세계를 넘어서는 신비의 눈으로, 삼라만상의 핵심을 간파할 수 있는 영적인 눈이다.

이사야가 보니 '(우주의) 주인'이 왕좌에 앉아 있고, 그 왕좌는 지상으로부터 높이 들려 있으며 성전은 그의 옷으로 덮여 있다. 그가 마음의 눈으로 본 자는 신이 아니라 우주의 주인이었다. 이는 히브리어로 '아돈(adon)'이라 하며, '아돈'은 이스라엘에서는 노예와 대비되는 '집주인' 혹은 신하로 대비되는 '통치자'를 의미한다. 그는 우주와 역사를 지배하는 삼라만상에 숨겨진 존재를 찾은 것이다.

웃시야 왕이 이스라엘의 주인이자 통치자라고 생각했던 이사야는 지상의 통치자는 잠시 왕으로 위임받은 것일 뿐 진정한 주인이 아니었음을 인식한다. 그는 진정한 주인은 모든 동식물의 희로애락을 가능하게 하는 삶의 원동력이자 우주를 움직이게 하는 존재임을 확인한다.

이사야는 조그만 씨앗을 커다란 나무로 자라게 하는 생명의 약동과 암수 동물의 씨로 모든 생명을 배태시키는 생명의 신비를 조절하는 주인을 본 것이다. 이 주인은 지상의 공간에 있지만 동시에 하늘 높이 천상에 거주하는 존재다.

고대 사회에서 '옷'은 그것을 착복하는 존재를 상징하는 물건이며, 왕은 그가 착용하는 왕관과 왕복으로 표시된다. 신의 표식인 그의 옷이 예루살렘 성전에 가득 차 있고, 보좌 위에는 여섯 개의 날개가 달린 '스랍(seraphim)'이라는 존재가 있다. 이들은 두 날개로는 자기 신의 얼굴을 가려 신을 직접 볼 수 없게 하고, 다른 두 날개로는 자신의 발, 즉 성기를 가려 신에게 최고의 존경을 표시하며, 나머지 두 날개는 자유롭게 두어 신의 명령을 신속하게 처리한다.

스랍은 후대에 천사로 발전하는 천상의 존재이자 신의 시중을 드는 존재다. 스랍은 이집트 피라미드를 지키는 스핑크스나 불교 사원의 입구를 치키는 사대천왕처럼 영적으로 정결하지 않은 사람들의 진입을 막기도 하고, 신의 명령을 수행하기도 한다. 괴물을 의미하는 영어 단어 '몬스터(monster)'도 이러한 존재들이다. 거룩한 공간과 일상 공간의 중간에서 '그 경계를 표시하는 자'라는 의미다.

그들은 신을 "거룩하다, 거룩하다, 거룩하다!"라고 부른다. 다른 언어의 용법과 마찬가지로 동일한 단어를 세 번 반복하는 것은 최상급을 표시한다. 한마디로 신은 '가장 거룩한 분'이라는 의미다. '거룩'이라는 히브리어는 '코데쉬(qodesh)'인데, 그 본래 의미는 '(일상으로부터) 구분된/분리된/다른'이라는 뜻이다.

독일 종교학자 루돌프 오토(Rudolf Otto)는 '거룩'의 개념을 "비이성적이며 비감각적인 경험이나 자신을 넘어선 중요하면서도 갑작스러운 대상에 대한 감정"이라고 정의하며 이를 '절대타자(絕代他者)'라 했다. 절대타자는 내게 익숙한 '에고'에서 벗어나 무아 상태로 진입할 때 비로소 드러나는 '다름'이다. 이사야는 그 '다름'은 천체를 창조한 분이라고 선포한다.

이사야의 외침,
"오! 나는 망했다"

　　　　　　　　　모든 인간은 자신의 의지와는 상관없이 부모의 몸을 통해 세상에 온다. 부모도 자식이 그렇게 생명으로 태어날 것을 어렴풋이 알고는 있었지만, 육체뿐만 아니라 지성과 영성을 지닌 존재가 되는 과정을 말로 설명할 수는 없다. 이것은 그저 신비일 뿐이다. 뿐만 아니라 밤하늘을 수놓는 수많은 별들도 왜 그 자리에서 반짝이는지 아무도 알지 못한다. 이사야는 이제 삼라만상은 신의 신비가 숨어 있는 거룩한 존재라는 사실을 깨닫고, 사방이 온통 신의 영광이 가득 찼다는 사실을 확인한다.

　　제3의 눈으로 우주의 신비를 목격한 이사야의 세계관은 무참히 무너졌다. 이사야는 "오! 나는 망했다. 나는 무슨 말을 해야 할지 모르겠다!"라고 외친다. 이사야는 이제 자신이 알고 있는 세계와는 다른, 그 가시적인 세계를 조절하고 지배하는 신비한 세계를 목격한 뒤 자신은 망했다고 외친다.

　　이는 자신의 인식의 한계를 인정하는 서양 철학의 시조인 소크라테스의 가르침과 유사하다. 그는 자신이 지혜로운 이유는 자기가 아무것도 모른다는 사실을 알기 때문이라고 주장한다. 그는 자신의 지식을 자랑하는 당시 지식인들에게, 자신이 아무것도 모른다는 사실을 아는 사람이 무엇인가를 안다고 말하는 사람들보다 더 똑똑할 가능성이 높다고 주장한다. 철학은 내가 아는 것이 하나도 없다는 논리적 난점인 '아포리아(aporia)'를 경험하는 순간 시작된다.

　　자신이 가지고 있던 이전까지의 세계관이 무참하게 무너지는 그 시점이 바로 거룩이다. 이러한 자기발견과 자신을 완전히 변화시키려는 의지를 '회개'라 한다. 회개는 자신의 잘못을 고해성사하는 것이 아니라 경외로 가득한 신비한 세계를 경험하고, 자신의 세계관을 완전히 부순 뒤 미지의 세계로 설레는 여행을 감행하는 것이다.

회개는 그리스어로 '메타노이아(metanoia)'라 하는데, 그 의미 또한 '오래된 자아를 새로운 자아로, 나를 넘어서는 자아로 대치하는 행위'다. '회개하다'의 히브리어는 '슈브(shub)'이며 예수가 사용하던 언어인 아람어로는 '타브(tab)'다. 이 동사의 의미는 '신이 인간에게 심어놓은 신의 형상, 신의 DNA를 회복하는 것'이라는 뜻이다.

이사야는 자신이 신을 대신해(pro) 사람들에게 신의 뜻을 말하는 사람(phet)임에도 불구하고, 신을 경험하면서, 자신이 신의 거룩한 말을 담을 수 없는 '입술'을 지녔다는 사실을 깨닫는다. 그는 이전까지는 신을 빙자해 유대인들에게 신의 말씀을 전달했지만 이제 생각해보니 모두 부질없는 거짓이었다는 것을 깨닫고 절실하게 회개한다. 또한 제3의 눈으로 신을 목도하니, 자신은 이제 죽을지도 모른다고 느낀다. 이렇게 터부를 경험한 인간에게 요구되는 의례는 바로 '정화'다.

바로 그 순간, 스랍 중의 하나가 제단에서 활활 타고 있는 숯을 가지고 날아와, 이사야의 입에 갖다 댔다. '활활 타고 있는 숯'을 입에 댔다면 아마 이사야의 입술은 다 타버렸을 것이다. 이 구절에서 숯은 신에게 바쳐진 거룩한 물건이 이사야의 입술에 닿으면서 이사야의 입술로 상징되는 모든 것이 정화되었다는 의미이다. 사람의 마음에 있는 생각이 입술을 통해 전달되기 때문에 입술이 정화되면 마음도 정화된다. 스랍은 "이것이 너의 입술에 닿았으니 너의 악은 사라지고 너의 죄는 사해졌다"[2]라고 말한다.

거룩함이라는 위대한 씨앗

신의 섬세한 침묵의 소리까지 들을 수 있게 된 이사야는 신과 세라핌들이 모여 천상에서 회의하는 장면을 목격하게 된다. 이사야는 "내가 누구를 보낼까? 누가 우리를 대신하여 갈 것인가?"[3]라는 신의 목소리를 듣는다. 그리스도교 신학자들은 이 구절에서 "우리"를 삼위일체라고 해석하곤 하는데 이는 그리스도교 교리로 고대 이스라엘 문헌을 해석하는 시대착오적인 주장이다.

이사야가 이러한 천상 회의의 장면을 목격했을 때, 그의 반응은 신속하고 단호했다. "제가 여기에 있습니다. 저를 보내어주십시오."[4] 이사야는 세상에 태어나 그럭저럭 자신의 삶을 사는 존재가 아니라 신의 위임을 받고 그 일을 자신의 삶을 통해 최선을 다하는 존재로 탈바꿈한다.

이사야의 말을 들은 신은 다음과 같이 말한다.

"너는 가서 이 백성에게 '너희가 듣기는 늘 들어라. 그러나 깨닫지는 못한다. 너희가 보기는 늘 보아라. 그러나 알지는 못한다' 하고 일러라."[5]

신이 이사야에게 한 이 말은 당시 유대인들은 총명하지 못하고 혜안이 없다는 의미다. 우리가 어떤 외국어를 배우고 익히지 않으면 그 언어를 들어도 이해하지 못하는 것처럼, 신이 삼라만상을 통해 자신의 모습과 비밀을 들려주어도 우리는 신의 언어를 판독할 수 있는 문법을 모르므로 이는 우이독경(牛耳讀經)과 다르지 않다.

아랍어에 '이교도'를 의미하는 단어인 '카피르(kafir)'는 '모든 것을 당연한 것으로 여기는 뻔뻔스러운 인간', 즉 '불신자'를 뜻한다. 우리는 매일매일 우주의 신비를 마주하지만 그것을 볼 수 있는 '눈'이 없다. 신은 그러한 사람들에게 "이 (유대) 사람들은 내 말을 듣기는 참 잘 듣는 것 같으나, (제3의 귀가 없어) 이해하지 못하고, 이들이 보기는 참 잘도 보나, (제3의 눈이 없어) 알지 못한다."⁶라고 말한다. 이 구절은 신약성서에서 예수가 제자들에게 누누이 경고한 문구이기도 하다.

신은 단단히 화가 났다. 이사야는 이 말을 듣고 "언제까지, 그럴 작정이십니까?" 하고 묻는다. 신은 "성읍들이 황폐해 주민이 없어질 때까지, 사람이 없어서 집마다 빈 집이 될 때까지, 밭마다 모두 황무지가 될 때까지"⁷라고 말한다. 대신에 유대 민족이 완전히 바닥까지 내려가 절실하게 깨달을 때까지 방치하겠다고 말한다.

새로운 역사는 과거에 대한 완전한 청산으로부터 시작된다. 신은 유대 민족이 외세의 침입으로 10분의 1밖에 남지 않는다 할지라도 다 불태워 전멸시키겠다고 말한다. 그는 구원의 가능성이 남아 있는 유대 민족을 밤나무와 상수리나무에 비유한다. 이 나무들은 설사 잘리더라도 그루터기는 남아 있어, 그 그루터기에서 다시 줄기를 뻗고 가지를 치고 풍성하게 잎을 낼 것이라고 말한다.

밤나무와 상수리나무는 사막에서 유목민들에게 쉴 곳을 마련해 주는 잎이 무성하고 커다란 나무다. 이스라엘의 조상 아브라함은 이 상수리나무 아래에서 낯선 자들을 대접해 아들 이삭의 출생을 약속받는다.

신은 '거룩한 씨'가 바로 이 그루터기라고 선포한다. '거룩함이라는 씨앗(seed of holiness)'의 히브리어는 '쩌라 코데쉬(serah qodesh)'이다. '쩌라'는 동식물의 성장을 가능하게 하는 원초적인 힘, 즉 '정자/난자 혹은 씨앗'을 의미한다. '쩌라' 자체만 보아서는 생명의 신비를 가늠할 수 없지만 이 씨앗을 통해 모든 생명이 존재하게 된다. 신은 우주 삼라만상을 존재하게 하고 활동하게 하는 원초적인 힘을 바로 '거룩함'이라고 지칭한다. 이사야는 곧 다가올 유대 민족의 멸망을 준비하고 과거의 안이한 삶의 모습들, 특히 자신들만이 신을 섬기고 구원받았다는 자만심과 아둔함을 일깨워줄 예언자로 소명받는다.

우리는 저마다 가슴속에 숨어 있는 거룩한 씨앗을 찾았는지 스스로에게 물어야 한다. 이 거룩한 씨앗은 자신을 넘어 위대함으로 인도하는 지름길이기 때문이다.

12장

네가 화를 내는 것이 옳으냐?

הַהֵיטֵב חָרָה לָךְ

"주님, 이제는 제발 내 목숨을 나에게서 거두어주십시오!
이렇게 사느니, 차라리 죽는 것이 낫겠습니다."
주께서는 "네가 화를 내는 것이 옳으냐?" 하고 책망하셨다.
〈요나서〉 4:3~4

"나를 이스마엘이라 불러다오!"

　　　　"나를 '이스마엘'이라 불러다오!(Call me Ishmael!)" 이 멋진 문장은 허먼 멜빌(Herman Melville)의 『모비 딕』의 시작 부분이다. '이스마엘'은 이 작품에서 일어나는 모든 일을 전달하고 분석하고 예견하는 인물이지만 자신에 대해서는 좀처럼 말하지 않는다. 이스마엘은 인생에 대한 깊은 회한을 통해 영적인 병에 걸려 바다로 가려 한다. 바다는 혼돈과 죽음의 상징이다. 고래를 잡으러 바다로 가는 사람은 사실 무모한 일에 도전하는 자이며, 스스로 자신의 생명을 포기하려는 자다. '피쿼트'라는 포경선에 몸을 실은 사람들은 이스마엘을 포함해 모두 그러한 종류의 인간들이다.

　　이스마엘은 소설의 내레이터이다. 그는 종종 예술, 지질학, 법률과 문학작품에 대해 분석하는 것으로 보아 현명한 사람이며 박식한 사람임이 분명하다. 그는 포경선이 "그의 예일 대학이며 하버드 대학이다!"라고 외친다. 그는 바다에서 고래를 잡으며 삶의 지혜를 깨달았다. 그는 자신의 삶을 경건하게 대하고 그 경험으로부터 자수성가한 르네상스적인 인간이며 자신만의 삶을 추구하는 자유인이다.

이 작품에 등장하는 머리가 흰 거대한 고래 '모비딕'처럼, 이스마엘도 신비한 인물로 남는다. 또한 그는 작가 허먼 멜빌의 제2의 자아다. 멜빌은 이 작품을 통해 교육의 혜택을 거의 받지 못한 노동자들과 어부들의 세계를 풀어낸다. 그리고 그는 이스마엘을 통해 자신의 심오한 세계관과 철학을 펼치며 자신이 하고 싶은 말을 독자에게 전달한다. 『모비딕』은 아마도 저자와 독자의 관계를 첫 문장에 설정해놓은 첫 소설일 것이다.

성서에 등장하는 이스마엘은 비극적인 삶을 살았지만 후대 신의 은총을 입어 무슬림의 조상이 된 입지전적인 인물이다. 그는 아브라함의 씨받이 하갈을 통해 태어났으나 아브라함의 부인 사라가 이삭을 출산하자 쫓겨난다. 그의 이름은 '이스마엘', 즉 '신이 그의 울부짖음을 들으신다'라는 의미다. 하갈과 이스마엘은 사막에서 비참한 방랑자가 된다. 신이 아브라함에게 약속한 그 축복을 거부당하고 가난에 찌들어 광활한 사막을 돌아다닌다.

소설 속의 첫 문장 "나를 이스마엘이라 불러다오!"는 피쿼트라는 이름의 포경선에 승선하기 전에 자신이 얼마나 많은 고통을 겪은 인간인지 독자들에게 소개하고, 이 포경선을 타고 경험할 흥미진진한 삶의 이야기를 자신의 눈을 통해 전달해주겠다는 암시다.

이스마엘은 수많은 여행을 했지만 포경선을 타는 것은 처음이다.

그는 포경 선원들이 머무는 미국 동부 매사추세츠의 뉴베드포드라는 마을로 간다. 이스마엘은 그곳에서 머물 데를 찾지 못해 온몸이 문신으로 새겨진 남태평양 출신의 '퀴퀘그'라는 어부와 한방에서 지내게 된다. 퀴퀘그는 고향에서 이웃 부족과의 전쟁 후에 그들을 잡아먹었다고 뽐낸다. 한번은 50명을 잡아먹다가 소화불량으로 고생했다며 장황하게 허풍을 늘어놓는다. 그는 고향을 떠난 뒤 더 이상 '식인'을 할 수 없어 대신에 피가 뚝뚝 떨어지는 고기를 먹으며, 그런 메뉴가 없을 때는 대합을 넣어 만든 야채수프인 클램 차우더를 즐겨먹는다고 말한다.

그는 자신은 추장의 아들이지만 문명화된 그리스도교 세상을 경험하기 위해 우여곡절 끝에 그곳에 정착하게 되었다고 말한다. 퀴퀘그는 작살을 잘 다루는 어부였다. 이스마엘은 퀴퀘그의 착한 마음씨에 서서히 감동되어 이 둘은 서로 의기투합해 포경선을 타리라 결심한다. 그들은 배를 타고 고래잡이 산업의 전통이 있는 섬 낸터컷으로 향한다. 이스마엘과 퀴퀘그는 향유고래의 뼈와 이빨로 장식된 무시무시하게 생긴 피쿼트라는 포경선에 오른다. 피쿼트는 17세기 미국 뉴잉글랜드 지방에 거주했던 미국 원주민 부족의 이름으로 지금은 모두 전멸했다. 전멸한 부족의 이름을 딴 배의 이름은 승선한 모든 사람들의 운명을 암시한다.

이 배의 선장은 아합이라는 인물이다. 멜빌은 '아합'이라는 이름을 구약성서에 등장하는 고대 이스라엘 왕의 이름에서 따왔다. 아합은 정치적 목적을 위해 페니키아의 공주 이세벨을 아내로 맞이하고, 이세벨이 신봉하는 바알 종교를 들여와 이스라엘을 혼돈에 빠뜨린 인물이다. 아합과 이세벨은 비극적인 최후를 맞이한다. 피쿼트의 선장 아합도 전형적인 영웅이다. 그러나 그는 고대 그리스 신화의 아킬레우스와 오이디푸스 그리고 셰익스피어의 햄릿과 괴테의 파우스트처럼 치명적인 결함을 가지고 있다. 바로 '휴브리스(hubris)'라 하는 자만심이다.

아합은 주체할 수 없는 자만심의 노예가 되어 자연의 이치를 거스른다 해도 신처럼 자신이 원하는 바를 이룰 수 있다고 생각한다. 아합은 전형적인 비극의 영웅으로 우리로 하여금 연민을 느끼게 한다. 그는 악한 사람이 아니기 때문에 그가 당하는 불행이 과한 것처럼 보이며, 동시에 우리도 그와 같은 불행에 처할 수 있다는 생각에 공포를 느끼게 된다.

아합의 천적은 '모비딕'이라 불리는 향유고래다. 아합은 자신의 한 다리를 물어 뜯어간 이 고래를 악의 화신으로 여긴다. 그는 이 전설적인 흰 고래를 포획하러 마지막 여정에 나선 것이다. 독자들은 모비딕의 생각이나 감정, 의도를 감지할 수 없다. 많은 비평가들은 모비딕은 인간이 도저히 이해할 수 없는 전지전능한 신을 상징한다고 말한다. 모비딕은 인간의 자유 의지를 좌절시킨다. 인간이 모비딕에 대처하는 방법은 모비딕을 있는 그대로 수용하거나 도피하는 일이다.

이스마엘은 고래의 특징을 표현하려 장황하게 설명하지만 실패한다. 이스마엘이 지적한 것처럼, 고래는 주로 바다 밑에서 생활하기에 인간이 관찰할 수 있는 순간은 잠깐 물위로 올라올 때뿐이다. 모비딕은 곧 바다이며, 인간은 바다의 수면만 볼 뿐이다. 바다 속에서 일어나는 일들, 바다의 심연을 본 적이 없다. 더욱이 이스마엘은 고래 전체를 본 적도 없다. 그는 고래의 어느 부분이 뼈대이고 머리이고 지느러미인지 가늠하지 못한다. 인간이 아무리 노력해도 알 수 없는 존재, 그것이 바로 모비딕이다.

깊은 잠을 자는 자여!
신께 도움을 청하라

〈요나서〉는 구약성서의 예언서 중 하나다. 멜빌은 이 〈요나서〉에서 영감을 받아 소설 『모비딕』을 썼다. 『모비딕』 전체에는 요나의 주제들이 곳곳에 포진되어 있다. 〈요나서〉가 없었다면 아마 『모비딕』은 쓰이지 않았을 것이다. 『모비딕』 9장에는 이스마엘과 퀴퀘그, 포경선원들이 예배당에 가는 장면이 등장한다. 그들은 12월의 어느 일요일 아침, 예배당에서 메이플 신부가 전하는 요나에 관한 설교를 듣는다.

선원 여러분! 이 〈요나서〉는 4장, 즉 네 가닥의 실로 구성되어 있어서 성서의 강력한 철제 밧줄과 비교해서는 보잘것없는 가닥들입니다. 선원 여러분! 이 이야기는 저와 죄가 많은 사람들을 포함한 모든 사람들에게 살아계신 신이 있다는 안내서입니다. 요나의 죄는 그가 의도적으로 신의 명령을 따르지 않은 것입니다. (…) 요나는 신으로부터 도망쳐 신을 멸시했습니다. 그는 인간이 만든 배가 신의 힘이 도달하지 못하는 곳으로 간다고 생각했습니다.[1]

요나는 고대 이스라엘 왕 여로보암 시대에 활동한 예언자다. 느 닷없이 신은 요나에게 신탁을 통해, 이스라엘을 호시탐탐 정복하려 전쟁을 걸어오는 앗시리아의 수도 니느웨로 가서 신의 말을 대신 전하라고 명령한다. 민족주의자인 요나는 이 명령을 이해하기 어려 웠다. 자신이 신봉하는 신은 이스라엘인들만을 위한 신인데, 그들 의 생존을 근본적으로 위협하는 앗시리아로 가서 구원의 메시지를 선포하라는 신의 명령을 도저히 용납할 수 없었다. 요나에게 '신'이 란 자신이 속한 민족 공동체와 신앙 공동체만을 위한 신이지, 모든 민족을 위한 신은 아니라고 생각했기 때문이다.

요나는 신으로부터 도망쳐 다시스(Tarshish)[2]로 가기 위해 항구 욥바(오늘날 텔아비브 근처)로 향했다. 그가 욥바에 도착했을 때는 다 시스로 향하는 배가 이틀 전에 이미 떠난 후였다. 유대인 전설에 의 하면 며칠 전부터 해일이 일어 그 배가 다시 욥바로 돌아왔다고 전 한다. 지중해에서 바람이 없는 경우 돛을 이용하는 배는 항구에 정 박해놓지만, 닻이 없이 노를 이용해 항해하는 배는 항상 항해할 수 있기 때문에 정규적인 항해를 하는 상인들이 선호했다. 요나는 해 일로 다시 욥바로 돌아온 배를 발견하고 승선했다. 그는 다시 돌아 온 배를 보며 자신의 계획이 성공할 것이라 확신했다. 요나는 기쁜 나머지 뱃삯을 먼저 지불했다. 하지만 이 시대에는 항해를 마친 후 에 지불하는 것이 관례였다.

요나가 승선한 배가 항해를 시작하자마자 큰 해일이 일기 시작해 배가 좌초 직전에 이르렀다. 사공들은 공포에 질려 제각기 신을 불 러 살려달라고 부르짖었다. 이들은 살기 위한 마지막 수단으로 배를 가볍게 하기 위해 배에 있는 모든 물건들을 바다에 던졌다. 요나는 일생 동안 사회정의와 신의 사랑을 전하기 위해 예언자로 살았지만, 도저히 이해할 수 없는 신의 요구를 거절하고 자포자기한다. 그는 배가 좌초될 상황에서 배의 가장 밑으로 내려가 '깊은 잠'에 빠진다.

고대 히브리인들에게 잠은 두 가지 의미다. '야센(yashen)'이라는 히브리어는 '비활동적인 상태가 되다/잠자다'라는 의미이고, '라담(radam)'이라는 히브리어는 '잠에 곯아떨어지다/(약물에 취해) 깊이 자다'라는 의미다. 또한 종종 신과 대면하기 위해 다른 차원의 세계로 들어가는 행위를 내포하기도 한다. 요나는 배의 맨 아래로 들어가 이전에는 경험하지 못한 '라담', 즉 '깊은 잠'을 자게 된다. 요나가 탄 배가 높은 파도와 폭풍으로 부서질 지경에 이르게 되어도 요나는 마취 상태처럼 심연의 세계로 진입한다.

선장이 요나를 깨우며 "깊은 잠을 자는 자여! 신께 도움을 청하라. 혹시 당신 신이 우리를 기억하고 죽지 않게 할 수 있다!"라고 말한다. 선원이나 어부들은 광활한 바다에서 생활하며 자신의 운명이 얼마나 하찮은지 매일매일 깨닫는 사람들이다. 약간의 기후 변화로도 쉽게 죽음의 위험에 봉착할 수 있기 때문이다. 이 무명 선장의 말은 고대 이스라엘의 신관에 결정적인 변화를 가져온 질문이다. 이스라엘 신이 이방인인 자신들을 구원할 수 있다는 생각을 처음으로 한 자가 바로 이 무명의 선장이다.

인간은 극한 상황에 처해 자신들이 취할 수 있는 모든 방법을 간구할 때, 죽음의 그림자를 거둘 수 있는 초자연적인 존재를 찾게 된다. 선장은 오랜 항해를 통해 일생 동안 보지 못한 엄청난 해일을 잠재울 존재는 신밖에 없다고 직감했다. 모든 선원들과 사람들이 공포에 질려 떨고 있을 때, 그는 배의 밑바닥에서 '깊은 잠'을 자는 요나가 이 어려움을 해결할 열쇠를 쥔 인물이라 직감한 것이다.

자신의 무지를
발견한 요나

선장은 누가 이러한 재앙을 초래했는지 알기 위해 제비뽑기를 하자고 제안한다. 고대 사회에는 제비를 뽑아 신의 뜻을 헤아리는 풍습이 매우 많았다. 구약성서 〈에스더기〉는 전체가 '부림절(Purim)' 축제와 관련한 이야기다. '부림'이라는 말은 '제비뽑기'라는 의미다. 〈에스더기〉에서는 신이 자신의 목적을 달성하기 위해 결과를 조작하기도 한다.

고대 이스라엘에서 일반인들이 점을 치거나 제비뽑기를 하는 것은 법으로 금지되어 있었다. 이 행위는 사제들의 특권이었고, 그래서 대제사장들은 그들의 가슴 받이에 신성한 돌을 지니고 다니면서 신의 뜻을 알려고 시도했다. 다윗 왕은 전쟁 전에 점을 쳤고, 실제로 이스라엘 왕들은 전쟁 전에 신의 뜻을 알기 위해 점쟁이나 예언자들에게 물었다. 예수의 제자들이 유다를 대신할 제자를 찾으려할 때도 그들 스스로 결정할 수 없었다. 그들은 예수에게 기도했고 제비를 뽑아 맛디아를 제자로 영입했다.

제비는 '당연히' 요나에게 떨어졌다. 선원들은 요나에게 재앙이 초래된 이유에 대해 물었다. "이 재앙이 누구 때문인가? 네 직업과 고향, 네 나라, 당신에 관한 모든 것을 말하라!" 요나는 "나는 보잘 것없는 히브리 사람입니다만 삼라만상을 창조하고 주관하시는 야훼 신을 경외하는 사람입니다. 그런데 제가 그것을 깨닫지 못하고 도망치고 있습니다"라고 말한다.

'경외한다'라는 의미는 사물과 생물에 대한 깊은 통찰을 통해 그 것들에 대해 자신이 아무것도 아는 것이 없다는 깨달음이며, 그 깨달음을 통해 삼라만상에 대한 신비함을 표현하는 것이다. 요나는 '깊은 잠'을 통해 자신과 신의 전지전능을 깨달았다.

이 말을 듣고 선원들은 기겁했다. 이들의 항해에 부정이 탄 것이다. 인간이 자기가 꼭 해야 할 의미를 깨닫지 못하고 회피하면 불행이 초래된다. 그 불행은 한 개인에게만 국한되는 것이 아니라 그가 속한 공동체 전체에 영향을 끼친다. 요나의 자기희생적이며 삶의 모델이 되는 행동을 기대한 선원들은 요나의 무책임한 회피가 가져올 불행을 몸으로 체험하는 사람들이다. 그들은 요나에게 "어쩌자고 당신은 이러한 일을 하였소?"라며 소리친다. 파도가 점점 거세지자 선원들은 당황했다. 그러자 요나는 "나를 들어서 바다에 던지시오. 그러면 당신들 앞의 저 바다가 잔잔해질 것이오. 바로 나 때문에 이 태풍이 당신들에게 닥쳤다는 것을 나도 알고 있소"라고 말한다.

선원들은 요나의 자포자기의 말을 터무니없는 소리로 치부했다. 그들은 육지로 되돌아가고자 사력을 다해 노를 저었지만 소용없었다. 그들은 요나의 말이 맞을지도 모른다면서 신에게 기도한다. "주님, 빕니다. 우리가 이 사람을 죽인다고 해서 우리를 죽이지 말아주십시오. 주님께서는 뜻하시는 대로 하시는 분이시니, 우리에게 살인죄를 지우지 말아주십시오."

선원들은 요나를 들어 바다에 던졌다. 그러자 폭풍이 일던 바다가 잔잔해졌다. 우리가 사는 세상은 배와 같다. 각자가 맡은 일을 책임 있게 행할 때 인생이라는 항해를 안전하게 마칠 수 있다. 요나가 자신이 해야 할 일을 깨닫지 못하고 도망치자 그가 속한 공동체 전체가 위험에 처했다. 신은 요나가 해야 할 일이 무엇인지 알려주기 위해 바다에 큰 고래 한 마리를 마련해두어 그를 삼키게 했다. 요나는 고래 뱃속에서 사흘 밤낮을 지낸다.

큰 물고기가 요나를 삼켰다는 내용을 어떻게 이해해야 할까? 정말 사람이 고래 뱃속에서 3일이나 지낼 수 있을까? 요나가 큰 물고기 안에서 3일 동안 지냈다는 이야기는 은유나 상징이다. 심층심리학의 용어를 빌리자면 큰 물고기의 뱃속은 어머니의 자궁을 상징한다. 그곳은 자연이며, 밤이고, 죽음이다. 여기에서 충분한 시간을 지내야만 새롭게 태어날 수 있다. 〈요나서〉 2장에는 느닷없이 신을 찬양하는 노래가 등장한다. 요나는 다음과 같이 노래한다.

"내가 고통스러울 때 주께 불러 아뢰었더니, 주께서 내게 응답하셨습니다. 내가 스올 한가운데서 살려달라고 외쳤더니, 주께서 나의 호소를 들어주셨습니다. 주께서 나를 바다 한가운데, 깊음 속으로 던지셨으므로, 큰 물결이 나를 에워싸고, 주의 파도와 큰 물결이 내 위에 넘쳤습니다."[3]

요나는 배 밑바닥에서, 그리고 자궁과 같은 큰 물고기 뱃속이라는 더 근원적인 장소에서 다시 한 번 자신을 들여다본다. 그가 내려간 곳은 다름 아닌 '스올(Sheol)'이다. 고대 이스라엘인들은 사람은 죽은 뒤에 모두 스올로 간다고 믿었다. 이 스올은 혼돈으로 가득 차 있다. 이곳은 새로운 탄생을 위해 반드시 거쳐야 할 통로이기도 하다. 요나는 계속해서 다음과 같이 기도한다.

"물이 나를 두르기를 영혼까지 하였으며, 깊음이 나를 에워쌌고, 바다 풀이 내 머리를 휘감았습니다. 나는 땅속 멧부리까지 내려갔습니다. 땅이 빗장을 질러 나를 영영 가두어놓으려 했습니다만, 주 나의 하나님, 주께서 그 구덩이 속에서 내 생명을 건져주셨습니다."[4]

요나는 자신이 태어나기 전의 상태인 어머니의 자궁과 같은 곳에서 우주가 창조되기 이전의 상태인 '깊음'으로 들어간다. 그곳에서 거대한 산의 뿌리인 멧부리를 목도한다. 세상에서 가장 높은 산과 세상에서 가장 깊은 곳의 심연이 하나임을 발견하고 자신이 생각하는 인생관과 우주관이 얼마나 부질없는지를 깨닫는다. 요나는 그곳에서 소크라테스식의 깨달음인 '자신의 무지'를 발견한다. 이 깨달음은 서로 화해할 수 없고 일치할 수 없는 양극의 합일, 선도 악도 없고 신도 인간도 없는 모두가 하나인 상태를 발견한다. 이른바 '양극의 일치(coincidentia oppositorium)'를 경험한다.

신은 요나에게 두 번째 기회를 주기로 약속한다. 신은 물고기에게 명해 요나를 뭍에 뱉어놓게 한다. 요나는 우주 삼라만상의 원칙을 목격한 뒤 더 이상 도망치는 비겁자가 아니라 신의 명령을 수행하는 새로운 피조물이 됐다.

"이렇게 사느니 죽는 것이 낫겠습니다!"

"너는 어서 저 큰 성읍 니느웨로 가서, 이제 내가 너에게 한 말을 그 성읍에 외쳐라."[5]

요나는 신의 미션을 다시 듣는다. 그리고 고래 뱃속의 경험으로 이제 힘을 얻어 외친다.

"사십 일만 지나면 니느웨가 무너진다!"[6]

요나는 악한 니느웨인들이 어떻게 반응하는지 보기 위해 도심을 돌아다녔다. 그러자 불가능한 일들이 일어났다. 니느웨인들이 자신의 잘못을 뉘우치고 회개하는 것이 아닌가! 요나는 이들에게 회개하라는 말을 하지 않고 단순히 40일이 지나면 니느웨는 멸망할 것이라고 선포했을 뿐이다. 그러자 그들은 자진해서, 심지어는 왕의 칙령으로 금식을 선포하고 모두 회개의 상징으로 굵은 베옷을 입었다.

〈요나서〉 저자는 이 광경을 극대화하기 위해 사람이든 짐승이든 굵은 베옷을 걸치도록 왕이 명령을 내렸다고 증언한다. 니느웨 왕은 자기 백성들에게 회개를 촉구하면서 "신께서 마음을 돌리고 노여움을 푸실지 누가 아느냐? 그러면 우리가 멸망하지 않을 수도 있다"라며 구원의 가능성을 믿었다. 그러자 놀라운 기적이 일어난다. 신은 그들이 나쁜 길에서 돌아서는 것을 보고, 뜻을 돌이켜 그들에게 재앙을 내리지 않았다.

요나는 이 일이 매우 못마땅해 화가 났다. 우선 자신의 예언이 빗나가게 되어 화가 났고, 두 번째는 이스라엘을 공격하는 앗시리아가 살아남았기 때문에 화가 났다. 요나는 신에게 항변한다.

"내가 고국에 있을 때에 이렇게 될 것이라고 이미 말씀드리지 않았습니까? 내가 서둘러 다시스로 달아났던 것도 바로 이것 때문입니다."[7]

앗시리아는 이스라엘의 원수인데 그들이 이스라엘인을 모두 죽여도 된다는 신의 말을 요나는 이해할 수 없었을 것이다. 이어서 요나는 이해할 수 없는 신의 속성을 나열한다.

"하나님은 은혜로우시며 자비로우시며 좀처럼 노하지 않으시며 사랑이 한없는 분이셔서, 내리시려든 재앙마저 거두실 것임을 내가 알고 있었기 때문입니다."[8]

요나는 신의 이러한 세 가지 속성 때문에 니느웨에 재앙을 내리지 않을 것임을 알고 있었다. 첫 번째 속성은 신은 '은혜롭다'는 것이다. 이에 해당하는 히브리어는 '하눈(hanun)'으로 상대방에게 친절하고 상대방의 고통을 공감할 뿐만 아니라 용서하는 마음이다.

두 번째 속성은 신은 '자비롭다'는 것이다. 이에 해당하는 히브리어 '라훔(rahum)'은 원래 '어머니의 자궁'이며 '자식에 대한 어머니의 희생과 사랑'이며 '원수까지 껴안을 수 있는 한없는 자기희생적 사랑'이다. 이것은 갓난아이의 모든 실수를 감싸주고 그 아이에게 몰입해 온전히 그 아이를 위해 사는 어머니의 마음이다.

세 번째 속성은 신은 '사랑이 한이 없으신 분'이라는 것이다. 원래 히브리어 원문에는 "라브 헤세드(rab hesed)"라고 기록되어 있다. '헤세드'는 자기희생적인 사랑으로 보통 신의 사랑이나 어머니의 사랑을 표현하는 단어다. 요나는 신의 이러한 사랑을 이해할 수 없었다. 배 밑바닥과 고래 뱃속 경험을 통해 신을 만났지만 그 깨달음이 삶으로 이어지기는 힘들었다.

요나는 이제 니느웨인들이 멸망하지 않는 것을 보느니 차라리 죽는 것이 낫겠다며 신에게 대든다. 이때 신은 정신을 차리지 못하는 요나에게 "네가 화를 내는 것이 옳으냐?" 하고 책망한다.

요나는 니느웨 동편에 우뚝 솟은 언덕 위로 올라갔다. 그곳에 초막을 짓고, 그늘 아래에 앉아 니느웨가 어찌 되는지를 볼 셈이었다. 신은 요나에게 어떤 가르침을 주어야겠다고 생각했다. 그는 그늘을 드리우게 하는 박 넝쿨을 마련했다. 작열하는 태양빛 아래에서 니느웨의 운명을 지켜보는 요나를 시원하게 해줄 요량이었다.

박 넝쿨이 자라 요나의 머리 위에 그늘이 지자 요나는 기분이 무척 좋아졌다. 조금 전까지만 해도 죽겠다던 요나는 그늘 하나로 삶의 의미를 찾은 것이다.

그러나 다음 날, 신은 벌레 한 마리를 마련해 박 넝쿨을 갉아 먹게 했다. 식물은 이내 시들고 말았다. 해가 뜨자 찌는 듯이 뜨거운 동풍이 불어왔다. 햇볕이 요나의 머리 위로 내리쬐자 그는 기력을 잃고 죽기를 자청하며 말했다.

"이렇게 사느니 차라리 죽는 것이 더 낫겠습니다."[9]

요나는 일상생활의 불편함으로 자신이 해야 할 일을 망각하며 다시 한 번 신에게 하소연한다. 신은 이 어이없는 요나에게 조금 전에 한 질문을 반복한다. "박 넝쿨이 죽었다고 네가 이렇게 화를 내는 것이 옳으냐?" 요나의 대답은 점입가경이다. "옳다 뿐이겠습니까? 저는 화가 나서 죽겠습니다." 그러자 신이 말한다.

"네가 수고하지도 않았고, 네가 키운 것도 아니며, 그저 하룻밤 사이에 자라났다가 하룻밤 사이에 죽어버린 이 식물을 네가 그처럼 아까워하는데, 하물며 좌우를 가릴 줄 모르는 사람들이 십이만 명도 더 되고 짐승들도 수없이 많은 이 큰 성읍 니느웨를, 어찌 내가 아끼지 않겠느냐?"[10]

〈요나서〉는 여기서 끝이 난다. 이 질문에 대한 요나의 답은 침묵뿐이다. 한 종교나 한 민족만을 위해 존재하는 신이라면 그것이 신이겠는가? 유대인들이 믿는 신이 자기들의 신으로만 존재하고 다른 민족, 즉 니느웨인들을 위한 신은 아니란 말인가? 인간이 신이라고 상정한 존재는 종교, 민족, 인종, 언어를 넘어 이 모든 것을 포용하는 존재일 것이다.

요나 콤플렉스에서 벗어나라

요나는 멜빌의 소설 『모비딕』에 등장하는 이스마엘과 아합의 모습과 유사하다. 이 소설에서 내레이터이자 유일한 생존자인 이스마엘은 아직도 모비딕이라는 고래를 도무지 이해할 수 없다. 그의 임무는 사람들에게 모비딕은 우리가 알고 있는 그러한 고래가 아니라는 사실을 전해주는 것이다. 이스마엘은 마치 니느웨를 구원하려는 신을 이해하지 못하는 요나와 같다.

요나는 또한 아합과도 닮아 있다. 모비딕을 절대 악으로 상정하고 끝까지 싸운 아합은 끝내 죽고 만다. 요나도 니느웨를 자신과 자신이 속한 공동체를 근본적으로 위협하는 절대 악으로 여기지만 그 악은 신의 은총으로 구원받는다. 니느웨는 신의 은총을 받아 신이 살아 있음을 증언하는 증거가 됐다.

인간에게는 우리가 상정한 '에고'를 뛰어넘을 수 있는 위대함이 숨어 있다. 인간은 위대해질 수 있는 잠재성을 가지고 있고, 그 잠재성의 발휘로 세상은 살 만해진다. 그러나 몇몇 사람만이 이 잠재성을 인식하고 그것을 찾으려 목숨을 바쳐 영적이고 숭고한 여행을 떠난다. 요나, 이스마엘, 아합이 바로 그들이다. 이들은 무엇보다도 자신을 억누르는 거대한 '자기', 즉 '고래'라는 괴물을 만나 씨름한다. 요나는 고래 뱃속에서 3일을 있었고, 이스마엘과 아합은 모비딕을 만나 3일 동안 사투를 벌인다.

대부분의 사람들은 '거대한 자기'라는 괴물을 만나면 쉽게 포기하고 과거의 자아로 돌아간다. '요나 콤플렉스'란 우리 모두가 가진 최선의 달란트를 발견하고 수행하기를 회피하는 마음이다. 그 이유는 우리 스스로 최선이 무엇인지 찾기를 두려워하고 적극적으로 탐색하지 않기 때문이다. 요나는 생전 보지도 못한, 심지어는 원수지간의 니느웨인들의 생존을 위해 존재했다. 요나의 선교로 12만 명 이상의 니느웨인들이 생존할 수 있었다. 만일 요나가 그 책임을 받아들이지 않았다면 그들은 모두 멸망했을 것이다.

신은 질문한다. "네가 화내는 것이 옳으냐?" 우리는 모두 요나 콤플렉스에 빠져 우리에게 주어진 운명에 대한 책임을 회피하고 있지는 않은가? 두려움은 우리를 요나 콤플렉스로 몰아가는 또 하나의 요인이다. 죽음을 불사하고 포경선에 몸을 실은 아합 선장과 이스마엘처럼, 내키지 않지만 원수의 나라에서 사랑과 심판의 말을 전한 요나처럼 두려움에 맞서는 여행을 떠나야 한다. 언젠가 모두에게 "나를 '이스마엘'이라 불러다오"라고 말할 수 있도록 자신과의 치열한 싸움을 통해 내 안에 있는 위대함을 찾아야 할 것이다.

13장

이 뼈들이 살아날 수 있겠느냐?

הֵתְחַיֶּינָה הָעֲצָמוֹת הָאֵלֶּה

"사람아, 이 뼈들이 살아날 수 있겠느냐?"
〈에스겔서〉 37:3

판도라의
상자

고대 그리스인들은 인생을 고해(苦海)라고 생각했다. 호메로스의 『일리아스』와 『오디세이아』와 함께 고대 그리스인들이 문자로 남긴 최초의 작품은 헤시오도스가 기록한 서사시 『신통기』다. 이 책에 담긴 '판도라 상자 이야기'는 인생의 고해와 희망에 대한 내용이다.

프로메테우스['선견지명(先見之明)'이라는 의미]와 에피메테우스['후견지명(後見之明)'이라는 의미]는 올림푸스 신에 대한 반란 전쟁에 참여하지 않았다는 이유로 지하 세계인 타르타로스에 감금되는 것을 면했다. 신들은 이들에게 호의를 베풀어 그들을 대신해 노동할 '인간' 창조를 허용한다. 프로메테우스는 인간을 진흙으로 만들고, 아테나는 그 진흙 형상에 숨결을 불어넣는다. 한편 프로메테우스는 에피메테우스에게 지상의 동물들이 각자 생존하기 위해 필요한 자질, 예를 들어 빠름, 힘, 가죽, 날개 등을 만들어 선사한다. 에피메테우스에게 모든 자질을 주어 인간에게 할애할 자질이 없자 프로메테우스는 인간을 신들처럼 걷게 만들고 선물로 '불'을 주었다.

　프로메테우스는 자신들의 동료인 타이탄들을 지하 세계에 감금한 올림푸스의 신들을 공경하는 대신 인간을 아끼게 된다. 제우스가 인간들에게 신들에게 올릴 동물의 가장 좋은 부위를 바치라고 명령했을 때, 프로메테우스는 제우스를 속이고자 마음먹는다. 프로메테우스는 두 개의 고깃덩어리를 준비한다. 하나는 향이 나고 먹음직스러운 기름이 붙어 있는 뼈와 다른 하나는 가죽으로 둘러싸인 고깃덩어리다. 제우스는 겉모양을 보고 뼈를 선택했다. 제우스는 앞으로 자신이 선택한 것을 정기적으로 제사 음식으로 받겠다고 약속했기 때문에, 그는 인간으로부터 겉모습만 번지르르한 뼈를 받게 될 운명에 처했다. 제우스는 너무 화가 나 인간 문명의 핵심인 불을 빼앗는다. 프로메테우스는 태양에서 횃불에 불을 붙여 인간에게 건네준다. 이 사실을 알게 된 제우스는 더욱더 화가 나 인간과 프로메테우스에게 돌이킬 수 없는 형벌을 가한다.

　그는 대장장이 신인 헤파이스토스에게 인간에게 고통을 줄 "아름다운 악"인 여자를 만들도록 명령한다. 이는 당시 가부장적인 그리스의 사회상을 그대로 반영한 듯하다. 흙과 물로 빚어 몸이 완성되고 네 바람이 불어와 생명을 불어넣자 여자가 창조되었다. 이 여자에게 아프로디테는 비교할 수 없는 아름다움을 선사했고 아테나 여신은 손재주와 은색 가운, 찬란하게 수놓은 베일, 목걸이 그리고 은으로 만든 정교한 왕관을 주었다. 포세이돈은 진주 목걸이를 선물해 바다에 익사하지 않도록 하고, 아폴론은 하프 연주와 노래하는 법을 가르친다. 제우스는 바보 같고 장난기가 많은, 동시에 게으른 본성을 선사했고, 헤라는 치명적인 호기심을 주었다. 헤르메스는 남을 속이려는 마음과 거짓말 하는 혀를 선사한다.

『신통기』에서 이 여인의 이름을 밝히지는 않았지만, 그녀의 이름은 헤시오도스의 또 다른 작품인 『일들과 날들』 590~593행에 다음과 같이 등장한다. 그녀가 처음으로 신들과 인간들 앞에 서자 놀라움이 그들을 사로잡았고 남자들과는 비교할 수 없는 "숨이 막힐 것 같은 간교함"이 있었다. 그녀로부터 여성이라는 인종이 나왔다. 그녀는 치명적인 인종이며, 지긋지긋한 가난 속에서는 도움이 되지 않으나 부가 있을 때는 도움이 된다.

이 인간의 이름은 '모든 선물'이라는 뜻의 '판도라'다. 판도라는 첫 여성이며, 처음에 존재했던 인간은 이제 그 상대적인 존재로 남성이 됐다. 헤르메스는 판도라에게 정교하게 만든 상자를 주면서 절대 열지 말라고 명령한다. 그런 후 제우스는 화려한 옷을 입은 판도라를 에피메테우스에게 보낸다.

프로메테우스는 에피메테우스에게 제우스의 선물인 판도라를 받지 말라고 경고했지만 그만 판도라의 아름다움에 매료되고 만다. 그는 신들이 열지 말라는 상자를 바라보면서 호기심으로 가득 차 마침내 참지 못하고 상자를 열게 된다. 상자에서는 인간이 겪어야 할 슬픔, 재난, 불행 등 모든 악들이 빠져나왔다. 그리고 상자 맨 바닥에는 이전 것들과 전혀 다른 한 가지가 들어 있었는데 바로 희망이다. 고대 그리스인들은 인간의 삶이 고되다 할지라도 희망이라는 것이 있어 살 만하다고 생각했는지 모른다.

홀로코스트의 충격과
10년의 침묵

　　　　　　　　희망의 빛이 사라지고 도저히 빠져나
올 수 없는 절망의 늪 한가운데 있다면 우리는 어떻게 반응할까?
유대인 작가 엘리 위젤(Elie Wiesel)은 1928년 당시 루마니아에 있는
트란실바니아(후에 헝가리에 편입되었음)의 조그만 동네에서 태어났
다. 엘리 위젤은 보수적인 유대 가정에서 정통 유대인으로 성장한
다. 그의 아버지 슬로모는 유대인 게토인 '쉬테틀'에서 잡화상을 운
영했으며 신앙 생활에 열정적이었다.

　엘리 위젤은 어려서부터 유대 경전인 『토라』와 이에 대한 구전
해석을 모아놓은 『탈무드』, 심지어는 유대 신비주의인 카발라에 심
취해 신앙심이 깊었다. 당시 헝가리에는 반유대인 정서가 만연했
지만, 나치의 반유대 정책이 영향권 밖에 있었기 때문에 그의 가족
은 안전했다. 그러나 1944년 3월 독일이 헝가리를 침공해 꼭두각
시 정부를 수립하면서 엘리 위젤을 포함한 헝가리 유대인들의 운
명은 바뀌게 된다. 유대인 학살의 책임자인 아돌프 아이히만(Adolf
Eichmann)은 헝가리에 거주하는 유대인 학살을 직접 지휘하기 위
해 그곳에 도착한다.

　1944년, 헝가리에서 독일과 폴란드로 이동된 56만 명의 유대인들
이 학살됐다. 엘리 위젤이 살던 '시겟'이라는 도시에서는 1만 5,000
명의 유대인 학살 이후 50가구만 살아남았다. 그해 5월, 그가 열다
섯 살이었을 때, 그의 가족과 쉬테틀 거주자들은 폴란드에 있는 아
우슈비츠로 이송됐다. 엘리 위젤은 그곳에서 부모와 여동생을 잃고

혼자 살아남아 프랑스로 이주했다. 엘리 위젤은 홀로코스트의 충격으로 10년 동안 침묵의 시간을 가졌다. 자신이 소중하게 생각하던 가족, 친구 그리고 유대인이 학살된 것을 목격한 청소년 엘리 위젤이 할 수 있는 것은 침묵뿐이었다.

그는 1956년 이디시어로 된 『Un di Velt Hot Geshvign(그리고 세상은 침묵하였다)』라는 제목의 자전적 소설을 출간한다. 그 후 1958년 그의 작품은 프랑스에서 『La Nuit(밤)』라는 제목으로 출간되고, 이 책은 다시 영어로는 『Night(밤)』, 한국에서는 『흑야』라는 제목으로 번역 출판됐다. 한 유대인의 절망적인 내용이 담긴 이 책은 당시 사람들이 출판을 꺼려 했으나 훗날 홀로코스트에 관해 가장 널리 읽힌 책이 됐다.

소설 『흑야』의 화자는 엘리에제르라는 소년이다. 엘리에제르는 작가 엘리 위젤의 경험을 전하는 소설 속 '제2의 자아'다. 『흑야』는 아우슈비츠에서 생존한 소년의 이야기이기도 하지만 그가 정통 유대교 소년에서 신의 존재를 의심하고 인간성에 대한 심각한 오류를 발견하며 세상에 환멸을 느끼는 청년으로 변화하는 과정을 묘사한다. 엘리에제르의 신에 대한 믿음은 절대적이었다. 누군가 그에게 신에게 기도하는 이유를 묻자, 그는 "왜 기도했냐고? 왜 사냐고? 왜 숨 쉬냐고?"라고 다시 묻는다. 전지전능하고 자애로운 신에 대한 그의 믿음은 무조건적이며 그는 신앙이 없는 삶은 상상조차 하지 못한다.

그러한 그의 신앙이 홀로코스트를 경험하면서 흔들리기 시작한다. 엘리에제르의 신앙은 유대 신비주의인 카발라였다. 카발라는 신은 세상 어디에나 있고 신 없이 존재하는 것은 없으며 이 세상의 모든 것들은 신적인 세계의 발현이라고 생각한다. 그러므로 세상은 선할 수밖에 없다고 확신한다. 엘리에제르의 이러한 믿음은 홀로코스트에서 자신이 경험한 잔혹성과 악의 엄연한 횡포로 인해 흔들리고 만다. 그는 아우슈비츠에서는 신의 존재를 발견할 수 없다는 사실에 경악한다.

그는 우주를 창조하고 인간에게 선을 베푸는 신이 나치로 상징된 인류의 절대 악이 만행을 저지르도록 허락한 사실을 이해하지 못한다. 또한 신앙심으로 가득한 동료 유대인들이 이 극한 상황에서 쉽게 종교심을 포기하고 이기심으로 가득한 잔인함과 폭력을 일삼는 동물로 변하는 모습에 실망한다. 만일 모든 유대인들이 힘을 합쳐 나치의 만행에 항거한다면, 엘리에제르는 나치의 위협을 객관화해 악으로 대상화할 수 있었을 것이다. 그러나 동료 유대인들 내면에 만연한 악의 모습은 설명할 수 없었다. 그의 실망은 바로 그 악이 눈에는 보이지 않았기 때문이다.

그러한 그가 어떻게 인간은 본성적으로 선하다고 주장할 수 있을까? 그는 홀로코스트를 통해 나치뿐만 아니라 동료 유대 포로들, 유대인들, 심지어 자신 안에 숨어 있는 이기심과 악 그리고 잔인함을 확인했다. 이 세상은 이기적이고 잔인하기 때문에, 신도 이기적이고 잔인하거나 아니면 처음부터 존재하지 않았다고 생각한다.

이러한 경험은 엘리에제르의 신앙을 근본적으로 흔든다. 아우슈비츠에 도착한 첫날부터 그는 자신의 신앙 문제와 씨름한다. 이 씨름은 신에 대한 믿음을 저버리게 하는 것이 아니라 그 믿음의 존재에 꼭 필요한 요소다. 엘리에제르의 카발라 신비주의 스승인 랍비 모세 알쉬흐가 왜 기도를 하느냐고 물었을 때, 엘리에제르는 이렇게 대답한다.

나는 신이 저에게 올바른 질문을 할 수 있는 힘을 달라고 기도합니다.

질문은 신앙의 핵심이다. 홀로코스트는 엘리에제르에게 선과 악의 본질, 신의 존재에 대한 적나라한 질문을 묻도록 강요한다. 이러한 질문을 한다는 것은 그가 아직 신을 의지한다는 증거이기도 하다.

게슈타포가 어린아이를 목매달아 처형하는 장면을 본 유대인이 "신은 도대체 어디에 있나?"라고 외친다. 그러나 이 물음에 대한 대답은 "아우슈비츠 안에 도도히 흐르는 완전한 침묵"이었다. 엘리에제르에게 있어 가장 괴로운 것은 신이 침묵한다는 사실이다. "내게서 살고 싶은 욕망을 영원히 빼앗은 그 칠흑 같은 침묵을 내가 어찌 잊을 수 있을까?" 전지전능한 신이 신실하게 신을 믿는 자들에게 어찌하여 이러한 극악무도한 폭행이 일어나도록 허락하고 방관할 수 있는가? 이러한 신의 침묵은 엘리에제르의 신앙을 뒤흔든다.

이 장면은 〈창세기〉 22장에 등장하는 내용과 유사하면서도 근본적으로 다른 점이 있다. 신앙의 조상 아브라함이 100세에 낳은 아들 이삭을 희생 제물로 바치라고 명령한 이른바 '아케다 사건'에서 아브라함은 신에 대한 추호의 의심도 없이 이삭을 바치려 한다. 그 순간 신은 자신의 전령인 천사를 보내 이삭을 살린다. 천사는 신이 아브라함의 신앙을 시험하기 위해 이러한 일을 벌였다고 전한다. 신은 결코 무고하게 피를 흘리게 하는 그러한 매정한 존재가 아니다. 『흑야』에서 침묵과 무반응으로 점철된 신과는 달리 아케다의 신은 침묵하지 않았다.

『흑야』는 아케다 이야기에 대한 충격적인 반전이다. 신은 그 끔찍한 순간에 개입해 무고한 사람들을 구하려 하지 않았다. 새로운 삶의 모습을 제시한 예수가 십자가에서 죽어갈 때처럼 신은 침묵한다. 천사가 내려와 유대인들을 구하고 아우슈비츠를 불태우지도 않는다. 심지어는 엘리에제르의 아버지 슬로모가 두들겨 맞아 피범벅이 되어 엘리에제르가 그토록 신을 부를 때도 돌아오는 반응은 '침묵'이었다.

아케다 사건에서 신이 희생을 요구하는 점이나 홀로코스트에서의 신의 침묵은 신이 자비하지 않다는 증명이다. 그러한 신이 이 세상에 필요한가? 신이라는 존재는 인간이 만들어낸 허상의 투영인가?

절망이라는 병에 걸린 유대인

신의 침묵에 절망하는 인간이 할 수 있는 최선은 무엇인가? 국가적인 재난 앞에 신이 아무런 반응도 없이 침묵으로 일관한다면 인간은 어떻게 반응해야 하나? 예언자 에스겔은 예루살렘의 사제이자 사독의 자손인 부시의 아들로 태어났다. 에스겔은 유다의 여호아킨 왕과 함께 예루살렘이 기원전 586년에 멸망한 뒤 바빌론으로 끌려간 포로였다.

그는 바빌론에서 유대인들 안에 자리한 '절망'을 깊이 묵상했다. 그는 바빌로니아 남부에 있는 니푸르라는 도시의 그발 강 수로 사업에 투입되어 포로들과 함께 살았다. 포로들의 삶은 생각보다 그렇게 힘들지 않아서 그가 고된 노동을 하거나 노예로 지낸 것은 아니었다. 그는 결혼해서 자신의 집에 살았으며 많은 저명한 손님들을 환대했다. 그는 종종 금욕적인 생활을 하면서 자신이 유대인들의 죄를 짊어지어야 할 사람이라고 생각했다.

동료 유대인들에 대한 그의 불만은 그들이 자아도취에 빠져 있고 아무 생각 없이 바빌로니아 풍습을 기꺼이 수용하려는 점이었다. 에스겔은 포로로 잡혀온 지 5년째 되던 해, 그발 강 둑에 앉아 신의 계시를 받는다. 바빌론에 포로로 잡혀온 유대인들의 치명적인 병은 바로 절망이었다. 미래에 대한 계획이나 대안도 없이, 그저 하루하루 연명하는 하루살이처럼 사는 동료들을 보면서 그들에게 충격적인 행동을 통해 희망을 보여줄 것을 계획한다.

성서에서 에스겔만큼 개성이 뚜렷한 예언자는 없을 것이다. 그는 자신이 예언자임을 절감하고 절망에 빠진 유대인 포로에게 극단적인 방법으로 자신의 뜻을 알리려 노력한 신앙인이었다. 예언자들 가운데 자신의 뜻을 관철시키기 위해 극단적인 행동을 하는 경우가 있다. 예를 들어 이사야는 자신의 엉덩이를 내놓은 채 3년 동안 돌아다녔고, 예레미야는 결혼하지 않았으며, 호세아는 창녀를 아내로 맞이했다. 그러나 에스겔만큼 자신의 상징적인 행동과 알레고리를 그의 삶의 전부로 만든 예언자는 없다. 에스겔은 자신의 기이한 상징적인 행동으로 사지가 마비되거나 혀가 굳어 말을 할 수 없는 지경에 이른다.

〈에스겔서〉 1장에는 하늘에 있는 왕좌가 등장한다. 이 왕좌에 대한 환상은 〈에스겔서〉에서 자주 언급되는 장면이다. 신은 에스겔의 삶이 절망에 빠진 이스라엘인들에게 어떤 '표식'이 되길 바란다. 에스겔은 자신의 행동을 통해 신의 뜻을 드러내려고 한다. 우리가 보기에는 이해할 수 없는 행동들이다. 그는 오랫동안 집밖으로 나오지 않으며, 자신의 몸을 묶고 침묵하기도 한다.

예언자 에스겔의 기이한 행동

에스겔이 그발 강가에서 다른 포로들과 함께 있을 때 신이 그에게 환상을 보여주었다. 다른 포로들은 에스겔처럼 환상을 볼 수 있는 영적인 눈이 없었다.

에스겔은 북쪽에서 폭풍이 불어오더니 큰 구름이 밀려오고 불빛이 계속해서 번쩍이며 그 구름 둘레로 광채가 나고, 그 광채 한가운데에서 금붙이 같은 것이 번쩍이더니 그 안에 사람처럼 생긴 생물의 형상이 있는 것을 보았다. 그리고 이 형상 위 창공 모양의 덮개위에는 보석으로 만든 보좌 형상이 있었고, 그 보좌 형상 위에는 사람의 모습과 비슷한 형상이 앉아 있었다. 에스겔은 그것이 신이라 생각하고 얼굴을 땅에 대고 엎드렸다. 그러자 신이 말한다.

"사람아, 일어서라. 내가 너에게 할 말이 있다. (…) 내가 너를 이스라엘 자손에게, 곧 나에게 반역만 해온 한 반역 민족에게 보낸다. (…) 그들은 반항하는 족속이다. (…) 비록 네가 가시와 찔레 속에서 살고, 전갈 떼 가운데서 살고 있더라도, 너는 그들을 두려워하지 말고, 그들이 하는 말도 두려워하지 말아라. (…) 그들이 듣든지 말든지 오직 너는 그들에게 나의 말을 전하여라."[1]

신은 이스라엘인들이 바빌론에 포로로 잡혀온 이유를 죄를 지었기 때문이라고 말한다. 그들의 죄는, 자신들이 만들어놓은 거룩한 공간인 예루살렘에만 가면 그곳에서 신을 만나고 신의 축복을 획득할 수 있다는 자만심이었다. 예루살렘 성전에 가는 것이 문제가 아니라 신의 명령을 듣고 삶으로 실천하기 위한 목적을 상실한 채 형식적인 의례만 행하는 이스라엘인들을 벌준 것이다.

그는 신이 보여준 환상으로 그발 강가에서 포로로 끌려온 이스라엘인들과 7일 동안 얼이 빠진 사람처럼 앉아 있었다. 그 후에 신은 에스겔에게 다음과 같이 명령한다.

"너는 집으로 가서 문을 잠그고 집 안에 있거라. (…) 사람들이 너를 포승으로 묶어놓아서, 네가 사람들에게로 나가지 못할 것이다. 더욱이 내가 네 혀를 입천장에 붙여 너를 벙어리로 만들어서, 그들을 꾸짖지도 못하게 하겠다. 그들은 반항하는 족속이기 때문이다. 그러나 내가 너에게 다시 말할 때에, 네 입을 열어줄 것이니, 너는 '주 하나님이 이렇게 말씀하신다' 하고 그들에게 말하여라."[2]

에스겔은 포승줄로 묶인 채 방안에 갇혀 벙어리가 된다. 말을 해도 마음으로 받아들이지 않는 이스라엘인들의 강퍅함을 드러내기 위해 에스겔이 벙어리가 된 것이다. 그의 기행은 여기서 그치지 않는다. 그는 이스라엘의 죄를 용서받기 위해 390일 동안 한쪽으로 누워 있기도 했다.

그 후에는 바빌로니아가 예루살렘을 포위한 듯한 모습을 모형으로 만들어, 그 앞에서 다시 다른 쪽으로 390일 동안 누워 있었다. 에스겔은 2년 넘게 누워 있으면서 자신의 민족이 당한 재난과 수모의 원인을 깊이 묵상하고 기도한다.

심지어 신은 에스겔에게 밀가루 빵을 인간의 똥으로 만든 연료 위에서 굽도록 명령한다. 에스겔은 신에게, 자기 자신을 더럽힌 일도 없고, 저절로 죽거나 물려 죽은 짐승의 고기도 먹은 적이 없으며, 부정한 고기를 입에 넣은 적도 없다고 말한다. 그러자 신은 "좋다! 그렇다면 인분 대신에 쇠똥으로 불을 피워 빵을 구워라!"라고 말한다. 이후 신은 에스겔에게 어떤 인간도 이해할 수 없는 행위를 과감히 행한다.

"나는 너의 눈에 들어 좋아하는 사람을 단번에 쳐 죽여, 너에게서 빼앗아 가겠다. 그래도 너는 슬퍼하거나 울거나 눈물을 흘리지 말아라."[3]

에스겔이 사람들에게 이 말을 전한 뒤 저녁, 그의 아내가 죽었다. 에스겔은 바빌론 포로기를 시작하면서 유대인들이 이러한 재난을 받은 이유를 자신의 기이한 행동을 통해 전하고, 이들이 회개할 마음이 전혀 없기 때문에 더욱더 깊은 절망의 구덩이에 빠져 있다는 사실을 선포한다. 이들은 이제 도저히 재생할 수 없는 시체들이며, 그것도 모자라 무수한 세월이 지난 마른 뼈들과 같았다. 마른 뼈와 같은 이들이 다시 살아날 수 있을까?

희망, 오늘을 사는 버팀목

신이 에스겔을 잔인하게 다루는 이유는 그가 신의 백성의 상징이기 때문이다. 에스겔이 자기 아내의 죽음조차 슬퍼할 수 없는 것처럼, 이스라엘인들이 예루살렘 성전의 파괴를 애도하지 못하도록 만든다. 신이 예루살렘을 파괴한 이유는 이스라엘인들의 죄 때문이며, 에스겔의 아내는 포로로 잡혀온 이스라엘인들의 상징이다. 이러한 경우, 이스라엘인들이나 에스겔이 보여줄 수 있는 행위는 애도가 아니라 회개와 겸손이다.

에스겔은 그 후 '마른 뼈 골짜기' 환상을 본다. 신은 에스겔을 골짜기로 데리고 간다. 이 골짜기가 정확히 어디인지는 알 수 없으나 예루살렘의 남쪽에 있는 '게헨나(힌놈의 아들 골짜기)'처럼 시체를 유기하는 장소였을 것이다. 게헨나는 고대 가나안 사람들이 자신들의 신인 몰록(Moloch)에게 바치기 위해 어린아이들을 희생 제물로 바치던 장소로 그곳에는 뼈들이 가득 차 있었다고 한다.

에스겔은 마른 뼈로 가득한 골짜기에 서 있다. 신이 그에게 묻는다. "사람아, 이 뼈들이 살아날 수 있겠느냐?" 상식을 가진 사람이라면 다시 살아날 수 없다고 말했을 것이다. 에스겔은 "주 하나님, 주께서는 아십니다"라고 대답한다.

신은 에스겔에게 마른 뼈에 예언의 말을 전하라고 명령한다. 이 뼈들이 바로 이스라엘 사람들이다. 그들은 스스로 "우리의 뼈가 말랐고, 우리의 희망도 사라졌으니, 우리는 망했다"라고 하며 실의에 찬 사람들이다. 소설 『흑야』에서 엘리에제르가 자신의 아버지가 피흘려 죽는 것을 목격하지만 자신은 아무것도 할 수 없는 육체적, 정신적 공황 상태를 바로 마른 뼈로 비유한 것이다.

"너희 마른 뼈들아, 너희는 나 주의 말을 들어라. (…) 내가 너희 속에 생기를 불어넣어, 너희가 다시 살아나게 하겠다. 내가 너희에게 힘줄이 뻗치게 하고, 또 너희에게 살을 입히고, 또 너희를 살갗으로 덮고, 너희 속에 생기를 불어넣어, 너희가 다시 살아나게 하겠다."[5]

신이 이렇게 불가능한 일을 행하는 이유는 이스라엘인들이 그때서야 비로소 삼라만상을 관장하는 분이 바로 신이라는 것을 깨닫기 때문이라고 말한다. 봄에 뿌린 씨가 발아해 줄기와 잎사귀를 내고 시절에 따라 열매 맺는 과정은 우리의 상상을 뛰어넘는 신비 그 자체다. 신은 생명을 창조하는 그 신비를 운행하는 자다. 신은 생명이 탄생할 수 없을 것 같은 마른 뼈에 생기를 불어넣겠다고 말한다.

여기에서 '생기'라는 단어는 히브리어로 '루아흐(ruah)'다. 루아흐는 모든 동식물에 깃든 생명을 유지하게 하는 어떤 것이다. 루아흐는 씨앗을 발아시키는 보이지 않는 힘이며, 포유류의 x, y 염색체가 만나 하나의 생명체를 이루는 신비다. 루아흐는 또한 연어가 알을 낳기 위해 여러 달 동안 수천 킬로미터나 되는 바다를 헤엄쳐서 산란지인 강 상류를 향해 거슬러 오르게 하는 힘이다. 그것은 불가능한 것을 가능하게 하는 우주의 법이다. 에스겔은 이제 신의 특성인 루아흐의 위대함을 발견한다. 그는 고개를 들어 자신이 바라보는 만물이 바로 보이지 않는 루아흐에 의해 작동한다는 사실을 깨닫는다.

에스겔이 신으로부터 위임받은 명령을 대언하니 뼈들이 서로 이어지는 요란한 소리가 들리고, 그 뼈들 위에 힘줄이 뻗치고 살이 오르고 살 위로 살갗이 덮였다. 그러나 그들 속에는 루아흐, 즉 생기가 없었다. 인간이 겉모습만 번지르하고 그 안에 영혼이 없다면 무슨 소용이 있겠는가? 신은 에스겔에게 "사람아, 너는 생기에게 다음과 같이 말하여라. '생기야, 사방에서부터 불어와서 이 살해당한 사람들에게 불어서 그들이 살아나게 하여라.'"[6]

〈에스겔서〉 40~48장에는 예루살렘을 다시 건설하고 나라를 되찾을 것이라는 예언이 등장한다. 건축 계획, 크기, 건축 자재, 사제들을 위한 방, 의례, 종교 축제 그리고 이스라엘 지파들 간의 부동산 분배가 구체적으로 묘사되어 있다. 에스겔은 이스라엘 민족사에 있어서 가장 비극적인 순간에 미래에 대한 희망을 찾는다.

에스겔은 모든 세대에 말을 걸고 특히 불확실한 미래를 사는 우리에게 한 줄기 빛을 보여준다. 1세기 예수 운동을 유대교의 한 분파에서 그리스도교로 발전시킨 바울은 인간은 이 소망으로 구원을 받는다고 주장한다. 그는 "눈에 보이는 소망은 소망이 아닙니다. 보이는 것을 누가 바라겠습니까? 그러나 우리가 보이지 않는 것을 바라면, 참으면서 기다려야 합니다"라고 선포한다.

성서는 신이 우주를 창조하는 이야기로 시작한다. 신이 우주를 창조하기 전, 온 세상은 "혼돈하며 공허하고 어둠이 깊음 위에서 휘몰아치고 있었다"[8]라고 전한다. 신의 첫 행동은 빛을 만들어 어둠을 쫓는 일이었다. 어둠과 밤은 신이 없는 세상을 상징한다. 에스겔이 목도한 그러한 절망적인 상황에서 마른 뼈들 위에 힘줄과 살이 오르고 살갗으로 덮은 후 생기가 들어가 사람이 되어 움직인 것처럼, 엘리 위젤은 아우슈비츠라는 또 다른 마른 뼈 골짜기에서 불가능하지만 바랄 수밖에 없는 미래, '희망'을 불렀다.

깊고 짙은 어둠이 지나야 여명이 찾아오듯이, 희망은 한 치 앞을 내다볼 수 없는 절망의 과정을 겪은 자들에게 주어지는 갑작스러운 선물이다. 그런 측면에서 희망은 고통과 절망의 또 다른 이름이 아닐까.

내가 땅의 기초를 놓을 때
너는 어디에 있었느냐?

אֵיפֹה הָיִיתָ בְּיָסְדִי־אָרֶץ

"내가 땅의 기초를 놓을 때에, 네가 거기에 있기라도 하였느냐?
네가 그처럼 많이 알면, 내 물음에 대답해보아라.
누가 이 땅을 설계하였는지, 너는 아느냐?
누가 그 위에 측량줄을 띄웠는지, 너는 아느냐?"

〈욥기〉 38:4

욥에게
찾아온 시험

2011년 칸 영화제에서 황금종려상을 받은 작품은 테렌스 맬릭(Terrence Malick)의 〈트리 오브 라이프〉다. 맬릭 감독은 아마도 살아 있는 미국 영화감독 중 가장 신비스러운 사람일 것이다. 그는 1973년 〈황무지〉로 데뷔한 이후 지금까지 다섯 편의 작품만을 찍었다. 그는 하버드 대학에서 철학을 공부했고 미국 대학 졸업생의 최고 영예인 로드 스칼라 자격으로 영국 옥스퍼드 대학에서 수학했다. 그 후 미국으로 돌아와 프리랜서로 일하다가 MIT에서 철학을 가르치던 동료 교수의 영화 관련 과목을 수강하다 영화에 입문한다.

맬릭 감독의 〈트리 오브 라이프〉는 종교, 인생, 운명, 가족에 대한 그의 철학적 명상이다. 영화는 신이 욥에게 던진 질문 "내가 땅의 기초를 놓을 때에, 네가 거기에 있기라도 하였느냐?"로 시작한다. 맬릭 감독은 이 영화에서 욥을 통해 어떤 메시지를 전달하려 했을까?

욥은 흔히 '고통받는 자'로 알려져 있다. 〈욥기〉 1장 1절은 "우스라는 곳에 욥이라는 사람이 살고 있었다. 그는 흠이 없고 정직하였으며, 하나님을 경외하며 악을 멀리하는 사람이었다"로 시작한다. 〈욥기〉는 기원전 5~3세기 이전에 구전으로 내려오던 문헌들을 정리해 기록한 것이다.

유대인들은 기원전 6세기 바빌로니아에 의해 예루살렘이 파괴되어 포로로 잡혀간 후, 자신들이 처한 처지를 전통적인 신앙 안에서 설명할 길이 없었다. 유대인들을 전통적으로 지탱해온 신앙은 신은 위대하며, 그 신을 잘 섬긴다면 지상에서 영원히 행복하게 살 것이라는 믿음이었다. 그 믿음이 깨진 상황에서 유대인들은 새로운 신앙을 모색하기 시작한다. 〈욥기〉는 바로 과거의 신앙과는 다른 새로운 신앙의 길을 모색하는 책이다.

욥은 성서에서 "흠이 없고 정직한" 자로 묘사된 유일한 인물이다. '흠이 없다'라는 표현은 신이 보기에 온전한 사람이라는 의미고, '정직하다'라는 표현은 사람들이 평가하기에도 완벽한 인간이라는 뜻이다. 그는 또한 동방 최고의 부자였지만, 큰 잔치를 마치고 나면 그 다음 날 일찍 일어나 열 명의 자식들이 모르게 실수한 것까지 헤아려 신에게 제사를 올리는 실로 완벽한 신앙인이었다.

신은 욥을 항상 자랑스럽게 생각했다. 하루는 신이 하늘에서 신들의 모임을 주재했는데, 그 신들 중에는 지상에 내려와 신이 선택한 인간을 시험하는 '사탄'도 있었다. 사탄의 원래 의미는 '고발하는 자'다. 사탄은 신의 임무를 맡은 인간을 시험하고 평가해, 만일 그 임무를 충실히 행하지 않으면 신에게 고발한다. 그래서 성서에서는 신으로부터 시험을 받은 자는 신의 선택을 받은 자다. 성서에서 시험을 받은 자들은 아브라함, 욥 그리고 예수다.

욥을 자랑스럽게 여기는 신은 지상에 다녀온 사탄에게 욥의 근황을 묻는다.

"너는 내 종 욥을 잘 살펴보았느냐? 이 세상에는 그 사람만큼 흠이 없고 정직한 사람, 그렇게 하나님을 경외하며 악을 멀리하는 사람은 없다."[1]

그러자 사탄은 신에게 다음과 같이 묻는다.

"욥이, 아무것도 바라는 것이 없이 하나님을 경외하겠습니까? 주께서 그와 그의 집과 그가 가진 모든 것을 울타리로 감싸주시고, 그가 하는 일이면 무엇에나 복을 주셔서, 그의 소유를 온 땅에 넘치게 하지 않으셨습니까? 이제라도 주께서 손을 드셔서, 그가 가진 모든 것을 치시면, 그는 주님 앞에서 주님을 저주할 것입니다."[2]

사탄은 인간들이 왜 신을 믿는지, 인간들이 생각하는 종교의 핵심을 정확히 이해하고 있었다. 욥에 대한 사탄의 평가는 신을 움직였다. 신은 사탄에게 욥의 시험을 허락한다.

"그가 가진 모든 것을 다 네게 맡겨보겠다. 다만, 그의 몸에는 손을 대지 말아라!"[3]

사탄은 바로 지상으로 내려가 사고를 통해 동방 최고의 부자 욥의 모든 것을 빼앗는다. 사탄은 욥의 부, 가축, 집, 종들 그리고 심지어 그의 자녀 열 명의 생명도 앗아간다. 이해할 수 없는 비극을 당하고도 욥은 자신의 신앙을 지킨다. 욥은 일어나 슬퍼하며 겉옷을 찢고 머리털을 민 다음 머리를 땅에 대고 엎드려 경배하며 "모태에서 빈손으로 태어났으니, 죽을 때에도 빈손으로 돌아갈 것입니다. 주신 분도 주님이시요, 가져가신 분도 주님이시니, 주의 이름을 찬양할 뿐입니다"라고 기도한다.[4]

신은 욥의 신앙심을 알고 있었고, 그를 흐뭇하게 생각했다. 그 후 신은 또다시 사탄을 만난다. 신은 그러한 고통을 감내하면서도 신앙을 잃지 않는 욥을 사탄에게 자랑한다.

"너는 내 종 욥을 잘 살펴보았느냐? 이 세상에 그 사람만큼 흠이 없고 정직한 사람, 그렇게 하나님을 경외하고 악을 멀리하는 사람이 없다. 네가 나를 부추겨서, 공연히 그를 해치려고 하였지만, 그는 여전히 자기의 온전함을 굳게 지키고 있지 않느냐?"[5]

그러자 사탄은 다시 한 번 신에게 도전한다.

"가죽은 가죽으로 대신할 수 있습니다. 사람은 자기 생명을 지키는 일이면, 자기가 가진 모든 것을 버립니다. 이제라도 주께서 손을 들어서 그의 뼈와 살을 치시면, 그는 당장 주님 앞에서 주님을 저주하고 말 것입니다!"[6]

욥에 대한 믿음이 있었던 야훼는 사탄에게 이렇게 말한다.

"그렇다면, 그를 너에게 맡겨보겠다. 그러나 그의 생명만은 건드리지 말아라!"[7]

욥은 발바닥에서부터 정수리까지 악성 종기가 나서 고생한다. 한때 동방의 최고 부자였던 욥은 잿더미에 앉아 옹기 조각으로 자신의 몸을 긁어댄다. 욥의 아내는 융통성이 없는 남편에게 차라리 신을 저주하고 자살하라고 종용한다. 그러나 욥은 이 모든 어려움을 당하고도 말로 죄를 짓지 않았다.

욥의 불굴의 신앙은 후에 등장하는 그리스도교의 십자가 사건의 원형이 된다. 밀라노의 주교였던 암브로시우스(Ambrosius)는 욥을 다음과 같이 예수의 예표로 해석한다.

거룩한 욥을 생각해보십시오. 그의 몸이 모두 종양으로 덮여 있고, 그의 사지가 병들었으며 몸 전체가 고통으로 가득 차 있었습니다. 그러나 그는 이러한 역경에도 굴하지 않았습니다. 그는 심지어 말로도 실수하지 않았습니다. 그는 성서에서 증언한 대로 '그는 이러한 일을 당하고도 입술로 죄를 짓지 않았습니다.'(〈욥기〉 2:10) 오히려 그는 그의 고통 가운데 힘을 얻었습니다. 그는 이것을 통해 그리스도 안에서 힘을 얻었습니다.[8]

이때 욥의 세 친구인 엘리바스, 빌닷 그리고 소발이 찾아온다. 그들은 욥의 처참한 몰골을 보고 7일 동안 밤낮으로 욥과 함께 땅바닥에 앉아 있었다. 그들은 욥이 겪는 고통이 너무나 커보였기에 한마디 말도 할 수 없었다. 〈욥기〉 3장에서 욥은 신에게 불평을 늘어놓기 시작한다.

어찌하여 하나님은, 고난당하는 자들을 태어나게 하셔서 빛을 보게 하시고, 이렇게 쓰디쓴 인생을 살아가는 자들에게 생명을 주시는가? (…) 어찌하여 하나님은 길 잃은 사람을 붙잡아 놓으시고, 사방을 그 길을 막으시는가?

세 친구는 고대 이스라엘의 보편적 세계관인 인과응보의 논리로, 신은 인간에게 무작위로 고통을 부여하지 않는다고 말한다. 욥이 이렇게 감당할 수 없는 시험을 받는 이유는 그가 그에 상응하는 죄를 지었기 때문이라고 주장한다. 이들은 〈욥기〉 3장에서부터 37장에 이르기까지 욥과 대화하며 그에게 끊임없이 회개를 촉구한다.

하지만 욥은 자신이 잘못한 것이 없다고 생각했기 때문에, 자신을 죄인 취급하지 말라면서 그들과 논쟁을 벌인다. 욥은 우주와 생명의 기원을 들먹이면서 신의 뜻을 안다고 주장하거나, 자기 자신이 가장 지혜롭다며 세 친구의 말을 들으려 하지 않는다.

지혜란
무엇인가?

신은 욥이 친구들과 논쟁하는 것을 쭉 지켜보다 드디어 욥에게 질문한다. 신은 폭풍이 몰아치는 가운데서 욥에게 말한다.

"네가 누구이기에, 무지하고 헛된 말로 내 지혜를 의심하느냐? 이제 허리를 동이고 대장부답게 일어서서, 묻는 말에 대답해보아라."⁹

여기서 "무지한 말"이라는 용어는 축자적으로 번역하면 '지식이 없으면서'이다. '지식'은 히브리어로 '다아트(daat)'이며, '우주 삼라만상의 원칙에 대한 앎'을 뜻한다. 예를 들어 하늘에 별이 수천억 개 존재한다면, 그 별들의 운행 원칙과 같은 것이다.

히브리어 다아트에 해당하는 개념은 고대 이집트의 '마아트(maat)', 고대 메소포타미아의 '메(me)', 고대 인도의 '다르마(dharma)' 그리고 중국의 '도(道)'라 할 수 있다. 우리가 아는 지식은 극히 제한적이다. 인간에게 지식은 지혜와 명철의 일부로 드러난다. 여기에서 지혜는 전체를 파악할 수 있는 직관력이며, 명철은 분석하고 계산하는 능력이다.

욥이 아무리 의롭고 지혜롭다 해도 그의 지식이 삼라만상의 운행 원칙을 알 수 있는 정도는 아니다. 신이 보기에 욥이 우주와 생명의 기원에 대해 떠벌리는 행위는 '무지의 소치'다. 그것은 마치 세상에서 가장 높은 에베레스트 산 앞에서 그 산이 만들어진 시기와 생성

과정을 알려고 노력하는 것과 같다. 인간은 그 웅장함 앞에서 그저 침묵하고 경외를 표하기만 하면 된다.

"네가 누구이기에, 무지하고 헛된 말로 내 지혜를 의심하느냐?"[10] 라는 문장에서 '지혜'는 신이 '우주를 운행할 계획'을 의미한다. 욥은 무식한 말로 신의 계획에 대해 아는 척하며 지껄인 것이다. 신은 계속해서 질문한다.

"내가 땅의 기초를 놓을 때에, 네가 거기에 있기라도 하였느냐? (…) 누가 이 땅을 설계하였는지, 너는 아느냐? (…) 네가 지금까지 살아오면서 네가 아침에게 명령하여, 동이 트게 해본 일이 있느냐? (…) 죽은 자가 들어가는 문을 들여다본 일이 있느냐? (…) 세상이 얼마나 큰지 짐작이나 할 수 있겠느냐? (…) 빛이 어디에서 오는지 아느냐? 어둠의 근원이 어디에 있는지 아느냐?"[11]

문제는 전지전능한 신의 장황한 설교에도 욥은 대답을 찾지 못한다는 것이다. 신은 자신의 의도를 의심하며 질문하는 욥의 무모함에 화가 났다. 신은 욥에게 "네가 대장부답게 허리를 동여매고, 내가 질문할 테니, 내게 우주의 비밀을 알려주어라!"라고 말한다. 그리고 신은 자신이 과거에 했었고 지금도 하고 있는 놀라운 일들을 나열한다. 욥은 삼라만상의 창조와 운행에 관련한 수많은 일들을 행할 수 없을 뿐만 아니라 그 원칙을 이해할 수도 없다. 신의 설교가 끝나가도 욥은 자신의 제한된 시각으로는 도저히 신의 의지를 이해할 수 없었다.

왜 선한 사람이
고통을 받는가?

'흠이 없고 정직한' 욥은 왜 아무런 이유 없이 고통을 받은 것일까? 영화 〈트리 오브 라이프〉는 바로 이 신의 질문으로 시작한다. 이 영화는 '신이 존재한다'고 믿는 유신론 체계의 가장 풀기 어려운 질문 중 하나인 '인간 고통'의 문제에 대한 묵상이다. "신이 위대하고 선하다면, 악이 존재할 수 있는가?" 혹은 "왜 착한 사람들이 세상에서 고통을 받는가?"

이 질문은 영화 〈트리 오브 라이프〉의 주인공인 잭 오브리언의 영혼을 일생 동안 괴롭힌 화두다. 잭은 순진하던 동생의 죽음으로 세상을 비관적으로 보기 시작한다. 특히 천사와 같은 잭의 엄마인 오브리언 부인에게 아들의 죽음은 바로 벼랑으로 떨어지는 공포이자 절망이었다. 잭의 엄마는 왜 이렇게 형용할 수 없는 고통을 당해야만 하는가?

잭은 완벽히 선한 신과 이 세상에 존재하는 악의 화신이라고 할 수 있는 이유 없는 고통을 화해시키기 위해 인간 존재에 대한 궁극적인 의미를 찾아 묵상 여행을 시작한다. 〈트리 오브 라이프〉는 이 영적인 여행에 관한 내용이다. 맬릭 감독은 이 영화를 통해 '창조 과학 소설(Creation Science Fiction)'이라는 새로운 장르를 만들었다. 맬릭 감독은 우주 창조에 관한 웅장하면서도 감동적인 서사시를 보여주기 전에, 영화 전체의 흐름을 잡아주는 에피소드로 시작한다.

잭의 엄마인 오브리언 부인은 자신의 아들이 베트남 전쟁에서 사망했다는 전보를 받는다. 그녀는 하늘을 응시하고 속삭인다. "오,

주여! 왜? 당신은 어디 계십니까?" 이 질문은 우주를 창조한 후 '모든 지식의 나무'의 열매를 따먹은 아담에게 한 신의 첫 질문인 "네가 어디 있느냐?"이다. 이제 인간이 그 신의 첫 질문을 신에게 다시 묻는다. "당신은 어디 계십니까?" 영화는 오브리언 부인의 이 질문에 대한 대답과 신이 욥에게 한 질문에 대한 대답을 숭고한 영상으로 보여준다.

욥은 신이 인정하는 의인이었다. 그는 신과 자신 앞에서 흠이 없고, 가족과 이웃이 보기에도 정직한 사람이었다. 하지만 그에게 이해할 수 없는 고통이 찾아온다. 부자였던 그가 하루아침에 모든 재산을 날리고, 열 명의 자식들마저 잃는다. 욥의 부인은 그러한 신이라면 저주하고 죽으라고 부르짖지만, 욥은 자신의 신앙을 고수한다. 신은 더 혹독한 고통으로 그를 시험한다. 욥은 머리에서 발끝까지 몸 전체가 욕창으로 가득 차 길거리에 주저앉아 기왓장으로 몸을 긁는 신세가 됐다.

욥은 신에게 자신의 고통에 대한 이유를 묻는다. 왜 욥과 같이 선한 사람이 이 같은 고통을 당해야만 하는가? 왜 신은 의로운 자가 고통을 받도록 허용하는가? 그런 신을 믿어도 되는가?

신은 이러한 욥에게 "내가 땅의 기초를 놓을 때 너는 어디에 있었느냐?"라고 대답한다. 그런데 이것은 대답이 아니라 질문이다. 신은 〈욥기〉 38~41장까지 쉴 새 없이 다시 욥에게 질문한다. 〈욥기〉 3장~37장에 등장하는 욥의 수많은 질문에 침묵하던 신이 일단 입을 열기 시작하자 멈추지 않는다.

하지만 신은 욥의 질문에 끝내 대답하지 않는다. 지금 이 순간에도 세상의 수많은 어린아이들이 기아나 질병으로 죽는다. 왜일까? 신앙인들은 그들을 위해 도움의 손길을 보내거나 기도를 하지만 신은 침묵한다. 왜일까? 이것이 신의 섭리인가? 만일 굶어 죽어가는 아이가 당신에게 도움을 청한다면, 당신은 수동적으로 가만히 있을 것인가? 왜 욥의 "완벽하게 선한" 신은 침묵하고 있는가? 그는 인간보다 못한 존재인가? 이것이 〈욥기〉에 등장하는 욥의 질문이자 〈트리 오브 라이프〉에 등장하는 오브리언 부인의 질문이다.

"주님, 왜? 어디에 계십니까?"

이 질문은 오랫동안 신학자들을 괴롭혔다. 맬릭 감독은 〈욥기〉 38~41장의 내용을 현대적으로 해석해 영상에 담았다. 〈트리 오브 라이프〉는 우주 창조를 빅뱅으로 시작한다. 폴란드 작곡가 즈비그뉴 프라이스너(Zbigniew Preisner)의 〈라크리모사(Lacrimosa)〉가 배경 음악으로 깔린다. 〈욥기〉에서 언급한 것처럼 신이 기뻐서 노래하는 것이 아니라 인류를 위해 눈물을 흘리는 듯하다. 인간의 슬픔, 잭과 오브리언 부인 그리고 우리의 슬픔의 노래가 빅뱅에서부터 시작한 것이다. 오브리언 부인은 신에게 다음과 같이 질문한다.

"당신에게 우리는 누구입니까? 대답해주십시오. 우리는 당신에게 울면서 기도합니다. 우리의 기도를 들어주십시오."

빅뱅으로 시작한 우주는 호모 사피엔스의 등장으로 이어진다. 〈트리 오브 라이프〉에서 우주 창조의 절정은 바로 '잭'으로 상징되는 인간이다. 그러나 잭은 행복하지 않다. 그는 한마디로 삶의 의미를 찾지 못하고 지친 현대인의 표상이다. 잭의 표정과 말에서 그의 인생이 불행하다는 것을 짐작할 수 있다. 잭은 자기 엄마처럼 상투적인 말로 중얼거린다. "세상은 엉망이 됐어. 모두 돈에 미쳤어!"

도시의 건물들은 걷잡을 수 없는 숲의 나무처럼 잭을 둘러싸고 숨통을 조인다. 하늘을 볼 수 없는 도시는 인간으로 하여금 스스로 존재하고 자족하며 저 위에는 아무것도 없다고 생각하게 한다. 인간 스스로 죽음을 인생의 종착역으로 여기는 문화에서 탈출구를 찾지 못한 채 무료하게 살아간다. 잭은 자신이 어디로 가야 하는지 길을 잃었다. 잭은 자신의 주위에 허황된 세계를 세우고 진리로부터 자신을 감춘다. 영화에서 잭은 성공한 건축가지만, 영적으로는 파산 지경에 도달해 있다. 그의 영혼은 삭막한 도시 안에 정착하지 못해 떠돌아다니며, 그 안에 살고 있는 이기적인 사람들에게서 점점 소외되고, 고층 건물 안에서 그저 일벌레로 살아간다. 영화는 우주 창조에서 다시 잭의 탄생으로 넘어간다.

자연의 길과
은총의 길

잭은 다음과 같은 속삭임을 듣는다.

"당신은 내게 그녀를 통해 말씀하셨습니다. 당신은 하늘과 나무를 통해 말씀하셨습니다. 내가 알기도 전에, 나는 당신을 사랑했고 믿었습니다. 당신이 언제 처음으로 내 마음속에 오셨나요?"

〈트리 오브 라이프〉는 1950년대 잭의 유년 시절에서부터 차츰 순진함을 잃게 되는 10대의 모습을 보여준다. 어머니의 헌신적인 사랑으로 에덴동산과 같은 가정에서 살던 잭은 점차 세상의 현실을 알아간다. 잭은 어렸을 때 동네 연못에서 수영을 하다 물에 빠져 죽을 뻔한 소년에 대한 기억으로 죽음에 집착하게 된다.

그는 신에게 "당신, 어디에 계십니까? 소년을 죽게 놔두다니. 아무 일이나 생겨도 당신은 상관하지 않습니까? 당신은 선하지 않은데, 내가 선해야만 합니까?"라고 질문한다. 인생의 불확실성은 동생의 죽음으로 인해 극단으로 치닫는다. 동생이 베트남 전쟁에서 죽자 잭은 더 이상 순진한 사람이 아니게 된다.

잭의 가정에는 두 개의 서로 다른 세계가 존재한다. 직관적이고 아름다운 엄마의 세계와 세속적이고 실용적인 아빠의 세계다. 맬릭 감독은 엄마 오브리언 부인의 속삭임을 통해 이원론적인 세계를 소개한다.

삶에는 두 가지 길이 있다. 자연의 길과 은총의 길. 당신은 하나를 택해야 한다. 은총은 스스로의 유익을 구하지 않는다. 무시당하고, 잊혀지고, 말없이 미움을 당한다. 심지어는 모욕과 상처를 입기도 한다. 그러나 자연은 자신의 이익을 위해 애쓴다. 외부가 자신에게 기쁨을 주기를 바란다. 다른 이들의 주인 노릇을 하고 싶어 한다. 많이 소유하는 것이 그 목적이다. 햇빛이 세상을 밝혀도 행복하지 않은 이유를 찾는다. 사랑은 모든 것에 미소 짓는다.

이 글은 아마도 맬릭 감독이 토마스 아 켐피스(Thomas a Kempis)의 저서 『그리스도를 본받아』를 읽고 아이디어를 얻은 것 같다.

자연은 스스로의 이익을 위해 노동하고 다른 존재로부터 무슨 이익을 찾을 수 있을까 궁리한다. 그러나 은총은 자신에게 유용하고 편한 것을 구하지 않고 많은 사람들에게 이익이 되는 것을 추구한다. 더욱이 자연은 욕심이 많고 주기보다는 받기를 좋아하며 자신의 것을 더 사랑한다. 한편 은총은 친절하며 너그럽고 이기적이지 않으며 적은 것에 만족하고 받는 것보다 주는 것이 더 복이 있다고 믿는다.[12]

오브리언 부인은 은총을 상징한다. 그녀는 친절하고 너그럽고 헌신적이며, 항상 용서하고 사랑을 주는 존재다. 그녀는 간단명료하지만 우리가 보기에는 순진하기만 한 말을 한다.

"행복할 수 있는 유일한 길은 사랑하는 것입니다. 서로 돕고 용서하십시오."

아버지 오브리언은 어머니와 정반대다. 아버지는 자연을 상징한다. 그는 엄하고 야망이 넘치며, 경쟁적이고 용서하지 않고 이기적이며 속물이다. 그는 아이들에게 자신을 '아빠'가 아닌 '아버지'로

부를 것을 요구한다. 그는 자녀들이 세상에 나가 살아남을 수 있도록 준비시키며 이렇게 말한다. "너희 엄마는 순진해. 너희들이 성공하고 싶으면 너무 착하게 행동하지 마. 정신 차려."

아버지와 어머니의 이상인 자연과 은총이 잭의 마음속에서 갈등한다. 그는 다음과 같이 중얼거린다. "아빠와 엄마 모두가 내 안에서 씨름하고 있어. 그리고 앞으로도 그럴 것 같아."

잭의 내적 갈등은 어머니의 사랑이 아니라 자신만만하던 아버지가 점점 무너지는 모습을 보고 해결되기 시작한다. 아버지 오브리언은 사업에 실패하자 자신감을 잃고 감정적으로 약해져 인생에 있어서 정말 중요한 것은 가족이라는 사실을 깨닫는다. 오브리언은 처음으로 잭에게 용서를 빌며 "가정을 당연히 여기고 무시하고, 가정이 가져다주는 영광을 알아차리지 못했다"라고 고백한다.

잭은 처음으로 아버지의 팔에 안긴다. 그 순간 빛이 그의 영혼에 스며들어 혼돈을 걷어내기 시작한다. 그 빛은 바로 우주가 창조될 때, 그 빅뱅을 가능하게 한 바로 그것이다. 잭은 아버지를 껴안고 사랑하고 사랑받는 법을 배운다. 용서는 현실을 헤쳐나가는 열쇠가 됐다.

잭은 이제 사랑이 모든 악과 슬픔을 극복할 수 있는 처방전임을 깨닫는다. 그는 이제 모든 나무와 잎, 돌, 태양빛을 사랑할 것이다. 이것이 잃어버렸던 에덴동산으로 가는 길이다. 그 길은 우리를 영원한 세계로 인도한다.

어른이 된 잭은 아버지를 용서하고 자신을 있는 그대로 수용한다. 그 영원한 세계로 가기 위해 또다시 흉흉한 바다를 건너야 할지도 모르지만 자신과 가족 그리고 삶에 대한 '지식'을 어렴풋하게나마 얻게 된 것이다.

인간은 '무지'라는 불확실성을 대면해야 한다. 그 무지의 일부가 바로 죽음이라는 현실이다. 그것에 대해 온전히 알 수 없으므로 우리는 그것을 '신비'라 부른다. 인간은 자신들이 모든 것을 조절하고 있다고 착각하지만 지극히 순간의 삶을 살다 갈 뿐이다.

어른이 된 잭은 영화의 마지막 부분에서 맨 처음에 나왔던 그 문을 다시 통과한다. 그는 인간의 유한한 삶 가운데서 어머니가 남겨준 은총을 통해 자신을 괴롭혔던 아버지에 대한 기억과 고통을 삶의 일부로 받아들이고, 이제 영원한 세계로 향하는 인생 항해를 시작하려 한다.

유한한 존재인 인간이 창조주의 무한한 지혜를 이해할 수 있을까? 신이 우주를 창조할 때 그 광경을 목격하지 못한 인간이 신의 우주 창조의 목적을 알 수 있을까? 영화 〈트리 오브 라이프〉는 가장 철학적인 이 질문에 대한 답을 찾으려는 시도다. 욥은 신이 보여준 우주와 대자연의 신비를 보면서 자신의 삶에 대한 새로운 시각을 얻게 됐다. 욥이 말한다.

"주께서는 못하시는 일이 없으시다는 것을, 이제 저는 알았습니다. 주님의 계획은 어김없이 이루어진다는 것도, 저는 깨달았습니다. 잘 알지도 못하면서, 감히 주님의 뜻을 흐려놓으려 한 자가 바로 저입니다. 깨닫지도 못하면서, 함부로 말을 하였습니다. 제가 알기에는, 너무나 신기한 일들이었습니다."[13]

욥은 신이 인정하는 동방의 의인이었지만, 자신의 미천한 지식으로 삼라만상을 이해할 수 있다고 떠든 것이 잘못임을 깨닫는다. 욥은 기껏해야 우주의 한 점에서 한순간을 사는 존재임을 절실하게 인식한다.

욥기 편집자의
어설픈 실수

〈욥기〉를 저술한 사람은 누구일까? 그리고 마지막으로 누가 이 책을 편집했을까? 학자들은 이 책에 등장하는 시가 이스라엘이 등장하기도 전인 기원전 10세기 이전부터 구전으로 낭송되던 오리엔트의 시들이라고 평가한다. 〈욥기〉는 대부분 히브리어로 기록되어 있지만 편집자는 아람어, 아카드어, 이집트어 그리고 후대 아라비아어에 등장하는 단어들의 개념을 차용했다. 〈욥기〉의 저자는 아주 오래전부터 사막의 시인들이 낭송하던 노래에 자신이 접한 후대 지혜 전통의 시들을 첨가했다. 후대 기원전 4세기경, 그리스의 철학과 지혜 문학 전통을 경험한 편집자는 이 시의 맨 앞(1~2)과 뒷부분(42:7~17)에 프롤로그와 에필로그를 첨가했다.

이 편집자는 욥이 자기 잘못을 시인하고 불행하게 끝나는 이야기를 견딜 수가 없었다. 그는 마지막에 신이 욥의 불굴의 신앙에 감탄해 이전보다 더 많은 물질적인 복을 선사했다는 각주(脚注)를 달았다. 이 각주는 두 부분으로 나뉜다. 첫 각주는 신이 욥의 친구들의 실수를 지적하고 그 실수를 보상하는 내용(〈욥기〉 42:7~9)이다. 성서에는 욥의 친구들이 욥처럼 지혜롭게 말하지 않고 어리석게 말했기때문에 신은 그 보상으로 제사를 제안하고, 그들이 욥에게 가서 용서받을 수 있도록 번제를 지내야 한다고 적혀 있다. 욥의 친구들이욥과 열띤 토론을 했다고 해서 욥에게 번제를 지내야 한다는 것은사실 좀 이해하기 어렵다. 이것은 편집자의 서툰 마무리로 보인다.

두 번째 각주는 〈욥기〉 전체에서 욥이 그렇게도 추구하던 신앙의새로운 경지에 정반대되는 고리타분하며 극복하고 폐기해야 할 신앙으로 다시 돌아가는 듯한 내용이다. 〈욥기〉의 결론 부분을 살펴보자.

욥이 주께, 자기 친구들을 용서해주시라고 기도를 드리고 난 다음에,주께서 욥의 재산을 회복시켜주셨는데, 욥이 이전에 가졌던 모든 것보다 배나 더 돌려주셨다. 그러자 그의 모든 형제와 자매와 전부터 그를아는 친구들이 다 그를 찾아와, 그의 집에서 그와 함께 기뻐하면서, 먹고 마셨다. 그들은, 주께서 그에게 내리신 그 모든 재앙을 생각하면서,그를 동정하기도 하고, 또 위로하기도 하였다. 그러면서 그들은 저마다, 그에게 돈을 주기도 하고, 금반지를 끼워주기도 하였다. 주께서 욥의 말년에 이전보다 더 많은 복을 주셔서, 욥이, 양을 만 사천 마리, 낙타를 육천 마리, 소를 천 마리, 나귀를 천 마리나 거느리게 하셨다. 그리고 그는 아들 일곱과 딸 셋을 낳았다. 첫째 딸은 여미마, 둘째 딸은굿시아, 셋째 딸은 게렌합북이라고 불렀다. 땅 위의 어디에서도 욥의딸들처럼 아리따운 여자를 찾아볼 수 없었다. 더욱이 그들의 아버지는, 오라비들에게 준 것과 똑같이, 딸들에게도 유산을 물려주었다. 그 뒤에 욥은 백사십 년을 살면서, 그의 아들과 손자 사 대를 보았다. 욥은 이렇게 오래 살다가 세상을 떠났다.[14]

이 구절은 욥이 추구하는 신앙에 정면 도전하는 내용이다. 인간은 신을 빙자해 자신의 물질적이며 이기적인 욕망을 투영해왔다. 〈욥기〉 편집자는 마지막을 전체 내용과는 달리 모순적이며 심지어는 해학적으로 마친다. 그는 어떤 의미로 이 내용을 첨가했을까?

그의 의도는 분명하다. 신이 하는 일에 도전했던 욥의 신앙은 자신이 알던 이스라엘 지혜 전통과 달랐다. 그는 고통에 대한 욥의 신앙을 이해할 수 없었다. 우리에게 일어나는 설명할 수 없는 고통에 대한 불안한 이해를 있는 그대로 놔둘 수가 없었다. 인간의 지식은 미세하다. 신이 삼라만상의 원칙과 게임의 법칙을 이미 만들어놓았기 때문에 그것들에 순응하며 살아야 한다는 결론은 후대의 독자들에게 희망적이지 않다.

이스라엘인들은 기원전 6세기부터 경험했던 국가 재난과 포로 생활을 거치면서 자신이 고수했던 이른바 '신명기적 신앙'을 버렸다. 신명기적 신앙이란 신을 잘 섬기면 복을 받고 그렇지 않으면 벌을 받는다는 초보적이며 단순한 자기위로의 신앙관이다. 이미 잃은 열 명의 자녀 대신 더 아름다운 자녀를 얻었다고 해서 행복할까? 이전보다 더 부자가 되었고 140년이나 살았다는 내용이 과연 복일까? 〈욥기〉 편집자는 버려야 할 신명기적 신앙의 환영에 사로잡혀 오래되고 고리타분한 신앙으로 되돌리는 이야기를 첨가했다. 이 부분은 〈욥기〉에서 전달하려는 가르침을 저해하는 요소라고 생각한다.

〈욥기〉의 가르침은 욥이 자신의 한계를 인식하는 것으로 충분하다. 욥은 "신께서 어떤 분이시라는 것을, 지금까지는 제가 귀로만 들었습니다. 그러나 이제는 제가 제 눈으로 주님을 뵙습니다. 그러므로 저는 제 주장을 거두어들이고, 티끌과 잿더미 위에 앉아서 회개합니다"라고 고백한다.

세상은 우리가 이해하지 못하는 놀라움과 신비로 가득 차 있다. 아침이면 왜 해가 뜨는지, 하늘에서 눈은 왜 내리는지, 인간은 어떻게 두발로 걷고 뛰는지, 두 살 난 아이가 어떻게 말문이 트이는지, 전혀 모르는 사람들이 만나 어떻게 사랑에 빠지는지, 인간들이 죽은 후에는 어디로 가는지……. 삶은 경외로 가득 차 있다.

삶의 지혜란 우리가 안다고 생각하는 익숙한 것을 덜 익숙한 것으로 보는 시각이며, 또한 덜 익숙한 것들을 익숙하게 만드는 노력이기도 하다. 삼라만상을 통해 인간에게 말을 거는 신은 우리의 양심에 호소한다. 그 목소리는 바로 우리의 심연에 숨어 있는 "섬세한 침묵의 소리"다.

경전이란 무엇인가?

בֶּן־אָדָם בִּטְנְךָ תַאֲכֵל וּמֵעֶיךָ תְמַלֵּא
אֵת הַמְּגִלָּה הַזֹּאת אֲשֶׁר אֲנִי נֹתֵן אֵלֶיךָ

"사람아, 내가 너에게 주는 이 두루마리를 먹고,
너의 배를 불리며, 너의 속을 그것으로 가득히 채워라."
그래서 내가 그것을 먹었더니, 그것이 나의 입에 꿀같이 달았다.
〈에스겔서〉 3:3

인생의 나침반,
경전

경전(經典)은 인간의 존엄성을 확인하
고 경험한 사람들이 우리에게 남겨준 인생의 나침판이며, 동서고금
을 통해 오래전부터 전해내려 온 소중한 정보들의 집합체다. 그리
고 한순간을 풍미하며 많은 이들의 관심을 끄는 책을 베스트셀러라
하고, 이 베스트셀러가 시공간을 뛰어넘어 모두에게 공감과 감동
그리고 삶의 지표를 마련해주는 것을 고전(古典)이라 한다.

동서양을 막론하고 지식인이라면 꼭 읽어야 하는 고전이 있다.
인간은 존재론적으로 특별한 장소와 시간에 태어난다. 한 환경에
던져진 인간은 자신이 경험한 세계를 인식하고 세계관을 형성해 그
안에서 인생을 산다. 나이가 들면서 자신과는 다른 세계관과 종교
관을 가진 사람들을 만나게 되고 갈등을 빚기 시작한다. 나와는 다
른 세계관을 만나 자기중심적이던 세계관을 수정하고 파괴하는 행
위가 곧 배움이다. 이 갈등에서 어떤 이들은 자신과 자신이 속한 공

동체의 세계관이 우월하다고 여기며, 심지어 다른 사람들의 세계관은 모두 틀리거나 거짓이라고 폄하한다. 이러한 생각을 바로잡아주는 것이 바로 고전이다.

고전 중에서도 특별한 책들이 있다. 이 책들을 경전이라 한다. '경전'이라는 명칭은 고대 중국인들이 인도로부터 불교와 불경을 수용하면서 사용하기 시작했다. 고대 동남아시아에서 중요한 글귀들은 대추야자 잎에 기록하는 전통이 있었다. 잎 위에 글을 쓰고 여러 장의 잎들을 실로 묶어 한 권의 책을 만들었다. 산스크리트어로 이렇게 나뭇잎을 엮어 만든 책을 '수트라(sutra)'라 한다. 수트라는 힌두교와 불교에서 경전에 해당하는 용어다. 산스크리트어 '수트라'는 '엮는다/묶는다'라는 의미를 지닌 '*siv-'에서 파생됐으며, 영어 'sew'도 같은 어근에서 파생됐다. 수트라가 등장하기 전, 고대 인도의 거룩한 가르침은 구전을 통해 암송됐다. 이러한 구술 전통과 함께 문자로 기록하는 경전 전통이 기원전 6세기경 동서양에서 독립적으로 등장한다. 독일 철학자 칼 야스퍼스는 이 시기를 '축의 시대'라 불렀다.

경전의 '경(經)'자를 살펴보면 그 안에 실을 의미하는 '사(糸)'가 내포되어 있다. '經'자는 '날 줄/세로' 등 나뭇잎들을 세로로 묶어 하나로 만든 특별한 책을 의미한다. 제사상 위에 올려놓은 실로 묶은 책을 의미하는 '典'자는 '經'자에 의례적인 의미를 더한다.

경전을 뜻하는 영어 '캐논(canon)'은 고대 그리스어 '카논(kanon)'에서 차용했다. 카논은 길이를 재기 위해 눈금을 새긴 막대기나 목수의 다림줄을 의미한다. 고대 그리스 올림픽 경기에서 누가 멀리

뛰었는지 재는 자를 뜻하기도 한다. 캐논은 이러한 물질적인 의미를 넘어 추상적인 의미도 지닌다. 인간의 지적인 삶에 있어서 탐구하고, 판단하고, 생활하고, 행동하는 모든 분야에 기준이 되는 규범이나 법률을 캐논이라 한다.

유대인의 삶의 기준이 된 토라

유대인들은 경전을 『토라』라고 불렀다. 유대인들은 자신들에게 전달된 『토라』가 신이 시내 산에서 모세에게 전달해준 것이라고 믿는다. 그래서 『토라』를 '모세오경' 또는 '모세 율법'이라고도 부른다. 『토라』는 좁은 의미로 구약성서의 첫 다섯 권(〈창세기〉, 〈출애굽기〉, 〈레위기〉, 〈민수기〉, 〈신명기〉)을 의미한다. 유대인들은 『토라』를 신들이 그들에게 어떻게 인생을 살아야 하는지 알려준 책이라고 여긴다. 『토라』에는 613개의 명령이 있고, 그중 '십계명'이 가장 유명하다.

『토라』는 셈족어에 속하는 히브리어와 아람어로 기록됐다. 기원전 6세기 바빌로니아제국에 의해 남유다가 멸망하면서 유대인들은 나라를 잃고 디아스포라를 경험한다. 그 후 얼마 되지 않아 페르시아제국이 바빌로니아제국을 멸망시키자, 페르시아제국은 23개나 되는 광범위한 국가를 다스리는 제국이 되었고 아람어를 국제 공용어로 채택한다. 유대인들의 구어가 히브리어에서 아람어로 대치된 것이다. 그래서 이들의 경전 중 후대에 기록된 〈에스라기〉와 〈다니엘서〉의 일부가 아람어로 기록됐다.

『토라』의 근본적인 의미는 그 어원에서 찾을 수 있다. '토라'라는 히브리 명사는 '야라(yarah)'라는 히브리 동사에서 파생됐다. 야라의 의미는 '활을 쏘다/명중시키다'라는 뜻이다. 유대인들은 자신들의 경전을 궁수가 과녁에 화살을 명중시키는 과정을 통해 설명한다. 궁수가 활을 쏘기 위해서는 무엇보다도 궁수의 정신 상태가 중요하다. 평상시 몸 전체의 근육이 잘 훈련되어 있고 균형이 잘 잡혀 있어야 하는 것은 기본이다. 뿐만 아니라 자신이 원하는 거리에 명중시킬 적당한 활과 화살을 선택해 오랫동안 수련을 쌓아야 한다.

정작 활을 쏘는 순간에는 숨쉬기 조절이 필수다. 궁수는 손이 자신의 얼굴을 지나쳐 어깨까지 오도록 활시위를 최대한 당겨야 한다. 그리고 활시위를 당겨 숨을 멈춘 그 찰나에 팽팽하게 당겼던 시위를 놓는다. 이 상태는 무념무상의 황홀경으로의 진입이다. 기를 받은 화살은 과녁을 향해 거침없이 날아간다. 화살이 과녁에 도착하기 위해서는 여러 가지를 고려해야 한다. 만일 눈이나 비가 오고 바람이 세차게 분다면 화살이 빗나갈 가능성이 크다. 과녁을 맞히기 위해서는 자연까지도 다스려 정적의 순간에 화살을 쏴야 한다.

활을 처음 쏘는 사람은 화살이 날아가는 궤적을 찾기가 힘들다. 오랜 수련과 관찰을 통해 자신이 쏜 화살이 어떤 포물선을 그리며 과녁에 도달하는지를 깨달아야 한다. 궁수가 아무리 힘이 좋고 훌륭한 장비를 가졌더라도 화살은 직선으로 날아가지 않는다. 궁수는 자신만의 포물선을 찾아야 한다. 포물선의 시작점은 이미 궁수가 활시위를 당기는 압력, 궁수의 집중력에 의해 결정된다. 그래서 화살이 날아가는 경로를 바로 '도(道)'라 한다.

유대인들은 인생에도 '길'이 있다고 생각했다. 『토라』는 바로 실패와 좌절을 딛고 자신만의 길을 찾아간 사람들의 이야기다. 『토라』를 읽는 사람들은 『토라』에 등장하는 인물들의 스토리를 통해 자신만의 유일무이한 길을 찾아 나서라고 촉구한다. 유대인들은 그 길이 없다고 생각하거나 그 길이 있다고 생각하면서도 찾아 나서지 않는 것을 신성모독이며 죄라고 말한다.

고대 히브리어에 '죄'의 의미를 밝히는 특별한 단어가 있다. 바로 '하타(hata)'다. 하타라는 단어의 기본 의미는 '길을 잘못 들어서다/길을 잃다/헤매다'이다. 예를 들어 어떤 사람이 등산을 하다가 길을 잃어 헤매는 그 상태를 말한다. 혹은 처음부터 산 정상에 올라가는 길이 없다고 여기고 산 밑에서 배회하며 시간을 낭비하는 삶의 태도 또한 하타라 한다. 하타의 심층적인 의미는 '죄를 짓다'이다. 하타는 흔히 생각하는 대로 십계명을 어기거나 교리를 무시하는 행위가 아니라 신이 인간 각자에게 준 고유한 길이 없다고 생각하거나 그 길을 알더라도 최선을 다하지 않는 것이다.

『토라』는 이러한 관점에서 신화나 철학 서적과는 다르다. 인간의 삶에는 관심이 없는 신들의 이야기이거나 삶의 본질을 찾기 위한 이성적인 탐구가 아니다. 『토라』는 우리와 똑같이 순간의 삶을 사는 인간의 길을 찾아가는 이야기다. 『토라』는 목적지를 강요하지 않아서 좋다. 자신의 삶을 깊이, 그리고 섬세하게 관찰해 그 최선의 삶을 모색하는 과정이다. 『토라』는 우리보다 앞서간 사람들이 왜 길을 헤맸으며, 어떻게 그 길을 찾았는지를 보여주는 일종의 다큐

멘터리다. 『토라』는 그 여행을 감행하려는 사람들에게 보내는 초대권이다.

침묵 속의 웅변

인간은 자신이 인식하는 세상을 어떻게 표현할까? 사람들은 문학작품이나 예술작품을 통해 자신이 인식한 세계를 일정한 방식으로 표현하기도 한다. 만일 일정한 집단이 동일한 역사 경험과 기억을 공유하고 소통과 여행이 가능한 지역에서 오랫동안 거주했다면, 그들의 세계관은 유사할 것이다. 성서에 등장한 세계관, 특히 문학에 드러난 세계관을 연구한 학자들은 대부분 서양 사람들이다. 특히 유대인들은 기원전 6세기부터 유럽에서 디아스포라와 제1, 2차 세계대전을 경험하면서 많은 수가 미국으로 건너와 오늘날 서양의 주류에 편입됐다.

서구 문학의 대표적인 작품 분석을 통해 이들이 물려받은 세계관에 대한 지적 전통과 특징을 연구한 유대학자가 있다. 에리히 아우어바흐(Erich Auerbach)는 독일에서 태어난 고전 문헌학자다. 그는 독일 마르부르크 대학에서 단테에 관한 독창적인 연구로 존경받는 학자였으나 나치가 등장하자 터키 이스탄불로 도망쳐 이스탄불 대학에서 비교문학을 가르쳤다. 그는 1946년 이스탄불에서 『미메시스: 서구 문학에 있어서 현실에 대한 표현 양식』이라는 책을 출간했다.

그는 이 책에서 자신이 속한 서양 전통의 표현 방식 중 문학을 선택해, 서양이 무엇인지 그 모습을 추적했다. 그가 이 책을 통해 사용한 방식은 독일 철학자 헤겔의 영향을 받은 '역사주의'다. 역사주의란 한 문화의 근간이 되는 개념을 역사적인 시기, 지형적인 위치와 긴밀하게 연관시켜 해석하는 사유 방식이다. 역사주의 사유 방식은 이탈리아 철학자 비코(Giovanni Battista Vico)와 프랑스 사상가 몽테뉴(Michel de Montaigne)와 맞닿아 있으며, 헤겔(Georg Wilhelm Friedrich Hegel)에 의해 완성된다. 이 책은 최근 칼 포퍼(Karl Popper)와 같은 철학자로부터 역사주의 서적이라고 공격을 받았지만 고전 문헌을 이해하는 색다른 관점을 제시한다.

아우어바흐는 『미메시스』의 첫 장을 호메로스의 『오디세이아』 19장과 〈창세기〉 22장을 비교함으로써 헬레니즘 문학 전통과 헤브라이즘 문학 전통을 비교한다. 『미메시스』는 이 비교를 기초로 서구 문학 전체 중 중요한 작품들을 다루면서 여기에 등장하는 서구의 표현 방식에 대한 이론을 세우려 노력했다. 아우어바흐는 『오디세이아』 19장이 서양의 수사학 전통에 따라 빈틈없고 논리적인 이야기 서술 방식을 따른다고 보았다.

호메로스는 이야기를 전개하는 도중에 독자의 입장에서 궁금해할 것 같은 내용을 예상해 이야기의 흐름에 상관없이 중간 중간 그것에 대한 정보를 자세하게 설명한다. 이러한 기법을 라틴어로 '인 메디아스 레스(in medias res)'라 한다. 직역하면 '사건들 중간으로'라는 의미로 이야기 도중 과거를 회상하는 장면을 떠올려 이야기의 배경을 설명하는 방식이다. 호메로스는 독자들이 예상치 않은 내용이 느닷없이 등장하는 것을 원치 않는다는 것을 알고 있었다. 그에게는 모든 부분이 가시적이며 질서정연해야 했다.

그러나 〈창세기〉 22장의 저자 엘로히스트는 그렇지 않다. 이 저자는 기원전 10세기 북이스라엘에 거주했던 신의 이름을 대신 '엘로힘(Elohim)'이라 불렀기에 성서학자들은 그를 엘로히스트라 불렀다. 이전까지 신을 '야훼(Yahweh)'라고 불렀던 사람들은 '야위스트(Yahwist)'라고 구분해서 부른다. 엘로히스트는 되도록 중요한 내용에 대해 침묵한다. 텍스트의 공간과 행간이 기록된 내용보다 중요한 것이다. 그의 글쓰기 특징은 임시적이며 침묵적이고 심리적이어서 독자가 상상력을 동원해야만 그 간격을 메울 수 있다. 이 두 방식은 인간의 현실에 담긴 진리를 표현하는 목적도 다르다. 『오디세이아』는 몇 시간 동안 우리 자신의 현실을 망각하게 만들지만 〈창세기〉는 우리의 삶을 우주의 원칙에 적용하도록 만든다.

고대 아테네 지도자들은 소크라테스를 통해 지혜를 추구하기보다는 지식과 정보의 축적을 원했다. 그들은 정의, 용기, 희생, 사랑과 같은 아테네를 치리하기 위한 기본적인 주제에 대한 소크라테스의 혜안을 듣고자 했다. 그러나 소크라테스는 이들에게 질문을 계속 던지면서 이 주제에 대한 정보를 주기보다는, '당신은 아무것도 모른다'는 사실을 충격적으로 확인시켜준다.

우리가 일상에서 겪는 경험들, 아침이면 해가 뜨고 저녁이면 달이 뜨고 사시사철 계절이 바뀌는 이러한 자연의 현상에 대해 우리는 '과학'이라는 이름으로 지극히 일부를 관찰할 뿐이지, 온전하게 아는 것은 아무것도 없다. 하늘에 별이 몇 개 있는지, 우리 몸의 움직임이 어떻게 가능한지 설명하려고 노력할 뿐이다. 그리고 이 설명 또한 몇 년이 지나면 더 이상 유용하지 않은 일시적 이론일 뿐임을 확인하게 된다.

소크라테스는 지속적인 질문을 통해 그들의 지적 기반을 모두 붕괴시킨다. 그들이 더 이상 대답할 수 없는 '아포리아(aporia)' 상태에 빠뜨림으로써 스스로 아무것도 모른다는 사실을 깨닫게 하는 것이다.

그리스 철학 전통과 유사하게 고대 셈족인도 중요한 순간에 허를 찌르는 질문을 통해 상대방을 깨우치는 전통이 있다. 유일신 전통은 기원전 2000년경 아브라함을 통해 시작되어 기원전 6세기 유대교, 기원후 1세기 그리스도교 그리고 기원후 7세기 이슬람교로 발전했다. 이 종교는 유대교의 『토라』, 그리스도교의 『성서』 그리고 이슬람교의 『꾸란』으로 각각 경전을 남겼다.

모든 것을 논리적으로 자세히 설명하는 그리스 문학 전통과는 달리 아브라함 종교의 경전들은 문장의 행간(行間)을 통해 말한다. 이러한 서술 방식을 '침묵 속의 웅변(eloquence from silence)'이라 한다. 인간의 경험을 초월한 신의 말을 인간의 언어로 담을 수 없기에, 경전을 쓴 저자들은 침묵을 통해 자신들이 전하려는 내용을 독자들이 직접 찾아내기를 바란 것이다.

이들은 수천 년 동안 구전으로 내려온 인류의 지혜를 '신의 질문'이나 '인간의 질문'이라는 특별한 표현을 통해 경전을 읽는 사람들에게 신기루와 같은 이야기를 던짐으로써 그들을 아포리아 상태에 빠지게 한다. 이러한 예는 인간으로 하여금 상상력과 창의력을 유발해 수많은 예술과 문학작품을 만들어내게 했다. 『토라』 연구는 바로 인간이 발견한 침묵 속의 웅변을 기술한 내용이다.

경전이란
해석이다

유대인들은 『토라』의 내용을 어떻게 정의했을까? 어떻게 하면 『토라』의 의미를 잘 파악할 수 있을까? 유대인들이 경전 전체를 지칭하는 용어는 '타낙(TaNaK)'이다. 타낙은 그리스도교의 구약성서에 해당하며, 토라, 네비임(Nebiim, 예언서)[2] 그리고 케투빔(Ketubim, 성문서)[3]의 첫 글자를 사용해 만든 이름이다. 『토라』는 또한 광범위한 의미에서 '문전 토라(literary Torah)'와 '구전 토라(oral Torah)'로 나뉜다.

문전 토라는 모세가 신으로부터 전수받았다고 전승되는 '기록된 토라(written Torah)'이고, 구전 토라는 문전 토라의 해석 모음집으로, 선생에게서 학생으로 전해지는 문전 토라에 대한 주석 전통이라 할 수 있다.

구전 토라에는 『미쉬나(Mishnah)』와 『미드라시(Midrash)』, 그리고 이를 재해석한 『탈무드』가 속한다. 기원후 2세기 랍비 유다 하-나시(Judah Ha-Nasi)는 문전 토라가 잊힐 것을 우려해 이 해석을 수집해 여섯 권의 책으로 남겼다. 이 해석 모음집을 『미쉬나』라 한다.

『미쉬나』는 『토라』의 내용이 자신의 삶에 어떻게 적용되는지 그 실용 가능성을 농업, 축제, 민법, 가족관계, 제사, 정결례 등 모든 분야를 망라하는 63가지 토론 내용으로 실었다. 이 토론 내용들 중 유대인의 도덕, 가치 그리고 윤리를 다룬 부분을 '선조들의 어록(Piqre Aboth)'이라 한다. 유대인들은 그들의 조상이 이집트에서 탈출한 후 모세가 시내 산에서 십계명을 받은 시간을 기념해 이 책을 읽었다. 그들은 이집트 탈출을 기념한 축제를 유월절, 그리고 신으로부터 십계명을 받은 것을 기념한 축제를 칠칠절이라 불렀다.

유월절과 칠칠절은 각각 보리와 밀 추수를 시작하는 시기와 일치한다. 이 기간은 후에 그리스도교의 최대 절기인 부활절과 오순절과도 일치한다. 그리스도인들은 예수가 부활한 뒤 승천하고 자신들이 성령을 받는 기간을 50일째 되는 날이라고 산정해 오순절(五旬節)이라 불렀다. '선조들의 어록'은 일상에서 벗어나 영적으로 승화해 시내 산에 올라 그 원칙을 발견하도록 도와주는 어록집이다. '선조들의 어록'은 다음과 같이 시작한다.

모세는 시내 산에서 토라를 받았고 그는 그것을 여호수아에게 전달하였다. 여호수아는 장로들에게, 장로들은 예언자들에게, 예언자들은 '위대한 회당' 사람들에게 전달하였다. 그들은 다음 세 가지 원칙을 말한다. "판단을 신중하게 하라. 제자들을 키워라. 그리고 토라에 울타리를 쳐라."[4]

'선조들의 어록'에서 모세는 자신이 받은 『토라』를 후계자인 여호수아에게 '전달'한다. 그가 전달한 『토라』는 자신이 시내 산에서 부여받은 기록된 『토라』인 '문전 토라'만이 아니라 그 『토라』에 대한 해석까지 포함한다. 이 해석도 기록된 『토라』만큼 중요하기 때문이다. 자신도 잘 깨닫지 못하는 '문전 토라'를 고집하는 사람들을 근본주의자라 하는데, 이들은 대개 자신의 편견과 무식으로 이해한 경전과 그 해석을 진리하고 착각한다.

'선조들의 어록'은 이 구전 전통을 자세히 기록한다. 여호수아는 자신이 전수받은 『토라』에 다시 해석을 붙여 히브리인들의 대표인 장로들에게, 장로들은 다시 이스라엘에서 왕을 견제하기 위해 등장한 예언자들에게, 예언자들은 또다시 '위대한 회당' 사람들에게 『토라』를 전달한다.

'위대한 회당' 사람들은 이스라엘이 멸망한 후 등장한 새로운 지식 집단을 이른다. 기원전 586년 남유다는 바빌로니아제국에 의해 파괴되고 유대인들은 예루살렘에서 추방당한다. 이스라엘에서 왕정과 예언자 전통은 사라진다. 그러나 얼마 지나지 않아 페르시아제국이 등장해 추방당한 이스라엘인들을 해방시킨다. 이때 전해내려오는 『토라』를 수집하고 이들에 대한 새로운 해석을 내놓은 학자들을 '위대한 회당' 사람들이라 불렀다. 이들은 페르시아제국 시대 유대인 재건 운동에 참여한 에스라와 스룹바벨과 예수아와 느헤미야와 스라야와 르엘라야와 모르드개와 빌산이다. 이들은 페르시아제국이 알렉산더에 의해 점령당할 때까지 디아스포라 유대인들의 지도자들이었다.

『토라』 전승의 마지막 주자인 '위대한 회당' 사람들의 임무는 다음 세 가지다. 첫 번째는 '판단을 신중하게 하라'이다. 그들은 『토라』의 다양한 해석을 공식적인 구전 전통 안으로 수용하는 문제를 신중하게 다루었다. 두 번째는 '제자들을 키워라'이다. 여기서 제자들이란 『토라』를 연구하고 그 전통을 이어갈 후학들이다. 세 번째는 '토라에 울타리를 쳐라'이다. 그들은 자신들에게 구전으로 전해지는 이야기들 가운데 삶의 기준이 되는 이야기들을 기록에 옮겨경전으로 받아들였다. 그들은 일련의 책들을 『토라』로 받아들여 다른 책들이 여기에 수용되지 않도록 울타리를 쳤다.

유대인들이 경전을 읽는 법,
파르데스

유대인들은 『토라』의 모든 구절에는 숨겨진 의미가 있다고 생각했다. 따라서 『토라』를 해석하는 방법을 네 가지 층위로 나누고 이를 파르데스(Pardes)라 불렀다.

파르데스는 『토라』를 연구하는 네 단계를 표시하는 히브리 명칭의 첫 음절을 따서 만든 약어다. 첫 번째 단계는 '페샤트(Peshat)'다. 페샤트의 원래 의미는 '사막에 길 내기'이다. 페샤트는 높은 산을 올라가는 지름길이며 가장 큰 길이다. 사람들은 종종 페샤트에서 빠져나와 곁길로 갈 수도 있지만 정상에 올라가기 위해서는 이 길로 다시 들어서야만 한다. 만일 이 길을 잃어버리게 되면 영영 정상에 오르지 못한다. 유대교의 기본 교리는 바로 페샤트를 의존해 만들어졌다. 페샤트는 『토라』에 등장하는 단어나 문장을 있는 그대로 파악하는 사전적이며 객관적인 의미다. 우리는 페샤트를 흔히 축자적인 의미로 번역한다.

그렇다고 해서 아무나 『토라』의 페샤트를 알 수 있는 것은 아니다. 페샤트는 인간의 이성을 통해 도달할 수 있는 최선의 해석이다. 『토라』 구절의 페샤트를 알아내기 위해서는 『토라』가 기록된 원전, 문학, 고고학, 심리학, 사회과학, 역사 그리고 철학적인 도구를 빌려야 한다.

구약성서와 같이 2,000년도 넘은 고서에서 그 축자적인 의미를 확신할 수 있는 단어나 문장은 거의 없다. 예를 들어 모세를 설명해보자. 모세가 기원전 14세기 말경 고대 이집트에서 태어났다는 객관적인 증거는 어디에도 없다. 앞으로도 그가 존재했다는 역사적이며 고고학적인 증거를 찾을 가능성은 희박하다. 구약성서 〈출애굽기〉는 그의 존재를 알리는 유일한 책이다. 사실 그리스도교와 유대교 신앙을 가진 자들은 『토라』를 축자적으로 해석하고 그것을 역사적이며 과학적으로 아무런 의심 없이 신봉한다. 그리고 그렇게 믿는 것이 올바른 신앙이라고 착각한다.

이러한 착각은 오만과 무지로 이어져 그렇게 믿지 않는 사람들을 배척하고 신앙이 없는 사람들로 간주해버린다. 이들이 이러한 왜곡된 신앙을 갖게 된 중요한 이유 중 하나는 그들이 속한 종교 공동체에서 그렇게 배웠기 때문이다. 유대인들은 페샤트를 가장 기본적이면서도 가장 순진한 이해라고 평가한다.

구조주의학자 소쉬르(Ferdinand de Saussure)의 용어를 빌리면, 페샤트는 기표(signifiant, 시니피앙)다. '나무'라는 대상을 표현하기 위해 한국인들은 수많은 나무들의 공통점을 찾아 그 대상을 '나무'라는 음성학적 모양으로 부르기로 약속했다. 그러나 우리가 외국인을 만나 나무라는 물체를 '나무'라고 부른다면, 그들은 이해하지 못할 것이다. 우리는 그들에게 그 대상이 한국어로 '나무'라고 설명해주어야 한다. 만일 우리가 그 물체를 '나무'라고 정했다고 해서 다른 모든 사람들에게도 그것을 '나무'라고 부르라고 강요하는 것은 억지다. 그 대상은 미국인에게는 '트리(Tree)'이며, 독일인에게는 '바움(Baum)'이다. 그러면 한국인과 외국인이 공동으로 인정할 수 있는 나무의 본질은 무엇인가?

소쉬르는 '나무'라는 물건의 본질, 즉 인간의 언어를 넘어 그 나무 자체를 지칭하는 용어를 기의(signifié, 시니피에)라 한다. 모든 사람들이 인정할 수 있으며 시공간의 제약을 받지 않는 특징의 묶음이 바로 시니피에다. 『토라』가 시니피앙을 넘어 수천 년이 흐른 21세기에 우리에게 전달하려는 시니피에는 무엇인가? 유대인들은 이 시니피에를 '레메즈'와 '다라쉬'로 설명한다. 레메즈와 다라쉬는 『토라』의 겉이 아니라 속 모습으로 진입하는 도구다.

두 번째 단계는 레메즈(Remez)다. 레메즈는 축자적인 의미를 넘어서는 심층적이며 상징적인 의미다. 레메즈라는 히브리어의 의미는 '힌트'다. 수천 년 전에 기록된 『토라』가 오늘날까지 베스트셀러인 이유는 시공을 초월해 이를 읽는 사람들에게 알맞은 실존적이며 독특하고 지극히 개인적인 은유를 선사하기 때문이다. 레메즈를 통해 『토라』는 자신의 본 모습을 서서히 드러낸다. 『토라』는 신을 경험한 인간의 이야기다. 그 경험을 인간의 언어로 담아내기에는 한없이 부족하기 때문에 신의 흔적을 감지할 수 있는 단서만을 기록하기도 한다.

40년간 광야에서 목동으로 연명하던 모세는 인간으로서 도달할 수 없는 높은 산, 시내 산에 도착한다. 그는 그곳에 도착해 불에 타지만 연소되지 않는 가시떨기나무를 목격한다. 그가 아는 자연의 법칙을 넘어선 초자연적이며 초과학적인 현상을 목격한 것이다. 『토라』에서 광야와 산은 신과 인간이 대면할 수 있는 유일한 공간이다. 또한 그가 40년 동안 거친 광야에서 목동으로 살았다는 이야기는 그가 오래된 자아를 살해하고 이제 새로운 자아를 만날 준비가 되었다는 의미다. 이 레메즈는 종종 반복되는 모티브로, 예수 또한 40일간의 광야에서의 금식기도를 통해 나사렛의 목수 예수가 아닌 메시아로 새롭게 태어났다.

세 번째 단계는 '다라쉬(Darash)'다. '다라쉬'는 '탐구하다/깊이 파다/자주 가다'라는 의미로 『토라』 안에서 전혀 상관이 없을 것 같은 이야기들을 비교하는 방식이다. 『토라』 구절은 단순한 축자적 의미나 힌트를 넘어 그것을 읽는 독자의 삶에 호소하고 삶을 전환시키는 힘이다. 그 구절은 『토라』를 읽는 사람의 마음에 씨앗이 되어 숙성을 통해 싹이 트는 과정이기도 하다. 이 숙성은 그 내용을 깊이 묵상하는 시간을 거쳐 서서히 완성된다.

예를 들어 〈창세기〉 18장에 등장하는 세 천사의 방문을 예로 들어보자. 아브라함은 세 명의 나그네를 집안에 들여 식사를 대접한다. 그는 생면부지의 사람들을 대접하고 나서야 그들이 바로 신이었다는 사실을 깨닫는다. 이 이야기의 다라쉬는 신은 인간의 도움과 선행이 필요한 사람으로 변장해서 나타난다는 사실이다. 그러므로 낯선 자에게 호의를 베푸는 것은 신을 대접하는 일이다. '낯선 자'가 바로 신이라는 주제는 유대인들의 『토라』뿐만 아니라 그리스도교의 신약성서에서도 자주 등장한다.

서로 다른 이 이야기들은 내적으로 깊이 연관되어 있고 한 이야기가 다른 이야기의 의미를 밝혀주는 등불이 된다. 레메즈와 마찬가지로 다라쉬도 페샤트의 선명한 길을 벗어나 엉뚱한 것을 주장할 수는 없다. 다라쉬의 목적은 『토라』를 깊이 탐구하고 다른 유사한 구절과 단어를 연결시켜 종합적으로 그 숨은 의미를 캐내는 작업이다.

네 번째 단계는 '소드(Sod)'다. 소드는 '비밀/신들의 모임'이라는 의미로 신이 삼라만상을 창조하고 그것을 운행하는 원칙을 인식하는 단계다. 『토라』를 깊이 연구하다 보면 페샤트를 잃어버리게 되고, 자신이 발견한 내용을 유일한 소드라고 착각해 신비주의에 빠지게 된다. 『토라』를 연구하는 사람들은 페샤트, 레메즈 그리고 다라쉬를 통해 신을 직접 만난 사람들의 경험을 함께 경험하게 된다. 인간은 이 네 단계 공부를 통해 지상에 있으면서도 천상을 경험하게 되는 것이다.

"이 두루마리를 먹어라"

유대인들은 『토라』의 숨은 의미를 찾아가는 과정이 바로 '천국에 들어가는 것'이라고 생각했다. 파르데스[5]는 그리스어 '파라데이소스(paradeisos)'에서 차용한 아람어로 그

의미는 '천국'이다.

기원전 586년, 바빌로니아제국에 의해 예루살렘 성전(聖殿)이 파괴되자 유대인들은 영원히 파괴되지 않는 성전(聖典)을 만들기 시작했다. 그리고 경전을 탐구하고 그 의미를 파악하는 공부를 통해 각자가 천국에 도달할 수 있다고 믿었다. 이제 신은 더 이상 인간이 정해놓은 장소에만 있는 것이 아니라, 『토라』를 탐구하는 사람들의 마음 안에 있게 된 것이다.

우리가 경전을 어떻게 이해하고 인식해야 하는지 잘 보여주는 이야기가 있다. 기원전 6세기 초에 활동했던 이스라엘 예언자 에스겔은 바빌로니아제국이 기원전 597년에 맨 처음 예루살렘을 침공했을 때 포로로 잡혀간 인물이다. 10년 후 바빌론에서 그는 예루살렘이 완전히 파괴되었다는 소식을 듣는다. 그는 바빌론 강가에 앉아 이스라엘이 왜 멸망하게 되었는지 묵상한다.

이때 신이 에스겔 앞에 나타나 "내가 너에게 할 말이 있다"라고 말한다. 그리고 에스겔 앞에 뻗쳐 있는 손 안에는 두루마리 책이 있었다. 그 두루마리는 모세가 시내 산에서 받았던 십계명과는 달리, 슬픈 노래와 탄식과 재앙의 글로 가득했다. 신은 에스겔에게 다음과 같이 말한다.

"사람아, 너에게 보여주는 것을 받아먹어라. 너는 이 두루마리를 먹고 가서, 이스라엘 족속에게 알려주어라."[6]

이 말을 들은 에스겔이 입을 벌리자, 신이 그 두루마리를 에스겔에게 먹여주며 이렇게 말한다.

"사람아, 내가 너에게 주는 이 두루마리를 먹고, 너의 배를 불리며, 너의 속을 그것으로 가득히 채워라."
그래서 내가 그것을 먹었더니, 그것이 나의 입에 꿀같이 달았다.[7]

여기서 한 가지 주목할 점은 이전까지 거룩한 장소인 예루살렘에 거주하던 신의 존재가 '두루마리'라는 책이 되었다는 점이다. 이는 신이 계신 곳은 특정 장소가 아니라 신의 말씀을 듣고 그것을 지키려고 노력하는 사람들 안에 있다는 교훈이다.

신의 명령대로 두루마리를 먹은 에스겔은 그 두루마리가 "꿀같이 달았다"라고 기록한다. 이것은 실제로 두루마리가 꿀처럼 달았다는 것이 아니라 신의 말씀대로 살면 인생이 보람되고 달콤할 것이라는 은유로 해석되어야 할 것이다.

에스겔은 『토라』를 음식과 비교한다. 아무리 훌륭한 음식이 있더라도 스스로 그 음식을 오감으로 느끼지 않으면 무의미하다. 음식이 우리의 몸으로 들어가 배를 채울 때 우리는 비로소 에너지를 발산하게 된다. 그 신기한 과정과 이유를 우리는 알 수 없으나 음식은 분명 우리 하루하루를 연명시키는 위대한 원동력이 될 것이다.

부록 2장

처음이란 무엇인가?

בְּרֵאשִׁית בָּרָא אֱלֹהִים
אֵת הַשָּׁמַיִם וְאֵת הָאָרֶץ

"엘로힘이 우주를 창조한 처음에"
〈창세기〉 1:1

싱귤래리티와
창세기

우주를 존재하게 하는 시간에 시작이 있는가? 시작이 있다면 끝도 있는가? 물질세계인 우주는 영원하지 않으므로 처음과 나중이 있을 것이다. 과학자들은 우주가 138억 년 전에 생겼고, 앞으로 적어도 200억 년 정도는 견딜 수 있다고 추정한다. 19~20세기에 등장한 우주에 대한 주장은 대부분 신학이나 철학에 근거했다.

우주가 고정되지 않고 항상 팽창한다는 사실은 처음에는 우주가 함께 존재했다는 것을 의미한다. 팽창하는 우주의 맨 처음 상태를 상상할 수 있는 무한히 작은 점을 천체 물리학에서는 싱귤래리티(singularity, 특이점)라 한다. 싱귤래리티에서는 모든 물리 법칙이 무너진다. 스티븐 호킹과 R. 펜로즈는 싱귤래리티는 시간과 공간을 왜곡시키고, 물리 법칙의 틀인 인과관계가 보장되지 않는 블랙홀이라고 말한다. 우주가 생성되고 소멸하는 싱귤래리티는 제로에 가까운 무한점을 통해 진행된다. 우주는 바로 싱귤래리티가 스스로 폭발하는 빅뱅(Big Bang)으로 새롭게 등장한다.

빅뱅 이전은 관찰할 수도 상상할 수도 없기 때문에 형용할 수도 측정할 수도 없다. 빅뱅을 통해 시간과 공간이 존재하기 시작했기에, 빅뱅 이전 상태를 공(空)이나 무(無)라고 표시한다. 그러나 우주의 시작점이 있었다는 가정이 과학적이라 할지라도 그 설명은 불완전하다. 게다가 빅뱅이 왜, 그리고 어떻게 일어났는지는 여전히 알 수 없다. 특히 빅뱅 이전의 상태에 대해서는 도무지 알 수가 없다.

그렇다면 성서에서는 '처음'에 대해 어떻게 말하고 있을까? 〈창세기〉는 바로 그 '처음'에 관한 이야기다. 우주의 처음, 인류의 처음, 문명의 처음, 무엇보다도 우리가 '신'이라 부른 존재와의 첫 만남에 대한 이야기다. 〈창세기〉가 경전으로서 고대 이스라엘에 관한 역사적이며 과학적인 기록이어서 지난 3,000년 동안 살아남은 것은 아니다. 〈창세기〉에 담긴 이야기가 오늘날까지 그것을 읽는 독자들의 마음에 무엇인가를 호소하기 때문이다.

기원전 6세기 바빌론 포로로 잡혀온 유대인들은 자신들의 삶의 의미를 찾기 위해 우주 창조 이야기를 기록했다. 이들은 역사적으로 정확한 기록에는 관심이 없다. 그들은 바빌론으로 유배된 다른 민족들 사이에서 점점 사라져가는 자신들의 정체성을 찾고자 기상천외한 글을 남긴다.

〈창세기〉 1장 1절~2장 4절a는 6일 동안 우주와 생명이 창조되고 7일째 되는 날 신이 하던 일을 멈추고 안식한다는 내용이다. 성서학자들은 이 글의 전체 구조와 주제를 분석해 이 기록을 남긴 저자들을 사제(priest)의 첫 글자를 따서 'P 저자'라 불렀다. P 저자는 유배된 땅에서 유대인들의 정체성을 '안식일'이라는 시간에 대한 기념과 기억으로 확립시켰다. 그들은 우주는 초월적인 신, 시간과 공간을 넘어선 싱귤래리티 너머에 존재하는 한 신에 의해 의도적으로 창조되었다고 고백한다.

〈창세기〉는 시간과 장소를 넘어 오늘날 최첨단의 과학도 풀지 못하는 '맨 처음'에 관한 이야기를 하려 했다는 점에서 놀랍다. 기원전 6세기, 대부분의 인간은 약육강식과 적자생존을 삶의 모토로 삼아 정신없이 살고 있었다. 이때 소수의 혁신가들이 밤하늘의 별을 보고, 들에 핀 꽃을 보고, 어린아이의 웃음을 보면서 우주의 처음과 생명의 처음을 고민했다.

프로이트와 칼 융이 등장하기도 전에 〈창세기〉 저자들은 인간의 영혼과 정신을 탐구하기 시작했고, 이전에 그 누구도 가보지 못한 신비한 골목으로 찾아 들어가 인간이 누구인가를 묻기 시작했다. 셰익스피어와 단테가 등장하기도 전에 〈창세기〉 저자들은 보통의 인간, 즉 비겁하고 겁에 질리고 쉽게 좌절하는 우리와 비슷한 인간들을 위대한 영웅으로 만들어 상상의 무대에 올렸다. 이 주인공들의 도덕과 윤리는 우리가 생각하기에는 불완전하다. 거기에 등장한 신들 또한 완벽하지 않다. P 저자는 〈창세기〉를 우주 창조의 이야기로 시작한다.

창조란
무엇인가?

　　　　　　　　　　신이 천지 만물을 창조했다는 신앙
고백은, 아브라함을 신앙의 조상으로 모시는 유대교, 그리스도교
그리고 이슬람교의 핵심이다. 특히 그리스도교에서는 여러 신들
이 아닌 한 명의 유일신에 의한 창조이며, 이미 존재하는 어떤 물
질이나 신의 자연에서 저절로 등장한 '신으로부터의 창조(creatio
ex deo)'가 아니라 '무에서의 창조(creatio ex nihilo)'라는 절대 창조
를 주장해왔다. '신으로부터의 창조'는 유대교, 그리스도교, 이슬람
교에서 주장하는 인간과 신의 질적인 차이를 부정하는 창조관이다.
유일신교의 창조는 '신이 주체가 되어 만든(by God) 어떤 것'이지,
'신으로부터 나온(out of God) 어떤 것'이 아니기 때문이다.

　'신으로부터의 창조' 이론은 플로티누스(Plotinus)의 신플라톤
주의에 기초한 것으로, 인간의 마음과 영혼은 신이라는 높은 단
계에서 유추되었다는 주장이다. 이 이론은 위(僞)-디오니시우스
(Pseudo-Dionysius)와 에리우게나(Johannes Scotus Eriugena)와 같은
그리스도교 신학자들, 그리고 알-파라비(Al-Farabi)와 이븐 시나
(Ibn Sina)와 같은 이슬람 신학자들에게 받아들여지기도 했다. 그러
나 이 이론은 대부분의 유대교, 그리스도교 그리고 이슬람 학자들
이 인정할 수 없는 창조관이었다.

　유일신교 전통에서 신의 창조에 대한 이해는 고대 이스라엘인의
유일신관과 메소포타미아 지역의 다신론관의 비교를 통해 극명하
게 드러난다. 특히 고대 이스라엘인은 그들 신앙의 조상인 아브라

함이 메소포타미아 문명 안에서 성장했으며, 후에 유대인이 바빌로니아제국의 침입을 받아 포로 생활을 했기 때문에 메소포타미아의 신관과 문화는 이스라엘 신앙의 기원을 추적하는 데 중요하다.

'창조'라는 단어의 의미는 무엇인가? '표준국어대사전(국립국어연구원)'은 창조를 '전에 없던 것을 처음으로 만듦'으로 정의한다. 이러한 창조의 의미가 〈창세기〉에서 발견되었는가? 〈창세기〉는 '무에서 창조'를 말하고 있는가? 1993년 대한성서공회가 출판한 '성경전서 표준새번역'의 〈창세기〉 1장 1~3절의 번역은 다음과 같다.

태초에 하나님이 천지를 창조하셨다.

땅이 혼돈하고 공허하며, 어둠이 깊음 위에 있고, 하나님의 영은 물 위에 움직이고 계셨다.

하나님이 말씀하시기를 "빛이 생겨라" 하시니, 빛이 생겼다.

'성경전서 표준새번역'은 1절 전체와 2절 '하나님의 영'에 대해 다음과 같은 각주를 첨가했다.

또는 '태초에 하나님이 천지를 창조하실 때에' 또는 '하나님이 천지를 창조하기 시작하셨을 때에'(1절 각주)

또는 '하나님의 바람' 또는 '강한 바람'.(2절 각주)

우리는 '성경전서 표준새번역'의 〈창세기〉 1장 1절에 대한 각주를 통해 다음 두 가지를 질문할 수 있다. 첫 번째, 성서는 각주가 필요할 정도로 난해한가? 성서 본문과 각주 번역의 문장 의미가 다른데 어느 것이 올바른 해석인가? 두 번째는 '창조'의 개념에 관한 질문이다. 성서 본문의 번역 '태초에 신이 천지를 창조하셨다'라는 전통적인 번역에 있어서는 신이 천지를 무에서 유를 창조하는 시간의 처음을 상정할 수 있다. 그러나 각주의 번역, 즉 '태초에 하나님이 천지를 창조하실 때에' 또는 '하나님이 천지를 창조하기 시작하셨을 때에'의 번역에 의하면 신이 우주 만물을 창조하기 이전의 상태가 2절이라는 것을 추측할 수 있다.

인류는 오래전부터 밤하늘의 별과 자연의 정교한 질서를 보면서 누군가 우주를 만들었다고 생각했다. 이들이 남긴 기원 신화에 가장 먼저 등장하는 내용이 '신들의 창조'에 관한 내용이다. 인간은 모든 문명권에서 자신의 존재에 대한 신비감을 표현했다. 창조 신화는 우주와 생명의 기원에 대한 객관적인 사실이 아니라(사실 객관적인 사실이라는 것도 시대에 따라서 달라지지만) 존재하는 것들의 그 존재 이유에 대해 놀라움을 표시한다. 인도 경전 『리그베다』 10장 129절에는 신들조차 맨 처음 심연과 같은 비존재(asat)에서 어떻게 존재(sat)가 생겨났는지 이해하지 못했다고 전한다.

우주 창조의 보편적인 패턴은 다음과 같다. 세상에 아무것도 존재하지 않던 때 신들이 등장한다. 신들의 족보가 등장하고 신들은 헤게모니를 쟁취하기 위해 투쟁한다. 신들의 족보를 기록한 가장 대표적인 책은 그리스 헤시오도스의 『신통기』다. 창조 이전의 혼돈 그 자체를 유지하려는 신은 '데우스 오티오수스(Deus Otiosus, 한가한 신)'라 한다. 이와는 반대로 혼돈을 질서로 옮기려는 젊은 신들은 투쟁한다. 신들의 투쟁(theomachy)인 부모 살해(patricide)와 형제 살해(fratricide)를 통해 절대적인 한 신이 등장한다. 최고신으로 등극한 질서의 신은 혼돈의 신들의 신체를 해부해 질서를 만들고, 이 질서를 '우주'라 부른다. '우주'를 뜻하는 그리스어 '코스모스(kosmos)'에는 '질서'라는 의미도 함께 있다. 기원에 관한 신화에는 반드시 '우주생성론(cosmogony)'이 등장한다. 한 명의 최고신이 다른 신들의 충성심을 요구하면서, 이들을 위해 대신 노동하고 의식주를 해결하는 우주의 자산을 만든다. 이 우주의 순환을 위한 노동력을 '인간'이라 하며, '인간생성론(anthropogony)'은 우주의 정상적인 운행을 위한 장치다.

P 저자가 기원전 6세기에 우주의 '처음'을 집필하기 시작했을 때, 그(들)는 누구나 이해할 수 있는 단순하면서도 일관된 이야기가 충분하지 않다는 것을 잘 알고 있었다. 요즘 천체물리학자들의 우주 창조에 관한 이론들도 〈창세기〉만큼 애매하고 다양하다. 11세기 유대학자 라시(Rashi)가 지적한 대로, 〈창세기〉의 창조 이야기는 우주 창조를 순차적인 사건에 따라 일목요연하게 기록한 것이 아니다.

만일 신이 첫째 날 '빛'을 창조했다면, 넷째 날 창조한 '태양'은 다른 행성인가? 식물의 씨는 셋째 날 창조한 것인가 아니면 인간과 함께 여섯째 날 창조한 것인가? P 저자가 이 내용을 방치한 이유는 무엇인가? 지난 2,500년 동안 〈창세기〉를 중요한 경전으로 연구하고 묵상한 사람들은 왜 이러한 오류를 수정하지 않았을까? P 저자는 이러한 내용상의 오류를 고치는 데 관심이 없었다. 그는 우주 창조 이야기를 객관적으로 묘사하는 것이 불가능하다는 사실을 이미 기원전 6세기에 깨달았다. 그는 자신의 시선으로 우주 창조 이야기를 써내려갔다.

〈창세기〉에는 신들의 탄생이나 신들의 싸움이 없다. 하지만 P 저자는 이러한 내용을 〈창세기〉 1장 2절에 등장하는 단어에 숨겨놓았다. 이 단어는 심오한 신화가 담겨 있는 신화소(神話素, mytheme)다. 이 신화소들이 지닌 속살을 드러내면 〈창세기〉도 메소포타미아, 이집트, 이란, 인디아 그리고 그리스의 신화처럼 신들의 싸움 이야기를 흥미진진하게 전개할 수 있지만, P 저자는 '침묵 속의 웅변'의 인내심을 발휘해 신들의 싸움 이야기를 히브리어 자음 안에 감금시켰다.

창세기의 첫 단어, '버레쉬쓰'

P 저자는 고민 끝에 〈창세기〉의 첫 구절 "태초에"를 히브리어 '버레쉬쓰(bereshith)"로 기록했다. 좀 더 정확히 말하자면 첫 글자는 모음을 제외한 'b-r-sh-t'이다.

히브리어에는 원래 모음이 존재하지 않는다. 고대 사회에서 경전은 누구나 읽을 수 있는 책이 아니었다. 르네상스와 종교 개혁 이후에 누구나 읽을 수 있는 기회가 주어졌다. 경전은 원래 전문적인 훈련을 받은 학자가 낭송하는 책이다. 구약성서는 기원전 12세기부터 2세기까지 1,000년 동안 구전으로 전승되어 내려온 노래집이다. 이스라엘인들이 기원전 6세기 바빌론으로 끌려가면서 자신들의 모국어가 점점 사라지자 당시 고대 근동에서 국제 공용어로 통용되던 아람어를 자신들의 구어로 받아들이면서 히브리어는 경전의 언어로만 기능했다.

기원후 6세기경 일련의 학자들이 히브리어로 기록된 경전의 발음을 보존할 필요가 있다고 판단해 자음으로만 기록된 경전에 처음으로 모음을 첨가했다. 이 학자들을 마소라 학자들(masoretes)이라 한다. 현존하는 가장 오래된 모음 부호가 들어간 히브리 성서 사본은 기원후 10세기의 '알레포 코덱스(Aleppo Codex)'와 11세기의 '레닌그라드 코덱스(Leningrad Codex)'다.

〈창세기〉의 첫 단어 '버레쉬쓰'는 장소를 나타내는 전치사 '버(bə)'와 '처음/머리' 혹은 '최선/최고'라는 의미를 지닌 '레쉬쓰(reshith)'가 합쳐진 전치사구로 흔히 '태초에/맨 처음에', 영어로는 '인 더 비기닝(in the beginning)'으로 번역한다. 첫 단어가 '버'로 시작하는 이유는 무엇일까? 히브리어에서 첫 번째 자음은 후음인 'א['](알레프)'이고, 두 번째 자음은 순음인 'ב[b](베이쓰)'다. 유대인들은 〈창세기〉가 첫 번째 자음인 '알레프'가 아니라 두 번째 자음인 '베이쓰'로 시작하는 이유를 글자의 모양에서 찾는다.

히브리어는 오른쪽에서 시작해 왼쪽으로 쓴다. ב(베이쓰)는 세 면이 닫혀 있고 왼쪽으로 히브리어 문장이 이어지는 쪽으로 열려 있다. 유대학자들은 P 저자가 ב(베이쓰)로 〈창세기〉를 시작한 이유를 이 글자 이전의 사건들, 즉 천체물리학의 용어를 빌리자면 싱귤래리티 이전 혹은 빅뱅 이전(before the big bang)에 대해 알 수 없다는 표식일 것이라고 말한다. 인간은 창조 이전의 상태에 대해 추측만 할 뿐 과학적인 사실로 증명할 수 없기 때문에 침묵하겠다는 선언이다.

〈창세기〉는 인간이 이 세계에서 어떻게 살 것인가를 기록한다. 아인슈타인이 말한 것처럼 신은 주사위를 던지지 않는다. 유대 신비주의자들은 알파벳의 첫 글자는 알레프가 아니라 베이쓰라 주장하기도 한다. 알레프의 음가는 파열 후음(guttural stop)이다. 알레프는 기원전 5세기경 그 음가가 사라진 신기한 자음이다. 반면, 베이쓰는 순음으로, 입술 사이로 입 안 공기를 밀어내는 소리다. 이미 알 수 없는 소리가 된 알레프가 아닌 신의 강력한 입김으로 우주 창조를 시작한 것이다. 베이쓰는 원래 집 혹은 건축을 의미하는 그림을 본떠 만든 글자로, 왼쪽으로 열린 집 구조를 형상화했다. 신이 창조하는 모든 세계를 담을 수 있는 그릇이며 원초적인 장소인 것이다.

모든 것을 담을 수 있는 그릇이라는 개념으로서의 베이쓰는 플라톤의 『티마이오스』에 등장하는 '수용체(hypodoche)' 개념과 유사하다. 플라톤은 『티마이오스』에서 조물주 신 데미우르고스를 등장시킨다. 데미우르고스는 영원한 이데아(eidos) 세계의 원형을 흉내 낸 세계(mimema)를 만든다. 그러나 『티마이오스』는 예외적인 우주 창조 이야기다. 데미우르고스는 우주를 구성하는 요소들에 질서를 부여함으로써 창조 과정 자체를 묘사하지 않고 우리가 그것을 어떻게 이해할 것인가를 묘사한다.

그러면 우주 창조 이전에 우주를 구성하는 요소들은 어디에서 왔는가? 이 두 번째 우주 창조는 이전처럼 간단하지 않다. 이 우주 창조에는 불, 물, 흙, 공기라는 개념조차 없다. 우리는 "하늘이 태어나기 이전", 즉 빅뱅 이전으로 진입해야 한다. 그는 원형과 원형의 복사와는 다른 새로운 개념을 등장시킨다.

조물주와 그를 돕는 신들은 우주와 인간을 만들지만 완성하지 못한다. 무언가 부족한 것이 있다. 『티마이오스』에 등장하는 수용체는 우리를 둘러싼 물질이 아니라 모든 것을 담을 수 있는 광대한 어떤 것이다. 이것은 어렵고 볼 수 없는 형태지만 그 존재를 부정할 수는 없다. 사물들이 이동하고 변하기 위해서는 어떤 매트릭스나 공간이 필요하다. 플라톤은 "만물은 변한다"라고 주장한 헤라클레이토스처럼 만물의 변화를 가능하게 하는 불변하지만 형태가 없는 틀을 상정한다.

이 세 번째 종류는 "모든 존재를 담는 수용체"다. 이 수용체는 우주를 존재하게 하는 원초적인 힘이자 바탕이다. 매트릭스로서 수용체는 모든 것들을 일으켜 세우며 젖을 먹이는 존재이자 우주의 어머니다. 우주에서는 관찰할 수 없는 틀이지만 우주의 모든 형태를 가장 당혹스럽게 수용하며 드러낸다. 수용체는 파괴가 불가능한 영원한 코라(chora)이며 모든 존재하는 것들을 지탱하는 자리다.

코라의 원래 의미는 고대 그리스 도시 밖에 있는 장소를 의미한다. 존재도 아니고 비존재도 아닌 그 중간을 이르는 용어인 코라는 무존재가 존재하도록 시간과 공간을 제공해주는 어머니의 자궁과 같은 장소다. 인간 삶에 비추어보면 인생에 있어서 자신이 있어야 할 본연의 장소다.

창세기 1장 1절은 어떻게
해석되어왔는가?

지난 2,000년 동안 수많은 문헌학자와 신학자들은 나름대로 〈창세기〉 1장 1절을 번역했고 지금도 다양한 해석과 번역이 이루어지고 있다. 나는 이 무수한 번역들에 한 가지 해석을 더하고 싶다. 경전이 구전으로 전달된 과거에는 음유시인들이 그 내용을 자신의 취향에 맞게 가감하고 추임새를 넣어 자신만의 해석을 시도했다. 그 후 경전을 기반으로 한 신앙 체계가 종교라는 세속적인 틀을 지니면서 경전에 대한 해석은 몇몇 사제와 그들이 영향력을 발휘할 수 있는 학자들의 종교 정치적 변덕에 의존했다. 대부분의 교리라는 것도 종교가 생존하기 위한 전략적 몸부림이다.

소수가 독점하던 성서 해석은 15세기 유럽에서 시작된 르네상스와 인쇄술 보급으로 급격한 변화를 경험한다. 이제 그리스도교 신자들은 자신이 도무지 이해할 수 없는 라틴어와 그것을 해석하는 사제의 말을 들을 필요가 없어졌다. 성서가 이제 자신들이 사용하는 언어인 프랑스어, 독일어, 이탈리아어 그리고 영어로 번역되면서 직접 성서를 읽고 해석하게 된 것이다. 그러나 이 자유로운 경전 해석은 19세기 들어와 뜻하지 않는 복병을 만나 다시 고리타분한 교리의 구속복을 입는다.

서구는 19세기 이후 경제적인 식민지 개척을 위한 타자 연구를 오리엔탈리즘으로 무장한다. 그들은 인류학, 고고학, 경제학 등 사회과학을 통해 자신들이 정복하려는 문화와 사회 연구에 몰두한다.

학자들은 성서의 땅을 발굴하면서 이전까지는 그림으로만 알았던 메소포타미아의 쐐기문자와 이집트의 성각 문자를 판독한다. 성서가 가장 오래된 책이며 신의 계시라고 신봉했던 서양은 고대 오리엔트 문명이, 고대 이스라엘보다 수천 년 앞선 선진 문명이라는 사실과 조우하게 되자 당황한다. 특히 고고학과 지질학의 등장으로 고대 이스라엘 역사는 유일한 역사가 아닌 여러 역사의 하나로 전락한다.

찰스 다윈은 1859년에 『종의 기원』을 통해 인류가 만물의 영장이 아닌 오랜 진화 과정 중에 등장한 동물의 한 종류라는 사실을 발표한다. 일련의 그리스도교 신자들은 근본주의(fundamentalism)로 무장해 성서의 내용이 과학적으로, 역사적으로 진실이라는 문자무오설(文字無誤說)을 주장한다. 20세기에 들어서면서 그리스도교는 스스로를 근본주의라는 늪에 내던져 외부와의 소통을 외면하고 있다. 경전이 기록되어 우리에게까지 전달된 이유는 그 내용이 독자와 만나 새로운 지평을 열기 위함이다.

〈창세기〉 1장 1절은 〈창세기〉 전체의 제목이다. 이 구절은 흔히 "태초에 하나님이 천지를 창조하셨다" 혹은 "하나님이 천지를 창조하신 맨 처음에"로 번역되어 있다. 이 문장을 히브리어 구문론과 고대 근동 지방의 다른 우주 창조 이야기와 비교신화학적으로 분석해보면, 〈창세기〉 1장 1절은 독립 문장도 아니고 창세기 1장 2절과 3절과 연계되는 종속절도 아니다.

'태초에'라고 번역되는 '버레쉬쓰'는 구문론적으로도 특이하다. 〈창세기〉 1장 1절을 문법적으로 정확하게 설명하기 위해 영어 번역을 통해 설명하고자 한다. 흔히 '버레쉬쓰'를 '인 더 비기닝(in the beginning)'으로 번역하기 위해서는 전치사 '베이쓰' 밑에 오는 모음이 장모음 '아(a)'가 되어 '바레쉬쓰(bareshith)'가 되어야 한다. 그런데 왜 '아(a)'가 아니라 모음 '쉐와(ə)'로 기록되었을까?

앞에서 언급한 대로 자음으로만 기록된 성서 본문에 모음을 첨가한 시기는 기원후 6세기 이후였다. 그러나 예배 공동체에서 낭송을 통해 성서 읽기를 배운 마소라 학자들이 자음 본문에 모음을 첨가할 때 '베이쓰' 밑에 모음 '쉐와(ə)'를 첨가했다. 모음 '쉐와(ə)'는 전통적으로 유대 문법학자들의 골칫거리였다. 11세기 유대학자 라시는 이 구절의 문법적인 애매함을 해결하기 위해 새로운 문법적 해법을 제시한다.

이 해법은 복잡하지만 첫 문장의 의미를 정확히 알기 위해서는 필수적이다. 라시는 이 히브리어 명사 구문을 이른바 연계 구문으로 해석한다. 연계 구문이란 명사 뒤에 다른 명사가 병렬하는 두 명사 사이의 특별한 관계를 표시한다. 예를 들어 '그 도시의 왕'이라고 표시하려면 두 명사, 즉 '왕+도시'를 이 순서로 나열하면 된다. 왕은 히브리어로 '멜렉(melek)'이고 '그 도시'는 '하-이르(ha-ir)'다. 즉 '그 도시의 왕'은 '멜렉 하-이르(melek ha-ir)'라고 쓰면 된다. 이 연계 구문의 특징은 구문이 구체적인 사물이나 사람을 지칭하더라도 첫 번째 등장하는 단어에는 정관사 '하(ha-)'를 생략한다는 점이다.

라시는 이처럼 〈창세기〉 1장 1절을 명사와 명사로 이어지는 구문으로 해석했다. '버레쉬쓰(bereshith)' 다음에 나오는 '창조하다'라는 의미의 단어를 동사 '바라(bara)'가 아닌 명사 '버로(bero)'로 해석한 것이다. 그래서 연계 구문의 첫 명사에 정관사 '하(ha-)'를 넣은 '바레쉬쓰(bareshith)'가 아니라 정관사를 생략한 '버레쉬쓰(bereshith)'가 올바른 발음이라고 주장한다. 라시가 재구성한 〈창세기〉 1장 1절의 축자적인 해석은 "신이 하늘과 땅을 창조하던 처음에(In the beginning of God's creation of the heavens and the earth)"다. 유대인 출판위원회(Jewish Publication Society)에서 출판한 〈창세기〉를 번역한 나훔 사르나(Nahum Sarna)는 〈창세기〉 1장 1절을 "신이 하늘과 땅을 창조하기 시작할 때(When God began to create heaven and earth)"로 번역했다.

라시와 사르나의 번역과 유사하지만 좀 더 설득력 있는 분석과 해석도 가능하다. 라시와 사르나처럼 마소라 학자들이 사용한 동사 '바라(bara)'의 모음을 수정할 필요가 없다. 앞에서 살펴본 명사와 명사로 이어지는 연계 구문이 아니라 명사와 관계대명사절로 이어지는 연계 구문으로 해석이 가능하다. 이 용법은 '관계사를 생략한 관계대명사절(asyndeton relative clause)'이라 한다.[2]

〈창세기〉의 첫 문장도 이 용법으로 해석하는 것이 히브리어 구문론상 가장 적절한 해석이다. 1장 1절에서 '태초에(b-r-sh-t)'에 정관사가 붙지 않은 이유는 이 단어가 뒤따라오는 문장 "하나님이 천지를 창조하셨다"와 문법적으로 연계되어 있기 때문이다. 그러므로 〈창세기〉의 첫 문장은 "태초에 하나님이 천지를 창조하셨다"가 아니다. 이 문장은 신이 우주를 '무에서의 창조(creatio ex nihilo)'라는 교리에 맞게 히브리어 본문을 마음대로 개작한 번역이다. 기원전 2세기에 등장한 그리스어 번역인 '칠십인역'이나 로마제국의 종교가 된 그리스도교를 위해 라틴어로 번역한 '불가타'에서 모두 '무에서의 창조'라는 교리를 따랐기 때문에 "태초에 하나님이 천지를 창조하셨다"로 번역한 것이다.

〈창세기〉 1장 1절을 새롭게 번역하면 '엘로힘 우주를 창조한 맨 처음에' 정도가 될 것이다. 이 첫 문장에 아직도 풀어야 할 신화소 세 개가 있다. '엘로힘', '창조하다' 그리고 '우주'다.

엘로힘은
누구인가?

우주 창조에 등장한 신의 이름은 무엇인가? P 저자는 우주 창조의 신을 야훼(Yahweh)가 아닌 '엘로힘 (Elohim)'으로 기록했다. 엘로힘은 구약성서에서 신을 의미하는 일반명사이며, 동시에 다른 나라의 신을 지칭할 때도 사용한다. P 저자는 우주 창조의 순간을 아무도 본 적이 없기 때문에 엘로힘이라는 보편적이면서 추상적인 명칭을 선택했다. 엘로힘이라는 용어는 이스라엘 자신들의 신을 지칭할 때는 단수로 사용되지만 다른 민족들의 단수 '신' 혹은 복수 '신들'을 지칭할 때도 사용된다. 엘로힘 이라는 단어의 구조를 안다면 이 명칭이 왜 복수로도 사용되는지를 가늠할 수 있다.

셈족인들은 아주 오래전부터 '일(*il)'이라는 신을 숭배해왔다. 이는 오래된 용어로서 그 원래 의미를 추측할 뿐이다. 아마도 셈족이 등장하기 전에 호모 사피엔스들이 유럽의 동굴에서 부르던 신의 이름일지도 모른다. '일'의 의미는 '가장 먼저 계신 분' 정도로 추측할 수 있다. 그 어원을 추적하면 아랍어 동사 아왈라(awwala)에서 유추할 수 있다. 아랍어 동사 아왈라는 '첫 번째가 되다'라는 의미다. 이 용어는 기원전 26세기 아카드 문헌에서 처음으로 등장하기 시작했다.[3]

'일'이라는 명칭은 이스라엘로 건너오면서 발음이 바뀐다. 히브리어에서는 단모음 'i'가 강세를 받으면 장모음 'e'로 변한다. 그 결과 히브리어에서는 '엘(el)'이 된다. 엘은 구약성서에서 독립적으로 등장하기도 하고 다른 명칭과 함께 사용되기도 한다. 예를 들어 엘, 엘욘, 엘 샤다이, 엘 올람, 엘 로이 등 다양하게 등장한다. 엘은 특히 사람 이름 뒤에 이스라엘, 사무엘, 가브리엘, 미가엘, 다니엘 등으로 붙는다.

'일'만큼 오래된 신의 이름 중 또 하나는 '일라(*ilah)'다. 이 이름도 기원전 26세기 고대 아카드어 문헌에 '일라(ila)'로 등장한다. 그러다 이스라엘로 오면서 '엘로아흐(eloah)'[4]가 된다. 엘로아흐는 구약성서에 70번 이상 등장하며 대부분 이스라엘 신을 지칭할 때 사용된다. 기원후 7세기 무함마드가 만난 그리스도교 신의 이름이 바로 '일라(*ilah)'였다. 무함마드는 이 오래된 셈족 전통의 이름을 빌려와 아랍어 정관사 'al−'을 접두해 아랍 민족을 위한 신의 이름 '알라(Allah)'[5]를 만들었다. 이슬람의 '알라' 명칭은 '바로 그 신'이라는 의미다.

〈창세기〉 1장에 등장한 신의 이름은 '엘'도 아니고 '엘로아흐'도 아닌 '엘로힘'이다. 이 신명이 영어로는 'God'으로, 한국어로는 '하느님/하나님'으로 번역됐다. 오랜 기간을 거쳐 자신들의 신을 '엘', '엘로아흐', '엘로힘'으로 부른 서로 다른 집단의 문헌들이 기원전 4세기경 구약성서를 마지막으로 편집한 학자들에 의해 배열된다. 그리고 엘로힘은 고대 이스라엘인들이 가장 선호하는 이름이 됐다. 그 이유는 무엇일까? 엘로힘에 숨겨진 비밀을 찾기 위해서는 엘로힘이라는 단어를 문법적으로 분석해야 한다.

'엘로힘'은 위에서 언급한 '엘로아흐'의 남성복수형이다. 엘로힘이 단어 형태론상 남성복수인 이유에 대해서는 다양하게 해석되어 왔다. 일부 그리스도교 신자들은 문법적으로 복수지만 정작 문장에서는 단수로 작동하는 엘로힘의 애매성을 '삼위일체'라는 교리로 편리하게 설명한다.

기원후 4세기 알렉산드리아 교부 아타나시우스(Athanasius)는 후대 그리스도교의 근간이 되는 핵심 교리를 주장한다. 신은 세 가지 격(格)으로 존재하지만 동일한 신적인 본질을 지닌 하나의 존재다. '성부(아버지)', '성자(아들)' 그리고 '성령'은 신의 서로 다른 속성에 대한 명칭이 아니라 신에 대한 하나의 명칭이다. 개별 격은 유사한 본질을 지닌 것이 아니라 한 본질과 한 본성을 지닌다. 이 교리를 삼위일체라 한다. 특히 〈창세기〉 1장 26절에 등장하는 "우리가 우리의 형상대로, 우리의 모양대로 인간을 만들자"라는 인간 창조를 담은 문장을 삼위일체의 증거 본문으로 여긴다.

그렇다면 〈창세기〉 1장을 쓴 기원전 6세기 저자가 삼위일체에 대한 계시를 받았다고 주장할 수 있는가? 우주를 창조하는 순간부터 성령이 개입했다고 할 수 있는가? 이러한 주장은 인류의 고전이자 경전인 성서를 지하철 입구에서 배부하는 전도지 수준으로 폄하하는 행위다. 엘로힘은 삼위일체와는 상관없다. 엘로힘이 문법적으로 '신들'이라고 가정한다고 해도 엘로힘이 '셋'을 의미한다고 주장할 수는 없다. 그렇다면 왜 P 저자는, 아니 기원전 6세기경 유대인들은 문법적으로 복수형인 엘로힘을 자신들의 유일신을 상징하는 용어로 사용했을까?

엘로힘의 복수성을 단수로 해결하려는 또 다른 집단이 있다. 이들은 무지한 '삼위일체주의자'보다는 좀 더 논리적으로 무장한 듯하다. 고전 히브리어에 대한 가장 고전적인 문법서를 저술한 게세니우스(Gesenius)의 주장이다. 이들에게 복수형은 위엄이나 위대함을 나타내기 위한 수사학적 장치다. 이를 '권위의 복수/장엄의 복수(pluralis majestaticus)'라 한다. 게세니우스는 고전 그리스어에 등장하는 용례를 빌려 시대착오적으로 엘로힘에 적용한다. 사실 고전 그리스어에서도 '존경의 복수형'과 같은 용례는 기원후 4세기에나 등장하는 수사학적 용례다. 일부 히브리어 문헌학자들은 '추상의 복수(plurality of abstraction)'라는 용법을 엘로힘 해석에 접목시킨다. 엘로힘은 신이 아니라 신성성과 같다는 형이상학적 개념 설명도 그리 매력적으로 보이지는 않는다.

엘로힘이라는 개념 연구는 셈족인들의 신관에서 시작해야 한다. 가장 오래된 메소포타미아 아카드어 문헌에 보면 신들은 우주와 관련된 중요한 결정들, 예를 들어 인간 창조 혹은 대홍수와 같은 일을 결정할 때 항상 회의를 열어 결정했다고 한다. 신은 나이 든 신과 젊은 신 혹은 영향력 있는 신과 노동하는 신으로 나뉜다.[6] 신들 가운데 몇몇 신은 최종 결정을 하는 '위대한 신들'[7]이며 대개 세 명이다. 고대인들은 지상의 기관들을 천상 기관의 '복사'라고 생각했다.

이러한 신관은 고대 이스라엘에도 그대로 반영됐다. 이 신들의 모임 맨 꼭대기에 최고신이 좌정한다. 그 밑에는 신적인 존재들인 엘로힘이 앉아 있다. 이들은 주로 산 위나 바다에서 회의한다. 엘로힘은 원래 최고신의 명령을 받아 우주를 관리하는 행정가들이다. 이들은 이스라엘의 지상에서 활동하는 신의 명령을 수행하는 자들이 됐다. 〈시편〉 82편 1절은 이른바 아삽의 시라 알려진 엘로힘의 기능을 가장 잘 보여주는 시다.

> 하나님(엘로힘)이 하나님(엘)의 법정에 나오셔서, 신들을(엘로힘) 모아들이시고 재판을 하셨다.[8]

여기서는 엘로힘이 두 번 등장하는데 서로 다른 의미로 사용됐다. 첫 번째 엘로힘은 이스라엘의 유일신이자 회의를 주재하는 최고신이고, 두 번째 엘로힘은 신들 모임의 구성원이다. 〈시편〉 82편 6~7절에서 엘로힘은 신들 모임의 구성원으로서 인간들처럼 죽은 존재다.

> 하나님(엘로힘)께서 말씀하셨다. "너희는 모두 신들(엘로힘)이고, '가장 높으신 분'(엘 엘욘)의 아들들이지만, 너희도 사람(아담)처럼 죽을 것이고, 여느 군주처럼 쓰러질 것이다."[9]

위 구절에서 보듯 〈창세기〉가 쓰일 당시 서로 다른 의미를 지닌 엘로힘이 사용됐다. 우리를 더욱더 혼동시키는 것은 엘로힘이 스스로 자신을 지칭할 때 때때로 1인칭 복수인 '우리'를 사용하기도 하고, '우리'에 상응하는 1인칭 복수 동사를 사용하기도 한다는 점이다. 예를 들어 〈창세기〉 1장 26절("하나님(엘로힘)이 말씀하시기를 우리가 우리의 형상을 따라서, 우리의 모양대로 사람을 만들자")과 같은 경우가 그렇다.

〈창세기〉에 등장하는 엘로힘은 고대 지중해 지방을 지배하던 독특한 신관인 '신들의 모임'의 구성원이다. 엘로힘은 그 후에 이스라엘의 유일신으로 자리 잡았다. 성서는 엘로힘의 이중적인 용례를 그대로 담고 있다. P 저자는 후에 우주 창조 이야기에 등장하는 '야훼'라는 이스라엘 민족에게만 주어진 신의 이름을 사용하지 않았다. 유구한 고대 근동의 신화적인 정체성인 우주 창조와 인간 창조는 신들의 모임의 가장 중요한 의제라는 전통이 〈창세기〉 1장에서도 확인된 셈이다.

신이 창조한 우주란 무엇인가?

성서에 등장하는 첫 번째 동사는 무엇인가?[10] 성서에서 첫 번째로 등장하는 단어는 '바라(bara)'다. '바라'는 흔히 '창조하다'로 번역한다. 특히 신이 새롭고 완벽한 것을 제작하는 행위를 지칭하는 단어로, 〈창세기〉에 등장하는 신의 창조

행위의 특징이 담겨 있다.

히브리어처럼 지금은 사어(死語)가 된 언어를 번역하는 데 있어서 어려운 점은 히브리어 안에서 다양한 의미를 지닌 '바라'를 대응할 단어가 없다는 것이다. A라는 언어와 B라는 언어에서 같은 사물이나 생각을 지칭하는 단어라 할지라도, 그 단어들은 오랜 역사를 통해 자신만의 다양한 의미를 획득한다. 예를 들어 히브리어 'A'라는 단어는 한국어 'a, b, c, d'로 다양하게 번역할 수 있고, 그 반대로 한국어 'a'라는 단어도 히브리어 'A, B, C, D'로 번역이 가능하다. 한 단어의 사전적인 의미는 다양할 수밖에 없고 그 의미는 문맥에서 추적해야 한다. 더욱이 시공간적으로 분리된 히브리어와 같은 고전어의 중요한 단어를 한국어로 번역할 경우, 우리는 딜레마에 빠진다. 히브리어의 어떤 단어는 한국어로는 서로 전혀 다른 의미지만, 이 둘 다를 의미할 수도 있다.

바라 동사는 현대인들이 보기에 서로 다른 세 가지 의미를 지닌다. 첫 번째는 '창조하다'이다. 창조하다의 의미로 사용될 때 주어는 항상 신이다. 두 번째 의미는 '자르다/덜어내다'이다. 학자들은 이 둘이 서로 다른 어원이라고 주장하기도 하지만 '창조하다'와 '덜어내다'는 긴밀하게 연결되어 있다. 창조적인 삶은 필요 없는 것들을 매일매일 걷어내는 행위다. 사람들이 이탈리아 예술가 미켈란젤로에게 다윗 조각상을 어떻게 조각했느냐고 묻자 그는 "다윗처럼 생기지 않은 돌을 쪼아냈지"라고 대답했다. 창조는 삶에 있어서 본질적이지 않은 것들, 도덕이나 종교가 우리의 동의도 없이 돌에 새겨놓은 것을 과감히 자르고 단절하는 용기에서 시작한다.

바라의 세 번째 의미는 '살찌우다'이다. 이 단어가 등장한 문맥은 이러하다. 이스라엘 초기 역사에는 사제였던 엘리라는 사람이 이스라엘 사람들이 신에게 바친 제물 중 최고만을 골라 자신을 '살찌웠다'는 이야기가 전해진다.

"너희는 어찌하여, 나의 처소에서 나에게 바치라고 명한 나의 제물과 예물을 멸시하느냐? 어찌하여 너는 나보다 네 자식들을 더 소중하게 여기어, 나의 백성 이스라엘이 나에게 바친 모든 제물 가운데서 가장 좋은 것들만(reshith) 골라다가, 스스로 살찌도록(bara) 하느냐?"[11]

이러한 의미에서 바라를 해석하자면, 태초의 혼돈 상태에서 부수적인 것들을 '걷어내고' '가장 좋은 것(reshith)'으로 '채우는' 행위다. 이 문장에서 가장 좋은 것을 의미하는 단어는 〈창세기〉의 첫 단어 '버레쉬쓰(bereshith)'의 '레쉬쓰'다. 〈사무엘기〉를 기록한 저자는 〈창세기〉 1장에 등장하는 레쉬쓰와 바라의 연결이 가져다주는 강력한 메타포를 자신의 문장에 사용했다. 〈사무엘기 상〉 2장 29절 바라의 의미로부터 힌트를 얻어 〈창세기〉 1장 1절을 '신은 가장 좋은 것으로 우주를 채워 넣었다'라고 번역할 수도 있다.[12]

기원전 6세기 유대 민족은 곧 역사에서 사라질 백척간두에 서 있었다. 그는 새로운 민족은 관습이나 규율 혹은 유대교 율법으로부터 나올 수 없다는 사실을 깨닫는다. 신이 거주하는 시온에 건축된 예루살렘 성전이 맥없이 허물어지는 것을 목도한 P 저자는 그렇게도 집착했던 신의 이름 야훼를 버린다. 아무나 이 이름을 입에 올려서는 안 된다. 이 이름은 대제사장만이 성전의 가장 비밀스러운 공간에 들어가 부를 수 있으며 누구도 '불러서는 안 되는 거룩한 이름'이다. P 저자는 이 이름을 더 이상 거론하지 않는다. 그는 고대 근동의 모든 사람들이 종교와 민족을 넘어 인식할 수 있는 보편적인 신의 이름인 엘로힘을 되살린다. 엘로힘, 우리 생각 안에 깊이 숨어 발견되기를 기다리는 인류 보편의 DNA는 맨 처음에 무엇을 창조했는가?

〈창세기〉 1장 1절은 신이 "하늘과 땅"을 창조했다고 말한다. 하늘과 땅은 우주를 구성하는 가장 기본적인 속성이다. 크로마뇽인들은 세상을 두 개의 짝으로 관찰한다. 남자-여자, 밤-낮, 건조함-젖음, 날 것-익힌 것, 삶-죽음, 하늘-땅. 이와 같은 이원론적인 세계관은 고대 히브리인들이나 그리스인들이 세상을 인식하는 사고의 틀이다. 〈창세기〉 1장 1절에 언급된 하늘과 땅은 상반되는 두 개의 요소를 함께 언급함으로써 전체를 의미하는 '메리즘(merism)' 기법이 사용된 것으로, 우주 전체를 이른다.

고대 히브리인들은 하늘을 '샤마임'[13]으로 불렀다. 이것은 '두 개의 물 덩이로 이루어진 것'이라는 뜻이다. 왜 이들은 하늘이 두 개라고 믿었을까? P 저자는 바빌로니아인들의 창조 신화인 『에누마 엘리쉬(Enuma Elish)』에 대해 알고 있었다. 〈창세기〉와 『에누마 엘리쉬』 모두 고대 근동의 우주관을 그대로 표현한다.

다음은 『에누마 엘리쉬』 제4토판에서 최고신으로 등극한 마르둑(Marduk)이 혼돈의 여신이며 바다의 화신인 '티아맛(Tiamat)'을 바람 무기로 살해하는 내용을 원전에서 직접 번역한 것이다.

벨신(마르둑)이 티아맛의 시체를 살펴보면서 앉았다.

그는 그 덩어리를 교묘하게 나눌 계획이 있었다.

그는 그녀를(티아맛) 말린 물고기처럼 둘로 나눴다.

그녀의 반을 나누어 하늘을 덮었다

그는 빗장으로 막고 호위병을 세웠다.

호위병에게 그녀의 물이 새나가지 않게 지키라고 명령하였다.

그는 하늘들을 지나 (땅의) 사방을 조사하였다.

그리고 심연 위에 그는 누딤무드(에아신)의 거주지를 세웠다.

그리고 벨신(마르둑)은 심연의 구조를 쟀다.

그는 그 위에 궁궐과 같은 에−샤라 신전('만물의 신전')을 지었다.

그가 창조한 에−샤라 신전을 하늘로 지어

아누신, 벨신, 에아신이 자신들의 거주 공간을 만들어 살게 하였다.[14]

마르둑은 티아맛 여신의 몸을 둘로 잘라 반은 하늘에 두고 다른 하나는 밑에 두었다. 하늘에 있는 물이 새나가지 않도록 빗장[15]으로 막는다. 『에누마 엘리쉬』에는 계속해서 천체를 하늘에 고정하는 내용이 등장한다. 해, 달, 별을 하늘에 고정하기 위해서는 물 위에 어떤 단단한 것이 있어야 하지만, 『에누마 엘리쉬』는 그 단단한 것을 언급하지 않는다.

이에 반해 P 저자는 『에누마 엘리쉬』 저자보다 천체가 어떻게 물로 이루어진 하늘에 매달리게 되었는지 상상력을 동원해 훨씬 설득력 있게 설명한다. 〈창세기〉 1장 6~10절을 원문에서 번역하면 다음과 같다.

하나님이 말씀하시기를 "물 한가운데 창공이 생겨, 물과 물 사이가 갈라져라" 하셨다.

하나님이 이처럼 창공을 만드시고서, 물을 창공 아래에 있는 물과 창공 위에 있는 물로 나누시니, 그대로 되었다.

하나님이 창공을 하늘이라고 하셨다. 저녁이 되고 아침이 되니, 이튿날이 지났다.

하나님이 말씀하시기를 "하늘 아래에 있는 물은 한곳으로 모이고, 뭍은 드러나거라" 하시니, 그대로 되었다.

하나님이 뭍을 땅이라고 하시고, 모인 물을 바다라고 하셨다. 하나님 보시기에 좋았다.[16]

P 저자는 '창공'[17]이라는 우주의 장치를 소개한다. 창공의 히브리어 '라끼아(raqia)'는 '망치로 두드려 단단해진 것'이라는 의미다. 창공이 하늘의 물을 단단하게 막아주고, 하늘 아래 있는 물을 한곳에 몰아 마른 땅이 드러나게 만든다. '땅'은 히브리어로 '에레츠(erets)'라 하는데 넓은 의미로는 '아래 있는 것'이다. 그러나 좁은 의미로는 하늘 아래 물이 모인 곳을 제외한 마른 땅을 지칭한다. 〈창세기〉 1장 1절의 하늘과 땅은 원래 '두 개의 물덩이(하늘과 지상의 바다)와 마른 땅'으로도 해석할 수 있다.

〈창세기〉 1장 1절에서는 이러한 인위적인 대상을 우주라 한다. 하늘과 땅이라는 표현은 '하늘'과 '땅', 각각을 지칭하는 용어가 아니다. P 저자의 창조 이야기에 의하면 하늘과 땅은 아직 객체로 창조되지 않았다.

P 저자는 나라를 잃고 디아스포라 민족으로 전락한 유대인들에게 새로운 비전을 제시하고 싶었다. 그 비전은 다름 아닌 우주 창조, 바로 '처음'에 관한 이야기였다. 〈창세기〉 1장 1절은 성서 단어 하나하나가 지니는 다양한 의미 때문에 번역 또한 다양해진다. 자신의 삶에 영감을 주는 번역을 하나 골라보라.

가. "신이 우주를 창조하는 처음에 관하여"
나. "신이 우주를 창조한 처음에"
다. "신이 우주를 창조한 최고의 솜씨에 관하여"
라. "신이 (혼돈으로 가득한) 우주로부터 군더더기를 뺀 처음에 관하여"
마. "신이 (혼돈의) 우주로부터 군더더기를 뺀 최고의 솜씨에 관하여"
바. "신이 (빈) 우주에 질서로 채운 처음에 관하여"
사. "신이 (빈) 우주에 질서로 채운 최고의 솜씨에 관하여"

혼돈이란 무엇인가?

וְהָאָרֶץ הָיְתָה תֹהוּ וָבֹהוּ וְחֹשֶׁךְ עַל־פְּנֵי תְהוֹם
וְרוּחַ אֱלֹהִים מְרַחֶפֶת עַל־פְּנֵי הַמָּיִם

"그때, 세상은 혼돈하였고 어둠은 깊음 위에 있었고
강한 바람은 물 위에 휘몰아치고 있었다."

〈창세기〉 1:2

창조 이전의 상태는
무엇이었는가?

빅뱅 혹은 빅뱅 이전 상태를 목격한다는 것은 형용 모순이다. 우리는 빅뱅 혹은 빅뱅 이전의 미세한 흔적을 관찰하며 우리 스스로를 자랑스럽게 여긴다. 그 미세한 흔적이란 드넓게 펼쳐진 바다에 떨어진 물 한 방울에 대한 분석과 같다. 우주에서 볼 때 바닷가의 모래 한 알보다 작은 지구에 살면서 우주의 처음에 관한 이야기를 시도한다는 것은 어쩌면 황당할 수밖에 없다.

삶에는 해답이 불가능한 질문들이 많다. 하지만 역설적이게도 이러한 질문의 대상은 인간 삶을 근본적으로 지탱하는 공기와 유사하다. 그것들이 없다면 인간은 존재 가치를 잃을지도 모른다. 우주, 생명, 정의, 아름다움, 질서, 진리, 착함, 신뢰, 사랑 등의 기원이나 작동 원리에 대해 우리는 알려고 노력할 뿐이다.

P 저자는 오늘날의 천체물리학자나 진화생물학자처럼 질문한다.

"처음이란 무엇일까?" 그 당시 대부분의 인류는 이 질문을 던지지도 않았고, 그 질문의 중요성도 몰랐다. 몇몇 깨어 있는 자들이 자신의 사사로운 삶만 관찰하는 무의식적인 습관에서 탈출해 이웃과 세상과 천체를 보기 시작했다. P 저자는 그들 가운데 한 명이다.

만물은 죽음과 태어남을 반복한다. 그렇다면 우주는 어떻게 태어났을까? P 저자는 바빌로니아 유프라테스 강둑에서 밤하늘의 총총한 별들을 보면서 자신의 눈으로 쏟아지는 별들의 처음에 관해 알고 싶었을 것이다. 새벽이면 사막의 지평선에서 세상을 환하게 밝히고 아침이면 예외 없이 뜨는 태양은 누가 만들었을까? 중앙아시아에서 인도의 모헨조다로와 이란의 수사를 거쳐 자그로스 산맥을 넘어온 대상무역상의 밤길을 밝혀주는 달에는 누가 살고 있을까? 밤하늘의 모든 별들은 빙글빙글 움직이는데, 누가 자기 자리로부터 한 치도 움직이지 않는 북극성을 저곳에 매달아놓았을까?

P 저자는 우주의 처음에 관해 탐구하기 시작했고 그 처음을 '없음'이라 규정했다. 우주가 창조되기 이전의 상태를 묘사할 수 있을까? 이 '없음'은 '있음'에 대한 반대 개념이 아니라 우주가 존재하기 전의 상태, 즉 존재와 비존재를 넘어서는 어떤 것이다. 이 없음에 대한 최초의 생각을 담은 시는 인도의 가장 오래된 경전 『리그베다』(10.129:1~7)에서 발견된다. 이 내용은 〈창세기〉 1장 2절에 열거된 혼돈의 상태를 이해하는 데 실마리를 제공한다.

리그베다에 등장하는
창조 이전의 모습

『리그베다』는 기원전 1500년부터 800년 사이에 구전으로 전승된 노래 모음집이다. 『리그베다』 중 10장 129절은 '우주 창조'에 관한 내용이다. 인도-유럽인들은 기원전 2000년경부터 지금의 이란과 인도로 내려와 정착하기 시작했고, 기원전 1200년경에는 구전으로 우주의 처음에 관한 노래를 불렀다. 사실 기원전 12세기는 인류 역사상 가장 큰 지적인 변화가 일어났던 시기다. 이때 수천 년 동안 구전으로 내려오던 노래들이 정형화되었고, 여러 집단이 이 노래를 바탕으로 민족 정체성을 확립하고 종교를 탄생시켰다.

서양인들은 기원전 2000년경 러시아 남부 발틱 연안에서 하강하기 시작했다. 그중 한 집단은 이란에 정착해 『아베스타(Avesta)』라는 경전을 남겼다. 『아베스타』는 후대 조로아스터교의 근간이 되었고, 또 다른 집단은 인도에 정착해 『리그베다』를 남겨 불교의 기본 틀을 제공했다. 이들은 세상이 서로 배타적인 두 개의 객체로 구성되어 있다고 해석했다. 우주 창조 이전의 혼돈을 철학적으로 설명하는 『리그베다』 10장 129절 1~2행의 번역과 해석을 살펴보자.

그때에는 비존재(asat)도 없었고 존재(sat)도 없었습니다.
그때에는 '공간의 범위'도 없었고 그 너머에 하늘도 없었습니다.
누가 덮었습니까? 어디에서? 쉴 만한 공간이 있습니까?
그때 바닥이 없는 깊음에 물이 있었습니까?(1행)

『리그베다』 10장 129절은 '있음'도 존재하지 않았고 '없음'도 존재하지 않았다고 말한다. '없음'과 '있음'은 상호 배타적이면서 상호 필연적이다. 그런데 그때에는 존재하지 않는 것조차 존재하지 않았다. 첫 구절부터 난해하기 짝이 없다. 만일 '없음'이 존재한다면, '있음'이 부재한 '없음'이 존재한다는 말이다. '없음'도 하나의 개념이 되어 '있음'이라는 속성을 지니게 되는 것이다.

'없음이 있느냐'라는 문제는 고대 그리스 철학자들의 머리를 아프게 했다. '없음'이 존재할 수 있는가? 혹은 어떤 것이 '없음'으로부터 출발할 수 있는가? 이 딜레마는 사실 존재하는 모든 것의 기원에 숨어 있는 어려운 문제다. 하늘을 덮는 것은 성서나 그리스 신화에 등장하는 '궁창'과 유사하다. 천동설을 신봉하던 고대인들에게 태양, 달, 별은 자신이 가야 할 길을 정기적으로 가는 천체다. 고대인들은 우주가 창조되기 전의 상태를 '물'이라고 상상했다. 이 물은 자신들의 땅을 둘러싸고 있으며, 무한하고 불변해서 바닥이 없는 물체로 생각했다. 만물은 결국 소멸한다. 나무, 산, 심지어는 별들도 불규칙하게 움직이지만 바다만큼은 고정적이다. 그러나 힌두 시인은 감히 의심을 품는다. 바다의 불변성을 부정하지 않지만 의심한다.

그때에는 죽음도 없고 비죽음도 없습니다.
밤이나 낮의 표식도 없었습니다.
숨이 없는 어떤 것이 자생적인 힘으로 숨을 쉽니다.
그때에 하나가 존재하고 다른 것은 없었습니다. (2행)[1]

여기서 말하는 원초적인 '없음'에는 당연히 죽음(mrtyus)도 비죽음(amrta)도 없다. 비죽음은 영원이 아니라 죽음의 부정을 뜻한다. 2행을 보면 밤이나 낮의 표식도 없었다고 되어 있는데, 이는 밤이나 낮을 표시하는 물질적인 기호인 달과 태양도 없었음을 의미한다. 표식을 의미하는 '프라케타(praketa)'는 산스크리트어의 가장 오래된 형태로 쓰인『베다』에만 등장하는 어휘다.

천체의 움직임은 고대인들에게 신비한 사건이었다. 그들은 천체가 비가시적인 어떤 힘에 의해 조정되고 있다고 상상했다. 그 어떤 힘이란 무엇일까? 어떤 일이 일어나기 위해서는 다른 무언가가 일어나도록 해야 한다. 모든 형태는 그것이 물질적인 모습으로 구체화되기 전에 '가능성'으로 존재한다. 고대인들은 어떤 새로운 것이 창조된다는 것은 그 원형에서 만들어진 생각, 즉 의도로 출발해야 한다고 믿었다. 그러므로 우주는 창조되기 전에 누군가 우주를 창조해야겠다는 의지가 있어야 한다.

고대인들은 그 의지를 '에캄(ekam)'이라 했다. 에캄은 창조 이전에 이미 스스로 존재하는 유일한 어떤 것을 말한다. 에캄은 세상을 등장 시키는 창조주다. 에캄을 통하지 않고는 아무것도 생기지 않는다. 에캄의 특징은 숨이 없지만 스스로 숨을 쉬는 것이다. 이것은 창조 이전에 어떤 것이 없음으로 존재한다는 모순에 대한 은유다. 다시 말해 원초적인 에캄인 '있음'을 야기할 수 있는 가능성이다. 여기서 창조자인 에캄의 숨은 살아 있다는 보편적인 표식이다. 이 표식은 플라톤의 이데아(idea)와 아리스토텔레스가 말한 부동의 원동자(Primus Motor)와 유사하다.

창조 이전의 상태인 혼돈을 의미하는 영어 카오스(chaos)는 굳이 번역하자면 '바닥이 없어 끝없이 추락하는 비어 있는 공간'이다. 카오스는 원래 '하품하다'라는 그리스 동사 '카이노(khaino)'에서 유래했다. 하품은 무료할 때나 졸릴 때 나오는 무의식적인 호흡 동작으로 평상시보다 길고 깊게 숨을 들이마신다. 말하자면 카오스는 입 앞에 있는 공기가 구강을 통해 들어갈 때 목구멍이 만들어놓은 빈 공간이다. 카오스의 반대는 코스모스(cosmos)다. 코스모스는 질서를 뜻한다. 이는 전쟁에 승리하기 위해 군인들을 준비시키고 배치하는 행위다. 더 나아가 하늘에 천체를 적재적소에 배치하는 행위와 그 결과물인 우주를 말한다.

〈창세기〉에서는 창조 이전의 상태를 어떻게 묘사했을까? P 저자는 〈창세기〉 1장 1절에 등장하는 '처음', 즉 '창조 이전'의 혼돈의 상태를 1장 2절에서 설명한다. 2절은 1절을 부연 설명하는 것이며, 창조 이야기의 문법적이며 실질적인 시작은 1장 3절 "엘로힘께서 말씀하셨다, '빛이 있으라' 하시니 빛이 있었다"이다.[2]

에누마 엘리쉬의 창조 신화

P 저자가 상상한 혼돈은 무엇일까? 〈창세기〉 1장 2절의 내용을 이해하기 위해서는 구약성서가 태동된 고대 근동이라는 모체를 살펴보아야 한다. 1849년 영국의 고고학자 오스틴 헨리 레이어드(Austen Henry Layard)는 기원전 7세기 앗시리

아 왕 아슈르바니팔(Ashurbanipal)이 지은 도서관의 유적에서 조각난 토판 문서를 발견했다. 쐐기문자로 기록된 토판 문서에는 성서의 창조 이야기와 유사한 이야기가 담겨 있었다. 그 후 대영박물관의 조지 스미스(George Smith)는 그 내용이 〈창세기〉 1~2장과 유사하다는 점을 발견하고 충격에 휩싸인다. 그곳에서 발견된 약 스무 개의 토판 문서와 함께 1876년에 『갈대아인의 창세기(The Chaldean Account of Genesis)』라는 책을 출간한다. 그는 이 사실을 알리기 위해 영국 신문 《데일리 텔레그래프(Daily Telegraph)》에 편지를 보냈다. 이후 메소포타미아의 창조 신화라고 알려진 『에누마 엘리쉬』가 유럽인들에게 처음으로 알려지기 시작했다.

바빌로니아에서는 1년에 한 번 바빌로니아인들을 하나로 묶는 축제가 있었다. 이 축제를 '아키투(akitu)'라 한다. '아키투'는 원래 수메르어로 '보리'라는 의미인데, 바빌로니아인들이 차용해 '보리' 혹은 '신년'이라는 의미로 사용했다. 수메르에서는 1년에 두 번 농경 축제가 열렸다. 춘분(春分)에는 보리를 파종하고 추분(秋分)에는 보리를 추수한다. 이 중에서도 춘분 축제는 오늘날에도 중근동의 가장 중요한 축제다. 수메르인, 바빌로니아인, 페르시아인, 아프가니스탄인, 쿠르드족, 바하이족 모두 봄의 시작을 정교한 의례를 통해 기념한다.

아키투 축제는 가장 오래된 종교 축제 중 하나며, 태양력으로 3월 21일에 시작한다. 축제일 이전은 죽음과 혼돈을 뜻하고 축제 이후에는 생명과 창조를 뜻한다. 겨울 내내 바닷물에 절어 있던 휴경지는 춘분 때가 되면 유프라테스 강과 티그리스 강이 흘러들어와 소금기가 제거되고 땅이 부드러워져 경작이 가능해지고, 추분이 되면 추수를 시작한다. 춘분에 거행되는 아키투 축제는 신이 자신의 거주지를 떠나 처음으로 선택한 도시에 영원한 거처를 마련한 것을 기념하는 행렬이다. 이 축제를 통해 새로운 장소와 시간이 창조된다.

12일 동안 진행되는 축제의 넷째 날 밤에는 『에누마 엘리쉬』가 상연된다. 우주와 신들의 탄생과 함께 마르둑 신과 바빌론을 찬양한다. 이 신화의 첫 부분은 우주 창조 이전의 '없음'에 대해 『리그베다』와는 다른 방식으로 표현한다. 『에누마 엘리쉬』 제1토판의 첫 부분을 원전에서 번역하면 다음과 같다.

위로 하늘이 아직 이름으로 불리지 않았고
아래로 땅이 이름으로 기억되지 않았을 때,
최초의 압수, 그들의 아버지,
그리고 그들 모두를 낳은 모체, 티아맛이
그들의 물이 하나로 섞여 있었다.
그때에는 들판이 형성되지 않았고, 갈대밭도 찾을 수 없었다.
어떤 신도 나타나지 않고,
어떤 이름으로도 불리지 않았고, 운명도 결정되지 않았을 때,
신들이 그들 가운데서 창조되었다. (1~9행)[3]

여기서 1과 2행은 태초에 우주의 창조 이전을 말한다. 다른 고대인들과 마찬가지로 바빌로니아인들도 자신을 둘러싸고 있는 광활

한 우주 전체를 '하늘'과 '땅'으로 표현했다. 위에는 하늘이 있고 자신들이 살고 있는 장소는 땅이라고 정의한다. 『에누마 엘리쉬』 저자는 빅뱅 이전의 상태를 하늘과 땅이라는 개념이 만들어지기 전이라고 말한다. 『에누마 엘리쉬』의 첫 두 줄은 〈창세기〉 1장 1절의 내용과 유사하다. 이 두 이야기 모두 자기 나름대로 '처음'을 표현한다.

자신의 존재를 확정하고 구성하는 추상적인 공간인 위와 아래 그리고 그것이 구체화된 공간인 하늘과 땅이 이름을 가지지 않았다는 의미는 무엇인가? 인간은 그 대상의 개념을 언어로 포착해야 인식할 수 있기 때문에, 인식의 대상이 이름이 없다는 사실은 존재하지 않는다는 말과 마찬가지다. 혹은 그 대상이 존재했지만 아직 인간의 언어로 표현되지 않았다는 것을 의미한다. 그 원초적인 '없음'을 상징하는 두 개의 물체 '압수(Apsu)'와 '티아맛(Tiamat)'이 등장한다. 이 두 물체는 스스로 존재하는 물체로 다른 것에게 무엇을 요구하지 않는 '자동사성(自動詞性)'을 지닌다.

압수는 유프라테스 강과 티그리스 강에 깃들어 있는 생명력을 뜻한다. 메소포타미아는 아르메니아 아라랏 산에서 발원해 바빌론을 거쳐 페르시아 만(灣)으로 유입되는 이 두 강의 선물이다. 헤로도토스가 "이집트는 나일 강의 선물이다"라고 말했듯이, 메소포타미아는 '유프라테스 강과 티그리스 강의 선물이다'라고 말해도 무리가 없다. 압수는 우주 창조에 필요한 씨를 간직한 자연이며 후에 등장하는 창조물의 '아버지(zaru)'이고, 별명은 '최초(reshtum)'다. 〈창세기〉 1장 1절의 '처음'이라는 히브리어 '레쉬트(reshit)'와 같은 어원에서 파생했다. 이 강물에 들어 있는 담수가 바로 우주의 생성을 가능하게 하는 '처음'이다.

한편 티아맛'은 혼돈의 여신으로 바닷물을 상징한다. 메소포타미아인들은 자신들의 생존을 끊임없이 위협하는 바닷물에 시달렸다. 유프라테스 강과 티그리스 강의 발원지인 아라랏 산의 눈은 춘분이 되면 녹기 시작해서 메소포타미아로 내려온다. 이 물이 바빌로니아까지는 산세가 가팔라서 잘 흘러내려오지만 그곳에서 페르시아 만까지는 지세가 완만해 잘 흐르지 못한다. 오히려 지세가 낮아 바닷물이 거꾸로 유입되어 늪지대를 만들거나 농지를 엉망진창으로 만들기 일쑤다. 바닷물 티아맛이 끌고 온 염수는 곧 가뭄이자 기근이며 죽음을 상징한다.

인류는 바로 이러한 곳에서 거친 자연의 도전과 대면해 공동체를 만들고 도시를 만들어 조직적인 수로 공사를 시작한다. 메소포타미아 초기 왕들은 바로 이 수로 공사의 감독관들이었다. 두 강이 부수적으로 끌고 내려온 침적토를 강바닥으로부터 퍼 올리는 일이 도시국가의 가장 중요한 사업이기 때문이었다. 페르시아 만에서 유입되는 바닷물의 화신인 티아맛 여신은 역설적이게도 메소포타미아인들이 스스로 기지를 발휘해 문명사회로 진입하게 만드는 발판이 된다.

압수가 상징하는 유프라테스 강과 티그리스 강 그리고 티아맛이 대표하는 바닷물이 하나로 엉킨 상태가 바로 우주 창조 이전의 모습이다. 5행에 "그들의 물이 하나로 섞여 있었다"라고 전한다. 이 원초적인 시간에 들판도 없었고 갈대밭도 없었다. 들판은 농경을 의미하고 갈대를 문자의 철필로 사용하기 때문에 갈대밭은 문자를 상징한다. 사람들이 농경이라는 것도 문자라는 것도 몰랐던 시절이다. "그때"에는 만물의 생사화복이라는 순환도 없었고 그것을 결정하는 운명도 없었다. 물론 신들도 등장하지 않았다. 『리그베다』와 『에누마 엘리쉬』에 등장한 혼돈의 이미지가 〈창세기〉에서도 여지없이 등장한다.

"그때에 땅은 매우 혼돈하였다"

P 저자는 〈창세기〉 1장 2절에 우주 창조 이전의 상태를 나열한다. 이 구절을 해석함에 있어서 중요한 점은 〈창세기〉 1장 1절을 부연 설명하는 문장이라는 것이다.[5] 〈창세기〉 1장 2절의 도입부를 번역하면 다음과 같다.

그때에 인간이 살고 있는 이 땅은 매우 혼돈하였다.[6]

여기서 인간이 발을 붙이고 살고 있는 세상을 "이 땅"이라고 표현한다. '땅'이라 번역된 '하-아레츠(ha-aretz)'라는 히브리어는 '아래'라는 의미도 있으며 후에 동식물의 삶의 터전이 되는 공간이기도 하다. P 저자는 그 땅의 상태를 "비어 있었고 비어 있었다(토후 와-보후)"[7]라고 표현했다. '토후 와-보후'는 『에누마 엘리쉬』1장 5절에 언급된 "그들의 물이 하나로 섞여 있었던" 창조 이전의 무질서를 지칭하는 용어다. 이 문구에 대한 고대 언어나 현대 언어의 번역이 제각기 다른 이유는 '토후 와-보후'라는 문구의 의미가 인간의 언어로는 표현할 수 없는 빅뱅 이전의 현상이기 때문이다. 두 단어 모두 '-후'로 끝나 숨을 가파르게 뱉어내는 소리로 인간의 몸 안에서 공기나 빠져나간 상태를 의미한다. '토후 와-보후'는 '두 가지 유사한 단어를 나열해 그 각 단어가 전하는 유사한 의미를 강조하기 위한 이사일의(二詞一意, hendiadys)'라는 수사학적 용례다. 굳이 번역하자면 '완전하게 버려진/공허한'이라는 뜻이다.

2세기 중반에 로마에서 활동한 영지주의 사상가 발렌티니우스 (Valentinius)는 그리스도교를 플라톤주의와 연결시킨다. 그는 영원한 천상의 세계를 '꽉 참'이라는 의미를 지닌 '플레로마(pleroma)'로, 가변적인 현상의 세계를 '비어 있음'이라는 의미의 '케노마 (kenoma)'로 명명한다.

'토후 와-보후'는 기원전 6세기 바빌론에 끌려와 포로 생활을 하던 유대인들의 심정을 잘 드러내는 문구다. P 저자는 예루살렘 성전이 바빌로니아제국의 왕 느부갓네살에 의해 무참히 파괴되는 것을 목격했다. 유대인들은 유프라테스 강가에 앉아 예루살렘의 무너진 성전을 기억하며, 자신들의 정체성도 말살된 절망적인 상태를 '토후 와-보후'라 했다. 창조와 질서는 바로 이곳에서 시작한다. 이 곳은 잡초가 무성하고 사나운 동물들이 득실거리며 불법과 살육이 판치는 거대한 황무지다.

P 저자는 〈창세기〉에서 '토후 와-보후'가 아무 일도 일어나지 않는 평온한 상태가 아니라 질서의 신과 혼돈의 신이 우주 탄생을 위

해 전쟁을 치르는 곳이라고 말한다.

어둠이 심연 위에 있고 강한 바람은 물 위에서 퍼덕이고 있었다.[8]

혼돈을 설명하는 가장 손쉬운 표현은 어둠이다. 그 어둠이 '심연' 위에 있었다고 전한다. 심연이란 무엇인가? 심연은 한없이 나락으로 떨어지는 블랙홀이다. 여기서 심연으로 번역되는 히브리 단어는 '테홈(tehom)'이다. 테홈은 구약성서에 서른다섯 번이나 나오는데 스물한 번은 단수로, 열네 번은 복수로 언급되며, 문법적으로 대개 여성으로 사용되지만 남성으로도 사용된다. 테홈이라는 단어의 특징 중 하나는 대부분 정관사가 접두하지 않기 때문에 고유명사처럼 사용된다는 점이다.

〈창세기〉에 등장하는 테홈은 『에누마 엘리쉬』에 나오는 티아맛과 어원적으로 같다.[9] 셈족인들은 아주 오래전부터 혼돈을 상징하는 신화소로 테홈을 가지고 있었다. 이 신화소는 셈족인들에게 혼돈의 여신과 관련한 이야기를 구축하는 최소 단위가 됐다. 『에누마 엘리쉬』에서 티아맛은 후에 등장하는 질서와 창조의 신인 마르둑과 싸우는 혼돈의 여신이지만 〈창세기〉의 테홈은 자연의 일부로 등장한다. 그러나 두 단어의 어원이 같다는 점에서 테홈에는 무시무시한 혼돈의 여신의 흔적이 남아 있다. "어둠이 심연 위에 있다"라는 말을 『에누마 엘리쉬』에서 얻은 힌트를 통해 다시 번역하면 '짙은 어둠이 혼돈의 여신이자 괴물인 티아맛의 얼굴 위에 자욱이 내려앉고 있었다'가 될 것이다. 창조 이전의 상태는 『에누마 엘리쉬』

의 도입부에서 볼 수 있듯이 온통 어둠뿐이었고 그 밑에는 혼돈의 화신이자 거대한 바다의 여신 티아맛만이 존재했다.

혼돈을 깨우는 강력한 바람, '루아흐'

창조 이전의 혼돈을 깨우는 것은 무엇일까? 혼돈을 상징하는 바닷물을 이길 수 있는 유일한 무기는 바로 바람이다. 『에누마 엘리쉬』 제5토판에 등장하는 창조의 신 마르둑이 혼돈의 여신 티아맛과 전쟁하는 장면을 살펴보자.

티아맛과 신들의 보호자인 마르둑이 다가와
그들이 전쟁을 하였다. 그들이 전쟁을 위해 다가왔다.
'벨(마르둑)'은 그의 그물을 펼쳐 그녀를 감쌌다.
그녀의 얼굴을 향해 그는 자기 뒤에 있었던 임훌루-바람을 일으켰다.
티아맛은 입을 열어 그 바람을 삼키려 했다.
그러자 그는 임훌루-바람을 더욱 세게 일으켜 그녀가 입을 다물지 못했다.
강한 바람이 그녀의 배를 당겼다.
그녀의 내장이 늘어났고 그녀는 입을 크게 벌렸다.
마르둑은 활을 쏴 그녀의 배를 꿰뚫었다.
그는 그녀의 내장을 찢고 잘랐다.
그는 그녀를 붙잡고 그녀의 생명을 끊었다.

그는 그녀의 시신을 내팽개치고 그 위에 올라섰다.[10]

바닷물을 상징하는 티아맛을 무찌를 무기는 마르둑의 할아버지
인 '아누(Anu)' 신(하늘신)이 준 네 개의 바람이었다. 이 강력한 바람
으로 흉흉한 바닷물을 몰아냈다는 메타포는 성서에 자주 등장한다.
물을 나누어 한곳에 모아 '마른 땅'이 나타나게 하는 행위(《창세기》
1:9~10), 모세가 지팡이를 들어 큰 동풍을 일으켜 '갈대 바다'를 갈
라 마른 땅이 나오게 한 사건(《출애굽기》 14:21), 여호수아가 법궤를
가지고 요단 강을 건널 때 요단 강의 물이 끊어져 벽처럼 일어선 사
건(《여호수아》 3:13)은 모두 혼돈을 상징하는 물이 바람에 의해 정복
당하는 장면이다.

《창세기》 1장 2절 후반부에는 "루아흐(ruah) 엘로힘"이라는 히브
리어 문구가 등장한다. '루아흐'라는 단어는 '영'이란 뜻과 동시에
'바람'이란 의미도 있다. 이 두 가지 의미 중 어느 것을 택할지는 다
음에 등장하는 엘로힘의 번역에 달려 있다.

첫 번째 루아흐 엘로힘의 축자적인 번역은 '신의 영(spirit of God)'
이다. 흔히 이 부분을 '신의 영'으로 해석해 1장 2절 후반부를 하나
님의 영이 물 위를 움직인다고 번역한다. 하지만 이것은 억측 번역
이다. 우리가 은유를 통해야만 겨우 감지할 수 있을까 말까한 신이
라는 존재에 대해 신이 지닌 속성인 '영'이 물 위에서 움직인다는
해석은 문제가 있어 보인다.

그렇다면 루아흐 엘로힘을 두 번째 뜻인 '바람'으로 해석해보자.
히브리어에서 엘로힘이 종종 다른 명사 뒤에 위치하면 그 명사의

최상급을 표시한다. 그렇다면 루아흐 엘로힘은 '가장 강력한 바람'으로 번역할 수 있다. 『에누마 엘리쉬』에서 마르둑 신이 티아맛을 바람으로 제압하듯이, 〈창세기〉 1장 2절에서도 '가장 강력한 바람'이 물을 짓누르고 있는 긴박한 상황이다. 여기서 '짓누르다'라는 표현의 원래 의미는 '새가 바닷물 위에서 먹이를 잡기 위해 날개를 퍼덕이는 모습'이다. '강한 바람'이 혼돈을 상징하는 물을 가르기 위해 바람을 일으키는 형국이다.

창조는
언행일치다

　　　　　〈창세기〉 1장 1~2절은 처음 상태, 즉 창조 이전 혼돈의 상태에 대한 설명이다. 1~2절은 사실상 종속절이므로 주절은 3절이라고 볼 수 있다. 1장 3절은 〈창세기〉의 시작일 뿐만 아니라 성서 전체의 시작이다. 그렇다면 가장 중요한 첫 문장은 어떤 단어로 시작될까? 그 단어는 다름 아닌 '말하다'라는 뜻을 지닌 '아마르(amar)'라는 동사다.

　신은 말했다. "빛이 있으라!" 그랬더니 빛이 생겨났다.[11]

　신은 누구에게 말하는가? 이 광활한 우주 안에서 신은 말할 상대가 있었는가? 이 우주에는 신 자신밖에 없었다. P 저자는 당시 근동지방과 지중해에서 회자되던 우주 창조 신화와 인간 창조 이야기를 잘 알고 있었다. 그의 관심은 사막에 앉아 하늘의 별을 보고 한가하게 일장춘몽과 같은 우화를 되풀이하는 데 있지 않았다. 전쟁 포로로 잡혀와 바빌론의 지구라트와 찬란한 문명에 압도되어 점점 아브라함과 모세의 비전과 영감을 잃고 있는 유대인들에게 그들의 영혼을 일깨우는 이야기를 전해주고 싶었다. 우주 창조 이야기는 다른 문명의 신화 내용과 접근 방법이 유사하다. 하지만 그는 '말하다'라는 단어를 통해 그들의 잠자는 영성을 깨우려고 했다.

〈창세기〉 1장을 보면 신은 우주를 창조하기 전에 항상 '말'을 통해 명령한다. 신은 말을 통해 자신이 원하는 바를 실제로 존재하게 한다.[12] 자신이 한 말은 행동에서 완성된다. 행동이 없는 말은 거짓이며 우주의 질서를 깨뜨리는 악이다. 『에누마 엘리쉬』에서 신들은 젊은 신 마르둑을 자신들의 최고신으로 추대하면서 그에게 통과의례를 거치게 한다. 그 통과의례는 자신이 한 말을 실제로 이루어지게 하는 내공의 힘이다.

신들이 그들 가운데 별자리를 놓았다.
그리고 그들의 아들인 마르둑에게 말한다.
"오 벨 신(마르둑)이여! 너의 운명은 다른 모든 신들의 운명보다 우월하다.
명령으로 별자리를 파괴하고 다시 창조하여라.
네 입의 명령으로 별자리가 사라지게 하고
두 번째 명령으로 별자리가 다시 등장하게 하여라!"
그가 명령하자, 별자리가 사라졌다.

두 번째 명령에, 별자리가 다시 생겼다.

그들의 조상인 신들이 그의 말의 힘을 보고,

그들은 즐거워하며 외쳤다. "마르둑이 왕이다!"¹³

말은 힘이다. 자신의 말이 구체적인 행동이나 효과로 이어지지 않는다면 그것은 말도 아니다. 위 예문에서 마르둑이 신들의 왕으로 등극한 유일한 이유는 그의 말이 힘이 있기 때문이다. '아마르'라는 동사 외에 히브리어 '디베르(dibber)'라는 단어도 '말하다'라는 의미다. 디베르의 명사형 '다바르(dabar)'라는 단어는 언행일치(言行一致)의 의미를 담고 있다. 다바르는 '말'과 '행동'이라는 의미를 동시에 지닌다. 그 이유는 말이 곧 행동이기 때문이다. 창조자는 자신의 말을 그대로 행동으로 옮기는 행위자다.

그렇다면 〈창세기〉 1장 3절에서 신이 말한 첫 문장은 무엇인가? 바로 "빛이 있으라!"이다. 그런데 신은 〈창세기〉 1장 14절에서 넷째 날 태양을 창조한다. 그렇다면 첫째 날 창조한 이 빛은 무엇인가? 첫째 날 창조한 이 빛은 모든 피조물 안에 깃든 생명력이며 질서다. 빛을 통해 만물이 존재한다. 빛은 우리에게 평온함, 만족감, 믿음, 기쁨, 사랑을 제공해주는 도구다. 이 빛은 물질세계의 일부가 아니다. 우리가 혼돈에서 질서로 진입하기 위해 반드시 디뎌야 하는 징검다리다. 이기심이라는 어두운 세계에 감금되어 있던 우리는 빛을 통해 자기 자신을 볼 수 있다. 또한 자신이 온 우주와 정교하게 연결되어 있다는 사실을 깨닫는다. 이 빛을 통해 우리 스스로가 창조주가 된다.

인간이란 무엇인가?

נַעֲשֶׂה אָדָם בְּצַלְמֵנוּ כִּדְמוּתֵנוּ

"우리가 우리의 형상을 따라서, 우리의 모양대로 사람을 만들자."
〈창세기〉 1:26

인간 존재란
무엇인가?

"Ne te quaesiveris extra." 이 라틴
어 문장을 번역하면 "당신 밖에서 당신을 추구하지 마십시오!"다.
19세기 미국 사상가인 에머슨(Ralph Waldo Emerson)은 1841년에
「자립(Self-Reliance)」이라는 한 편의 에세이를 쓴다. 이 에세이는 유
럽이 독점해온 철학과 종교 전통으로부터 분리된 미국의 사상과 성
격을 규정하기 위한 미국의 정신적인 '독립선언문'이다.

우리는 흔히 '인간은 무엇인가?' 혹은 '나는 누구인가?'와 같은 철
학적이며 신학적인 질문을 탐구할 때 과거에 의존한다. 과거의 인
물들이 정교하게 장식된 분묘(墳墓) 속에 남긴 이야기에 의존하는
것이다. 과거 위대한 사상가들의 글과, 그들의 사상을 숭배하는 학
파들의 이론과, 창시자를 신격화한 종파의 교리에서 그 해답을 찾
으려 시도한다. 에머슨은 그것을 '엑스트라(extra)'라 한다. 엑스트
라는 파기해도 되는 것들이다.

철학가나 종교 창시자들의 위대함은 과거나 엑스트라에 의존하지 않는다는 데 있다. 그들은 사람들의 게으른 생각인 관습과 편리한 생각인 편견을 넘어 이전까지 듣도 보도 못한 '새로운 길'을 거침없이 제시했다. 우리가 철학이나 종교 혹은 과거 문화나 문명을 공부하는 이유는 그것을 만든 사람들의 반짝이는 천재성을 훔쳐보고, 나 자신도 직접 신과 대면하기 위해서다.

에머슨은 이렇게 촉구한다. "당신은 인생에서 추구할 그 무언가를 발견했습니까? 발견했다면, 다른 사람들의 견해나 소문에 의지하지 말고, 당신 마음속에 있는 당신만의 우주를 찾으십시오. 그 우주는 우리 주위에서 우리의 관찰을 기다리는 자연, 특히 하늘의 별, 산, 강, 나무, 시냇가, 고양이, 아이의 얼굴, 어디에서나 찾을 수 있습니다. 남들이 다 가는 관광지가 아니라 당신만의 산과 강을 찾아 인내를 가지고 관찰하십시오."

에머슨은 이 인용구에서 "인간은 자기 자신에게 신이다"라고 선언한다. 인간의 의무는 자신이 생각하는 정직하고 완벽한 인간, 즉 신의 모습을 발견하고 그 모습과 일치하기 위해 연습하는 일이다. 그러한 연습은 자신의 말과 행동으로 드러나야 한다. 에머슨은 인간이 누구인가를 가장 시적이면서도 간결하게 표현한 사상가다. 그는 '인간의 정체성'에 대한 논의를 교리라는 이름으로 독점해오던 그리스도교의 관행을 역사적인 연설을 통해 부수기 시작한다.

에머슨의 졸업 연설

　　에머슨은 1838년 7월 15일, 하버드 대학교 졸업식에서 미국 그리스도교뿐만 아니라 그리스도교 전체에 경종을 울리는 연설을 한다. 에머슨은 하버드 대학교와 신학대학원을 졸업하고 아버지를 따라 1829년에 보스턴으로 가 그곳에 있는 '세컨드 처치(Second Church)'라는 유니테리언 교회의 목사가 된다. 그러나 교회와 교회의 철학과 마찰이 생겨 1832년 목사직을 사퇴한 후 몇 권의 에세이를 통해 뉴잉글랜드의 문필가로 이름을 날린다. 이 졸업식 연설은 그가 뉴잉글랜드의 주류 그리스도교에 자신의 생각을 전하는 역사적인 순간이었다.

　　그해 하버드 대학교 학부를 졸업하고 목사가 되려는 여섯 명의 졸업생과 교수들 그리고 가족과 보스턴의 지식인들 100여 명가량이 당대 최고의 지식인으로 알려진 에머슨의 연설을 듣기 위해 모였다. 당시 보스턴의 평균 기온은 숨이 턱턱 막히는 섭씨 33도였다. 숨 막히는 더위로 체면을 중시하는 보스턴 신사들도 풀 먹인 옷깃을 풀어헤칠 수밖에 없었다.

　　에머슨의 감동적이면서도 강렬한 연설은 사람들의 마음의 문을 활짝 열게 하거나 반대로 자신이 소중히 생각해온 가치들이 폐기될까 봐 더욱더 웅크리게 만들었다. 일부는 에머슨의 생각이 전해주는 진귀한 음식의 달콤한 냄새를 맡았지만, 다른 누군가는 한없이 고약한 냄새를 맡았다. 특히 여섯 명의 졸업생들은 학교에서 전혀 들어보지 못했던 내용에 매료됐다. 그들은 이 고귀한 소명을 든든

하게 지켜줄 생명과 같은 말을 애타게 기다리고 있었다. 그러나 권력을 쥐고 있던 시대착오적인 종교 지도자들은 한없이 움츠러들었다. 에머슨은 그들이 주장하는 영성이 무식하고 의존적이며 독선적이라는 사실을 적나라하게 드러냈다.

그는 전통적인 종교가 맹목적으로 매달리는 권력의 기반이 한없이 허술하다는 사실을 공개했다. 그 자리에 참석한 종교 브로커들은 자신들의 종교가 파산되었다고 선언하는 에머슨의 선고를 받아들일 수 없었다. 습관적으로 과거 기성 종교를 비판하는 자칭 지식인들과 달리 에머슨은 오히려 심오하면서도 역동적인 영성을 제안했다. 그는 자기 자신을 깊이 성찰하고 자신의 영적인 심연에서 스스로 신을 만나라고 촉구했다. 이는 여전히 유럽 전통의 신학과 철학에 밥줄을 대고 있던 하버드 대학교의 저명한 학자들의 심기를 단단히 건드렸다.

에머슨은 자신의 철학을 자연이 지닌 신비주의에 대한 서정시로 읊었다. 그는 졸업생들에게 지금껏 공부하고 매달려온 종교의 굴레를 넘어 매사추세츠 주의 들판과 강을 보라고 촉구한다. 자신이 속해 있는 공간에서 영성을 찾아야 한다는 것이다. 졸업생들은 신을 책으로만, 머릿속으로만, 중세 시대 토마스 아퀴나스의 문헌과 같은 먼지 자욱한 고서에서만 찾았던 동굴의 포로였다.

에머슨은 초자연적인 기적과 그것을 바탕으로 한 교리의 진위성에 대해 논의하는 것을 인간 지성에 대한 모독이라고 생각했다. 영적인 삶을 위해서는 자신의 삶이 '기적'인지 스스로 관찰해야 한다. 오늘 여기서 내가 경험하는 세계를 관찰하지 않는 종교는 다른 사람들을 감동시킬 수 없고 시들기 마련이다. 자신의 오감을 통한 경험에 의해 만들어진 원초적인 언어만이 종교의 언어다. 그는 졸업생들에게 듣거나 배운 것이 아니라 경험한 것을 설교하라고 촉구한다. 다른 사람들이 해석한 경전에 관한 내용이나 교리를 말하는 것은 옹알이에 불과하다.

또한 에머슨은 그저 자연을 가만히 관찰하라고만 말하지 않는다. 순간을 응시해야 침묵 속에서 들리는 영원을 만날 수 있다고 말한다. 우리가 인식하지 못할 뿐, 인간을 포함한 만물은 찰나에 그 현상과 본질이 변화한다. 움직임을 구성하는 한 동작 한 동작이 거의 움직이지 않는 것 같지만 한순간에 저만치 가버린다. 자기변화의 기초는 바로 지금 이 순간을 어떻게 포착해서 인식하고 자신이 원하는 삶으로 만드느냐에 달려 있다.

에머슨은 자연에 대한 세심한 관찰을 통해 발견하는 언어를 '오버소울(Oversoul)'이라 한다. 그는 '신'이라는 단어가 지난 수천 년 동안 종교의 전유물이 되면서 그 원래 의미를 잃었다고 말한다. 신이라는 용어는 신인동형적이며 혹은 신화적이고 동시에 유치해서 에머슨이 말하고자 하는 그 무엇을 포착하지 못한다.

그가 말하는 오버소울이란 3~4월 매화나무에서 막 꽃망울을 터뜨리려는 정중동(靜中動)이며, 한참을 뛰어놀다 어머니 품안에서 새근새근 잠이 든 네 살 어린아이의 얼굴에서 발견되는 평화로움 같은 것이다. 우리가 자연의 소리를 경청하려는 마음이 있다면, 아낌없이 주는 자연의 경험이 바로 오버소울이다. 에머슨은 이 인내와 관찰을 인간 행동의 틀인 도덕이라 부른다. 이 도덕은 우리 직관을 통해 발견되는 자연의 계시를 경청하고 순응하면서 자신의 모습을 드러낸다.

　전통적인 그리스도교의 계시, 율법, 신 그리고 도덕은 충분하지도 않고 오히려 우리의 영성을 심각하게 방해한다. 외적인 교리보다 더 문제는 외적인 신격화다. 에머슨은 그리스도교의 전통주의를 비판한다. 우리는 우리 안에 담겨 있는 신의 형상을 깨달아야 함에도 불구하고 전통주의는 우리 안의 신의 형상을 파괴해 예수라는 역사적 인물 안에서 발견되는 신을 경배하고 섬겨야 한다고 말한다. 그는 예수의 미션을 다음과 같이 설명한다. "신이 인간이 된 이유는 반대로 모든 인간이 신이 될 수 있다는 사실을 증명하기 위해서다."

　에머슨의 이 연설은 당시 뉴잉글랜드 지방의 주도적인 그리스도교 교파였던 유니테리언주의(Unitarianism)에 큰 영향을 끼쳤다. 또한 에머슨은 전통적인 종교 기관을 거부하고 개인의 직관과 자신 안에 있는 신성을 이해하기 위해 자연의 역할을 강조하는 작가들, 철학자들, 시인들 그리고 학자들의 모임인 초월주의 운동의 선구자가 됐다. 하지만 그는 이 연설의 여파로 30년 동안 하버드 대학교에 얼씬도 못하는 이단아가 되고 말았다.

　에머슨은 신은 2,000년 전에 예수에게 직접 말한 것처럼 우리에게도 자연을 통해 지속적으로 말하고 있다고 전한다. 예수라는 한 인물에게만 특별한 계시가 온 것이 아니라 인간 모두에게 그런 계시를 받을 그릇을 선물해주었다는 것이다. 이것은 예수만이 특별한 사람이라 여기고 특별한 신으로 섬겼던 전통적인 신앙에 정면으로 도전한 것이다. 그는 한걸음 더 나아가 인간은 신과 닮은 것이 아니라 인간은 신적이라고 주장한다. 에머슨의 연설만큼이나 충격적인 〈창세기〉 1장 26절의 내용을 살펴보자.

P 저자의
인간관

성서는 인간을 무엇이라고 정의했나? 인간은 '신의 형상(Imago Dei)'이다. '신의 형상'이라는 용어는 P 저자의 인간관이며, 후대 그리스도교 신학자들의 인간 연구의 단초가 되는 개념이다. 신의 형상에 대한 교리, 특히 신약성서와 유대교의 해석과 초대 교부들의 해석은 신 형상에 대한 의미를 자기 나름대로 토착화하거나 철학적인 개념으로 설명한다. 그들은 P 저자의 뉘앙스를 무시해 그가 의도한 의미를 희석시키거나 상실시킨다. 유대-그리스도 전통 안에서 인간은 그저 신의 최고의 창조물이며 만물의 영장이다.

'성경전서 표준새번역'은 인간 창조를 다음과 같이 번역한다. "하나님이 말씀하시기를 '우리가 우리의 형상을 따라서, 우리의 모양대로 사람을 만들자.'" 어떠한가? 신이 창조한 것 중 최고의 걸작인 인간에 대한 창조를 표현하는 구절은 난해하기 짝이 없다.

이 구절에 대한 영어 번역도 의미가 불분명하기는 마찬가지다. '새영어개역표준판성경(NRSV)'은 다음과 같이 번역한다. "The God said, 'Let us make humankind in our image, according to our likeness.'" 또한 〈창세기〉 1장 26절 하단에 두 용어에 대해 설명

각주를 첨가했다. 먼저 '우리'라는 단어에는 다음과 같은 각주가 달려 있다. "복수형 우리(〈창세기〉 3:22, 11:7, 〈이사야〉 6:8)라는 표현은 아마도 하나님의 '천상회의'(〈열왕기상〉 22:29, 욥기 1:6)를 구성하는 '신적인 존재들'인 것 같다." 그다음으로 '형상'이라는 단어에 대해 설명한다.

형상, 닮음은 겉모습이 아니라 '관계와 하는 일'을 나타낸다. 사람은 땅에서 하나님의 지배하심을 드러내기 위해서 위임받았다. 그것은 마치 부모를 대신하는 어린아이의 대비와 같다(〈창세기〉 5:3을 보라).[1]

P 저자의 인간 창조에 대한 최초의 문장은 문제투성이이다. 이 문장은 해석상 다음과 같은 문제점을 지닌다. 첫째, 그리스도교의 하나님은 한 분인데, 왜 간접 인용구의 주어가 단수가 아니라 복수인가? 다시 말해 이 문장은 '나의 형상을 따라서, 나의 모양대로'라고 번역해야 하는데, 왜 〈창세기〉는 '우리의 형상을 따라서, 우리의 모양대로'로 번역되어 있는가? 이상하게도 성서에서는 일인칭 단수가 아니라 일인칭 복수를 사용하고 있어서 하나님이 복수 형태로 쓰인 듯한 인상을 준다. 이에 대해 'NRSV'는 '천상회의'의 '신적인 존재들'이 공동으로 인간을 창조했기 때문이라고 부연 설명한다.

둘째, 간접 인용문 안에서 '우리의 형상을 따라서, 우리의 모양대로'라는 의미는 무엇인가? '형상'이라는 말은 무엇인가? 플라톤이 말한 '에이도스(eidos)'로서의 형상인가? 아니면 인간이 신의 겉모습과 닮았다는 이야기인가? 신은 인간을 창조할 때 자신의 겉모습을 베껴 만들었는가? 또한 이 문장에서 비슷한 의미를 지닌 두 단어, 즉 '형상'과 '모양'이라는 단어는 같은 의미인가? 이들은 강조를 위한 동의어 반복의 예인가? 'NRSV'의 설명 또한 불분명하기 그지없다. "관계와 하는 일(relationship and activity)"이라는 모호한 표현과 부모와 자식과의 관계에 대한 설명으로 인간 창조를 이해할 수 있는가?

인간이 신의 '형상'대로 창조되었다는 사실은 신의 창조 질서 안에서 인간이 차지하는 위치와 하나님과의 긴밀한 관계를 나타내는 선포임에는 틀림없다. 〈창세기〉에서는 세 군데(〈창세기〉 1:26~28, 5:1~3, 9:6)에서나 인간이 하나님의 형상으로 창조되었다고 고백한다. 이러한 인간에 대한 존엄성을 나타내는 표현이 문맥에 숨어 있기는 하지만 '형상'이나 '모양'에 대한 구체적인 의미를 파악하기는 어렵다. '형상'이라는 단어는 성서에서 여러 가지 의미로 쓰였으며 초대 교부들도 그 다양성을 그대로 표현했다. 그들은 형상에는 '본질적인 것'과 '흉내적인 것' 두 가지가 있다고 믿었다. 구약성서에서는 몇 가지 흉내적인 형상들이 예배 의식에 사용됐다.

예를 들어 그룹(케루빔)이 지키고 있는 계약의 궤는(〈출애굽기〉 25:18~22, 37:7~9, 〈열왕기 상〉 6:23~28) 신의 현존을 법궤의 네 모퉁이에 가시적으로 표현한 것이다. 이것을 제외하고는 고대 이스라엘인들은 하나님의 형상을 나타내는 것을 엄격히 금했다.(〈출애굽기〉 20:4~5) 신은 비가시적이고 형용할 수 없는 분으로 고백되어 있기 때문이다. 그러므로 지상의 신의 형상은 모두 우상이다. 이러한 엄격한 금지에도 불구하고 〈창세기〉 1장을 기록한 P 저자는 왜 인간을 "하나님의 형상과 모양대로" 창조되었다고 기술하고 있는가?

신약성서에서 사도 바울은 하나님의 형상을 '예수 그리스도, 하나님의 아들'로 해석한다.(《골로새서》 1:15) 비가시적인 하나님이 예수를 통해 처음으로 가시적이 되었고 예수를 통해 〈창세기〉 1장 26절을 재해석한다. 바울은 예수 안에서 인간은 새로운 형태의 자아, 즉 신의 형상을 지닌 자아가 된다고 말한다. 이 형상으로 첫 인간이었던 지상의 아담과는 달리 제2의 아담인 예수 그리스도는 천상의 인간이 된다.

에누마 엘리쉬의
인간 창조

〈창세기〉 1장 26절을 번역하기 위해서는 메소포타미아 창조 신화를 살펴볼 필요가 있다. 왜 그래야 할까? 인간이 창조되는 순간을 본 사람은 한 명도 없다. 찰스 다윈에 의하면 인간은 오랜 기간 동안 진화 과정을 거쳐 서서히 변해왔기 때문에, 인간 창조를 한순간의 사건으로 말한 P 저자를 비과학적이라고 폄하할 수도 있다. 하지만 성서를 보면서 비과학적이라고 단정하는 태도 역시 비과학적이다. 인간은 교육을 통해 자신이 사는 시대의 주도적인 세계관을 배운다. 그러나 이 세계관은 시간의 노예일 뿐이다. 시간이 지나면 그 세계관도 수정되기 마련이다. 요즘처럼 과학 발전이 빠른 시대에 우리가 진리라고 믿었던 과학적 사실들은 몇 년, 아니 몇 달 안에 더 설득력 있는 대안의 등장으로 이

내 '거짓'이 된다.

성서의 인간 창조 이야기가 중요한 이유는 다음 두 가지다. 첫째, 지금부터 2,500년 전 P 저자는 왜 인간 창조를 이야기했는가? 당시 인간 창조에 관한 이야기를 꺼낸 민족은 세계 4대 문명권의 문헌에서만 발견된다. 둘째, 그러한 이야기가 어떻게 2,500년 동안 살아남아 수많은 사람들에게 영감을 주었나? 왜 이 이야기는 24억 그리스도인들에게 중요한 의미가 되는가? 이러한 문제를 풀기 위해서 〈창세기〉보다 먼저 기록되어 P 저자가 속한 공동체에 영향을 주었을 만한 인간 창조 이야기와 비교하는 것이다. 이것을 비교신화학적 방법론이라 한다. 서로 유사한 이야기를 비교해 선후를 가리고 공통점과 차이점을 부각시키는 작업이다.

기원전 6세기경 기록된 〈창세기〉 1장에 등장하는 인간 창조는 당시 인간 창조에 대한 세계관을 통해 그 숨겨진 의미를 추론할 수 있다. 고대 히브리인들의 인간 창조에 대한 개념은 바빌론에서 포로 생활을 하던 P 저자에게 영향을 주었을 만한 메소포타미아의 창조 신화를 통해 비교 분석할 수 있다. 바빌로니아인들은 인간을 어떻게 이해했을까? 이들이 P 저자의 세계관에 영향을 주었다면 그것은 무엇인가? P 저자의 독창적인 인간 창조 내용은 무엇인가? 먼저 메소포타미아의 가장 대표적인 신화인 『에누마 엘리쉬』의 인간 창조 부분을 살펴보자.

『에누마 엘리쉬』는 일곱 개의 토판 문서로 이루어진 총 1,100행의 시다. 기원전 1900년부터 인간 창조에 대한 다양한 이야기들이 음유시인들에 의해 구전으로 불렸고, 이를 바빌로니아인들이 기원전 1100년경 아카드어로 기록했다. 『에누마 엘리쉬』의 내용과 〈창세기〉 1장이 유사해서 혹자는 P 저자가 『에누마 엘리쉬』의 내용을 참고로 우주 창조와 인간 창조 이야기를 베꼈다는 과격한 주장을 하기도 한다. 그러나 이 두 문서를 자세히 비교해보면 이야기 전체의 중요한 신화소들이 독립적으로 존재한다는 사실을 확인할 수 있다. 기원전 19세기는 고대 근동에서 민족들이 집단적으로 이주하는 시기였고, 오히려 팔레스타인 쪽에서 몰려온 '아모리인'들이 우주 창조와 인간 창조에 관한 이야기를 메소포타미아 쪽에 전해주었을 가능성이 크다.

『에누마 엘리쉬』에서 인간 창조에 관한 내용은 사실 부수적이다. 바빌로니아인들은 이전에는 잘 알려져 있지 않던 '마르둑' 신의 등극과 그가 거주하는 바빌론을 우주의 중심으로 찬양했다. 새로 등장한 젊은 신 마르둑은 혼돈의 여신인 티아맛을 살해하고 우주 창조를 통해 질서와 안녕을 가져온다. 전투로써 우주에 질서를 가져온 마르둑은 영구적인 왕으로 자리 잡기 위해 자신이 거할 수 있는 도시인 바빌론과 자신을 위한 신전 건축을 요구한다. 신들은 마르둑의 요구를 듣고 그를 위해 궁궐과 신전 건축을 약속한다. 그러나 그 신전을 누가 지을 것인가? 신전을 짓는 일은 너무 힘들어서 신들의 불평이 이만저만이 아니었다. 그래서 마르둑은 기발한 아이디어를 낸다. 이 내용은 『에누마 엘리쉬』 제6토판 1~9행에 나온다.

마르둑 신이 신들의 말을 들었을 때,
그는 마술을 행하기로 마음먹었다.

그가 에아 신에게 말했다.

그는 그가 생각하는 계획을 에아에게 말했다.

"피를 연결하고 뼈를 만들어 태초의 인간을 만들 것입니다.

'사람'이 그의 이름이 될 것입니다.

내가 태초의 인간을 만들 것입니다.

신들이 해야 할 일을 그에게 부과해 신들이 쉴 것입니다.

내가 신들의 신수를 기적적으로 바꾸겠습니다."[2]

마르둑은 인간을 만들기 위해 자기 아버지이자 지혜와 마술의 신인 에아(Ea) 신의 충고대로 '신들의 모임'을 소집하고 거기서 혼돈의 여신 티아맛의 남편 킹구(Kingu) 신을 기억해낸다. 마르둑은 킹구가 티아맛을 선동해 전쟁을 일으켰을 뿐 아니라 군대를 이끈 장군이었다는 이유로 그에게 죄과를 묻는다.

"누가 전쟁을 시작했고

티아맛을 충동하여 군대를 모집했습니까?

전쟁을 시작한 자를 제게 인도하십시오.

그가 죄과를 져서 당신들(신들)이 평화롭게 쉬도록 해드리겠습니다."

위대한 신들인 이기기 신들이

신들의 고문인 루갈-딤메르-안키아(에아 신의 별명)에게 말했다.

"킹구가 티아맛을 충동질하여 군대를 소집했습니다."

그들은 킹구를 결박하여 에아 신 앞으로 데리고 왔다.

에아는 킹구에게 죄과를 묻고 그의 동맥을 절단했다.

그는 그의 피로 인간을 만들었다.

그래서 신들의 노역은 인간에게 지우고 신들은 노역에서 해방되었다.

지혜로운 에아 신이 신들의 인간을 창조하고

신들의 노역을 인간에게 지웠을 때

그 일은 정말 말로 표현하기 어려운 일이었다.

누딤무드(에아 신)와 마르둑은 기적적으로 이와 같은 일을 했다.[3]

『에누마 엘리쉬』에 의하면 인간은 신들을 대신해 허드렛일을 담당하는 노예로 창조됐다. 바빌론 문명은 아직 인간에게 관심이 없다. 바빌론은 신전 중심 사회였다. 통치자는 신의 충실한 종으로 신을 대신해 사람들을 다스리는 사제이자 왕이다. 바빌론 사회의 대부분을 차지하는 소작농이나 노예들에 대한 언급은 없다.

마르둑은 킹구의 동맥을 잘라 그 흘러나오는 피로 인간을 만든다. 바빌론 문명에서 '피'는 인간에게 지적인 능력을 부여한다. 아카드어로 피를 '담(dam)'이라 한다. 인간을 신의 피로 만들었다는 주제는 후에 〈창세기〉에 등장하는 인간 창조에서도 발견되는 중요한 신화소다. 『에누마 엘리쉬』는 마르둑과 바빌론의 등극을 위한 찬양 시로 인간 창조에 관한 이야기가 중요한 부분은 아니다. 이와는 달리 『아트라 하시스』에서는 인간 창조 이야기를 본격적으로 다룬다.

아트라 하시스의
인간 창조

　　　　　　　　'아트라 하시스(Atra Hasis)'는 아카드어로 '매우 지혜로운 자'라는 의미다. 그는 바빌로니아의 '노아'이며, 메소포타미아의 영웅 신화『길가메시 서사시』에 등장하는 우트나피쉬팀(Utnapishtim)의 별칭이다. 아트라 하시스는 방주를 만들어 인류 멸종을 막은 고대 오리엔트의 전설적인 인물이다. 아트라 하시스의 이야기는 기원전 1700년경으로 추정되는 고대 바빌로니아어(Old Babylonian)로 기록됐다.『아트라 하시스』후에 신-앗시리아 시대의 왕 아수르바니팔이 니느웨에 도서관을 건립하면서『아트라 하시스』토판 문서들을 수집해 보관했고, 19세기에 이르러 니느웨를 발굴하던 고고학자들에 의해 발견됐다.

　　『아트라 하시스』도 훨씬 이전에 음유시인들이 구전으로 노래하다 기원전 17세기에 토판 문서로 남겨졌다. 이 토판 문서를 남긴 서기관은 기원전 17세기 바빌로니아의 왕 암미짜두카(Ammi-tsaduqa)의 관리였던 누르아야(Nur-Aya)다.『아트라 하시스』는 크게 인간 창조와 홍수 사건으로 이루어져 있다. 신들의 신수를 펴기 위해 인간을 창조했지만 인간이 갑작스레 불어나 떠들어대는 판에 신들이 휴식을 취하지 못하게 되자 인간들을 홍수로 멸절시키는 이야기다. 다음은『아트라 하시스』의 도입부다.

　　신들이 인간들과 같이
　　일을 하고 노역을 할 때,

신들이 해야 할 일이 너무 많아
그들의 노역은 힘들고, 어려움이 많았다.[4]

첫 행부터 인간 창조의 필요성을 말한다. 신들의 노역을 덜어줄 대체재가 필요했기 때문이다. 노역이 힘들어지자 『에누마 엘리쉬』와 마찬가지로 신들은 에아 신에게 불평한다.

에아가 그의 목소리를 듣게 하였다.
그들의 동료인 신들에게 말했다.
"왜 우리는 그들을 정죄합니까?
그들의 일은 힘들고, 그들의 어려움도 크다.
매일 땅이 울린다.
그들의 울부짖음이 크고 우리는 그 소음을 계속 듣습니다.
여기에 (…)[5]
출산의 여신 벨레트-일리가 여기 있습니다.
그녀로 하여금 룰루, 즉 인간을 만들게 합시다.
그래서 그가 (신들의) 노역을 지도록 합시다.
그래서 그가 (신들의) 노역, (엔릴 신의 일)을 지도록 합시다.
인간이 신들의 노역을 지도록 합시다."[6]

에아는 지혜와 마술의 신으로 '귀가 넓은 분(rapash uzni)'이라 불린다. 우주의 질서를 유지하기 위해서는 신들을 적절하게 관리해야 한다. 신들은 우주를 관리하는 '위대한 신들(ilu rabutum)'과 우주를 유지하기 위해 노동하는 '조그만 신들(ilu tshrutum)'로 구분된다. 유프라테스 강과 티그리스 강은 아르메니아의 아라랏 산에서 발원해 페르시아 만까지 거의 3,000킬로미터를 흐른다. 이 두 강은 거대한 강물과 함께 토사를 끌고 내려오는데, 메소포타미아 남부 지역은 침적토가 쌓여 강물이 자주 범람한다. '조그만 신들'이 하는 일은 두 강의 바닥에 쌓인 침적토를 퍼 올리는 일이다. 그들은 이 일이 너무 힘들어 '위대한 신들'에게 울부짖는다.

신들의 여주인인 '벨레트-일리(Belet-ili)'가 등장하는데 그녀는 인간을 만들 준비를 한다. 엔키는 '위대한 신들'에게 제안한다. "그녀로 하여금 룰루, 즉 인간을 만듭시다. 그래서 룰루, 즉 인간이 신들의 노역을 지도록 합시다." 룰루(lullu)는 수메르 차용어로 '인간'이라는 의미지만, 여기서는 '최초의 인간'을 의미한다.

새로운 생명 창조와 같은 중요한 일은 신들의 모임에서 결정한다. 신들의 모임에서 '위대한 신들'은 '아눈나키(Anunnaki)' 혹은 '이기기(Igigi)'라 하고, 고된 노동으로 이들에게 불평한 '조그만 신들'은 '일루 쪼흐루툼'이라 한다. 이 모든 신들을 천상의 회의 장소로 불러 모으는데 그 장소를 '키살 푸후르 일리(kisal puhur ili)', 즉 '신들의 모임의 뜰'이라 한다.

위대한 신들은 최초의 인간, 즉 룰루를 창조하기 위해 창조 여신들을 모두 불러 모은다. 벨레트-일리는 지혜의 여신, 마미는 출산의 여신, 그리고 닌투는 제사의 여신으로 이들은 인간을 만드는 데 관여한다. 닌투 여신은 '위대한 신들'에게 자신은 단지 산파이며, 엔키 신만이 인간을 창조할 마술을 가지고 있다고 말한다. 따라서 엔키 신이 모든 것을 정화하고 인간을 만들 재료를 주면 자신들이 인간을 만들 수 있다고 말한다.

벨레트−일리 여신이 출두하였다.
"출산 여신이 인간을 만들도록 하여라.
그래서 인간이 신들의 노역을 지도록 하여라."
신들은 그 여신을 불러 부탁하였다.
신들의 산파인, 지혜로운 마미를 불렀다.
"오, 인간을 만드는 출산의 여신,
신들의 노역을 지도록 최초의 인간 룰루를 만들어라!
엔릴 신이 부과한 일을 지도록 하여라.
신들의 노역을 지도록 하여라."
닌투 여신이 입을 열어
위대한 신들에게 말했다.
"나는 어떤 것을 만들어내는 일은 가능하지 않습니다.
기술은 엔키에게 있기 때문입니다.
그는 모든 것을 정화하기 때문에
그가 내게 진흙을 주면 인간을 만들 수 있습니다."[7]

닌투 여신은 15일 동안 정화 의례에 참여한다. 첫 번째, 일곱 번째, 열다섯 번째 날에 정화 목욕을 하고 그 후에 킹구 신의 피로 목욕을 해야 한다. 모든 신들의 기운이 그 피에 머물게 된다. 그런 뒤 닌투 신이 킹구 신의 '살과 피 그리고 진흙'을 섞어 인간을 만들 것이다. 그렇게 하는 이유는 신과 인간을 하나로 만들기 위해서다.

엔키가 입을 열어

위대한 신들에게 말하였다.

"첫 번째, 일곱 번째, 열다섯 번째 날에

나는 정화 목욕을 할 것이다.

한 신이 살해되어

모든 신들은 그 신의 피에 담가 정화하여야 한다.

그의 살과 피로,

닌투가 진흙을 섞을 것이다.

그래서 신과 인간이

완전히 진흙에 하나가 되게 하라.

우리가 소음을 일생 동안 듣게 하라.

신의 몸으로부터 혼이 존재하게 하라.

그녀가 그것을 그녀의 살아 있는 기호로 선포하게 하라.

그래서 그 안에 살해된 신이 있다는 사실을 잊지 않게 혼이 존재하게

하라!"

신들의 모임에서

그들이 '그럽시다'라고 대답하였다.

운명을 결정하는 위대한 아눈나키 신들!

첫 번째, 일곱 번째, 열다섯 번째 날에

그(에아 신)는 정화 목욕을 했다.

지각이 있는 웨-일라 여신,

신들은 그(킹구)를 신들의 모임에서 죽였다.

닌투가 진흙을 섞었다.

(…)[8]

그녀가 그 진흙을 섞은 후에

그녀는 위대한 신들인 아눈나키를 불렀다.

위대한 신들인 이기기 신이

진흙에 침을 뱉었다.

마미 신이 입을 열어

조그만 신들에게 말하였다.

"당신들은 나에게 일을 맡겼고 내가 마쳤습니다.

(…)[9]

당신들은 지각이 있는 신을 죽였고

나는 당신들의 힘든 일을 제거하였습니다.

나는 당신들의 노역을 사람에게 지웠습니다."

그들이 그녀의 말을 듣고

걱정으로부터 해방되어 그의 발에 키스했다.[10]

　이후에 실제로 신들이 인간을 진흙으로 만드는 이야기가 이어진다. 신들은 인간을 킹구의 살과 피 그리고 진흙 세 가지로 만든다. 인간의 혼인 아카드어 '에템무(etemmu)'는 신의 살로부터 오고, 인간의 지적인 능력이나 영혼인 '테무(temu)'는 신의 피로부터 온다. 이 신적인 속성이 지상의 흙과 섞여 인간이 된다.

신의 형상을 한 인간

P 저자는 인간이 신의 형상, 즉 신적인 존재라고 선포한다. 그는 인간을 '신의 형상'이라는 용어를 사용함으로써 신과 인간의 특별한 관계를 시사한다. 히브리 성서에서 인간의 타락 이후에도 인간은 여전히 신의 형상이다. 신약성서에서 신의 형상은 항상 예수와 동일시된다. 〈창세기〉 1장 26절a에는 P 저자의 인간 창조 내용이 등장한다.

신(엘로힘)이 말씀하셨다: '우리가 사람을 우리의 형상을 따라서, 우리의 모양대로 만들자.'[11]

이 문장의 발화자는 엘로힘이다. 엘로힘은 문법적으로는 남성복수형이나 고대 이스라엘인들이 자신들의 신을 지칭할 경우는 단수다. 『에누마 엘리쉬』와 『아트라 하시스』의 인간 창조는 모든 신이 모인 '신들의 모임'에서 결정한다. 엘로힘을 고유명사가 아닌 일반명사로 '신들'이라 번역할 수도 있으나 '말하다'라는 동사 '아마르(amar)'가 3인칭 남성단수형 동사이므로 '엘로힘이 말했다'로 번역하는 것이 더 적절하다.

인간 창조를 이해하는 두 히브리 단어는 '형상'으로 번역한 '쩰램(tselem)'과 '모양'으로 번역한 '더무쓰(demuth)'다. 쩰램의 어원은 불분명하다. 쩰램은 〈창세기〉 1장 26절 외에도 성서에서 열두 번 언급된다. 이들 중 열 번은 어떤 사물에 대한 겉모습을 이르는 단어로 등장한다. 이 단어는 대부분의 경우 사물에 대한 구체적인 모습을 의미하지만 일부에서는 추상적인 모습을 의미하기도 한다.

쩰램의 심층적인 의미는 같은 어원을 가진 메소포타미아의 아카드어 '짤무(tsalmu)'에서 찾을 수 있다. 짤무는 신상을 의미하지만 메소포타미아인들에게 있어서 신상은 바로 신이었다. 메소포타미아 종교에서 짤무의 역할은 중요하다. 그들은 자신들의 신이 짤무에 내재해 있다고 믿었다. 자신이 관리하는 도시에 화가 난 메소포타미아 신들이 그곳을 떠나 다른 도시로 움직이는데, 이때 신들은 짤무가 움직일 때 다른 곳으로 움직인다고 믿었다. 신들은 오로지 신화적인 사고 안에서만 우주와 자연에 내재하며 실제로는 신상과 동일시됐다.

대부분의 짤무는 귀한 나무로 만들어졌고 금을 입혔다. 또한 보석으로 새겨진 눈과 그 신에 걸맞은 의상과 황소 뿔 모양의 왕관을 쓰고 있다. 이 짤무는 항상 인간 모양을 하고 있으며 예외적인 경우에만 동물 형태를 취한다. 메소포타미아인들은 짤무를 신전에 특별히 마련된 목공소에서 만든다. 의례 사제들은 생명이 없는 나무를 신이 머무는 지상의 현현(顯現)으로 만들기 위해 정교한 의례를 지낸다. 이 의례를 통해 짤무는 생명이 주어지고 신전 종사자들은 왕에게 시중드는 것 이상으로 짤무에게 완벽한 의식주를 제공한다. 짤무는 때때로 지상의 왕처럼 성전 뜰이나 도시에서 전시되는데, 이는 단순한 동상이나 형상이 아니라 신이 지상에 등장한 현현이다.

'더무쓰'[12]는 흔히 '모양'으로 번역되는데 어원을 추적하기가 어렵다. 더무쓰의 구체적인 의미를 찾기 위해 하나님이 노아와 계약을 맺고 살인을 금지하라는 내용이 담긴 〈창세기〉 9장 6절을 살펴보자.

누구든지 다른 사람의 피를 흘리면, 그 사람의 피도 다른 사람에 의해 흘릴 것이다. 왜냐하면 하나님은 사람을 자기의 형상으로 만드셨기 때문이다.[13]

여기서 한 가지 간과할 수 없는 단어는 '피'를 나타내는 히브리어 '담(dm)'과 '사람'을 나타내는 '아담(adam)'의 '형상'을 의미하는 '쩰램'의 대비다. 만일 〈창세기〉 1장 26절에서 '모양'으로 번역된 '더무쓰'가 '피'를 의미하는 '담'과 어원적으로 연결될 가능성은 있는가?

히브리어 어근이 두 개의 자음으로 이루어진 경우, 이 단어를 명사로 만들고자 할 때 '요드(y)'나 '바브(w)'를 세 번째 자음으로 만들어 명사를 구성하는 경우가 있다. 이 히브리 명사 형태론에 의하면 '더무쓰(모양)'는 '담(피)'에서 유래한 명사형으로 해석할 수 있다. 고대인들에게 피는 그 존재의 본질을 의미하는 단어로 모양 대신 피와 관련한 추상적인 의미로 번역할 수도 있다.

이 문장의 전체적인 의미를 더욱 구체적으로 알려주는 열쇠는 두 개의 전치사에 달려 있다. '형상으로'와 '모양대로'에서 사용된 히브리어 전치사 '버(bə)'와 '커(kə)'가 바로 그것이다. 먼저 '형상으로'에서 '~으로'에 해당하는 히브리어 전치사 '베이쓰'는 장소를 나타내는 전치사로 '~에서'라는 의미가 대표적이다. 그러나 이 전치사의 또 다른 의미는 '~로 나타나는/~로 드러내는/~로서'다. 학자들은 이 용법을 '베쓰 에센티에이(beth essentiae)'라 한다.

이러한 경우 '베이트' 전치사 다음에 나오는 단어는 그 앞에 나오는 명사와 서술적인 동격 관계를 형성한다. 〈창세기〉 1장 26절의 "우리가 사람을 우리의 형상으로"는 히브리어 원문의 "우리의 형상" 앞에 붙은 전치사를 베쓰 에센티에이 용법으로 해석해 "우리가 사람을 우리의 형상과 같이" 혹은 "우리가 사람을 우리의 본질과 똑같이"로 변역해야 한다. 이 문장의 의미는 하나님께서 인간을 '당신의 형상 그 자체'로 만드셨다는 뜻이다. 인간은 하나님의 형상이라는 의미를 히브리 전치사 '버'를 이용해 뚜렷하게 보여준다.

"모양대로"에서 '~대로'로 번역한 히브리어 전치사 '커'의 의미를 추적해보자. '카프(kap)'는 두 개의 비교되는 명사가 '완전한 등가' 혹은 '불완전한 유사함'을 나타내는 전치사로 '완전히 똑같이' 혹은 '유사하게'로 번역된다. 이 용법을 학자들은 '카프 베리타티스(kap vertatis)'라 한다. 이러한 경우에 카프 전치사 전후에 나오는 명사들의 관계는 '완전한 등가'를 나타낸다. 이 용법을 이용하면 다음과 같이 번역할 수 있다. "우리가 사람을 우리의 '모양'과 완전히 똑같이." 이 두 전치사의 의미로 〈창세기〉 1장 26절a를 번역하면 다음과 같다. "엘로힘이 말씀하셨다. '우리가 사람을 우리의 형상으로, 우리의 모양과 완전히 똑같이 만들자.'"

P 저자는 〈창세기〉 1장 26절에서 무엇을 의도했는가? 모든 인간은 신의 형상으로, 신의 현현으로 창조됐다. 이 형상은 모든 인간이 죄를 지었을지라도 간직하고 있는 인간의 고유한 특징이다. 신의

형상은 인간의 본성 안에 존재한다. 인간이기 때문에 그는 신의 형상이며, 바로 신이다.

인간이 신의 형상으로 만들어졌다는 것은 인간이 다른 인간에 대한 존엄성의 기초다. 인간은 신을 알고 사랑하고 순종할 뿐만 아니라 신의 형상을 지닌 동료 인간들을 신처럼 사랑해야 한다. 바로 이것이 신에 대한 사랑의 완성이다.

주석

프롤로그

1 창이나 문 등 개구부 바로 위의 벽을 받치기 위해 걸쳐진 수평부재.

2 〈시편〉 8:5~6.

3 고전 그리스어와 달리 기원전 3세기부터 사용되기 시작한 그리스어로 코이네 그리스어라 부른다.

4 플라톤은 그의 저서 『국가』에서 이데아론을 설명하기 위해 '동굴의 비유'를 든다. 동굴 안에 입구 쪽으로 등을 돌리고 한쪽 방향만 볼 수 있도록 묶여 있는 포로들이 있다. 이들은 등 뒤에서 비치는 빛에 의해 동굴 벽에 투영된 그림자를 본다. 그들은 그 그림자를 실재라고 생각한다. 허상만 보는 자기편견에 사로잡힌 포로들은 자신이 보는 것을 '진리'라고 착각한다. 그 이유는 만물을 가시적으로 만드는 빛의 원천인 태양의 존재를 모르기 때문이다.

5 마니(Mani)는 기원후 3세기에 등장한 페르시아의 종교 지도자로, 자신이 그리스도의 진정한 가르침을 전달하는 조정자이며 회복자라고 주장하다가 결국은 순교한다.

6 〈시편〉 8:4~5, 저자 번역.

7 Philipp Frank, *Einstein: His Life and Times*(Alfred A. Knopf, 1947), p.284.

1장

1 기원전 2600년부터 메소포타미아 지역에서 사용하기 시작한 쐐기문자로 기록된 언어.

2 휘트먼은 1855년에 「자기 자신을 위한 노래」라는 제목의 시를 썼는데, 25년 동안 이 시의 제목은 「풀잎」에서 「미국인 월트 휘트먼의 시」로, 그리고 다시 「자기 자신을 위한 노래」로 세 번이나 바뀌었다.

3 휘트먼은 호메로스의 『일리아스』 혹은 베르길리우스의 『아이네이스』처럼 전통적인 형식, 즉 '약강오보격(弱强五步格, iambic pentameter)을 빌려 시를 시작한다. 그러나 세 번째 줄부터 엄격한 약강오보격을 버리고 자유로운 형식으로 시를 쓴다. 강세가 없는 음절이 강세가 있는 음절을 뒤따라오는 것을 음보(音譜)라 하는데, 이러한 약강 음보가 다섯 개로 구성된 시의 행을 약강오보격이라 한다. 예를 들어 daDUM daDUM daDUM daDUM daDUM 같은 형식이다.(da는 무강세, DUM은 유강세) 제프리 초서의 『캔터베리 이야기』와 셰익스피어의 시가 대부분 이 형식을 따른다.

4 월트 휘트먼의 시 「자기 자신을 위한 노래」 1~13행, 저자 번역.

5 '찬양하다(celebrates)'는 '자주 가는/유명한/엄숙한'이라는 의미의 라틴어 'celebratus'에서 파생됐다.

6 마아트는 진리, 정의, 조화, 균형, 우주의 원칙 등으로 다양하게 해석된다. 이 단어는 이집트 문명이자 종교의 핵심이다. 마아트는 후대에 여인 머리 위에 타조 깃털을 꽂은 모습으로 등장하며, 하늘의 별과 나일 강의 주기적인 범람을 조절하는 여신이기도 하다. 마아트는 '적절한/최선을 다하는/올바른'이라는 의미의 '마아(maa)'라는 형용사의 여성명사형이다.

7 고대 이집트에서 죽음은 끝이 아니라 영원한 삶의 시작이었다. 파라오들은 자신의 왕궁보다 나일 강 서쪽에 건축하는 장례전이나 피라미드에 온 정성을 다했다. 현재의 삶은 순간이며 사후 세계는 영원하다고 여겼기 때문이다. 고대 이집트인들의 사후 세계를 가장 잘 보여주는 문헌은 기원전 16세기에 등장해 이집트가 멸망할 때까지 지속적으로 사용된 『사자의 서』라는 장례 문헌이며, 이 제목에는 '빛으로 나오기 위한 책'이라는 의미가 담겨 있다. 이 책은 죽음을 맞이한 자가 '두아트(duat)'라는 가장 깊은 지하 세계를 지나 사후 세계로 여행하면서 다음 세계로 진입하기 위해 필요한 주문(呪文) 모음집이다.

8 최근 유전자 연구를 통해 자칼은 이집트 사막에서 종종 발견되는 회색 늑대의 한

형태라는 사실이 밝혀졌다. 이 늑대는 때때로 이집트 무덤에서 인간의 시신을 파내 그 살을 먹는 스캐빈저다.

9 〈창세기〉 2:16~17.

10 '아이에카'는 '아이(ayy)'라는 장소를 나타내는 의문부사와 '에카(eka)'라는 2인칭 남성단수 대명사 어미가 접미된 단어다.

11 셈족어 동사의 시제에서 중요한 축은 '상(相)'이다. 상은 '커다란 나무 위에서 아래를 바라본다'는 그림 글자에서 만들어졌다. 상에는 과거-현재-미래가 없다. 한 동사가 과거-현재-미래를 모두 담고 있다. 상은 그 동작이 완료인지 혹은 미완료인지만 구분한다. 상을 의미하는 영어 'aspect'는 원래 천문학 용어였다. 고대인들이 밤하늘에 떠오르는 별을 향해(a-) 자신의 위치에서 관찰하는(spect 〈 specere) 행위를 'aspect'라 했다.

12 라시의 본명은 솔로몬 벤 이삭(Solomon ben Isaac)으로 '랍비 솔로몬 벤 이삭(Rabbi Solomon ben Isaac)'의 앞 글자를 따서 '라시(Rashi)'라 한다. 라시는 탈무드와 유대 경전의 기준이 되는 주석을 쓴 중세 유대학자다.

2장

1 '붉은 흙'은 지중해 지역의 전형적인 흙 형태로 '테라 로사(terra rossa)'라 한다.

2 '마누(manuh)'는 '생각하다'라는 의미를 가진 '만(man)'에서 파생했으며, 인간만이 지적인 능력을 지닌 '생각하는 동물'이라는 뜻이다. 물론 영어의 'man'이나 독일어 'mann'도 이 단어에서 파생했다.

3 「A. H. H를 추모하며」라는 시는 영국 시인 알프레드 로드 테니슨이 1849년에 완성한 추모시다. 테니슨의 절친한 친구이자 동생의 약혼자인 아서 헨리 할람이 1833년, 22세의 젊은 나이에 뇌종양으로 사망한다. 테니슨은 할람의 죽음을 통해 삶의 의미와 인간 존재의 당위성을 깊이 묵상하기 시작한다. 이 시는 1833년부터 1849년까지 할람의 죽음을 애도하며 17년 동안 지은 짧은 비가(悲歌)로 구성되어 있다.

4 테니슨의 지적 세계에 획기적으로 도전한 또 다른 스코틀랜드 사람이 있다. 로버트 체임버스(Robert Chambers)라는 출판인이자 저술가는 1844년에 익명으로 출판한 저서 『창조에 대한 자연 역사의 흔적(Ves-tiges of the natural history of creation)』에서 신이 한 번에 우주를 창조했다는 믿음이 엉터리라고 주장한다. 생물의 모든 형태와 생명의 기원은 과학적인 법칙에 의해 설명이 가능하기 때문이다.

5 폴 맥린(Paul MacLean)은 1970년대에 이루어진 뇌의 삼층 이론(tribune brain theory)을 주장한다. 이 연구에 의하면 온혈 포유류는 뇌간(brain stem)과 뇌간 위쪽의 여러 부분을 총칭하는 대뇌 변연계(limbic system), 그리고 지성과 감성의 중추로 불리는 대뇌 신피질(neo-cortex)로 구분된다. 파충류의 뇌는 뇌간으로만 이루어져 있다.

6 〈창세기〉 3:23~24.

7 그룹은 셈족어 어근 '*k-b-r'에서 유래한 단어로 '위대한, 강력한' 혹은 '상서로운, 복을 받은'이라는 의미다. 메소포타미아 문명에서 '키부루(kiburu)'는 성문이나 궁궐을 지키는 괴물들을 총칭하는 용어다. 도시 입구에 거대한 크기로 조각해서 기둥처럼 성문의 양쪽에 세운다.

8 〈전도서〉 1:2.

9 〈창세기〉 4:7.

10 히브리어 본문은 다음과 같이 발음될 수 있다. '아타 팀슐-보'. '팀슐-보'는 이 동사가 지배하는 대상인 욕망(보)을 마치 한 단어처럼 붙여 읽어 긴밀함을 보여주기 위한 표식이다.

11 John Steinbeck, *East of Eden* (Penguin Books, 1952), p.225.

12 1955년까지 미국의 표어로 쓰인 라틴어 문구.

3장

1 '스토리(story)'와 '히스토리(history)'는 같은 어원에서 파생했다. 고대 그리스어 '히스토리아(historia)'가 라틴어로 바뀌면서 첫 번째 음절 '히(hi)'가 약해서 '스토리아(storia)'가 됐다. 16세기경 초기 현대 영어에서 '히스토리(history)'는 실제 일어났던 이야기로, '스토리(story)'는 가상의 이야기라는 의미로 구분했다. 그러나 불어 '이스투아르(histoire)'와 독일어 '게쉬히테(Geschichte)'는 '이야기'와 '역사' 모두를 뜻한다. 사실 역사와 이야기의 경계는 모호하다.

2 여기서 '아버지'에 해당하는 셈족어 '아브(ab)'는 '아버지/조상'이라는 의미다. 어린아이가 맨 처음 내는 소리는 입술소리인 '브'와 '므'다. 거의 모든 언어에 브가 들어가 '아버지'(부, 父, pater, Vater, father 등)라는 단어가 생겨났고, '므'가 들어가 '어머니'(모, 母, mater, Mutter, mother 등)가 생겼다.

3 아브람의 아내 '사래(Saray)'라는 이름은 당시 메소포타미아 문명의 핵심인 왕권을 상징한다. 메소포타미아의 통치자는 '엔(en)'으로 불렸다. 수메르어로 '엔'은

제정일치 사회의 지도자를 뜻하는 용어였는데 이후에 세속적이며 군사적인 통치자를 의미하는 '루갈(lugal)'로 의미가 확장된다. 수메르어 '루갈'은 '큰(gal) 사람(lu)'이라는 의미로 전쟁 영웅을 의미하기도 한다. 기원전 20세기 셈족이 몰려와 수메르가 망하고 바빌로니아제국이 등장한다. 이때 대규모 이동이 있었고 아브람 가족도 그 대상이었을 것이다. 바빌로니아인들은 왕을 지칭하는 수메르어 '루갈'을 아카드어 '샤룸(sharrum)'으로 번역했다. '샤룸'은 '통치하다/다스리다'를 의미하는 어근 '*sarr-'와 명사형 어미 '-um'으로 구성되어 있다. 셈족어 어근 '*sarr-'에 여성 어미 '-ay'를 첨가하면 히브리어로 '*sarray-'가 된다. 히브리어에서는 자음 'r'을 중복할 수 없어 앞에 오는 모음을 길게 발음하고 강세가 뒤에 오기 때문에 'a'가 장음이 되어 히브리어 '사래'의 이름 'saray'가 된다. 사래의 의미는 '왕비' 혹은 '여자 사제'를 뜻한다.

4 Thorkild Jacobsen, *The Harps that Once……: Sumerian Poetry in Translation*(Yale University Press, 1987).

5 Andrew George, *The Epic of Gilgamesh, A New Translation*(Penguin Book, 1999).

6 〈창세기〉 12:1.

7 '레크 르카'는 뒤에 무슨 단어가 오느냐에 따라 의미가 달라지지만, 이것 자체로도 무수한 뉘앙스를 전달한다. '레크'는 '걷다'라는 기본 의미를 지닌 '할락(halak)' 동사의 2인칭 남성명령형이다.

8 '할락' 동사 뒤에 '~로 부터'라는 전치사가 오는 경우에 '버리다/떠나다/포기하다'라는 뜻을 지닌다.

9 히브리어 학자들은 이 단어에 대한 해석을 다양하게 시도한다. 대부분 학자들은 '르카'를 이른바 '윤리적 여격(ethical dative)'이라 분석하고, 문장에서 그 의미가 두드러지지 않으므로 번역하지 않는다. '윤리적 여격'이라는 이상한 이름을 가진 문법 용어는 대명사의 여격을 사용해 문장에서 말하고자 하는 사람이나 물건이 누군가의 이익이나 관심의 대상임을 표시한다. 그런데 자신의 의견을 확실하게 표현하는 히브리인들이 이러한 용례를 사용할 리 없다. 아마도 히브리어 학자들이 인도유럽어, 특히 그리스어나 라틴어에 자주 등장하는 '윤리적 여격'의 용례를 고전 히브리어에 억지로 적용한 문법인 것 같다.

10 히브리어, 아람어, 아랍어, 특히 고대 메소포타미아에서 사용하던 아카드어가 속한 셈족어에서 '나'를 의미하는 대명사의 원형은 '*ana'이다(히브리어 ani, 아랍

어 ana, 아카드어 anaku). 2인칭 남성단수 '너'를 의미하는 대명사는 '*anta'다(히브리어 atta, 아랍어 anta, 아카드어 atta).

11 '베이트'는 히브리어로는 bayit, 아랍어로는 bayt, 아카드어로는 bit이다.

12 〈창세기〉 17:4~5.

13 〈창세기〉 18:5.

14 영어에 '도청하다/감청하다(eavesdrop)'라는 말이 있다. 이 말의 뜻은 집안에서 일어나는 사건을 알아보기 위해 '처마(eves)', 즉 빗물이 '떨어지는(drop)' 장소에서 엿듣는 행위다.

15 〈창세기〉 18:14.

4장

1 Hesiodos, *Theogony*, ed. M. West(Oxford University Press, 1997), 459~464행.

2 〈창세기〉 22:1.

3 〈창세기〉 21:8~11.

4 〈창세기〉 22:2.

5 Jacob Neusner and Tzvee Zahavy, *The Babylonian Talmud: A Translation and Commentary*, Sanhedrin 89b(Hendrickson Publishers, 2007).

6 '모리아'로 번역된 히브리 단어는 'ham-moriyya'다. 모리아라는 명사에 정관사 'ha-'가 접두한 것으로 미루어 이 명사는 고유명사가 아니라 일반명사로 추측할 수 있다. 또한 모리아는 장소를 나타내는 접두어 'ma'와 '보다'라는 동사 '라아(raa)'가 결합한 '보이는 장소/나타나는 장소'라는 의미일 수도 있다.

7 번제란 신에게 드리는 희생 제사의 한 형태로, 제물을 완전 연소시켜 그 연기를 통한 향기를 신에게 바친다. 번제는 히브리어로 '올라(olah)'라 한다. 올라는 '올라가다'라는 의미를 지닌 히브리 동사 '알라(ala(h))'의 명사형이다. 올라는 영어로 '홀로코스트(holocaust)'로 번역됐다. 홀로코스트는 그리스어의 '전부'를 의미하는 '홀로스(holos)'와 '태우다'를 의미하는 '카우스토스(kaustos)'의 합성어다.

8 〈창세기〉 22:3~4.

9 하마콤은 유대교 의례를 설명하는 핵심 용어다. 후대 예루살렘을 지칭하는 용어로 사용되다가 예루살렘이 파괴된 후에는 유대인들이 경전을 공부하는 교회당이

나 가정 혹은 신을 만난 사람들이 누리는 오늘 여기의 상태를 가리킨다. '하'는 정
관사이며 '마콤'은 '일어나다/힘내다'라는 의미를 지닌 '캄'이라는 동사에 장소를
나타내는 접두사 '마'가 합쳐진 것이다.

10 〈창세기〉 22:5.

11 〈창세기〉 23:1~2.

12 〈창세기〉 22:6.

13 〈창세기〉 22:7~8, 저자 번역.

14 Martin McNamara, *Targum Neofiti* (Michael Glazier, 1991).

15 〈창세기〉 22:9~10.

16 James A. Kleist, *The Epistle of St. Clement of Rome and St. Ignatius of Antioch* (Paulist Press, 1978), 31:2~4.

17 〈창세기〉 22:11.

18 구약성서 원문을 영어로 옮긴 '흠정역'에는 '말악'이라는 단어가 111번은 '천사'로, 98번은 '전령'으로, 그리고 4번은 '대사'로 번역되어 있다. 히브리어를 포함한 셈 족어는 단어의 형태에 따라 그 원래의 의미를 파악할 수 있다. 명사 '말악'은 '라 악(laak)'이라는 동사 의미를 지닌 도구나 장소를 의미한다. 동사 '라악'은 히브 리어에 등장하지는 않지만 명사 의미를 통해 추정해보면 '소식을 보내다'라는 의 미이며, 이 동사 앞에 '마(ma-)'라는 접두어가 붙어 '소식을 보내는 도구' 혹은 '소식을 보내는 장소'라는 뜻으로 추정할 수 있다. 그래서 '신이 보낸 소식을 가지 고 온 수단이나 사람'이라는 뜻의 '전령/천사/대사'라는 명사적인 의미만 성서에 남게 됐다. 구약성서의 마지막 책 제목인 〈말라기〉는 '나의 전령'이라는 의미다.

19 〈창세기〉 22:12, 저자 번역.

20 Charles Taylor, *Sayings of the Jewish fathers: Pirqe Aboth* (Biblio Bazar, 2009), P.105.

21 〈창세기〉 22:13.

22 칼뱅 신앙은 장 칼뱅(Jean Calvin)이라는 프랑스 신학자가 주장한 개신교의 한 형태다. 마르틴 루터가 95개 조항을 비덴베르크 성당 문에 내걸었을 당시 칼뱅 은 8세였다. 그는 변호사였다가 후에 목사가 됐다. 칼뱅 신앙이란 성서의 말씀만 을 기초로 신학적인 논쟁을 유추하자는 신앙의 한 형태다. 신은 전지전능하며 자 신이 원하는 선택된 자들만이 구원을 쟁취하며, 예수는 이 구원이 예정된 자들만 을 위해 죽었다고 주장한다. 1610년엔 라이덴의 개혁파 신학자인 아르미니우스

가 신의 예정과 은혜에 반응하는 인간의 능력을 강조해 예정설을 반대하는 '항의서(the Remonstrance)'를 국회에 제출하면서 네덜란드 개혁 교회는 분열됐다. 네덜란드 도르트에서 열린 개혁 교회 총회(1618~1619)에서 아르미니우스파의 대표인 올던바르너펠트(Johan van Oldenbarnevelt)가 처형된다. 이후 칼뱅주의는 네덜란드의 국가 종교가 됐다. 칼뱅주의의 핵심 중 하나는 은총의 계약이다. 이들은 신이 예수를 통해 인류에게 구원을 주었다는 사실을 믿는 자를 자신의 신도로 여긴다는 입장을 취한다.

23 렘브란트는 당시 유행했던 회화 방법인 '키아로스쿠로(chiaroscuro)'를 사용해 대상의 밝은 부분과 어두운 부분을 대비시켜 표현했다. 특히 그의 트레이드마크인 갈색을 많이 사용했고 무엇보다도 손을 통해 그림의 핵심을 전달했다.

24 19세기말 벨라루스 비테프스크의 유대인 게토에서 태어난 마르크 샤갈은 현대주의, 유대민족주의, 유대신비주의인 하시디즘 등의 영향을 받아 자신만의 스타일을 만든다.

25 샤갈이 그린 이삭은 정형화된 모습이다. 샤갈의 그림 〈인간 창조〉를 보면 천사가 날개에 태워 지상으로 데리고 온 아담과 이삭의 모습은 매우 유사하다. 아담은 흙으로 창조되었지만 자신이 해야 할 미션을 지니고 내려온 인간으로 묘사된다. 이 모습은 그가 그린 〈야곱의 꿈〉이라는 그림에도 등장한다. 이 그림에는 천사들이 하늘로 올라갔다 내려가는 장면이 있다. 그 가운데 한 천사가 사다리의 가로대를 밟고 올라가다가 장대에 옆구리를 찔려 떨어지는데, 이 천사의 모습도 이삭과 유사하다.

26 〈창세기〉 22:16~18.

27 Phillip Schaff, *St. Augustine's City of God and Christian Doctrine*(The Christian Literature Publishing Co., 1890), pp.473~474.

5장

1 성서에 등장하는 희귀 단어를 '하팍스(hapax)'라 한다. 하팍스는 '하팍스 레고메나(hapax legomena)'의 준말이다.

2 바빌론의 지구라트는 '에테멘안키(etemenanki)'라 하며, 이는 '하늘(an)과 땅(ki)이 하나가 되는 성소(temen)가 있는 건물(e)'이라는 의미다. 아카드어 표현에 '심밀투 샤마미(simmiltu shamami)'가 지구라트와 관련해 종종 등장하는데,

이는 '하늘로 가는 층계'라는 의미다.

3 〈창세기〉 28:16.

4 〈창세기〉 28:17.

5 〈창세기〉 29:25.

6 〈창세기〉 29:26~27.

7 〈창세기〉 32:4~5.

8 〈창세기〉 32:6.

9 〈창세기〉 32:11~12.

10 〈창세기〉 33:8~10.

6장

1 왕족을 포함한 귀족들은 수메르어로 '루(lu)'라 한다. '루'는 아카드어로 '아윌룸 (awilum)'이며 지배층이자 자유인들이다. 이들은 궁궐과 신전을 장악해 소작농 들의 노동과 세금으로 국가를 운영했다. '루'를 위해 농사와 유목을 하는 소작농 들을 수메르어로 '마쉬엔칵(mashenkak)'이라 하는데, 마쉬엔칵은 아카드어로 '무쉬케눔(mushkenum)'이다. 이 소작농들은 재산이 없고 왕족이나 귀족의 땅 을 빌려 농사를 짓는데 대부분을 세금으로 내고 나머지로 연명하는 가난한 자들 이다. 그리고 노예들이 있다. 노예를 수메르어로 '이라드(irad)'라 한다. '이라드' 는 아카드어로 '와르둠(wardum)'이라 하며, 이들의 일부는 과거에 소작농이었 다. 소작농은 지주에게 세금을 내지 못하면 노예로 전락한다. 혹은 이방인이나 전쟁 포로들을 '와르둠'이라고도 한다.

2 William L. Moran, *The Amarna Letters*(The Johns Hopktins University Press, 1992). 286번.

3 James L. Kugel, *How to Read the Bible: A Guide to Scripture Then and Now*(Free Press, 2007), p.208.

4 고대 히브리어로 '건지다'라는 동사가 '마샤'이고, 그 동사의 현재분사형인 '건 지는 사람은' 모세다. 사실 그의 이름은 이집트어일 가능성이 크다. 투트모세 (Thut-mose)나 람세스(Ra-messes)와 같은 이름에 들어 있는 'ms'는 이집트 어로 '(태어난) 아이'라는 의미다.

5 〈출애굽기〉 3:5.

6 〈출애굽기〉 3:7~10.

7 〈출애굽기〉 3:11.

8 〈출애굽기〉 3:13.

9 '에흐에 아쉘 에흐에'에서 '에흐에'는 동사다. '에흐에'는 '존재하다'라는 의미를 지닌 '하야' 동사의 미완료 1인칭 단수형이다. 그러나 실제로 '존재하다'라는 의미로는 구약성서에서 거의 사용되지 않는다. 히브리어를 포함한 셈족어 동사의 시제는 둘이다. 셈족어 동사의 기준은 과거-현재-미래가 아니라 어떤 행위가 완료되었는가, 아니면 완료되지 않았는가가 중요하다. 동사의 한 종류는 동작의 완료를 의미하는 완료형과 동작의 미완성을 의미하는 미완료형이다. 완료형이나 미완료형 모두 과거-현재-미래를 취할 수 있다.

10 'YHWH'는 앞에서 언급한 신명 '에흐에'와 다른 이름이다. 'YHWH'의 어근은 'HWH'로 그 의미가 '살아 있다'이며, 발음은 '야훼(Yahwehek)'다. 이 신명을 문법적으로 분석하면 3인칭 남성단수 미완료형이다. 그 의미는 '그는 살아 있는 것을 지금도 살아 있게 만들며, 미래에서 살아 있게 만든다'이다. 많은 경우 뒤에 '쉬바오쓰(tzevaoth)'라는 명사가 뒤따라오며, 이 명사는 '천체/우주'라는 의미다. '야훼 쉬바오쓰(YHWH tzevaoth)'를 번역하면 '그가 우주 삼라만상을 살아 움직이게 해왔고, 지금도 그렇고, 미래에도 그럴 것이다'가 된다. 유대인들은 이 이름을 부르지 않는다. 신의 존재가 신비하고 압도적이기 때문에 발설해서는 안 되는 이름이다. 유대인들은 기원전 5세기부터 이 이름을 발음해야 할 때는 '나의 주님'이라는 의미를 가진 히브리어 '아도나이(adonay)'로 대신 불렀다. 기원후 11세기경 유대인들이 '아도나이'의 모음 'a-o-a'를 실수로 'YHWH'에 첨가한다. 그때부터 일부 유대인들은 'YHWH'를 'YaHoWaH', 즉 '야호아'라 불렀고, 한글 번역 '여호와'도 여기에서 파생했다.

11 〈출애굽기〉 4:1

12 〈출애굽기〉 4:2.

13 〈출애굽기〉 4:10.

14 〈출애굽기〉 4:11.

15 〈출애굽기〉 4:14~17.

7장

1 〈사무엘기 상〉 16:7.

2 다윗의 악기 수금은 히브리어로 '킨노르(kinnor)'다. 수금은 기원전 4000년대부터 꾸준히 발견되는 현악기이며, 특히 고대 이스라엘과 팔레스타인 지역에서 유일하게 발견되는 현악기다. 고대 근동에서 흔히 발견되던 하프는 기원전 3000년 이후 이스라엘에는 등장하지 않았다. 수금과 하프의 차이는 다음과 같다. 하프의 현들은 악기의 움푹 파인 곳에 연결되지만, 수금은 줄 받침 위로 현들이 평평하게 묶여 있어 현의 떨림을 악기 몸통으로 전달한다. 수메르의 우르에서 기원전 26세기에 발견된 악기는 하프다. 푸-아비(Pu-abi)의 무덤에서 수십 개의 하프가 발굴되었는데, 하프는 수메르 국가 의례에 사용되던 궁중 악기였다. 한곳에 머물지 않고 늘 이동했던 히브리인들은 이 악기를 유목 문화에 맞게 변용시켰다. 휴대하기 쉽도록 크기를 현저하게 줄였으며 연주에 용이하게 악기를 가로로 뉘여 연주했다. 히브리인들의 조상인 아브라함의 고향에서는 하프만이 발견되었지만, 이들은 이동하면서 하프를 비파와 수금으로 개조한다. 비파는 수금보다 커서 이스라엘에서 제의에 사용되었고, 수금은 유목민들이 이동하면서 가지고 다니던 조그만 악기다.

3 구약성서에는 많은 노래의 가사들이 남아 있다. 예언자들은 곡이 있는 시를 읊는 가수들이었고 〈욥기〉, 〈시편〉, 〈잠언〉은 노래 가사집이다. 이 노래들에는 분명히 곡조가 있어서 인간의 희로애락을 그대로 표현했을 것이다. 고대 이스라엘 노래들도 다른 문명권의 시들, 즉 호메로스의 『일리아스』와 『오디세이아』, 고대 이란의 『아베스타』, 고대 인도의 『리그베다』처럼 가사는 전해지나 그 악보는 남기지 않았다. 음유시인들을 통해 구전으로 그 음률이 전승되어 기록으로는 남지 않았다. 이 음률도 가사만큼 아름답고 숭고했다. 음악은 특히 종교 의식을 거행할 때 필수다. 고대 사회에서는 전쟁 또한 엄숙한 종교 의례로 진행되었기 때문에 선봉대로 군악대가 나선다.

4 〈사무엘기 하〉 11:1.

5 이 문장에서 '거닐었다'라는 동사는 특별한 의미를 지닌다. '걷다'라는 히브리어 동사는 '할락'인데 여기서는 재귀동사형인 '히트할렉(hithallek)'이 사용됐다. '히트할렉'은 '목적도 없이 배회하다/쓸데없이 왔다 갔다 하다'라는 뜻이다.

6 〈사무엘기 하〉 11:2.

7 '매우 좋다'라는 표현은 〈창세기〉 1장에도 등장한다. 신은 첫째 날부터 다섯째 날까지 자신이 창조한 우주를 보고 "좋았다"라고 말하지만 여섯째 날 인간을 창조하고 나서는 "매우 좋았다/훌륭했다"라고 말한다.

8 렘브란트가 밧세바를 생생하게 그릴 수 있었던 이유가 있다. 밧세바의 모델이 된 여인은 당시 28세였던 헨드리케 스토펠스(Hendrickje Stoffels)로 그녀는 렘브란트의 오랜 동반자였다. 이들은 사망한 렘브란트의 첫 번째 부인인 사스키아의 유언장과 관련한 재정 문제로 결혼하지 못했지만 헨드리케가 죽을 때까지 두 사람은 함께 살았다. 헨드리케의 수심에 찬 얼굴은 그녀의 지병과 임신과 관련되어 있다. 당시 네덜란드 교회는 헨드리케가 공식적으로 결혼하지 않고 렘브란트와 동거하는 것을 용납하지 않았다. 더욱이 이들은 경제적인 어려움으로 허덕이고 있었다. 렘브란트는 밧세바와 유사한 운명에 처한 자신의 동거녀의 얼굴을 통해 밧세바의 모습을 생생하게 표현했다.

9 〈사무엘기 하〉 11:3~4.

10 〈사무엘기 하〉 11:11.

11 〈사무엘기 하〉 11:15.

12 〈사무엘기 하〉 11:25.

13 〈사무엘기 하〉 12:1~4.

14 〈사무엘기 하〉 12:7~12.

8장

1 〈열왕기 상〉 18:36, 저자 번역.

2 〈열왕기 상〉 18:36, 저자 번역.

3 〈열왕기 상〉 19:2.

4 〈열왕기 상〉 19:4.

5 〈열왕기 상〉 19:7.

6 〈열왕기 상〉 19:9.

7 〈열왕기 상〉 19:14.

8 〈열왕기 상〉 19:11.

9 〈열왕기 상〉 19:13.

10 〈열왕기 상〉 19:14.

11 〈열왕기 상〉 19:15~16.

9장

1 〈아모스〉4:1~3.

2 〈아모스〉6:1~6.

3 〈아모스〉5:21~23.

4 〈아모스〉7:8.

5 〈아모스〉7:10.

6 〈아모스〉7:12~13.

7 〈아모스〉7:14~15.

8 Aristotle, *Politics* (Penguin Classics, 1981), 1252a~1253a.

9 Aristotle, *Nicomachean Ethics* (Penguin Classics, 2003), 1137b.

10장

1 〈미가서〉6:6~8.

2 〈미가서〉6:10~12.

3 최진석, 『노자의 목소리로 듣는 도덕경』(소나무, 2001), 471쪽.

11장

1 〈이사야서〉6:5, 저자 번역.

2 〈이사야서〉6:7.

3 〈이사야서〉6:8.

4 〈이사야서〉6:8.

5 〈이사야서〉6:9.

6 〈이사야서〉6:9, 저자 번역.

7 〈이사야서〉6:11.

12장

1 Herman Melville, *Moby Dick* (Wordsworth, 1993), P.36.

2 다시스가 어디인지는 정확하게 알 수 없다. 학자들은 다시스가 바울의 고향인 터키의 다소(Tarsus)라고 말하기도 한다. 다시스에 대한 다른 어원은 '노(櫓)'를 의

미하는 고대 그리스어 '타르소스'에서 유래했다.

3 〈요나서〉 2:2~3.

4 〈요나서〉 2:5~6.

5 〈요나서〉 3:2.

6 〈요나서〉 3:4.

7 〈요나서〉 4:2.

8 〈요나서〉 4:2.

9 〈요나서〉 4:8.

10 〈요나서〉 4:10~11.

13장

1 〈에스겔〉 2:1~6.

2 〈에스겔〉 3:24~27.

3 〈에스겔〉 24:16.

4 〈에스겔〉 37:3.

5 〈에스겔〉 37:4~6.

6 〈에스겔〉 37:9, 저자 번역.

7 〈로마서〉 8:24~25.

8 〈창세기〉 1:2.

에필로그

1 〈욥기〉 1:8.

2 〈욥기〉 1:9~11.

3 〈욥기〉 1:12.

4 〈욥기〉 1:21.

5 〈욥기〉 2:3.

6 〈욥기〉 2:4.

7 〈욥기〉 2:6.

8 Ambrose of Milan, *The Prayer of Job, in Seven Exegetical Works*, translated by Michael McHugh, Fathers of the Church, vol 65 (Washington: Catholic

University of America Press, 1972).

9 〈욥기〉 38:2~3.

10 〈욥기〉 38:2.

11 〈욥기〉 38:4~19.

12 Thomas a Kempis, *The Imitation of Christ* (Penguin Classics, 2013), chapter 54.

13 〈욥기〉 42:2~3.

14 〈욥기〉 42:10~17.

부록 1장

1 *siv는 인도-유럽어군에서 '엮는다/묶다'라는 의미를 가진 원형이며 인도-유럽어에 속한 다른 언어들, 예를 들어 산스크리트어, 영어, 독일어, 프랑스어 등과 같은 언어는 이 원형에서 파생한 단어들이다.

2 〈여호수아기〉, 〈사사기〉, 〈사무엘기〉, 〈열왕기〉, 〈예레미야서〉, 〈에스겔서〉, 〈이사야서〉 등의 소예언서.

3 〈시편〉, 〈욥기〉, 〈잠언〉, 〈전도서〉, 〈아가〉, 〈예레미야 애가〉, 〈다니엘서〉, 〈에스더기〉, 〈에스라기〉, 〈느헤미야기〉, 〈역대지〉, 〈룻기〉 등의 성문서.

4 Charles Taylor, *Sayings of the Jewish Fathers: Pirqe Aboth* (BiblioBazaar, 2009), p.105

5 파르데스는 어원적으로 영어 '파라다이스(paradise)'와 연결되어 있고 궁극적으로는 고대 이란어인 아베스타어 '파이리 다에짜(pairi-daeza)'의 차용어다. 파이리 다에짜는 '사방이 담으로 둘러싸인 장소'라는 의미다. 이 단어는 구약성서에 세 번 등장하는데(〈아가〉 4:13, 〈전도서〉 2:5, 〈느헤미야기〉 2:8), 그 의미는 모두 '동산'이다.

6 〈에스겔〉 3:1.

7 〈에스겔〉 3:3.

부록 2장

1 이 표현을 이해하기 위해서는 먼저 전치사 'ב(베이쓰)'의 문법적 의미를 알아야 한다. 그 의미는 크게 세 가지다. 첫 번째는 다른 명사와 함께 사용되어 '~에'라는

의미로 쓰인다. 다음 명사가 '레쉬쓰(reshith)'이므로 '처음에'라고 번역할 수 있다. 두 번째는 '~를 통해/~를 수단으로'라는 도구격 의미를 지닌다. 버레쉬쓰는 '처음을 수단으로' 혹은 '최선을 다해'라고 번역할 수 있다. 세 번째는 'A는 B이다'라는 문장에서 서술어 'B'를 강조해 'A는 본질적으로 B이다'라는 문장을 만들기 위해 'B' 앞에 사용한다. 이것은 고전 아랍어와 고대 이집트어에서도 발견되는 특이한 용법이다. 이 용법을 적용해 버레쉬쓰를 해석하면, 굳이 베이스를 번역하지 않고 그냥 '처음'이라고 해석할 수 있다. 히브리 학자들은 이러한 문법적인 용법을 '베쓰 에센티아이(beth essentiae)'라 한다.

2 이 용법은 셈족어 문장에서 관계대명사가 생략될 경우 그 관계대명사절이 수식하는 선행사의 정관사도 생략된다는 용법이다. 〈이사야〉 29장 1절에 등장하는 히브리어 문장 "qryt dwd huh"이 그 예다. 이 문장의 의미는 '다윗이 진을 친 그 성읍'이다. '다윗이 진을 친(huh dwd)'과 '그 성읍(qryt)'은 연계 구문이다. 그래서 '성읍'에 정관사가 첨가된 'hqryh'가 아니라 정관사가 생략된 'qryt'를 사용했다. 이 문장은 구문론상, 의미론상 'hqryh sh dwd huh', 즉 '다윗이 진을 친 그 성읍'과 동일하다. '관계대명사를 생략한 관계대명사절'은 셈족어 중 가장 오래된 언어인 아카드어에서 흔히 발견된다. 예를 들어 'bit amilum ibnu', 즉 '그 사람(amilum)이 지은(ibnu) 그 집(bit)'은 관계대명사(sha)와 선행사인 집(bit)에 정관사를 표시하는 '–um'을 첨가하면 구문론상, 의미론상 동일한 문장이 된다. 즉 'bit amilum ibnu'와 'bium sh ibnu'는 의미상 동일한 문장이다.

3 아카드어에서는 어미가 붙어 '신'을 '일룸(ilum)'이라 했다.

4 *ilah'에서 두 번째 음절이 강세가 오면서 앞에 위치한 모음은 짧아지고 강세가 온 장음 'a'는 'o'가 된다. 마지막 자음 'h'를 발음하기 위해 '아' 발음을 'h' 앞에 첨가해 '엘로아흐'라 발음한다. 엘로아흐는 구약성서에서 가장 오래된 시로 여겨지는 〈신명기〉 32장 15절과 17절에 사용되었고, 〈욥기〉에는 마흔한 번 등장한다. 다른 신명과 달리 정관사 'ha–'가 접두하지 않아 이스라엘의 고유한 신명으로 여겨진다. 이 명칭은 〈에스라기〉와 〈다니엘서〉에 등장하는 아람어 신명 '엘라흐(Elah)'와 동일하다.

5 정관사 '알(al–)'과 신명 '일라(ilah)'가 합쳐질 때 두 'L' 사이에 있는 후음 'i'가 생략되어 알라(Allah〈*Al–ilah)가 됐다.

6 이 신들의 모임을 수메르어로 '우킨(ukkin)'이라 하고, 아카드어로는 '푸후르 일라니(puhur ilani)라 한다.

7 수메르어로는 딩길메쉬 갈메쉬(dingirmesh galmesh)라 하고, 아카드어로는 일루 라부툼(ilu rabutum)이라 한다.

8 〈시편〉 82:1, 괄호 저자 번역.

9 〈시편〉 82:6~7, 괄호 저자 번역.

10 히브리어는 동사의 언어다. 세 자음 혹은 두 자음으로 구성된 어근이 그 단어의 기본 개념을 나타낸다. 예를 들어 '∗k–t–b'라는 세 자음은 '(글을) 쓰다'라는 기본 개념을 표현한다. 이 세 자음에 다양한 모음과 자음을 첨가해 '쓰기'와 관련한 모든 단어를 만든다. 예를 들어 'katab'는 '그가 썼다', 'yiktob'는 '그가 쓸 것이다', 'ketub'는 '기록된', 'koteb'는 '쓰고 있는/작가' 등이다.

11 〈사무엘기 상〉 2:29, 괄호 저자 번역.

12 '바라'의 히브리 동사 어근은 세 개 자음, 즉 b, r 그리고 알레프다. 마지막 자음 알레프는 후음으로 기원전 6세기경 그 음가를 잃었다. 히브리어에는 '먹다'라는 의미의 다른 어근을 지닌 '바라' 동사가 있다. 학자들은 이 동사의 어근을 b, r 그리고 y로 추정한다. 자음 y는 기원전 12세기에 그 음가가 사라졌다. '먹다'라는 의미의 히브리어 동사 'bara(h)', 즉 '바라'도 '살찌우다'라는 'bara(')'와 아주 오래전에 같은 어근에서 출발했을 가능성이 크다.

13 '하늘'이라는 단어 '샤마임(shamayym)'은 '두 개의 물 덩이(마임, mayyim)로 이루어진 어떤 것(sha)'이라는 의미. 히브리어에서 문법적인 수는 단수, 복수 그리고 양수다. 양수는 두 개의 짝을 이룰 때 사용한다. 팔이나 다리 같은 신체는 단수이거나 양수다. 신체 이외에 양수 어미(–아임)를 취해 사용하는 특별한 단어가 있다. 지명으로는 '예루살렘'과 '이집트'를 뜻하는 히브리어 '여루샬라임'과 '미쯔라임'이며 보통명사로 '물'과 '하늘'을 뜻하는 '마임'과 '샤마임'이 대표적이다.

14 L.W. King, *Enuma Elish: The Seven Tablets of Creation; The Babylonian and Assyrian Legends Concerning the Creation of the Word and of Mankind*(Cosimo Classics, 2011), 제4토판 135~146.

15 아카드어로 파르쿰(parkum)이라 한다.

16 〈창세기〉 1:6~10, 저자 번역.

17 창공의 영어 'firmament'와 라틴어 'firmamentum'도 히브리어 '라끼아'의 의미를 그대로 옮겨 만든 '어의 차용어(calque)'다.

부록 3장

1 3~7행의 번역은 다음과 같다. "처음에 어둠 속에 숨겨진 어둠이 전부였다. 이것이 의식이 없는 바다였다. 모든 것은 의식의 파편성으로 무형의 존재에 숨겨졌다. 그것으로부터 하나가 그 에너지로부터 태어났다.(3행) 처음에 욕망이 그 안에 내려왔다. 그것은 마음에서 태어난 원초적인 씨앗이다. 현자들은 비존재 가운데서 존재를 묶는 것을 발견했다. 그들은 본능과 지혜로 존재를 발견했다.(4행) 그들은 허공에 그들의 줄을 쳤다. 위에 무엇인가가 생겼고 아래에 무엇인가가 생겼다. 씨앗과 광대한 마음이 있었다. 자율적인 질서가 밑에 있었다. 창조의 목적이 위에 있었다.(5행) 그러나 누가 알겠는가? 누가 말할 수 있겠는가? 그것이 어디로부터 태어났는지? 어디로부터 창조되었는지? 신들은 창조 후에 생겨났다. 누가 그것이 어디로부터 왔는지 아는가?(6행) 이 창조는 무슨 기원에서 존재하게 되었나? 누군가 창조를 기획했는가? 혹은 하지 않았는가? 가장 높은 곳에서 모든 것을 관찰하는 눈을 가진 분인가? 그는 안다. 혹은 알지 못한다.(7행)"

2 히브리어 문법 구문론에서 '그리고'라는 접속사 '워(wə)' 뒤에 명사가 바로 따라올 경우, 그 문장은 앞 문장에 대한 부연 설명이라는 표식이다. 〈창세기〉 1절은 부사구이며, 2절은 이 부사구를 설명하는 문장이다. 창조 이야기의 문법적이며 실질적인 시작은 1장 1절의 접속절(~할 때), 1장 2절의 배경 설명을 위한 부연삽입절을 제외하면 1장 3절부터라고 볼 수 있다.

3 L.W. King, *Enuma Elish: The Seven Tablets of Creation; The Babylonian and Assyrian Legends Concerning the Creation of the Word and of Mankind*(Cosimo Classics, 2011), 제1토판 1~9행.

4 모든 생명과 문명을 배태시키는 '그들의 어머니'인 티아맛의 별칭은 '뭄무(mummu)'로, '그들을 모두 낳은 여인'이라는 뜻이다. '뭄무'는 플라톤의 『티마이오스』에 등장하는 '수용체'와 유사하다. '뭄무'는 바빌로니아에서 동상을 만들기 위한 '주조 틀'을 이른다.

5 히브리어 문장은 대부분 동사로 시작하며 일반적으로 동사−주어−목적어−부사구 순이다. 또한 문장을 시작할 때, 습관적으로 문장과 문장을 이어주는 접속사 '워(wə)'를 쓴다. 워 뒤에 동사가 올 경우 '그리고' 혹은 '그러나'라는 의미로 쓰인다. 그러나 워 뒤에 명사가 오는 경우 그 문장은 전혀 다르게 기능한다. 접속사 워와 명사가 이끄는 문장은 앞 문장에 대한 부연 설명이다. 이 문장은 문맥상 생략해도 되지만, 그 앞에 등장한 문구나 문장에 대한 자세한 설명을 나타낸다.

6 〈창세기〉1:2a, 저자 번역. "땅이 혼돈하고 공허하며"(표준새번역).

7 '비어 있었고 비어 있었다'라는 뜻의 '토후 와-보후'는 유사한 의미를 지닌 두 단어인 '토후'와 '보후'가 접속사 '워(wə)'로 연결됐다. 이 두 단어는 구체적인 의미를 지니기보다는 혼돈을 나타내는 의성어다.

8 〈창세기〉1:2b, 저자 번역. "어둠이 깊음 위에 있고, 하나님의 영은 물 위에 움직이고 계셨다."(표준새번역)

9 〈창세기〉의 '테홈'과 『에누마 엘리쉬』의 '티아맛'의 관계를 알아보기 위해 이 두 단어를 역사언어학적 방법론을 빌어 원셈어(proto-semitic)로 재구성할 수 있다. '심연'이라는 의미를 지닌 히브리어 테홈(tehom)을 원셈어로 재구성하면 '*tiham이 된다. 원셈어에서 '바다'라는 의미를 지닌 '*tiham-'이 히브리어에서는 다음과 같이 변한다. 우선 강세가 두 번째 음절에 오면서 장모음 'a'가 '가나안어 모음변화(Canaanite vowel shift)'에 의해 장모음 'a'가 된다. 히브리어에서 강세 앞에 있는 단모음이 단축되어 '쉐와(ə)'가 된다. 그러므로 히브리어에서 '심연/바다'라는 단어는 테홈이 된다. 『에누마 엘리쉬』에 등장하는 '티아맛(Tiamat)'은 다음과 같은 과정을 거쳤다. '*tiham-at'은 *tiham'에 여성형 어미 '-at'를 첨가한 것이다. 실제로 아카드어에서 'tatum(<*tiham-tum)'은 '바다'라는 의미다. 결과적으로 〈창세기〉의 테홈과 『에누마 엘리쉬』의 티아맛은 같은 어원 '*tiham-'에서 유래했다.

10 L.W. King, *Enuma Elish: The Seven Tablets of Creation; The Babylonian and Assyrian Legends Concerning the Creation of the Word and of Mankind*(Cosimo Classics, 2011), 제4토판 93~104행.

11 〈창세기〉1:3, 저자 번역. "하나님이 말씀하시기를 '빛이 생겨라' 하시니, 빛이 생겼다."(표준새번역)

12
단어	언어 구분	뜻
아마르(amar)	히브리어	말하다/명령하다
아마라(amara)	아랍어	명령하다
아마룸(amarum)	아카드어	보다/관찰하다/ (어려운 문헌을)읽다/판독하다
암마라(ammara)	게이즈어(고전 에티오피아어)	보여주다

여러 셈족어에서 골고루 등장하는 어근 '-m-r'의 원래 의미는 '분명하다/보다/보여지다'일 것이다. '보다'와 '보여지다'로부터 개별 셈족어의 다양한 의미를 논리적으로 추론할 수 있다. 히브리어에서는 '말하다'라는 의미로 전환되었고 신과

인간 모두 주어로 사용한다. 히브리어 '아마르'는 '말하다'라는 의미 이외에 '명령하다'라는 뜻도 지니며 '말한 내용이 실제로 나타나거나 일어나게 하다'라는 행동까지 도달하는 역동적인 의미도 포함한다.

13 L.W. King, *Enuma Elish: The Seven Tablets of Creation; The Babylonian and Assyrian Legends Concerning the Creation of the Word and of Mankind*(Cosimo Classics, 2011), 제4토판 19~28행.

부록 4장

1 'NRSV', 저자 번역. "The plural us, our" (3.22; 11.7; Isa 6.8) probably refers to the divine beings who compose God's heavenly court(1Kings 22.29; Job 1.6). "Image, likeness" refer not to physical appearance but to relationship and activity. Humankind is commissioned to manifest God's rule on earth, on the analogy of a child who represents a parent (see 5.3).

2 L.W. King, *Enuma Elish: The Seven Tablets of Creation; The Babylonian and Assyrian Legends Concerning the Creation of the Word and of Mankind*(Cosimo Classics, 2011), 제6토판 1~9행.

3 위의 책 23~27행.

4 W. G. Lambert and Alan Millard, *Atra Hasis: Babylonian Story of the Flood with the Sumerian Flood Story*(Eisenbrauns, 2010), 제1토판 1~4행.

5 토판이 파괴되어 판독 불가.

6 W. G. Lambert and Alan Millard, *Atra Hasis: Babylonian Story of the Flood with the Sumerian Flood Story*(Eisenbrauns, 2010), K 78257, 2행 이하.

7 W. G. Lambert and Alan Millard, *Atra Hasis: Babylonian Story of the Flood with the Sumerian Flood Story*(Eisenbrauns, 2010), K 6634(V), 토판 뒷면.

8 226~230행은 토판이 파괴되어 판독 불가.

9 238행은 토판이 파괴되어 판독 불가.

10 W. G. Lambert and Alan Millard, *Atra Hasis: Babylonian Story of the Flood with the Sumerian Flood Story*(Eisenbrauns, 2010), K 6634(V), 토판 뒷면.

11 〈창세기〉 1:26절a, 저자 번역.

12 '더무쓰'는 흔히 '유사하다'라는 의미의 '다마(dama(h))' 동사의 명사형으로 알려

져 왔다. 이 단어는 셈어 전체에 거의 나오지 않고 아람어와 아람어에서 차용한 아랍어 '모양(dumyatun)'과 티그리니아어 '사물의 윤곽(dumat)'에서만 발견되기 때문에 그 어원을 추적하기 어렵다. 시리아의 텔 파카리야(Tell Fakhariyah)에서 발견된 아람어-아카드어 이중 비문(기원전 850)에서 아람어 'dmwt'가 아카드어 '짤무(tsalmu)'와 등가어로 등장하는 것으로 미루어 이 두 단어는 거의 동의어로 사용되었던 것 같다. 더무쓰는 〈창세기〉 1장 26절에서는 '쩰램' 후에 사용되었고, 5장 3절에서는 쩰램 전에 사용됐다. 이 두 단어는 거의 동의어로 쓰인 듯하나 전치사는 다르게 사용했다. 〈창세기〉 1장 26절의 더무쓰는 전치사 k-를, 쩰램의 더무쓰는 전치사 b-를 사용했으나, 5장 1~3절에서는 전치사 b-를, 쩰램은 전치사 k-를 사용했다. P 저자는 분명 인간 창조 기사를 강조하기 위해 이러한 수사적 용법을 사용한 것 같다.

13 〈창세기〉 9:6, 저자 번역.

KI신서 6308

신의 위대한 질문

1판 1쇄 발행 2015년 12월 8일
1판 13쇄 발행 2023년 12월 1일

지은이 배철현
펴낸이 김영곤
펴낸곳 (주)북이십일 21세기북스

콘텐츠개발본부 이사 정지은
인문기획팀장 양으녕
디자인 표지 씨디자인 **본문** 디자인팀
마케팅2팀 나은경 정유진 박보미 백다희 이민재
e-커머스팀 장철용 권채영 전연우
영업팀 최명열 김다운 김도연
제작팀장 이영민 권경민

출판등록 2000년 5월 6일 제406-2003-061호
주소 (10881) 경기도 파주시 회동길 201(문발동)
대표전화 031-955-2100 **팩스** 031-955-2151 **이메일** book21@book21.co.kr

(주)북이십일 경계를 허무는 콘텐츠 리더

21세기북스 채널에서 도서 정보와 다양한 영상자료, 이벤트를 만나세요!
페이스북 facebook.com/jiinpill21 **포스트** post.naver.com/21c_editors
인스타그램 instagram.com/jiinpill21 **홈페이지** www.book21.com
유튜브 www.youtube.com/book21pub

서울대 가지 않아도 들을 수 있는 명강의! 〈서가명강〉
유튜브, 네이버, 팟캐스트에서 '서가명강'을 검색해보세요!

ⓒ 배철현, 2015

ISBN 978-89-509-6256-2 04100
978-89-509-6257-9 04100(세트)